姜明安公法著作系列丛书

公法初探

姜明安——著

A Preliminary Study of
Public Law

法律出版社
LAW PRESS · CHINA
北京

图书在版编目(CIP)数据

公法初探 / 姜明安著. -- 北京 : 法律出版社,
2024
(姜明安公法著作系列丛书)
ISBN 978-7-5197-9108-7

Ⅰ. ①公… Ⅱ. ①姜… Ⅲ. ①行政法-研究-中国
Ⅳ. ①D922.104

中国国家版本馆CIP数据核字(2024)第088717号

公法初探
GONGFA CHUTAN

姜明安 著

策划编辑 朱 峰
责任编辑 苗 婕
装帧设计 贾丹丹

出版发行 法律出版社
编辑统筹 辞书·融出版编辑部
责任校对 晁明慧
责任印制 吕亚莉
经　　销 新华书店

开本 710毫米×1000毫米 1/16
印张 31.5 **字数** 458千
版本 2024年6月第1版
印次 2024年6月第1次印刷
印刷 三河市龙大印装有限公司

地址:北京市丰台区莲花池西里7号(100073)
网址:www.lawpress.com.cn
投稿邮箱:info@lawpress.com.cn
举报盗版邮箱:jbwq@lawpress.com.cn

销售电话:010-83938349
客服电话:010-83938350
咨询电话:010-63939796

书号:ISBN 978-7-5197-9108-7
定价:118.00元
凡购买本社图书,如有印装错误,我社负责退换。电话:010-83938349

序　言

《公法初探》是20世纪80年代笔者大学毕业后开始从事行政法教学和研究，刚进入公法学领域研习公法的部分习作和译作，以及20世纪90年代笔者在有关学术刊物上或者有关学术论文集中发表的，阐释笔者对某些特定公法理论问题和实践问题（含立法、执法、司法等方面的问题）的观点、看法的部分论文、评论的汇集。

这些习作、译作、论文、评论的具体载体主要有下述四类：

其一，法学刊物。如《中国法学》《法学研究》《中外法学》《行政法学研究》《中国行政管理》《国外法学》等（笔者刚“入道”时的许多译作发表在《国外法学》上）。

其二，各种法学论文集，如北大法律学系首任主任陈守一教授1984年主编的纪念北京大学法律学系重建三十周年的《法学论文集》《法学论文集·续集》；北大法律学系第三任主任张国华教授1986年主编的北大法律学系“五四科学讨论会”《法学论文集》；中国法学会副会长张友渔教授主编的《宪法论文集》《宪法论文集·续编》等。

其三，1984年笔者编写的北京大学法律学系教学参考用书《行政法》与《行政学》（这两本教学参考书收录了笔者多篇已在有关学术刊物上发表的和尚未发表的论文、译文或编译的文章）。

其四，1985年由时任中共中央组织部（以下简称中组部）副部长曹志主编的《中华人民共和国人事制度概要》《苏联东欧国家人事制度概要》《资本主义国家公务员制度概要》三部资料性著作。1984年10月，笔者应邀参加由中组部和国务院劳动人事部组织成立的“国家工作人员法立法小组”。该立法小组由15人组成，组长是时任中组部副部长曹志，副组长分别由中组部政策研究室主任刘俊林和劳动人事部政策研究室主任苏玉堂担任。立法小组成员除中组部和劳动人事部的有关处室负责人外，还邀请了5位从事相关专业研究的学者参加，分别是：外交学院的杨伯华教授、中国社会科学院政治学研究所的袁岳云研究员、法学研究所的张焕光研究员、中国人民大学法律系的皮纯协教授以及笔者（当时笔者刚大学毕业不久，在北京大学法律系任助教，因专门研究行政法，且有一定的俄语基础，故被破格邀请参加该立法小组）。立法小组成立后，在中组部万寿路招待所封闭式工作（每天白天工作8小时，晚上工作2小时，周日休息一天）。工作内容主要是起草"中华人民共和国国家工作人员法"（后来国务院发布的《国家公务员暂行条例》和全国人大常委会制定的《公务员法》）。工作方式是：首先由小组各成员分别研究该法的某一项制度，包括该制度的发展沿革、现行做法，改革发展的趋势，西方国家和苏联、东欧国家相应制度的模式及可借鉴的内容；其次各成员分别草拟法律相应章节的具体条文；最后是小组全体成员集体对每一项具体条文逐条进行讨论，确定各条款的具体内容和表述方式。立法研究包括17个专题，除法律的体系、框架、基本原则外，基本对应"国家工作人员法"的每一项制度和法律草案拟设置的每一章的章名。[①] 笔者承担其中的两个专题：国家工作人员的工资、保险、福利制度和国家工作人员的退休制度。"国家工作人员法立法小组"集中工作了约半年时间（1984年10月至1985年4月），最后产生的主要成果是形成了《中华人民共和国国家工作人员法（草案）》，该草案为后来国务院出台《国家公务员暂行条例》（1993年）和全国人大常委会出台《公务员法》（2005年）打下了坚实的基础。立法小组半年工作成果的副产品是编著和出版了三部深入研究中外公务员制度[②]的资料性著作：《中华人民共和国人事制度概要》《苏联东欧国家人事制度概要》《资本主义国家公务员制度概要》。[③]

---

① 这些与制度和法律各章章名对应的研究专题分别是：(1)国家工作人员的录用；(2)国家工作人员的职位分类；(3)国家工作人员的权利、义务；(4)国家工作人员的考核；(5)国家工作人员的奖惩；(6)国家工作人员的任免；(7)国家工作人员的职务升降；(8)国家工作人员的培训；(9)国家工作人员的调配、交流；(10)国家工作人员的回避；(11)国家工作人员的工资、保险、福利；(12)国家工作人员的辞职、辞退；(13)国家工作人员的退职；(14)国家工作人员的退休；(15)国家工作人员的申诉、控告；(16)国家工作人员的管理体制与管理机构。

② 改革开放前我国称公务员制度为"干部制度"，改革开放后称"国家工作人员制度"，1993年《国家公务员暂行条例》出台后，称"国家公务员制度"，2005年《公务员法》出台后，称"公务员制度"。

③ 曹志主编：《中华人民共和国人事制度概要》《苏联东欧国家人事制度概要》《资本主义国家公务员制度概要》，北京大学出版社1985年版。

笔者在这三部著作中分别撰写了公务员工资、保险、福利和退休、退职制度的内容。在《中华人民共和国人事制度概要》一书中,笔者撰写了第九专题:工资;第十专题:福利;第十二专题:退休。在《苏联东欧国家人事制度概要》一书中,笔者撰写了第九专题:工资福利;第十一专题:退休。在《资本主义国家公务员制度概要》一书中,笔者撰写了第十专题:工资福利;第十二专题:退休。本书收录了笔者在这三部资料性著作中撰写的相关内容。

本书共收文 50 篇,分为六编。

第一编　行政法学的体系与对象研究。该编收文 8 篇,主要探讨我国应建立什么样的行政法学体系,这个体系应具有什么特色,建立这个体系应遵循什么基本原则,以及中国行政法学研究的主要对象,中国行政法的概念、调整对象和法律渊源。该编还具体研究了我国行政法学的若干理论和实践问题,如我国政府机构设置的原则、公共行政组织、行政编制管理的法律监督与法律责任、地方政府规章、对公民财产权的法律保护、行政自由裁量权及其法律控制等。

第二编　行政法治研究。该编收文 7 篇,主要探讨我国行政法治的目标,如依法行政、权力制约、公民在法律面前一律平等、政府对违法侵权行为承担法律责任等。我国行政法治发展的初步路径:行政机关从主要依政策办事到主要依法办事;官民关系从只可"官告民"到亦可"民告官";行政侵权责任从"落实政策"到国家赔偿;人事管理从实行"干部制度"到推行公务员制度;政府和政府工作人员从只监督他人到自己也接受监督;对行政权的控制从只注重实体制约到同时注重程序制约。该编还具体研究了法治的目标价值与手段价值的关系;市场经济与法治、行政法的关系等。

第三编　行政救济研究。该编收文 8 篇,主要探讨我国行政救济的主要途径:行政复议、行政诉讼和国家赔偿,特别是较深入地研究了行政诉讼法立法涉及的 10 多个重点问题:立法目的、调整范围、主管机构、当事人、诉讼程序、审判依据、举证责任、判决与裁定、司法变更、诉讼调解、检察监督、行政判决的执行等。该编还研究了我国行政诉讼与法治环境的关系以及国家侵权责任的构成(国家侵权行为、损害事实和因果关系)。此外,该编还收录了笔者组织北大法学院高级法官班学员编写的三本行政诉讼案例集和一本调查报告中笔者撰写的前言、后语(后记)。

第四编　公务员制度研究。该编收文5篇，主要探讨我国公务员制度建立的过程（三个阶段）和主要内容：公务员系统新陈代谢的运转机制、激励竞争机制、制约机制和保障机制，以及公务员制度与推进民主、法治和提高行政效率的关系，实施公务员制度的条件与保障措施等。此外，该编还收录了笔者参加中组部、劳动人事部组织制定"国家工作人员法"（后来正式出台的《国家公务员暂行条例》和《公务员法》）过程中编写《中华人民共和国人事制度概要》一书撰写的我国国家工作人员工资、福利和退休制度三个部分的内容。

第五编　苏联、东欧国家公法研究。该编收文8篇，主要是翻译和编译作品。其中《保加利亚行政法学概述》主要研究保加利亚行政法学中有关"行政""行政活动""组织""执行和指挥活动""羁束行政""裁量行政"等基本概念的含义；探讨行政规范的效力和行政法关系的内容和特征。苏联《行政违法行为立法纲要》和《行政责任立法的发展》两篇文章主要研究苏联《行政违法行为立法纲要》和各加盟共和国《行政违法行为责任法典》（相当于我国全国人大制定的《行政处罚法》和各地方人大制定的《行政处罚法实施条例》）的调整范围、体系、结构和对各种违法行为的行政责任形式（处罚种类）。该编最后3篇文章则为笔者参加中组部、劳动人事部组织制定"国家工作人员法"过程中编写《苏联东欧国家人事制度概要》一书时撰写的苏联东欧国家公职人员工资、福利待遇和社会保险、退休制度三个部分的内容。

第六编　西方国家公法研究。该编收文15篇，主要为翻译和编译作品，也有笔者在国外做访问学者时通过收集国外公法立法文献和国外公法学者的相关著述而整理、归纳所撰写的论文。前者如《美国行政诉讼的若干问题》《英国的行政裁判所》《法国的行政法院》《行政法的内容及源流》《英国刑事补偿方案实施指南》《工业发达国家对大气的法律保护》等；后者如《外国自治型地方政府制度浅析》《澳大利亚委任立法制度的理论与实践》《澳大利亚"新行政法"的产生及其主要内容》《英国行政改革的经验——大部制的理论与实践》等。该编最后4篇文章则为笔者参加中组部、劳动人事部组织制定"国家工作人员法"过程中编写《资本主义国家公务员制度概要》一书时撰写的西方国家公务员工资、津贴、福利和退休制度四个部分的内容。

本书书名为《公法初探》，顾名思义，书中所收文章大多是笔者初入公法之门时的习作，是一些探讨式和思考性的作品，许多观点、看法现在看来很不成熟,也不完善。至于本书所收文章的学术规范,则存在更多缺陷和不足。例如,一些文章引用他人观点、主张没有使用注释注明出处;即使使用了注释,其注释也很不规范(如没有注明相应引著的出版单位,或者没有注明出版时间,或者没有注明相应引文引自相应作品的具体位置,即页码等)。当然,这种学术规范的不严谨与当时的整体学术环境也有一定关系:我国在改革开放初期,学术著作、学术论文在注释、体例方面存在较普遍的不规范现象。

本书收录笔者的早期论文、译文,大体原样收入,不作大的修改和变动,但对某些明显的错误或不规范之处,也作了修正。例如,订正个别不准确的数据或事件发生的时间,调整个别文章的体系、结构或对文章的内容作少量删除,增加某些必要的注释,等等。

笔者之所以将本人早期不成熟、不完善和存在诸多缺陷与不足的作品整理结集出版,其目的和动机有三:第一,回望自己初入公法之门时懵懂、幼稚、摸索前行的身影,以总结自己40多年学习、研究公法的艰辛和曲折历程;第二,回顾中国公法(特别是行政法)和公法学(特别是行政法学)如何在"文化大革命"以后伴随改革开放的进程从无到有、从起步到阔步前行的历程,以加深对中国特色公法学理论和中国特色法治道路的理解;第三,为新时代中国特色公法学的完善和发展提供借鉴。笔者早期的论文、译文虽然不成熟、不完善和存在诸多缺陷和不足,许多内容已经过时,但是其中某些观点、主张对现时的公法研究可能仍有一定的参考、借鉴价值或启发作用。即使没有这样的价值或作用,对今后的学者研究中国公法史和公法学史也可能会有一定的资料性价值和作用。

希望读者能以宽容的胸襟阅读笔者早期的这些幼稚、不成熟的作品。对作品中的缺陷和错误,欢迎读者不吝批评指正。

姜明安

2024年2月25日

于北京海淀区海淀府公寓

目　　录

第一编

行政法学的体系与对象研究

建立和完善我国社会主义行政法学体系*

近年来,全国各高等法律院系都在陆续开设行政法学这门课程(课程名称有的叫《行政法》;有的叫《行政法概要》;有的叫《比较行政法》;有的将该课程分为两部分,分别叫《行政法总论》和《行政法分论》),但课程体系很不一致,讲授的内容、范围、结构亦存在较大的差异。从事或正准备从事这门课程教学的高校法学院系的教师都在探讨和摸索:这门课程究竟都应该讲些什么内容?我们应该建立一个什么样的行政法学学科体系?

抄袭西方国家的行政法学学科体系行不行?西方国家首先创立了这门学科,其发展有近百年的历史,它们的体系应该是比较完善的了,应该说可以为我们所仿效的了。但事实上并不如此。首先,它们的行政法和行政法学的目的同我们的行政法和行政法学的目的全然不同。它们的行政法的目的只是控制政府和政府官吏,使政府和政府官吏成为资产阶级手中"听话的工具",忠实地为资产阶级服务。英国现代行政法权威学者威廉·韦德(H. W. R. Wade)说过,行政法是控制政府权力的法律。行政法的最初目的就是要保证政府的权力在法律范围内行使,防止政府滥用权力,以保护公民不因权力滥用而受到侵害。① 美国行政法学者 E. 弗雷银德的行政法定义亦是这样:"行政法,这是监督行政机关的法律,而不是建立行政机关的法律。"②西方国家行政法学研究的即此种法律,研究的目的是加强和完善此种法律。而我们

---

* 本文原载北京大学法律系《法学论文集》(续集)编集组:《法学论文集》(续集),光明日报出版社 1985 年版,第 219-228 页。

① [英]威廉·韦德:《行政法》,中国大百科全书出版社 1977 年版,第 5 页。

② [美]E. 弗雷银德:《行政法判例》(文章引注当时未注明出版社),1928 年版,第 1 页。

的行政法和行政法学的目的是什么呢？很显然，它是与我们党和国家的总的目标和任务相一致的。在目前，则是与党和国家现阶段的基本目标和任务——“在中国共产党领导下，在马克思列宁主义、毛泽东思想指引下，坚持人民民主专政，坚持社会主义道路，不断完善社会主义的各项制度，发展社会主义民主，健全社会主义法制，自力更生，艰苦奋斗，逐步实现工业、农业、国防和科学技术的现代化，把我国建设成为高度文明、高度民主的社会主义国家”①——相一致的。我们的行政法和行政法学即要通过促进我国政府机构及其各项制度的改革，提高政府工作的效率，以保证这一基本目标和任务的实现。其次，西方国家行政法和行政法学同我们的行政法和行政法学的内容和重点亦不同。西方国家行政法和行政法学的内容和重点是关于行政权力的行使和控制；而我们的行政法和行政法学则包括调整（对于行政法来说）和研究（对于行政法学来说）行政机关的组织、结构、编制、职权和国家工作人员的任用、考核、培训、奖惩以及行政活动的原则、程序、法制监督等。最后，西方国家行政法和行政法学的范围同我们的行政法和行政法学的范围不同。西方国家行政法和行政法学是建立在私有制的基础上。在私有制下，社会、经济、文化的大部分管理职能不属于国家，而属于私人。因此，它们这方面的活动不由行政法调整，从而亦不成为行政法学研究的对象。而我们的行政法和行政法学是建立在公有制的基础之上。在公有制下，国家直接管理社会、经济、文化事业。因此，行政法要调整这方面的活动（并且调整社会、经济、文化方面的管理活动是我国行政法的主要任务），从而研究社会、经济、文化的管理及其法律调整是我们行政法学的主要任务。这样，我们的行政法和行政法学的范围就比西方国家行政法和行政法学的范围要广泛。由于我们的行政法和行政法学在目的、内容、范围等各个方面与西方国家行政法和行政法学有如此重大的区别，因而我们的行政法学体系不应该也不可能抄袭西方的行政法学体系（当然对之进行研究和作适当的借鉴是应该的和必要的）。

那么，我们能否抄袭其他社会主义国家的行政法学体系呢？它们有的在20世纪四五十年代就建立了这门学科，行政法教学研究有了几十年的历史，而且最重要的是：它们与我们同属社会主义国家。应该说他们的体系是

---

① 《中华人民共和国宪法》（1982年）“序言”。

可以为我们所仿效的了。其实,此亦不尽然。第一,正因为这些国家对行政法重视得比较早,这一法律部门建立得比较早,因而它们的行政法制度及其规范现在已经比较完善了;又正因为它们已有了比较完善的行政法制度及其规范,因而它们的行政法学重点在于研究、解释、说明它们各自国家的现行行政法文件。而我国的情况则不同,由于众所周知的原因,目前整个法律制度极不完善,行政法制度及其规范更是最薄弱的环节:很多必要的法律法规现在还没有制定出来,现有的法律法规有的也不适应目前的需要,必须加以修改或以新的法律法规取代。因此,我们行政法学的任务就不能够仅限于对现有法律文件的研究、解释,而必须研究和考察更多东西。例如,我们必须研究我国现实政治、经济、社会、文化管理的诸多实践对行政法的需要,探讨我国应该制定哪些行政法规范,建立哪些行政法制度;我们必须研究外国(包括苏联、东欧国家和西方国家)的行政法规范和制度,探讨有哪些可供我们借鉴和参考的东西;我们必须研究中华人民共和国成立以来我国行政法的发展历史,从中总结必要的经验教训;等等。总之,我们的行政法学在目前不能仅限于对我国现有行政法律文件的研究,而必须和行政学结合起来以及适当采取比较(包括横向比较和纵向比较)的方法进行研究;从探讨为提高政府工作效率,促进物质文明和精神文明建设,需要怎样建立和完善具有我国特色的社会主义行政法的角度进行研究。第二,我们国家的政治制度、经济制度、社会制度有许多不同于其他社会主义国家的地方(当然是指形式的不同而非本质的不同)。例如,捷克斯洛伐克、南斯拉夫等实行联邦制,组成联邦的单位享有立法权甚至是制宪权;而我国实行的是单一制,制定宪法是全国人大的专有权限,制定法律是全国人大和人大常委会的专有权限,地方不享有制定宪法和法律的权利。又如,东欧国家的检察机关对行政机关享有一般监督权限,而我国检察机关对行政机关仅享有法纪监督权限;东欧有些国家在行政机关内设有专门委员会专门处理有关行政案件,如南斯拉夫设有行政法院和行政法庭专门进行行政诉讼,而我国不存在这种机构,我国有我国特有的机构,如设在行政机关中的某种特别机构(如设在工商行政管理机关中的商标评审委员会)等。由于社会、经济、政治、文化制度的差别,我国的行政法体系不可能完全同于其他社会主义国家的行政法体系,从而我国的行政法学体系亦不应该也不可能完全抄袭其他社会主义国家的行政法学体系(当然,我们应该学习和研究它们,比借鉴西方国家更多地借鉴它们的东西)。

我们应该建立一个什么样的行政法学体系呢?简单回答可以是:建立一个有中国特色的社会主义行政法学体系。但是,什么样的行政法学体系才算是有中国特色的社会主义行政法学体系呢?它应该有些什么特征呢?这个体系主要应该包括一些什么内容呢?它的范围、结构应该是怎么样的呢?怎样才能建立起这样一个体系呢?这些都是我们应该认真加以研究和解决的问题。本文由于篇幅限制,仅就建立这个体系所应遵循的主要原则谈一些个人的粗浅看法。

笔者认为,要建立这样一个有中国特色的社会主义行政法学体系,应该主要遵循下述四项原则。

第一,我国行政法学体系应该与我国国家管理体系相适应。行政法学的研究对象是行政法,行政法调整的对象是国家管理(确切地说,是国家管理过程中发生的各种关系,即行政关系)。应该说,行政法学的体系应该与行政法的体系相适应,而与国家管理体系相适应的应该是行政法的体系。在这里,我们之所以提出我国行政法学体系应该与我国国家管理体系相适应,不仅因为行政法的体系与国家管理体系是相适应的缘故,还因为我们是以马克思主义的辩证唯物主义和历史唯物主义的方法研究行政法。我们研究法律不应该仅限于考察法律文件(像西方国家纯粹法学派所主张的那样),而且应该考察决定此种法律文件的各种社会事实和社会关系;我们不应该仅限于解释和说明现有的法律文件,而且应该通过对具体社会事实和社会关系的考察作出对这些法律文件的评价,并提出完善各具体管理领域法制(应该制定哪些法规,应该修改哪些法规,应该废除哪些法规)的有说服力的建议意见。很显然,要这样研究行政法,我们的科学体系就应该与实际的管理体系相适应。此外,在我国目前现行行政法律文件极不完善的情况下,按照国家管理体系来安排我们的行政法学体系,从探讨改善国家管理出发来探讨完善行政法制,从探讨完善各管理领域、管理部门的行政法制出发来探讨完善整个行政法制,有特殊的必要性和意义。我们知道,国家管理体系通常由纵向管理程序和横向管理部门构成。我国国家管理纵向管理程序一般可分为下选环节:设立行政机关,配置行政工作人员,发布行政管理文件,实施行政行为,为保证行政管理文件及行政行为的实施而适用奖励和处罚措施,对行政机关、行政工作人员、行政活动(行政活动包括制定行政管理文件、实施行政行为、适用奖惩措施三个方面)实施行政法制监督,行政诉讼。我国国家管理体系横向方面一般可分为下述部门:国民经济管理、社会文化建设管理、公安管理、民政管理、司法管理、国防管理、对外关系管理。适应我国国家管理体系,我国行政法学的体系即可分为两大部分:第一部分为总论部分,研究国家管理体系纵向方面的各个环节上的行政法制问题。这一部分可包括如下章节:国家行政机关、国家工作人员、行政活动(包括上述三个方面)、行政法制监督、行政诉讼;第二部分为分论部分,研究国家管理体系横向方面的各个部门的行政法制问题。这一部分可包括与上述国家管理部门相适应的章节,即国民经济管理,社会文化建设管理……

第二,我国行政法学体系应该与我国实际政治法律制度相适应。我国政治法律制度与苏联、东欧国家相比有着自己的特点,与西方资本主义国家相比,更是有着本质的不同。因此,研究我国的行政法学一定要从我国的实际情况出发。我国的行政法学体系一定要适应我国的政治法律制度。例如,我国的干部制度就不同于西方国家的文官制度,西方国家的文官一般不包括由选举产生的与执政党共进退的政府官员,也不包括法官。文官和所谓"政务官"有着严格的区别(规定文官任用、考核、培训、奖惩、工资福利待遇的文官法不适用于政务官和司法官)。西方国家行政法研究文官制度一般把政务官和法官排除在外。但是我国的情况却不同,我们实行党管干部的原则,我们的干部无论是一般干部还是总理、部长,无论是行政干部还是司法干部、科技干部、企事业干部,都是统一管理的。关于各类干部的任用、考核、培训、奖惩的法律规范和制度虽然也存在区别,但是却不存在西方国家那样的"鸿沟"。因此,我国行政法学研究国家工作人员一章,不应该仅限于研究行政人员,而应该研究我们的整个干部制度。因为这个制度是一个整体,各个部分是十分密切地联系着的。又如,我国的行政法制监督制度,它既不同于西方的法制监督,也不同于苏联、东欧国家的监督制度。我们的行政法制监督包括党的监督、权力机关的监督、司法机关的法律监督、人民群众的社会监督、专门行政监察机关的法制和纪律监督。我们的行政法学体系在确定这一专题的范围时,显然应该把这些内容有机地组织起来统一进行研究,而不应该从整个行政法制监督中仅选择专门行政监察机关的监督来研究。此外,我国行政诉讼制度也有自己的特点,我们行政法学体系中行政诉讼一章的范围、结构亦应与我国的实际制度相适应,而不能盲目地仿效外国的体系。不能认为只有根据外国的体系、前人的体系建立的行政法学才能叫作“行政法学”,我们根据自己的情况建立不同于它们体系的体系就不是行政法学了。如果这样认识问题,那我们就只有抛开和不顾及自己的国情而改造我们的制度,使之去适应某种“标准体系”,或者抛开和不顾及我们制度的实际情况而任意地或牵强附会地去解释我们的制度,使之去适应某种“标准体系”。

第三,我国行政法学体系应该与完善我国行政法制,保障和促进社会主义两个文明建设的需要相适应。前已述及,我国行政治学目前的任务不能仅限于研究现有的行政法律文件。因为我国现行的行政法制还不完善。我们现在建立的行政法学体系不应该完全与现有的行政法制度及其规范相适应,而应该与完善这种法制的需要相适应。又因为完善这种法制的目的是保障和促进社会主义物质文明和精神文明的建设,所以我们建立行政法学的体系最终要与保障和促进社会主义两个文明建设的需要相适应。西方国家行政法的目的是控制政府,再加上其私有制的基础,因此它的行政法的基本方面是消极的,而不是积极的和建设性的,由此决定了它的行政法学也是消极的。这种情况反映在它的行政法学体系方面就是其行政法学一般没有分论部分,即讨论具体社会、经济、文化建设管理问题的部分。即使有分论部分,也多限于讨论警察行政问题,即如何通过法律限制人民的权利和自由的问题。此外,西方国家行政法学的总论部分很少讨论国家行政机关的科学设置、国家工作人员的科学管理和如何提高行政管理效率的问题,往往把重点放在控制行政权行使和行政诉讼(司法审查)问题上。我们的行政法学显然就不能以此为模式,而必须在研究行政法总论的同时加强分论部分的研究,即总论分论并举;并从注重探讨提高行政效率的角度来安排整个行政法学体系,来确定总论分论的章节和各章节的内容和重点。

第四,我国行政法学体系应该与目前我国教学科研的现状相适应。我国行政法学目前还是一个正在建设中的新的学科,现在从事这门学科教学和研究的人员还不是很多,且研究深度亦很不够,对这门学科的对象、范围的认识也很肤浅,对它与其他学科的界限把握得也还不很准确。在这种情况下,我们对它的研究范围比严格意义的行政法学的范围可能要稍宽些,并宜于稍宽些。我们在研究这门学科时,可能要涉及社会学、管理学、行政学、政治学的某些问题。特别是行政学,它与行政法学有着极为密切的关系。我国目前这两门学科发展都很不充分,且我国行政法制目前很不完善,在这种情况下,我们在研究行政法学的同时研究行政学更属必需。只有在研究行政学的基础上研究行政法,我们才能找出建立和完善我国行政法制的正确途径。

此外,行政法学既然是一门科学,它的体系也就不能完全等同于行政法的体系。行政法体系由各种行政法制度及其规范构成。行政法学体系并不完全与之对应。行政法学除了相应地以行政法各制度及其规范的研究作为其体系的基本章节,还要另辟专章研究行政法的基本概念、行政法的本质、行政法的对象、行政法律关系、行政法的渊源、行政法的历史发展、行政法的作用以及各种学派关于行政法的学说、理论、观点等。因此,行政法学的体系必然要大于行政法的体系。此外,考虑目前教学科研的现状,大多数学校暂时还不可能同时开设“古代行政法”“外国行政法”这些课程,因此,我们现在讲授行政法学课程,虽然主要应以分析研究我国现行行政法制为基本内容,也应同时适当介绍我国古代行政法和外国的现行行政法制。这种介绍有两方面的意义:其一,可以使学生从对不同制度的比较中,认识到社会主义行政法制度对于资本主义行政法制度的优越性;其二,为了完善我国的现行行政法制度,可从古代和外国制度中借鉴某些能为我们现在可用的内容。

以上所述,是我们对建立和完善我国社会主义的行政法学体系的一些尚不成熟的意见和看法。如何建立和完善我国社会主义行政法学体系是我们法学界目前所面临亟须解决的一个迫切性的课题。本文作为引玉之砖,期望能引起讨论。对文章中提出的某些可能不适当或错误的观点和主张,也希望得到同行们的批评指正。

我国行政法的概念、调整对象和法源浅析*

什么是行政法？我国行政法的调整对象是什么？有哪些法源？对这些问题，目前我国学界有几种不完全相同的解释。

有学者认为："有关国家行政管理活动的各种法规，在法学上总称为行政法。散见于宪法、法律、法令、决议、命令和其他各种规范文件中。内容包括国家行政机关活动的一切方面，例如，关于国家行政管理体制，国家行政机关工作人员的选拔和使用，国家行政管理活动的基本原则，以及国家在各行政管理方面的权限和活动的方式、方法等。主要是调整国家行政机关之间及其在行政管理活动中同其他国家机关、社会团体和公民间发生的社会关系。"①

另有学者认为，"行政法是一切行政管理法规的总称。国家有关行政管理方面的法规种类繁多，具体名称不一，但就其内容来说，凡属于国家行政管理范畴的，在部门法的分类上统称为行政法"。"行政法是规定国家行政机关的组织、职责权限、活动原则、管理制度和工作程序的，用以调整国家行政机关之间，以及国家行政机关同其他国家机关、企业事业单位、社会团体和公民之间行政法律关系的各种法律规范的总和。""行政法是一个独立的法律部门，是国家法律体系中的重要组成部分。"②

还有学者指出，行政法是规定国家各个方面行政管理的行政法规的总

---

* 本文为罗豪才与姜明安合作撰写，姜明安执笔，原载北京大学法律学系：《法学论文集》，光明日报出版社 1987 年版，第 1-15 页。

① 法学辞典编辑委员会：《法学辞典》，上海辞书出版社 1980 年版，第 272-273 页。

② 王珉灿主编：《行政法概要》，法律出版社 1983 年版，第 1 页。

称,是国家行政机关工作的法律依据,也是人们在有关活动中所必须遵循的准则。它不像民法、刑法那样有一部独立完整自成体系的法典,而是散见于各种形式的法律和法规中。行政法规范调整国家行政机关实现国家行政管理活动中所发生的社会关系,即行政法律关系。①

关于行政法的上述三个定义,在很多方面是一致的。例如,三个定义都肯定:(1)行政法与行政管理相联系;(2)行政法不存在一部统一的法典,而是一类法规的总称;(3)行政法规范散见于各种规范性文件之中。但是,对上述定义细加分析,可以发现它们之间也存在分歧。例如:(1)关于行政法的调整对象,第一个定义的表述是:"国家行政机关之间及其在行政管理活动中同其他国家机关、社会团体和公民之间发生的社会关系";第二个定义的表述是:"国家行政机关之间,以及国家行政机关同其他国家机关、企业事业单位、社会团体和公民之间行政法律关系";第三个定义的表述是:"国家行政机关实现国家行政管理活动中所发生的社会关系,即行政法律关系"。(2)关于行政法的内容,第一个定义的表述是:包括国家行政机关活动的一切方面;第二个定义的表述是规定国家行政机关的组织、职责权限、活动原则、管理制度和工作程序;第三个定义的表述是"国家行政机关工作的法律依据""人们在有关活动中所必须遵循的准则"。具体包括:其一,关于国家行政管理活动的任务、内容、原则、方式和方法;国家行政机关在国家机构中的法律地位和作用;各种不同国家行政机关的职权范围及其应负的义务;国家行政机关的设立、变更和撤销的程序以及它们相互之间的关系。其二,关于社会团体在国家行政机关执行管理活动中的权利和义务。其三,关于公民在国家行政管理活动中维护自己合法权益的权利和履行行政法规定的义务以及违反行政法规定时应负的责任。(3)关于行政法的法源(法律渊源)②,第一个定义的表述是:"宪法、法律、法令、决议、命令和其他各种规范性文件。"第二个定义的表述是:"一切行政管理法规。"关于"行政管理法规",这些学者所下的定义是:"国家机关在实行行政管理时合法制定的普遍性的规则",包括:国务院制定的行

---

① 《中国大百科全书·法学》,中国大百科全书出版社1984年版,第672页。

② 关于"法源",有各种解释。有的学者说,法源是先于法律而存在的,构成法律的规则;有的学者说,法源是产生法律的原动力;也有的学者说,法源是指制定法律的机关;还有的学者说,法源是产生法律的原因。本文这所讲的法源是指法律的存在形式,指某一法律部门的法律规范的来源或出处。

政法规和发布的决定和命令;国务院各部、各委员会在本部门的权限内制定和发布的命令,指示和规章;省、直辖市的人民代表大会和它们的常务委员会所制定和发布的具有行政法规范性质的地方性法规;地方各级人民政府关于行政管理所制定和发布的决定和命令;民族自治机关关于行政管理所制定和发布的自治条例和单行条例。第三个定义的表述是:“各个方面行政管理的行政法规。”关于“行政法规”,这些学者所下的定义是:“国家行政机关制定的规范性文件的总称”,但他们在具体列举行政法的渊源时则包括:宪法、国家权力机关制定的国家行政管理活动方面的单行法和各种行政法规、中央和地方级国家行政机关制定或颁发的决定和命令、其他各种规范性文件、涉及行政管理的各种国际条约。

上述定义的三点分歧均涉及我国行政法的基本概念。明确概念是科学研究的起码要求和前提条件。不知道行政法为何物,不知道什么是行政法,不知道行政法的内涵和外延,就谈不上研究行政法。当然,对于某些概念,特别是对于社会科学中的某些概念,学者间存在一定的分歧意见是正常的,是不可避免的。问题在于,学者自己在使用概念时要真正明确其所使用的概念的内涵和外延,并在自己的思维中始终保持一致,遵守思维的逻辑规律。为此,学者在使用概念前,必须对所使用的概念进行认真严肃的研究,真正明确其范畴。至于学者间对概念的意见分歧,则可以通过加强学术讨论,在讨论的基础上求得一致。

正是基于这样的考虑,我们特尝试对上述行政法定义的三点分歧作一些分析,并谈一点我们对这些问题的看法。

一、关于行政法的调整对象

关于行政法的调整对象,三个定义都强调行政法调整的对象是国家行政机关参与(必须有国家行政机关作为当事人之一)的社会关系或法律关系。第一个定义把这种关系分成两种情况:第一种情况是国家行政机关之间发生的关系,这种关系无论在什么场合都为行政法所调整;第二种情况是国家行政机关同其他国家机关、社会团体和公民发生的关系,这种关系只有发生在“行政管理活动中”才被行政法所调整。另外,该定义明确提出作为行政法调整的对象是社会关系而不是法律关系。第二个定义把行政法调整的关系也分成两种情况：国家行政机关之间的关系；国家行政机关同其他国家机关、企事业单位、社会团体和公民之间的关系。但第二个定义没有指出这些关系作为行政法调整对象必须具备何种条件，没有说这些关系必须发生在行政管理活动中，从而可以理解为这些关系无论发生在什么场合都为行政法所调整。另外，该定义明确提出作为行政法调整的对象是法律关系。第三个定义把行政法调整的关系分成三种情况：国家行政机关之间发生的关系；国家行政机关和企业事业单位、社会团体之间发生的关系；国家行政机关和特定公民之间发生的关系。第三个定义指出这些关系均只有在国家行政机关实施国家行政管理活动中发生才被行政法调整。另外，该定义提出作为行政法调整的对象是社会关系，即法律关系，认为社会关系等于法律关系。这样的界定产生了下述四个问题：第一，行政法调整的关系是否必须有国家行政机关参加；第二，行政机关能和哪些对象发生为行政法所调整的关系（行政法律关系的主体包括哪些范围）；第三，行政法调整的关系是否必须是在行政管理活动中发生的（行政法调整行政机关对内对外发生的关系有无条件）；第四，行政法调整的对象究竟是社会关系还是法律关系，社会关系是否等于法律关系。对于第一个问题，我们认为，在一般情况下，行政法调整的关系应该是有国家行政机关参与期间并起主导作用的关系。但是，例外的情况也是存在的，特别是在我们社会主义国家，例外的情况要更多一些。例如，根据宪法，中国共产党是我们国家的领导力量。中国共产党在对国家行政机关及其活动实施领导时，即必须适用行政法的有关原则，党不能离开宪法和法律实施领导。又如，我们的立法机关和司法机关在其内部管理中也存在大量的人事、财务等行政工作。我们不能认为这些国家机关在进行这些工作时可以离开行政法，行政法不能对这些机关进行的上述工作进行调整。再如，我们的工会、共青团、妇联等社会组织往往根据法律授权或行政机关的委托，担负某些行政职能（如社会保险工作、计划生育工作等）。我们不能认为，这些社会组织在行使有关行政职能时可以离开行政法，行政法不能对它们行使上述职能进行调整。

对于第二个问题，我们认为，国家行政机关之间、国家行政机关和它们的工作人员之间以及国家行政机关和其他国家机关、企业事业单位、社会组织、团体、公民个人及外国人、无国籍人之间发生的关系都可以被行政法调整。

也就是说,行政法律关系的主体包括国家行政机关、国家工作人员、其他国家机关、企业事业单位、社会组织、团体、公民个人以及外国人和无国籍人。

对于第三个问题,我们认为,行政法调整的关系必须是在行政管理活动中发生的,即必须是在国家行政机关和国家工作人员(在法律规定的场合,也可以是其他国家机关和社会组织)行使行政管理职能过程中发生的。国家行政机关和国家工作人员在非行使行政管理职能,非进行行政管理活动时而与各个方面发生的关系自然不应属行政法调整。例如,行政机关去商场购买物品的活动受民法调整,国家工作人员去法院参加诉讼活动受诉讼法调整等。

对于第四个问题,我们认为,法律调整的是社会关系,而不是法律关系。社会关系一经法律调整之后才叫作法律关系。法律关系可以认为是一种特殊的社会关系,但社会关系并不等于法律关系。社会关系包括物质关系和思想关系。列宁指出:"思想关系只是不以人们的意志和意识为转移而形成的物质关系的上层建筑。"①法律关系是一种思想关系、意志关系,是以法律规定的当事人权利、义务为内容,并以国家强制力保证实现的社会关系。很显然,只有有了法,才有法律关系。法律关系只是法调整的产物,而不是作为法的调整对象先于法而存在的。作为先于法而存在的法的调整对象只是一般的社会关系,它们可能是物质社会关系,也可能是思想社会关系;只有这些关系被赋予了法律规定的权利和义务的内容时,它们才转化为法律关系。我们说行政法调整社会关系,当然不是说行政法调整所有的社会关系。行政法只调整行政领域的社会关系,即国家行政机关(在法律规定的场合,也可以是其他国家机关和社会组织)在行使行政职能过程中对内对外发生的各种社会关系,这种社会关系可以简称为行政关系。

二、关于行政法的内容

关于行政法的内容,三个定义都认为行政法以规定行政机关的活动为内容。但第一个定义认为行政法规定行政机关活动的一切方面;第二个定义认为行政法只规定行政机关的组织、职责权限、活动原则、管理制度和工作程序,而没有提到"一切方面";第三个定义认为行政法不仅规定行政机关的活

① 《列宁全集》第1卷,人民出版社1958年版,第131页。

动(非一切方面),而且规定人们在有关活动中应遵守的规则。

这里实际上提出了一个行政法规范的范围问题(法的内容即表现为法的规范),即行政法究竟包括哪些规范。这个问题实际上与行政法调整对象紧密相连。行政法调整的对象决定行政法的内容,即决定行政法规范的范围。我们认为,根据行政法的调整对象,行政法包括三大类规范:第一类规范是行政组织法规范。这类规范主要包括:(1)有关国家行政机关的建立、变更、撤销程序的规范;(2)有关国家行政机关的组织结构和编制的规范;(3)有关国家行政机关的地位、任务、权限、责任的规范;(4)有关国家工作人员录用、培训、考核、奖惩、晋升、调动及权利、义务的规范。第二类规范是行政管理活动规范。这类规范既包括国家行政机关应遵守的行为规则,又包括作为行政机关管理对象的企事业单位、社会组织、团体和公民个人应遵守的行为规则。前者的规范如:(1)有关行政管理活动基本原则的规范;(2)有关行政法规、行政规章和其他行政管理文件制定的标准、程序的规范;(3)有关行政命令、行政措施的实施规则、实施程序的规范;(4)有关行政监管的方法、措施、程序的规范;(5)有关行政奖励和行政处罚的条件、形式、程序的规范。后者的规范如:(1)有关公民及其社会组织参与国家行政管理的权利、义务、形式和方法的规范;(2)有关进行生产、经济活动的规则、权利、义务的规范,如有关企业开办的申请、批准、登记的规范;(3)有关维护社会治安、遵守社会秩序的规范,如有关交通规则、消防规则等的规范。第三类规范是行政法制保障规范。这类规范主要包括:(1)有关国家行政机关外部监督(包括党的监督、权力机关的监督、检察机关的监督、社会组织的监督、人民群众的监督)的形式、方法的规范;(2)有关国家行政机关内部监督(包括上级机关的监督、职能机关的监督、专门监督机关的监督)的形式、方法的规范;(3)有关行政纠纷处理的规则、程序的规范;(4)有关行政诉讼形式、程序的规范。

行政法规范按其调整对象的性质可以分为总则和分则两大类规范。行政法总则规范是调整行政管理过程中一般问题的规范。如关于国家行政机关、国家工作人员、行政管理规范文件、行政命令、行政措施、行政监督、行政奖励、行政处罚、行政诉讼、行政法制保障等的规范。行政法分则规范是调整行政管理过程中特殊问题(专门问题)的规范。如关于国民经济管理的规范,关于科学、文化、教育、卫生管理的规范以及关于民政管理的规范、关于社会治安管理的规范、关于司法管理的规范、关于外交管理的规范、关于国防管理的规范等。行政法规定国家行政机关活动的原则,规定国家行政机关的组织和职权,规定公民的权利和义务。宪法也规定国家行政机关活动的原则、国家行政机关的组织和职权、公民的权利和义务,但是行政法并不等同于宪法(有人认为行政法是宪法的一部分,是宪法的实施和动态部分。[①] 这说明行政法和宪法有着极密切的联系,但不能否认行政法是一个独立的法律部门)。宪法是国家的根本法,它主要规定国家的基本政治制度和经济制度,规定整个国家机构的组织,规定国家机关活动的基本原则,规定公民的基本权利和义务。宪法的规定是总的规定,其基本原则不仅适用于行政机关,也适用于立法机关、审判机关和检察机关;其调整范围不仅及于行政活动,也及于立法活动、审判活动和检察活动。例如,它不仅规定行政机关的基本组织和职权,也规定立法机关、审判机关、检察机关的基本组织和职权;不仅规定行政机关活动的基本原则,也规定其他国家机关活动的基本原则;不仅规定公民在行政领域的基本权利和义务,也规定公民在其他领域的权利和义务,这是其一。其二,宪法的规定是原则性的规定,需要行政法或其他部门法对它加以具体化。例如,宪法关于行政机关组织和职权的规定需要各种行政组织法(如国务院组织法、地方人民政府组织法、国务院各部委组织条例、自治区自治条例等)加以具体化;宪法关于公民基本权利和义务的规定需要各种专门行政法(如行政复议法、行政诉讼法、国家赔偿法、结社法、集会游行示威法、兵役法等)加以具体化。由此可见,宪法和行政法是根本法和部门法的关系,也可以说是母法和子法的关系。

行政法调整国民经济管理,经济法也调整国民经济管理,但经济法并不等于行政法。国家对经济的管理就像国家对文化、教育、科技、卫生、治安、民政等的管理一样,是国家行政机关的职能,属于行政活动的范畴。调整国家管理经济的规范自然属于行政法的组成部分,这类规范传统上归为行政法分则规范的部分。但是这种情况自 20 世纪 70 年代末开始有了变化。党的十一

---

① 龚祥瑞说:"宪法是行政法的基础,而行政法则是宪法的实施。行政法是宪法的一部分,并且是宪法的动态部分。没有行政法,宪法每每是一些空洞、僵死的纲领和一般原则,而至少不能全部地见诸实践。"龚祥瑞:《比较宪法与行政法》,法律出版社 2003 年版,第 5 页。

届三中全会以后,党和国家的工作重点转移到经济建设上来,国家管理经济的任务日益繁重。与此相适应,有关经济管理的法律法规大量增加。这些法律法规又由于社会主义公有制条件下经济关系纵横交错,其中很大一部分与有关民法规范交织在一起。它们相互交融,既调整国家行政机关对经济的管理活动,又调整经济组织内部和经济组织相互之间的关系。由于这种情况,这些法律法规就逐渐从行政法中分离出来而构成一个新的法律部门——经济法。因此,经济法并不等同于行政法。但是经济法确实和行政法有着血缘亲属关系。经济法在调整国民经济管理活动时,仍然要接受行政法总则规范的指导;经济管理机关的设置、变更、撤销,经济管理机关工作人员的任用、考核、培训、奖惩、升降,经济管理法规的制定,经济管理活动的控制、监督以及对经济组织违法行为的制裁、经济纠纷的处理,对经济管理机关及其工人员的法制监督等,仍然要受行政法总则规范的调整。经济法在调整国民经济管理活动即纵向经济关系时,仍然可以视为行政法的一部分;但在总体上,经济法已构成一个独立的法律部门。

行政法除在内容上与宪法、经济法有密切联系外,在调整对于违法行为的处罚方面与刑法有相邻关系(违法行为与犯罪行为的区分在很多情况下只是相对的);在调整财政拨款、财产征收、财产资金没收、国家赔偿等方面与民法有相邻关系;在调整国家工作人员的工资、福利、社会保险等方面与劳动法有相邻关系。因为各法律部门的区分在很多情况下都只是相对的,而不是绝对的,它们之间不存在不可逾越的鸿沟。因此,各法律部门的法律规范相互邻接、相互重合、相互交融的现象是常见的。

三、行政法的法源

关于行政法的法源,三个定义都提出行政法不存在一部统一的法典,其法源包括各种规范性文件。但是对于各种规范性文件的含义和范围的看法却不一致。第一个定义指“宪法、法律、法令、决议、命令和其他各种规范性文件”;第二个定义指“一切行政管理法规”;第三个定义指“各个方面行政管理的行政法规”。

这三种意见哪种意见较为适当呢?关于第一种意见,将宪法和法律作为行政法法源似乎无甚争议。至于“法令”,作为一种法律文件形式,原是指全国人大常委会制定的规范性文件。现在,宪法已规定全国人大常委会享有立法权,和全国人大一样可以制定法律,[①]“法令”这种形式即不再存在,行政法亦不再有此种法源。至于决议、命令和其他各种规范性文件是否都能成为行政法的法源,则是有争议的。

关于第二种意见,把作为行政法法源的各种规范性文件统称为“行政管理法规”不是不可以,问题在于如何确定“行政管理法规”这个概念,如何规定它的内涵和外延。现行宪法和法律并没有规定“行政管理法规”这个概念。《行政法概要》一书给这个概念下的定义是“国家机关在实行行政管理时合法制定的普遍性的规则”。“国家机关”应该说包括权力机关、司法机关和行政机关,但是该书在确定“行政管理法规”概念的外延时排除了作为最高国家权力机关全国人大和全国人大常委会制定的法律(概念的外延与内涵不一致),从而否定了法律是行政法的法源。把法律排除在行政法法源之外,这等于说,《国务院组织法》《地方组织法》[②]《居民身份证条例》《消防条例》等都不是行政法,这显然是难以为人们所接受的。

关于第三种意见,把作为行政法法源的各种规范性文件统称为“行政法规”,这也是明显不妥当的。因为现行宪法规定,只有国务院有权制定行政法规。[③]《中国大百科全书·法学》把“行政法规”定义为“国家行政机关制定的规范性文件的总称”,这是与现行宪法的规定相抵触的。另外,该定义在列举行政法规的外延时,又提出广义和狭义两种情况;在列举行政法的法源时,更把宪法、法律、法规、条约等包括了进去。这些在逻辑上都是很有毛病的,使人无法理解和把握其所阐述的概念。

我们认为,行政法是调整国家行政机关(在有法律规定的情况下,也可以是其他国家机关或社会组织)在行使国家行政管理职能过程中发生的各种社会关系(行政关系)的法律规范的总和。这些法律规范存在于宪法、法律、行政法规、行政规章、地方性法规、自治条例和单行条例之中。也就是说,行政法的法源包括宪法、法律、行政法规、行政规章、地方性法规、自治条例和单行

① 参见《宪法》第58条和第72条。所引法条均是本文写作时有效法律的法律条文,而非现行法律的法律条文(全书同)。

② 全称为《中华人民共和国地方各级人民代表大会和地方各级人民政府组织法》,全书同。

③ 参见《宪法》第89条。

条例。宪法作为行政法的法源,它包含的行政法规范主要有:(1)有关国家行政管理活动基本原则的规范(如关于民主集中制原则、人民群众参加国家管理的原则、民族平等的原则、责任制原则、法治原则的规范);(2)关于国家行政机关基本组织和职权的规范(如关于国务院组织和职权、地方人民政府组织和职权的规范);(3)关于公民在行政管理领域中基本权利和义务的规范(如关于对国家机关及其工作人员违法失职行为进行申诉、控告、检举权利的规范,关于公民依法服兵役和纳税义务的规范等)。

法律作为行政法的渊源,包括由全国人民代表大会制定的基本法律,如《国务院组织法》《地方组织法》等,也包括由全国人民代表大会常务委员会制定的非基本法,如《公民出境入境管理法》《外国人入境出境管理法》《居民身份证条例》《消防条例》等。毫无疑问,基本法和非基本法中都包含大量的行政法律规范。

行政法规是国务院制定的规范性法律文件,它作为行政法的渊源,调整着国家的经济、社会、文化等各方面的广泛的行政管理关系,其数量庞大。在1985年国务院公报上登载的行政法规即有几十个之多,如《国务院关于行政区划管理的规定》《国务院关于严禁淫秽物品的规定》《征兵工作条例》《风景名胜区管理暂行条例》《国务院关于审计工作的暂行规定》《国务院关于农村个体工商业的若干规定》等。

行政规章是国务院各部委和省、自治区、直辖市与省、自治区的人民政府所在地的市以及国务院批准的较大的市的人民政府制定的规范性法律文件。根据《宪法》第90条的规定,国务院各部委有权制定规章。根据《地方组织法》第35条的规定,省、自治区直辖市以及省、自治区的人民政府所在地的市和经国务院批准的"较大的市"①的人民政府有权制定规章。行政规章作为行政法的渊源,其数量较行政法规更为庞大。如1985年10月12日财政部发布的《事业单位工资制度改革后财务管理的若干规定》;1984年12月11日文化部发布的《关于使用文物古迹拍摄电影电视故事片的暂行规定》;1984年12

① 国务院1984年12月15日发文,批准唐山市、大同市、包头市、大连市、鞍山市、抚顺市、吉林市、齐齐哈尔市、青岛市、无锡市、淮南市、洛阳市、重庆市13个市为"较大的市"。这些市的人大常委会可以拟定本市需要的地方性法规草案,报请省级人大常委会审议制定;这些市的人民政府可以根据法律和行政法规制定规章。

月20日对外经济贸易部发布的《边境小额贸易暂行管理办法》等。这些是登载于国务院公报的国务院各部委规章的例子,登载于地方人民政府公报上的地方人民政府规章的数量则更多。

应该指出,我们说行政法规和行政规章是行政法的渊源,并不是说行政法是行政法规和行政规章的总称,因为行政法的规范不仅存在于行政法规和行政规章之中,其同时存在于法律和其他形式的法律文件之中;也不是说所有的行政法规和行政规章都是行政法,因为行政法规和行政规章不仅可以载有行政法规范,也可以载有经济法、劳动法、婚姻法甚至民法的规范(尽管这种情况很少)。

地方性法规以及自治条例和单行条例也是行政法的法源。《宪法》第100条规定,省、直辖市的人民代表大会和它们的常务委员会有权制定地方性法规。第116条规定,民族自治地方的人民代表大会有权制定自治条例和单行条例。现行宪法(八二宪法)制定以后,各地陆续制定了一大批调整行政关系的地方性法规以及自治条例和单行条例。这些地方性法规和自治条例、单行条例中包含的法律规范主要是行政法规范,如河北省人大常委会制定的《河北省城市规划条例》《河北省集市贸易管理暂行条例》、天津市人大常委会制定的《天津市城乡集市贸易市场食品卫生管理办法》(试行)、北京市人大常委会制定的《北京市农村林木资源保护管理暂行办法》、湖北省人大常委会制定的《关于保护农村专业户合法权益的决定》等。

上述规范性法律文件应该说是行政法的最主要的渊源,行政法规范即主要存在于这些规范性法律文件之中。但是,除了上述规范性文件,下述文件亦可成为行政法的渊源:

1. 中共中央和国务院联合发布的文件。在社会主义国家,为了动员广大党员和人民群众实现国家的某项重大任务,或者为了对某些重大问题作出规定,党和政府往往联合发布文件。这些文件凡是有关行政管理和调整行政关系的即应视为行政法的渊源。如1985年11月5日中共中央和国务院联合转发中央宣传部、司法部发布的《关于向全体公民基本普及法律常识的五年规划》、1985年10月31日中共中央和国务院联合发布的《关于制止向农民乱派款、乱收费的通知》、1985年7月27日中共中央和国务院联合发布的《关于尊重、爱护军队、积极支持军队改革和建设的通知》等都是这样的文件。

2. 国务院和社会组织联合发布的文件。如国务院和总工会就劳动保护、社会保险、劳动纪律等问题联合发布的文件,国务院和全国妇联就妇女儿童权益保护、计划生育等问题联合发布的文件等。这些文件涉及行政管理的也应列为行政法渊源的范围。

3. 条约。国际条约内容有涉及国内行政管理的应视为行政法的渊源。

关于行政法的法源,目前学术界争议较大的问题是:中小城市和县、乡人民政府发布的规范性文件是否属于行政法渊源的范围;省、自治区、较大市以上人民政府发布的非规范性文件(以决定、命令、指示、通知等形式发布)是否属于行政法法源的范围。有学者认为,凡是国家行政机关发布的行政管理文件,无论是规范性的还是非规范性的,都是行政法的法源。也有学者认为,只有国家行政机关发布的规范性文件才是行政法的渊源。还有学者认为,只有法律授权的一定国家行政机关(不是所有国家行政机关)发布的规范性文件,才是行政法的渊源。

我们同意第三种意见。因为:第一,法必须具有规范性,无规范性则不能叫作法。行政法作为法,当然不能不具有法必备的特性。国家行政机关就个别事件、针对个别人发布的个别文件(通常以决定、命令、指示、通知等形式发布)不具有规范性,自然不能构成行政法的渊源。第二,法必须具有一定的普遍性和统一性(当然法的普遍性和统一性只是相对的)。行政法作为法,当然也不能没有相对的普遍性和统一性。如果每个行政机关以致乡镇一级政府、科室一级机构都能制定行政法,那就无普遍性和统一性可言,国家法制的统一就无法保障。第三,法在内容、形式、制定程序上必须有一套标准,符合标准才能称为法。目前我国尚未颁布行政法制定标准法,因此还难以从内容实质上确定哪些行政管理文件构成行政法的渊源。但是宪法和组织法已经明确规定,只有国务院才能制定行政法规,只有国务院批准的"较大的市"的人民政府级别以上的行政机关才能制定行政规章。这样,在形式上区分行政法和一般行政管理规范文件还是可能的。因此,我们没有理由说,行政法的法源包括所有国家行政机关制定的所有行政管理文件,或者说包括所有国家行政机关制定的规范性管理文件。

当然,从现实需要来说,行政立法的权限应该进一步下放,应该在法律上赋予更大范围的国家行政机关以制定行政规章的权力。例如,国务院各直属机构,完全应该赋予它们以行政规章制定权;国务院批准的"较大的市"以外的大城市以及中小城市的人民政府,它们也迫切需要享有此种权力。随着政治经济体制改革的进一步深入,行政规章的制定权今后宜逐步下放到县一级人民政府。① 与行政立法权限下放的同时,我们应抓紧制定行政法制定标准法,规定各级人民政府制定行政法的权限,规定对行政法内容和形式的要求,规定制定行政法的程序,规定对行政法审查的机构以及对行政法提起异议和撤销行政法的根据、程序等。

关于我国行政法的调整对象、范围和法源的问题是我国目前行政法教学和科研中必须加以解决的最急迫的问题之一。本文在分析研究我国目前流行的几个行政法定义的基础上提出一些粗浅的看法,可能谬误甚多,希望能引起批评和讨论,以求得出正确的结论。

---

① 2023 年 3 月 13 日,第十四届全国人大第一次会议通过修正的《立法法》第 91 条第 1 款规定:国务院各部、委员会、中国人民银行、审计署和具有行政管理职能的直属机构以及法律规定的机构,可以根据法律和国务院的行政法规、决定、命令,在本部门的权限范围内,制定规章。《立法法》第 93 条第 1 款规定:省、自治区、直辖市和设区的市、自治州的人民政府,可以根据法律、行政法规和本省、自治区、直辖市的地方性法规,制定规章。

试论我国政府机构设置的原则*

根据我国行政立法的理论和实践，考察我国政府机构设置的历史和现状，分析其利弊得失，借鉴外国的某些经验，我国政府机构的设置应确立如下原则。

一、适应需要原则

《国务院组织法》和《地方组织法》都规定了政府机构设置的适应需要原则。《国务院组织法》第 11 条规定："国务院可以根据工作需要和精简的原则"，设立直属机构和办事机构。《地方组织法》第 38 条第 1 款规定："地方各级人民政府根据工作需要和精干的原则，设立必要的工作部门。"适应需要原则的"需要"是指适应社会主义革命和建设任务的需要。政府机构（行政机构）是整个国家机器的一个重要组成部分。它和立法机构、司法机构一样，是统治阶级实现阶级专政的工具。其不同于立法机构和司法机构的地方在于：它不是通过立法或审判活动而是通过组织管理活动来实现统治阶级专政的任务。政府机构既然是统治阶级实现阶级专政任务的工具，它的设置当然必须适应统治阶级专政任务的需要；政府机构既然是从事组织管理活动的机构，它的设置当然必须适应它所组织管理的对象——各种国家事务——的需要。我们的国家是社会主义国家，我国的政府机构是人民民主专政的工具，是组织和管理社会主义革命和建设事业的指挥系统。因此，我国政府机构的设置必须与人民民主专政任务的需要相适应，与社会主义革命和建设任

* 本文原载陈守一等：《法学论文集——纪念北京大学法律学系重建三十周年》，北京大学出版社 1984 年版，第 200-216 页。

务的需要相适应。在生产资料所有制的社会主义改造基本完成以前,我们国家的主要任务是镇压被推翻阶级的反抗,巩固政权,实现对生产资料所有制的社会主义改造,建立社会主义的生产关系。这个时期政府机构的设置——设置何种机构、使用何种形式、需经何种程序等——皆必须适应这一任务的需要。例如,《中国人民政治协商会议共同纲领》(以下简称《共同纲领》)第14条第1款规定:"凡人民解放军初解放的地方,应一律实施军事管制,取消国民党反动政权机关,由中央人民政府或前线军政机关委任人员组织军事管制委员会和地方人民政府,领导人民建立革命秩序,镇压反革命活动,并在条件许可时召集各届人民代表会议。"军管机关的形式就是与解放初期刚解放地区任务相适应的政府机关形式。又如,在中央和地方政府机构中,各种性质机构的比重也反映出适应上述任务需要的情况。就中央政府机关来说,解放初期,政务院设34个部委级机构,其中,执行镇压职能和一般行政管理职能的机构为10个,占29%;执行经济管理职能的机构为15个,占44%。1954年第一届人民代表大会召开时,国务院设部委级机构35个,其中,执行镇压职能和一般行政管理职能的机构为8个,占23%;执行经济管理职能的机构为21个,占60%。由此可见,这个时期执行镇压职能和一般行政管理职能的机构在政府机构总量中的比重是很大的,这显然是适应该时期国家任务的需要。在生产资料所有制改造基本完成以后,我国政府机构的设置发生了较大变化。在整个政府机构中,执行经济管理职能机构的比重增加了,而执行一般行政管理职能机构的比重则相对减少了。据1981年6月统计,国务院共设部委级机构51个。其中,执行经济管理职能的机构为37个,占72%,比新中国成立初期增长28%,比20世纪50年代中期增长12%;执行一般行政管理职能的机构为6个,占12%,比新中国成立初期减少17%,比20世纪50年代中期减少11%。就国务院管理经济机构的设置情况看,20世纪50年代中后期比新中国成立初期的机构(指《中央人民政府组织法》中所列机构)增设的部委有:国家经济委员会、国家技术委员会、对外贸易部、地方工业部、建筑工程部和第一、二、三机械工业部以及煤炭部、电力部、石油部、冶金部、化工部、建材部、水产部、农垦部、森林部、城建部等。而20世纪70年代末至80年代初较50年代中后期又增设了四个机械工业部、对外经济联络部、农业机械部以及国家农业委员会、国家能源委员会、外国投资管理委员会、国家科学技术委员会等。

1983 年国务院机构改革完成以后,上述情况有了一些变化,但总的趋势没变。机构改革后国务院共设部委 43 个,其中执行一般行政管理职能的部委(包括外交部)为 5 个,占 12%;执行国民经济管理职能的部委(包括对外经济贸易部、财政部、中国人民银行、经济体制改革委员会)为 29 个,占 68%。

当然,上述情况只是一个例子,说明行政机构的设置是随着社会主义革命和建设任务需要的变化而变化的。但是,我们不能把上述情况绝对化、公式化,认为随着经济建设的发展,相应行政管理部门必然增加,甚至是成正比例地增加。这样理解是完全错误的,并且是有害的。因为,第一,行政机构设置适应需要的原则并不等于国家增加某一事务,或者同一事务增加一定工作量,就必须相应地设立一个独立的部门进行管理。关于分工过细、专业主管部门设置过多的弊端,许多学者已经作了分析。第二,根据外国的经验,社会、经济、文化事务不一定必须由国家管理,它们中的一部分甚至是很大的一部分完全可以交给社会和群众自己去管理。这样,随着国家社会、经济、文化事务的增加,就不一定需要相应地增加国家行政部门的机构和编制。我们强调的行政机构设置适应需要的原则主要是指以下三个方面的意思:其一,设置某一机构必须是真正基于某种需要,即为了领导和管理社会主义革命和建设事业,确实必须设立某一机构。如果不是"必须"(例如,有些事务可以通过群众自治的方式解决,有些事务可以由某一机构代管等),就不应该设置新的机构。其二,既应根据需要设置新的机构,也应根据需要撤销旧的机构。某一机构已经完成了它的历史使命,没有存在的必要,就应该及时将其撤销,而不应该让它原封不动或者改头换面地存在下去。其三,"需要"是指社会主义革命和建设的需要,而不是指照顺人事关系的需要。后一个"需要"不是我们主张的需要原则的"需要",而是我们所反对的"因人设事"原则的"需要"。

二、便民原则

我们的政府叫作"人民政府"。顾名思义,人民政府就是代表人民利益和为人民谋利益的政府。为此,它的机构设置必须考虑如何方便人民群众,如何能更好地为人民群众办事。在政府机构设置的实践中,为实现便民原则的做法是多种多样的,其中主要的有下述五种,即就近、从简、慎用人、有监督、自治。

就近。"就近"是指为群众办事的机构尽量设得离群众近些。能够设在地方的机构就不要设到中央,能够设在下面(基层)的机构就不要设到上面(省、市政府),能够设在群众身边的机构就不要设到政府大院里去。机构设得离群众远了,一是群众办事不方便,花钱费时门难找;二是机构本身容易滋生官僚主义,压、推、拖、了事无音(事情来了就压、压不住就推、推不去就拖、最后一直拖到不了了之,事情杳无音讯)。

从简。"从简"是指机构设置必须精简。能够一个机构解决问题的就不要设两个机构,能够多块牌子、一个机构的就不要每块牌下设一个机构,能够合署办公的就不要一个机构筑一个台、唱一台戏。机构多了,程序就繁了;程序繁了,办事就难了。另外,机构一多就容易互相推诿、互相扯皮。机关之间互相推诿、互相扯皮,群众还有什么方便可言。

慎用人。"慎用人"是指设置机构必须谨慎地选用工作人员。选用工作人员的总的标准是革命化、年轻化、知识化、专业化。对于那些直接为群众办事和服务的机构,要特别强调选择对象对人民群众的态度、对工作负责的精神和秉公办事的正直品质。一个政府机构,只有其工作人员是热心为人民服务的,是积极负责的,是大公无私、刚直不阿的,才可能做到真正方便群众,真正为人民群众谋利益。

有监督。"有监督"是指每设置一个机构都要规定相应的监督机制。这种监督不应该是抽象的、形式上的,而应该是具体的和实际的。它不仅应该包括人民代表机关的普遍监督和行政机关的专门监督,还应该包括人民群众的日常的、直接的监督。要规定一定的措施,保证人民群众对行政机构及其工作人员的意见有反映渠道,能得到重视和解决。否则,我们政府机关为人民服务与方便群众的宗旨就难以得到切实的保障。

自治。"自治"有两种:一种自治是民族区域自治。《宪法》第 4 条第 3 款规定:"各少数民族聚居的地方实行区域自治,设立自治机关,行使自治权……"民族自治地方的自治机关不仅行使一般地方国家机关的职权,而且行使法律规定的自治权。如自主地安排和使用依照国家财政体制属于民族自治地方的财政收入,自主地安排和管理地方性的经济建设事业,自主地管理本地方的教育、科学、文化、卫生、体育事业,保护和整理民族的文化遗产,发展和繁荣民族文化等。民族自治地方的自治机关还可以依照国家的军事制度和当地的实际需要,经国务院批准,组织本地方维护社会秩序的公安部队。此外,民族自治地方的自治机关在执行职务的时候,依照本民族自治地方自治条例的规定,使用当地的一种或几种语言文字。所有这些,对于少数民族广大群众参加国家管理,对于他们为处理各种事务、解决各种问题而与政府打交道无疑提供了有利的条件和方便。另一种自治是基层群众自治。《宪法》第 111 条规定:“城市和农村按居民居住地区设立的居民委员会或者村民委员会是基层群众性自治组织……居民委员会、村民委员会设人民调解、治安保卫、公共卫生等委员会,办理本居住地区的公共事务和公益事业,调解民间纠纷,协助维护社会治安,并且向人民政府反映群众的意见、要求和提出建议。”在我国现实生活中,居民委员会、村民委员会解决了群众日常生活、生产和学习中的许多问题,确实为群众提供了极大的方便。

三、效率原则

确立这一原则的道理是不言而喻的。政府机构是办事机构,是处理问题和解决问题的机构。因此,设置各种政府机构,当然要考虑如何设置才能更有利于它们处理问题和解决问题,更有利于提高它们办事的效率。

政府机关工作的效率与很多因素有关(如机关工作人员的素质、机关的办公用具和其他工作设备、工作条件的优劣等),其中一个很重要的因素是机构设置的合理与否,合理的机构设置就如同一部装配良好的机器,其正常的运转必然带来合量和合格的产品。那么,政府机构的设置怎样才是合理的呢?它应当怎样设置才有利于提高工作效率呢?对此,实践中已经创造了不少经验,其中有些经验并以法律、法规的形式加以确认。

(一)加强职能机构,减少专业主管机构。周恩来同志在 1956 年向全国人大常委会提出的《调整国务院所属财经部门组织机构的议案》中提到的调整措施中,一个重要的措施就是加强和增设综合性的职能机构。其建议增设的职能机构有国家经济委员会、国家技术委员会、物资供应总局。1983 年,《关于国务院机构改革问题的报告》中亦提出要加强国务院的职能机构,减少专业主管机构。该报告提出:国家日常经济活动的指挥必须集中统一。目前领导多头、管理分散的状况必须改变。为此决定重新组建国家经委,并扩大其职权和业务范围。为了搞好社会主义计划经济,特别是搞好战略性的长期计划,国家计委的工作必须进一步加强。这里提到的国家经委和国家计委都属于职能机构。

(二)重叠的机构撤销,业务相近的机构合并。全国人大常委会 1982 年 3 月 8 日通过的《关于国务院机构改革问题的决议》,将电力工业部和水利部合并,设立水利电力部;将商业部、全国供销合作总社和粮食部合并,设立商业部;将进出口管理委员会、对外贸易部、对外经济联络部和外国投资管理委员会合并,设立对外经济贸易部。国务院通过 1982 年机构改革,将原有的 98 个部委、直属机构和办事机构裁减合并为 61 个;其中,部委由 52 个裁并为 43 个,直属机构由 41 个裁并为 15 个,办事机构由 5 个裁并为 3 个。此外,国务院原来还设有许多临时性领导小组、办公室、委员会等,这些非常设机构在机构改革中绝大部分也被撤销,其工作由各有关部委承担。

合并业务相近的机构,建立综合性的机构,这也是近几十年来外国政府机构改革的一个趋势。例如,在英国,希思政府上台(1970 年)后,在中央政府中建立起许多"大"部(giant department)。每一个"大"部由好几个过去在业务上有某种联系的部合并而成,主管好几方面在性质上有较密切联系的事务。如环境事务部就是这样的部,它由过去的公共建筑和公共工程部、住房和地方政府部、运输部合并而成,主管的事务有十几项之多。在英国政府各部中,像环境事务部这样的"大"部,还有外交和联邦事务部、卫生和社会安全部、工业和贸易部(后分为工业部和贸易部两个部门)等。

其他国家也有建立综合部的趋势。如匈牙利 1981 年把重工业部、轻工业部、冶金机械工业部三部合并为工业部。在这之前还把文化部和教育部合并为文教部。波兰政府在 1981 年 7 月机构改革中把动力和原子能部、采矿部合并为采矿和动力部;把化工部、轻工部合并为化工和轻工部;把冶金部、重型机械和农机工业部、机械工业部合并为冶金和机械工业部;把农业部、食品经济和收购部合并为农业和食品经济部。此外,日本的通商产业省、农林水产省和运输省也具有英国"大"部(giant department)的某些特点和性质,业务管辖范围很广。通产省主管的几乎包括全部工矿业、国内商业流通和对外贸易;农林省除主管农林水产外,还主管水利、粮食;运输省除主管海陆空运输外,还主管气象、旅游和海上保安等。

（三）加强智力机构，增加智力成分。随着社会主义革命和建设事业的发展，社会主义国家的管理职能也相应地在发生着变化。“对人的统治将由对物的管理和对生产过程的领导所代替。”①全国工作重点转移以后，我们面临的第一位的任务是社会主义现代化建设。政府机构担负着领导、组织和管理社会主义现代化建设的责任，而管理现代化建设不同于管理小生产，它需要建立在高度科学的基础上。为此，必须在政府机构中加强智力机构，设立各种如研究中心、顾问委员会、咨询小组一类组织以及为这些组织提供资料和服务的调查、情报、预测、统计等机构。这些组织和机构的人员应该由各种学者、专家和具有丰富实践经验的行家组成。我们的政府机构只有加强了这种智力的成分，才能避免或减少决策、执行的盲目性，才能避免或减少“瞎指挥”，才能避免或减少工作的重大失误和由此造成的重大损失。

许多外国政府注意设置各种智力机构参与政府决策工作。例如，美国政府设有几百个咨询委员会，日本政府亦设有各种专题审议会。咨询委员会、专题审议会大多由学者、专家组成。这些国家的政府在作出某种决策前，一般都先由这些机构进行审议和研究，提出各种可行性方案，比较利弊得失后，从中选择出比较合理的方案。在执行过程中，这些国家的政府也注意听取这些机构的意见和建议，根据情况的变化而修改、补充和完善原定的决策。

（四）加强机构体系的合理化。如前所述，政府机构如同一部机器，只有装配得当才能有良好的工作效果。同样一些零件可以有好些不同的装配法，不同的装配法会造出不同质量的机器。政府机构体系设置必须合理化的道理也是一样。有学者提出，要按“一个中心、三个系统”来组建我们的政府机构。“一个中心”即决策中心；“三个系统”是指执行系统、监督系统、反馈系统（反馈系统包括调查、情报、统计、咨询等机构）。决策中心应该是精干的，执行系统应该是强有力的，监督系统应该是具有某种独立性的，反馈系统应该是具有某种广泛性的。决策必须集中，不能多头；执行必须坚决，不能走样；监督必须严格，不能使任何一个组织、一项工作处于不受任何监督的状态；反馈必须准确、及时。在我们的政府机构中，监督系统和反馈系统很不健全，在机构改革中应该加强。

---

① 《马克思恩格斯选集》第3卷，人民出版社1972年版，第320页。

政府机构系统合理化还有一个“层次”的问题。层次多了就难以运转灵活,就容易出故障,发生阻塞或“公文旅行”“压推拖了”①,工作效率不可能高。为了解决这一问题,许多外国政府曾经采取过一些措施,取消或减少领导副职,减少中间层次。如罗马尼亚政府的许多部实行两级(部、司)制,在经济部门中取消一些总局和中间局。不设或少设副职。减少中间层特别有益于提高政府机构中执行系统的工作效率,这已经被很多国家政府的实践所证明。

机关内部组织结构是政府机构系统合理化的一个重要问题。设置一个机关,根据什么标准建立其内部组织结构,它们如何配套,如何分工协作,这对于机关工作效率影响甚大。其内部组织结构安排得合理,使其形成一个有机的、运转灵活的整体,效率必然相应地高;反之,效率则相应地低。因此,关于政府机关的内部组织结构设置亦应作为政府机构设置时认真考虑和研究的问题。

(五)选贤任能。政府机关是由人组成的,政府机关工作效率的高低关键取决于工作人员的素质。我国古代一个叫作李世民(唐太宗)的皇帝就很懂得这个道理。他在推行机构改革中就同时抓两条:一条是大刀阔斧地精简从中央到地方的机构。通过他的精简,当时中央政府的官员仅为 643 人;另一条就是“选贤任能”,要求各个机构中的官员都能“各当所任”,即能够胜任本职工作,不胜任者则撤免或调换其他工作。②

“选贤任能”是精简机构的必然要求,而精简机构并不是目的,目的是提高效率。而要提高效率,没有一支高质量的国家工作人员队伍是不可能实现的。关于“选贤任能”的原则,我们党和国家的领导人历来很重视,并曾反复强调。毛泽东同志多次讲过“任人唯贤”,③这里讲的“贤”包括德、才二义。李先念同志在 1983 年春节团拜会上指出,“精简机构不仅要把机构在组织上搞精干,更重要的是选贤任能,把大批优秀中青年干部提到领导岗位上来,提

① 时任政协主席邓颖超语,问题能压就压,工作能推就推,推不了就拖,一直拖到不了了之。

② 姚澄宇:《唐太宗的裁并机构和选贤任能》,载《光明日报》1982 年 2 月 15 日,第 3 版。

③ 例如,毛泽东同志 1938 年在讲到党的干部政策时指出,“我们民族历史中从来就有两个对立的路线,一个是‘任人唯贤’的路线,一个是‘任人唯亲’的路线。前者是正派的路线,后者是不正派的路线。”载《毛泽东选集》第 2 卷,人民出版社 1966 年版,第 493 页。

高各机构的工作质量和工作效率”。胡耀邦同志在 1983 年 2 月 17 日的一次谈话中亦指出：“在解决这个问题时，要把一批德才兼备、年富力强、有知识、有专长的优秀同志提拔到领导岗位上来。”1982 年《关于国务院机构改革问题的报告》中也提出：“领导班子要精干，要逐步实现革命化、年轻化、知识化、专业化。”要实现“选贤任能”的原则，要实现我们干部队伍的革命化、年轻化、知识化、专业化，我们有必要借鉴外国有关公务人员管理的某些经验，逐步建立起一整套完整的关于我国国家工作人员的任用、考核、提升、培训、奖惩的制度，并且应该逐步以法律固定这些制度。

（六）建立岗位责任制。效率原则要求责任制。列宁就非常重视在政府机构中实行岗位责任制。他提出：“要极明确地规定每个担任苏维埃职务的人对执行一定的任务和实际工作所担负的责任。”①有了责任制，就可以大大减少“公文旅行”、层层批报，就可以大大减少互相推诿、互相扯皮，就可以大大促进工作人员的工作积极性、主动性、创造性，从而使政府机关做到尽量少用人而多做工作。

为了避免各种事情都上报领导批准和互相推诿，许多国家非常强调各部门职权明确，各级官员职权明确，一般工作人员职责明确，上下左右各负其责，主动处理自己职权范围内的事情。例如，智利政府对于各部、部属各司局及其负责人都以法律明确规定其职责。像共外交部的礼宾司，法律规定该司工作人员 11 人，含司长 1 人、副司长 1 人、典礼处长 1 人、二秘 2 人、三秘 3 人、办事秘书 3 人。按职责法条文规定，礼宾司长有权决定来访的外宾是否拜会总统及军政府委员会委员，而不必向副部长、部长和总统府请示。由于职责分明，就是一般工作人员也都是有职有权。又如，外国代表团的住宿、安全、交通由礼宾司一个三秘负责安排，他有权处理这一范围内的有关问题。外国代表团和他商量事情，他决定快、费时少，没有什么周折。

为了精简我们的政府机构，提高我们政府工作的效率，我们应该借鉴外国政府在这方面的一些做法和经验，在我国政府各个部门中建立起切实的责任制。

---

① 《列宁全集》第 28 卷，人民出版社 1956 年版，第 329 页。

四、精干原则

有很多理由要求我们的政府机构必须精干。

首先,我们的政府是人民的政府,人民的政府应当处处为人民着想,替人民打算。为了减轻人民的负担,我们必须"精兵简政",用人本着精干的原则,少设机构而多办事情。

其次,精简机构是厉行节约、积累建设资金的必要手段。我们国家现在正面临巨大的建设任务,我们必须尽可能减少一切可能减少的非生产性开支,把钱用到建设事业上去。

再次,提高政府工作的效率也要求机构精干。"人多好办事"这对于小生产的管理可以说是经验之谈。但是这种经验对于管理现代化大生产来说却是完全不适应的。现代化大生产的要求是:少用人,多办事。

最后,要使我们国家机关工作人员永远保持革命的精神和旺盛的斗志也要求机构精干。实践证明,机构臃肿、人浮于事的状况会使很多人斗志消沉,不正之风滋长蔓延,甚至会使一些人腐化蜕变。精干原则历来是我国政府机构设置的一个重要原则。中华人民共和国成立以来的很多法律文件中都明确规定了这一原则。例如,1954 年 12 月国务院发布的《关于各省人民委员会设置工作部门和办公机构的决定》的第 1 条规定:"……各部门的机构、编制和名称,必须按照各个省的具体情况和每一部门的实际工作需要,本精简节约的原则,进行调整,该分设的才分设,不该分设的就合并(如有的省将农业林业合并,文化教育合并),该称厅的称厅,不该称厅的可称局或称处。组织的层次决不可重叠,人员编制决不准扩大。"该决定第 2 条规定办公室的设置"人员应精干,分口不宜多,机构不可大"。1955 年 12 月国务院发布的《关于进一步做好国家机关精简工作的指示》第 1 条规定:"……各级国家机关和各种事业、企业单位,都必须本着'精简机构、紧缩编制、调整干部'的方针,认真地、彻底地、实事求是地进行精简……"《宪法》第 27 条规定:"一切国家机关实行精简的原则……"此外,《国务院组织法》和《地方组织法》都规定了政府机构设置的精干原则。

尽管有这些法律规定,但由于一系列主观的和客观的原因,长期以来,这些法律规定并没有得到很好的执行和落实,机构的设置并没有严格遵循精干的原则，以至于造成了“不能容忍的”机构臃肿、层次重叠、职责不清、效率很低的状况。为了从根本上扭转这种状况，全国人大常委会于 1982 年 3 月 8 日作出了《关于国务院机构改革问题的决议》。党和国家领导人对机构改革给予了极大的重视。邓小平同志说，改革，“精简机构是一场革命……当然，这不是对人的革命，而是对体制的革命。这场革命不搞……不只是四个现代化没有希望，甚至于要涉及亡党亡国的问题”。[①] 虽然机构改革不只是精简机构，实现机构精干的原则，但精简机构确实是机构改革的重要内容。

精干原则是效率原则的必然要求，实现效率原则的很多措施就是精干原则的内容。例如，加强职能机构，减少专业主管机构；撤销重叠的机构，合并业务相近的机构；选贤任能；建立岗位责任制；等等，都是精干原则的要求和内容。这些措施的实行结果之一即精简机构和人员，即实现精干原则。从这个意义上讲，精干原则就包括在效率原则之中，是效率原则的组成部分。

但是从整体上看，精干原则并不等于效率原则，并不能为效率原则所包括。这是因为：第一，机构精干的目的不仅在于提高工作效率，它还有很多其他方面的意义，如前面所提到的减轻人民负担，厉行节约，积累建设资金，保证机关及其工作人员的革命化。第二，效率原则的某些措施不一定是精干原则的必然要求。例如，加强咨询机构和监督机构，建立和完善政府机构中的这两个系统，此虽然不绝对与精干原则矛盾，但却也绝不是精干原则的必然要求。又如，在机构体系合理化的问题上，效率原则主要是从如何适应工作需要，有利于提高工作效率的角度考虑；而精干原则主要是从少设机关少用人的角度考虑，两者的出发点和着重点是不一样的。把精干原则单独作为政府机构设置的一个原则是适当的。它可以对其他原则起制约作用，防止出现以这种“需要”那种“需要”为借口而滥设机构、滥用人员的情况。但是把精干原则强调得过分亦是不适当的。精干原则亦必须受需要原则、效率原则、民主原则的制约。

五、依法设置原则

对依法设置原则有两种解释。一种解释是：法律规定设置何种机构即设

① 《邓小平文选》，人民出版社 1983 年版，第 396-397 页。

置何种机构;没有直接的法律根据,机构即无存在之可能。这种解释意味着要以法律列举每一个应设置的政府机构。例如,1949 年的《中央人民政府组织法》以列举的形式规定了政务院应设立的全部部、委、会、院、署、行;1954 年的《国务院组织法》亦以列举的方式规定了国务院应设立的全部机构。对依法设置原则的另一种解释是:政府机构的设置必须遵循法律规定的原则和程序。这种解释意味着法律无须列举政府所应设置的每一个机构,而只规定设置这些机构所应遵循的原则和程序。

实践说明,以法律直接规定政府应该(或者必须)设立何种机构,不应(或者不能)设置何种机构的做法是不适当的。因为法律具有相对稳定性的特点,而政府机构往往要随着国家政治经济形势及工作任务的变化而经常有所变化。因此,我们不赞成对依法设置原则作第一种解释,而主张第二种解释,即法律不规定设何种机构而只规定设置机构的原则和程序。例如,1982 年《国务院组织法》第 8 条规定,"国务院各部、各委员会的设立、撤销或者合并,经总理提出,由全国人民代表大会决定;在全国人民代表大会闭会期间,由全国人民代表大会常务委员会决定"。第 11 条规定:"国务院可以根据工作需要和精简的原则,设立若干直属机构主管各项专门业务,设立若干办事机构协助总理办理专门事项……"1982 年《地方组织法》第 38 条规定:"地方各级人民政府根据工作需要和精干的原则,设立必要的工作部门。省、自治区、直辖市的人民政府的厅、局、委员会等工作部门的设立、增加、减少或者合并,由本级人民政府报请国务院批准。自治州、县、自治县、市、市辖区的人民政府的局、科等工作部门的设立、增加、减少或者合并,由本级人民政府报请上一级人民政府批准。"

依法设置原则除了指用法律规定机构设置的原则和审批程序,还指用法律规定机构的性质、地位、职权、编制、工作程序和方法等。我们所研究的各种政府机关的组织法一般都包括这些方面的内容。在 20 世纪 50 年代,我国颁布的各种组织法是比较完备比较系统的。例如,关于中央政府机构的组织法律法规有《中央人民政府组织法》《政务院及其所属各机关组织通则》《国务院组织法》以及调整国务院秘书厅、计量局、法制局、人事局、专家工作局、机关事务管理局等各个机构组织的"组织简则"(如《国务院秘书厅组织简则》《国务院法制局组织简则》)等。关于地方人民政府机关的组织法律法规有

《大行政区人民政府委员会组织通则》《省人民政府组织通则》《市人民政府组织通则》《县人民政府组织通则》《地方各级人民代表大会和地方各级人民委员会组织法》等。关于民族自治机关的组织法律法规有《内蒙古自治区各级人民代表大会和各级人民委员会组织条例》《湘西土家族苗族自治州人民代表大会和人民委员会组织条例》等。

20世纪50年代以后,各种行政组织法律法规就很少制定了。原有的法律法规有的因形势任务的变化已不适应,有的被人们遗忘或束之高阁。从而各级政府机构的设置就不大讲法律根据了,想设就设,想扩大就扩大,想增编就增编,以致最后导致机构臃肿、人浮于事的"不可容忍"的状况。

历史的经验教训告诉我们,政府机构的设置必须以法律规定其审批程序,规定其宗旨、性质、地位、规模、人员编制、职权、内部结构、工作程序及方法等。这些法律规定必须得到遵守,对违犯者必须以法律规定其责任。我们前面提到的唐太宗,他在进行机构改革的过程中就非常重视法律的作用:对于中央和地方的各级官僚机构,均以法律规定其编制和职权;对违反此种法律规定者,他强调绳之以法。在《纠动违律行事诏》中,唐太宗规定"自今以后,官人行事,与律乖违者,仰所司纠劾,具以名闻"。"凡官员有数,而署置过者有罚。"至于给予什么样的处罚,《唐律》中则有明确具体的规定:"诸官有员数,而署置过限,及不应置。而置,一人杖一百,三人加一等,十人徒一年。"①等等。

许多外国政府也非常重视政府机构依法设置的原则。例如,瑞士对于联邦政府、州政府的组织和职权皆以法律作明确、详细的规定,各级政府机构的设置必须依据此种法律规定,政府机构的所有官员都必须根据此种法律规定履行职务。日本对于政府机构的设置、职权及活动等,除在宪法上作出一般原则规定外,还有《内阁法》《国家行政组织法》和政府各部门的设置法明确、具体地规定总理、部长、各部门及其下属机构的职责、权限和行政长官的职权以及地方同中央的权限划分。

关于政府机构的依法设置原则,我们必须有正确的理解。首先,依法设置的"法"是指各种行政法,包括作为行政法法源的宪法、法律、行政法规、地

① 姚澄宇:《唐太宗的裁并机构和选贤任能》,载《光明日报》1982年2月15日,第3版。

方性法规。对某一机构、组织以何种法律形式规定，取决于该机构、组织的性质和地位。其次，关于政府机构的组织、职权等的法律法规不是永远不能变化的，它应该和必须随形势任务等的变化而作相应的改变；只是它应该有相对的稳定性，如果需要改变，则必须遵循严格的法定程序。最后，这一原则并不否定政府机关及其工作人员的创造性和主动性。在是否设置某种机构以及怎样设置诸方面，行政机关在法定职权范围内都有一定的裁量权，只是这种裁量权的行使必须不超过法律规定的范围和不违反法律规定的宗旨。

政府机构设置的需要原则、便民原则、效率原则、精干原则和依法设置原则是互相联系互相依存的一个整体。首先，它们是互相联系的。需要原则、便民原则是对政府机构设置的目的要求，是整个原则的统率；效率原则是对政府机构设置的质量要求，是前两个原则的保障和后两个原则的归宿；精干原则是对政府机构设置的组织形式要求，是实现效率原则的手段；依法设置原则主要是程序上的要求，是所有原则的保障。其次，它们是互相依存的。我们不能片面强调其中某一个原则或某几个原则而忽略或否定其他原则。比如，我们不能片面强调精干原则而忽略需要原则和效率原则，也不能片面强调需要原则、便民原则而忽略或否定依法设置原则。我们在决定设置、增加或者撤销某一机构时，必须同时考虑所有这些原则，必须同时遵守所有这些原则。我们只有把所有这些原则作为一个不可分割的有机的整体来考虑、来遵循，才有可能避免或尽量减少政府机构设置上的种种弊端，才有可能在经过这次政府机构改革之后逐步建立起一个真正适应我国社会主义现代化建设需要的、人民群众信赖的、高效率的和精干的政府机构系统。

法治原则与公共行政组织

——论加强和完善我国行政组织法的意义和途径*

在国家—社会关系正处于转型中的当代中国,公共行政面临一系列需要解决的问题。

政府部门热衷通过各种政策性手段对市场进行直接干预;对于需要公共行政予以解决的某些社会问题,一些行政机关却互相扯皮、互相推诿;利益驱动下的本位主义致使某些行政机关间争权夺利;各级政府普遍机构臃肿、人浮于事;行政机关滥收费、乱罚款的现象屡禁不止;行政官员以权谋私、贪污腐败……如何尽可能有效地解决这些涉及公民权益、涉及公民对政府信任的问题,已成为社会共同关心的话题。由于此类问题在相当程度上与公共行政组织的合法性、合理性相关,与我国当前行政组织法不健全、不完善相关,因而本文试图就法治与公共行政组织的关系以及如何加强和完善我国行政组织法展开讨论,以期为行政领域出现的上述问题提供一个可供有关方面选择和考虑的解决方案。一个国家的公共行政在顺应社会需要的基础上应确立哪些职能;这些职能在各级各类行政机关中应如何进行分配;国家应如何设置、变更或撤销行政机关;如何确定各级、各类行政机关的性质、地位和任务,它们分别应拥有哪些职权、承担哪些职责,其活动应遵循哪些基本规则;各级、各类行政机关应如何组成,编制怎样确定,其属下公务人员的任用、培训、考核、奖惩、晋升、流动等如何进行;凡此种种,都属于“公共行政组织”这

---

* 本文系与沈岿教授合作撰写,原载《行政法学研究》1998 年第 4 期。

一研究课题的研究范畴。[①] 概言之,公共行政组织包括行政机关的组织、编制和公务员三个方面的内容,这是广义的指称。在狭义层面上,公共行政组织通常仅指行政机关的组成、性质、地位、职能和建立、变更、撤销的程序,而不包括与行政编制、公务员制度相关的一系列问题。出于研究旨趣和集中探讨的需要,本文取公共行政组织的狭义内涵。

一、公共行政组织受制于法治原则的意义

公共行政组织与国家的存在是并行的。而且,即使在古代绝对君主制的国家形态下,它就已经受到法律的一定规范。例如,我国唐代的《唐六典》即曾经对行政中枢机构中书省、门下省和尚书省以及六部等的组织均作出专门的规定。[②] 然而,立基于专制主义的规范国家组织结构或活动(包括行政机关的设置、变更和撤销,组织与职权等)的法律,其实质是君主的旨意,其目的主要在于维护君主的有效统治,尽管君主在一定程度上也把人民的福祉纳入对其统治的长久意义的考虑之中。这即为法律与公共行政组织之间的旧的关系架构:国家行政系统的最高首长有权决定本体系的建制,法律只是一种推行君主旨令制度化的工具,而无法在终极意义上对抗或束缚行政的自行组织。这个曾在世界范围内较为普遍存在的旧的关系架构,受到近代植根于民主主义的法治理念的冲击而终被颠覆。但是,在某些君主制基础深厚的国家,一个时期内它仍然得以延续和维系。如在日本明治时期的"天皇制法治主义"之下,"依法行政"的原理本来被认为是有关规范行政作用的理念,但其有关行政组织的规范却被认为是属于天皇——行政府固有的大权。[③]

公共行政的组织必须受制于法治原则的理念及相关制度,形成于旨在破除专制主义的西方近代资产阶级革命。并且,因同人类进步的要求相契合,而为现代多数国家所沿袭。虽然这一理念或制度的具体内容在不同国家的体现存在差异,甚至在同一国家也随着历史的变迁而发生转换;但是,坚持人民主权(民主主义)、促进和保障人权、政府对公众负责等价值一直是其内

---

① 现代国家担当行政职能的还有少量非行政机关的社会公权力组织,因它们的组织问题较为特殊,故本文暂不论及。

② 蒲坚:《中国古代行政立法》,北京大学出版社 1990 年版。

③ [日]室井力主编:《日本现代行政法》,吴微译,中国政法大学出版社 1995 年版,第 21 页。

蕴的精神。公共行政组织受制于法治原则首先是人民主权的要求和体现。现代国家多采取民主的政体形式,即由自由公民的整体(the whole body of free citizens)掌握主权,直接或间接地通过一种代表制度行使主权。① 就制度的现实运作而言,由于代表制度对民意的真正体现与维护总是存在这样那样的问题,因而,没有一个国家有资格宣称民主已经彻底实行。不过,在理念层面上,人民主权(民主主义)至今仍是人类可以选择奉行的治理国家的最佳方式。根据这一理念的逻辑,一切国家机关的组织或活动必须建立在人民授权的基础上;否则,就会丧失合法存在的理由。人民授权通常是由人民代表机关(制宪会议、议会、人民代表大会等)以制定宪法或法律的方式进行。借此,公共行政组织受法律的规范与约束,而不是由行政机关自行决定。中华人民共和国自 1949 年成立以来,始终坚持人民民主的基本立国原则。当然,人民民主的各种具体制度尚在健全完善中,现时公共政组织尚没有完全受制于法治原则。行政机关组织法体系目前还很不完善,行政部门未经法律授权即以规章、命令、决定等形式自行设置机构和配置权力。显然,这在某种程度上损害了人民民主的原则。以民主主义为基础的法律得到社会的普遍遵循,这还只是法治原则的一个形式层面的价值要求。第二次世界大战以来,由于法西斯专政的历史教训,人们越来越多地倾向于在法治原则中注入或强调实质性的价值成分,那就是对人权的促进和保障。1959 年国际法学家会议在印度通过《德里宣言》所表述的法治原则,充分反映了对人权的重视,即法治原则要求立法机关的职能在于创设和维护得以使每个人保持"人类尊严"的各种条件,要求对制止政权的滥用提供法律保障,并且使政府能有效地维护法律秩序,借以保证人们具有充分的社会和经济生活条件。② 现代公共行政是国家干预社会的一种主动、直接、广泛的权力,它对公民权益有着相当重大的影响。因此,公共行政组织应受制于形式正义与实质正义相统一的法治原则。加强对公共行政组织的法律调整和改进行政组织法的内容在当代中国尤其具有特殊意义:其一,目前尚存在较严重的政企不分、行政直接干预企业生产经营活动的现象,这不仅损害了企业作为市场经济主体所应享

---

① See Black's Law Dictionary, 5th edn(West Publishing Co. 1979),p. 388-389.

② 王人博、程燎原:《法治论》,山东人民出版社 1989 年版,第 131 页。

有的自主权,而且阻碍了以提高人民生活水平为旨向的市场经济制度总体的发展,更是形成了滋长行政官员腐败的温床。如何确立政府与企业关系合理的“度”,把政府能切实转变到宏观调控、社会管理和公共服务方面,需要立法对公共行政组织予以系统规范。其二,由于行政组织法不健全,导致各行政机关职权范围不明,权限重叠、冲突,使一些行政部门在利益驱动下自行设定管理权能与手段,这样既造成多头管理,企业和个人的负担加重或者无所适从,又为行政机关乱罚款、滥收费大开方便之门,公民权益难以获得保障。其三,以市场经济的生长为契机,国家与社会良性互动关系的建构不仅限于经济生活领域,还应扩展到其他社会生活领域。① 通过符合形式正义和实质正义要求的现代行政法对公共行政组织加以规范,即可在较大程度上改变政府在许多方面管得过多、统得过死的状况,从而促进和保障公民以及社会团体在政治、经济、文化等生活领域所应享有的自治权利。

公共行政组织必须由人民代表机关制定的法律予以授权和限制,其活动必须以促进保障人权为其宗旨,政府必须对公众负责。现代政府存在与活动的合法性应当建立在为人民创造福祉,即为人民服务的基础上,而不应立足于为少数人或行政官员自身利益服务。这一点应为对政府的道德要求,并通过法律确定为一种普遍的法律责任。当然,不可否认,任何国家机关都是由具有一定个人利益的人所组成的,要求所有公职人员完全以利他的动机来处理一切公共事务从而对公众负责,是一种不现实的主张。然而,政府公务人员的工资、福利和活动经费均是由作为纳税人的民众提供的,如同雇主与受雇人之间的关系那样,人民有权要求其尽责为公众办事。而一个普通人为了自我生存和发展,更多地从利己的动机考虑问题,要求其出于利他的立场为民众服务,只是社会提倡的一般道德要求。当今我国公共行政中出现的部门之间争权夺利或扯皮、推诿,很大一部分原因是它们从本部门利益的立场出

---

① 例如,有的学者指出,政府职能转变还应包括“政事分开”,他们提出:“我国是否需要仅仅在一个文化领域,就设那么多部委?”参见朱光磊:《当代中国政府过程》,天津人民出版社 1997 年版,第 490 页。“政府为了适应高度集中的计划经济体制的需要,不仅在经济方面存在着管得过多、统得过死的问题,而且在社会事务上也存在着管得过多、统得过死的问题……政府在重点转变经济管理职能的同时,要重视对社会各项事务的管理职能……”参见张志坚主编:《中国行政管理体制和机构改革》,中国大百科全书出版社 1994 年版,第 72 页。

发办事。而机构臃肿、人浮于事、效率低下,造成由民众纳税所支撑的国家财政负担过重,使大量的社会公共事业如公共交通、环保等,因资金不足而无法进行。这些事实从反面说明,公共行政组织应受制于法治原则,应以法律定分各行政机关的权责范围和工作程序,以法律督促公共行政组织向精简、统一、效能的方向改革和发展,从理念与制度两个层面保证政府对公众负责。

二、法治原则在公共行政组织领域的具体要求

无论是在不同国度还是在同一国度内,人们对法治原则的理解或阐述并不完全一致。尽管如此,对法治原则仍有很多共识。而且,随着国际、国内学术、文化交流的发展,这种共识有愈益增加的趋势。在公共行政组织领域,法治原则大致有以下一些具体要求。

1. 公共行政组织必须由宪法和法律予以规范,而不能由行政机关自行其是,即使是出于对现代行政复杂性和机动性的考虑,行政机关也只能在宪法和法律的明确授权之下,对公共行政组织的部分问题作出决定。这是民主和法治对公共行政组织的一个最基本的要求。日本学者室井力对此称为“行政组织法定主义”①。的确,现代国家的公共行政职能极为复杂,并且为了顺应迅速发展而多变的社会需求,它们的变化也非常频繁。对于目前正在进行体制变革与转型的中国而言,更是如此。然而,如果由此否认法律对公共行政组织予以规范的必要性与可行性,就会在事实上纵容行政专制。对公共行政组织进行民主化管理并不仅是民主的一个理念,而且是民主实际运作的需要。依法规范公共行政组织对于防止行政权滥用、行政自我膨胀以及行政机关争权、越权是最重要、最有效的制约。行政组织法定主义在现代的要求绝非像在近代那样严格和机械,并非一切公共行政组织问题都要由法律事无巨细地加以严密规定,因为这种机械的依法授权行政已经落后于现代社会对行政组织机动性的需求。现代法治往往通过法律的原则性规定、行政立法的具体规范来调控行政组织,然后通过立法机关监督审查,保证公共行政的组织受制于法律,即受制于人民的意志,兼顾行政所需要的灵活性和机动性。

---

① [日]室井力主编:《日本现代行政法》,吴微译,中国政法大学出版社1995年版,第23、270页。

2. 关于公共行政组织的法律规范必须具有公开性、确定性和一致性。法律规范所具备的上述属性是公认的现代法治主义的要求。① 公开性系指法律规范必须予以公布。“秘密法”必然导致少数人的专制，法不公开也不利于人们对法律优劣的评判，所以，**“公开性”**是尊重人权和推动法律进步的一项基本原则。由于人民代表机关的立法不可能完全覆盖现代公共行政组织的所有问题，行政机关往往有权进行委任立法，因而公开性原则在延展适用于有关的行政立法领域有着更为重要的意义。**“确定性”**系指法律规范应当是明晰明确的。模棱两可、含混不清的立法容易造成执法者和受法律调整的对象以及其他公民、组织在理解上的歧义，导致法律在实行过程中出现混乱不堪的局面，实际上也由此容易滑向否认法治的人治状态。虽然追求法律的纯粹确定性是一种不可能实现的绝对理想主义的幻想，现代国家的立法中不乏“符合公益利益”“正当程序”“适当决定”等原则性的不确定法律用语；但是，法律尽可能地确定化仍然是法治原则的一个基本要求。就公共行政组织而言，如果法律规范不能做到基本的确定性，行政机关就可以在机构设置、职权设定等方面任意行事，自由裁量权过于宽泛极易导致执法者在“合法”外衣下专断和滥用权力，出于部门利益考虑而争权越权。**“一致性”**指法律规范必须彼此协调、统一，不得相互矛盾。法律规范旨在把政府和公民的行为控制在一定的框架之内，如果它们在设定怎样的行为模式方面存在矛盾而不具备一致的规则，那么，政府或公民均会因此以有利于自己的方式行事。涉及公共行政组织问题，行政机关往往会选择对本部门最为有利的法律规范来设置机构或确定职权，以保证其行为具有合法的前提。各个行政部门或公民都会在不相一致的法律规范中寻求合法的最佳选择，这势必助长行政机关之间的权限冲突以及行政机关与公民之间的冲突。尽管有“后法优于前法”“特别法优于一般法”“上位阶法优于下位阶法”等解决规范冲突的原则，也无法完全消除法律的不一致性所引发的各种危害。

3. 关于公共行政组织的法律规范必须确保国家与社会的良性互动关

---

① 王人博、程燎原：《法治论》，山东人民出版社 1989 年版，第 198-203 页；另参见沈宗灵：《现代西方法理学》，北京大学出版社 1992 年版，第 59-61、89 页。法治原则还要求法律具有普遍性、稳定性等属性，这些同样适用于有关公共行政组织的立法。鉴于我国目前有关公共行政组织的立法在公开性、确定性和一致性方面存在较大问题，本文对此予以重点论述。

系,促进经济发展和保障人权。这是法治原则在公共行政组织领域的一个实质性要求,也是实现难度最大的一个要求。一个国家有多少行政机关,它们分别负责哪些公共管理职能,各自权限范围有多大,诸如此类要在制定关于公共行政组织的法律规范时予以考虑的问题,不单关涉公共行政的组织体系,更关涉国家社会经济的发展和公民的权利。近代以来,曾出现过"国家对社会放任自由"和"国家对社会全面管制"两种关系形态,但是,它们都随着市场经济的发展和自由、平等、安全等人权主张的发展而渐遭淘汰。现代社会经济、政治、文化的多元化发展,要求国家与社会处于良性互动关系:国家必须保障社会具备相当程度的自治,尊重公民应有的自由权利;同时,针对那些社会在自行运作中出现的、社会又无力自行解决的矛盾和问题,国家应建立一定的机制予以解决和处理,以保障社会经济的正常、有序进行和人权的实现。立法对公共行政组织的规范必须顺应和促进这种关系的发展。当然,现实的具体制度建设绝非如此简单,在"国家该管什么、不该管什么"问题上,人们历来争论不休,这给立法活动以及对立法活动的评判造成了许多困难。不过,法治原则的上述实质要求不能因此而被否定,人们应通过努力尽可能地使法律对公共行政组织的调整接近这一要求。

4. 行政机关必须保障公共行政组织依法进行运作,对公共行政组织实施的任何违法行为都要承担相应的法律责任。法治原则的核心是要求政府守法。政府与普通公民一样,其违法行为也必须受到法律的追究,有关机关或官员必须承担相应的法律责任。在公共行政组织领域,如果没有责任追究机制,违法设置机构、擅自增加编制、任意增加人员,在职权行使上互相推诿、互相扯皮、争权越权、滥用权力的现象就无法得到遏制,更不可能在根本上予以消除。

三、我国行政组织法发展的基本状况

新中国成立初期(1949—1954 年),社会动荡尚未平息,新政权尚未完全稳定,新秩序尚在建立之中。当时,普选产生全国人民代表机关(全国人民代表大会)的条件显然尚不具备。然而,新政权需要建立比较强大的、深入全国各地的、系统的行政组织机构,以推动各项社会改革的进行与国民经济的迅速恢复和发展。为此,由中国共产党、各民主党派、人民团体、人民解放军、各

地区、各民族以及国外华侨等各方面代表组成的中国人民政治协商会议(以下简称全国政协)代行全国人大的权力。全国政协通过了《共同纲领》和《中央人民政府组织法》,选举产生了中央人民政府委员会作为当时的集体国家元首。《中央人民政府组织法》对政务院的组成人员、职权、领导体制、会议制度、组成部门等作出了规定(第13~22条),并且授权中央人民政府委员会具体组织国家政务的最高执行机关——政务院(第5条、第21条、第22条)。之后,在1949—1950年,中央人民政府委员会制定了《政务院及所属各机关组织通则》,政务院先后制定了《大行政区人民政府委员会组织通则》《省人民政府组织通则》《市人民政府组织通则》《县人民政府组织通则》《大城市区人民政府组织通则》《区人民政府及区公所组织通则》《乡(行政村)人民政府组织组织通则》等。[①] 依据《共同纲领》《中央人民政府组织法》以及上述各种组织通则,结合新中国成立之初必要的军事管制(为《共同纲领》第14条所确认),全国性的公共行政组织体系得以初步形成。

这个非常时期的行政机关组织具有下列特色:

(1)中国人民政治协商会议由一定程度上代表民意的社会精英构成,以临时性的法律规定中央行政机关的组织。

(2)由于全国政协只是起临时的权力机关作用,故没有条件对全国各公共行政组织予以法律规范。因此,当时的最高行政机关——政务院,虽未经全国政协的明确授权[②],仍应时势所需,通过了一系列组织通则,自行完成了对本系统内行政组织的规范。

(3)《中央人民政府组织法》规范的对象包括中央人民政府委员会、政务院、人民革命军事委员会、最高人民法院及最高人民检察署等。所以,其并非纯粹意义上的行政组织法法源。

(4)《中央人民政府组织法》及所从属的各项组织通则的规范对象覆盖从基层人民政府直至中央人民政府的整个行政系统,建立了当时比较配套的行政机关组织法体系。

---

① 参见中央人民政府法制委员会编:《中央人民政府法令汇编(1949—1954年)》,法律出版社1982年版,该汇编共5卷。

② 《中央人民政府组织法》第15条第5项只是笼统地规定政务院有权“领导全国各地方人民政府的工作”。

（5）《中央人民政府组织法》及所从属的各项组织通则对各级人民政府的具体部门工作机构都作出了原则性规定，当时规定的上下级政府部门并不完全对口。[①]

（6）有关组织通则对行政机关创制具体组织规则方面的权限作出了明确规定。例如，省、市人民政府委员会获得授权（政务院授权），可以依据有关通则的一般规定和实际情况拟定其组织条例，送政务院核准后试行；县人民政府委员会组织条例由省人民政府委员会依据相应通则的一般规定和实际情况拟定草案，送政务院核准后试行。

（7）有关组织通则规定省、市、县人民政府工作机构的编制实行精简原则，相应政府确定的本级政府编制须报上一级政府核准。

五年过渡时期的行政组织规范，虽为行政系统的建置提供了法律依据，但由于当时国家权力的组成与结构没有定型，因而相应法律规则的功能只是暂时的。1954 年第一届全国人大经普选产生，全国人大通过《宪法》把国家立法权、行政权和司法权的关系结构予以定位。在公共行政组织领域，全国人大制定了《国务院组织法》和《中华人民共和国地方各级人民代表大会和地方各级人民委员会组织法》。根据 1954 年《宪法》建立的全国人大常委会又通过了《城市街道办事处组织条例》《公安派出所组织条例》等行政组织法令[②]，以及《新疆维吾尔自治区各级人民代表大会和各级人民委员会组织条例》《湖南省江华瑶族自治县人民代表大会和人民委员会组织条例》等大量有关自治地方人民政府的组织法令。国务院亦先后制定了《监察部组织简则》《国务院秘书厅组织简则》《国家计量局组织简则》《国务院法制局组织简则》《国务院人事局组织简则》《国家档案局组织简则》《国务院专家工作局组织简则》《国务院机关事务管理局组织简则》《地方各级人民委员会计划委员会暂行组织通则》《体育运动委员会组织简则》《劳动部组织简则》等一系列行政组

① 例如，《市人民政府组织通则》第 6 条规定，“市人民政府委员会……设立各部门工作机构，原则上规定如左：（一）设民政、公安、财政、建设、文教、卫生、劳动等局、处、科；并得设财经委员会……”；《县人民政府组织通则》第 6 条规定：“县人民政府委员会……设立各部门工作机构，原则上规定如左：（一）设民政、财政、教育、公安等科或局……”

② 当时（直至 1982 年），全国人大常委会没有制定法律的权力，它所通过规范性文件只能称为“法令”。

织法规。

这些法律、法规大多是对在过渡时期初步形成的行政法体系的修正、补充。就形式而言,较为显著的发展是以专门的法令来规定民族自治地方人民政府的组织和以专门行政法规来规定国务院有关部门的组织。就内容而言,这些行政组织法律、法令、法规继承了行政组织法初创之时的某些特色,如对国务院和地方各级人民委员会设立哪些部门作出原则性规定,对地方各级人民委员会组成人员规定具体名额限制等。

1982 年《宪法》颁布以后,全国人大重新制定了《国务院组织法》,全国人大常委会就 1979 年重新制定的《地方组织法》作了三次修正(修正时间分别为 1982 年、1986 年、1995 年)。目前,行政机关组织法的主要渊源就是这两部法律。当然,广义的行政组织法还包括其他分散的有关行政组织的法律性、法规性文件,如 1988 年第七届全国人大第一次会议、1993 年第八届全国人大第一次会议和 1998 年第九届全国人大第一次会议通过的《关于国务院机构改革方案的决定》等。[①] 广义的行政组织法还包括单行行政管理法律的有关行政组织的规范,如《城市房地产管理法》第 6 条规定,"国务院建设行政主管部门、土地管理部门依照国务院规定的职权划分,各司其职,密切配合……县级以上地方人民政府房产管理、土地管理部门的机构设置及其职权由省、自治区、直辖市人民政府确定"。

与 1982 年以前的行政机关组织法相比,从形式上看,共和国成立初期比较配套的规定中央至地方各级政府以及中央政府各部门组织的法律法规体系已不复存在,许多部门现行的内部组织规则(如"三定方案""三定规定"等)并不为公众所知晓。从内容上看,由于情势的变迁,其具体规定已大有改变,但"三定方案""三定规定"等的基本结构和内容要素与以前的行政组织法大体相同。综观我国行政机关组织法发展的基本状况,不难发现:无论过去还是现在,我国行政组织法在内容上还存在较多欠缺。比较突出的有:基本的组织法律既没有明确行政机关的职权必须由法律规定这一法治原则,又没有明确授予行政机关对公共行组织的规制权限,这使目前包括国务院在内的

① 有些西方国家不制定专门的行政组织法典,除了宪法对政府的基本构成进行原则规定,大多数关于行政组织的规范散见于调整具体行政管理领域的法律之中。

行政机关设定机构和职权的行为缺乏合法基础；基本的组织法律亦缺乏对公民权利保障的原则性条款，从而难以避免行政机关在自行设置机构和确定权限时出现对公民不利的后果；[①]基本的组织法律对在公共行政组织方面的行政违法行为缺乏法律责任和追究机制的规定，致使行政官员可以随意不负责任地扩充机构和人员；基本的组织法律对中央和地方在规制公共行政组织的权限上没有规定，在一定程度上导致地方行政机关的设置与职权划分较为混乱等。在现行行政组织法体系上，缺少必要的与《国务院组织法》和《地方组织法》相匹配的法律、法规以及经法律、法规授权制定的其他行政组织规范文件，这也是形成目前许多行政机关职权不明、争权、越权的一个重要原因。

当然，若欲在公共行政组织领域建立现代法治，绝非仅依赖立法即可以实现。如果立法不能转化为社会运作机制的现实，则只能是形同“一纸空文”，而且会引起人们对法律的信仰危机。制定法从理念到文字再走向现实取决于多维因素以及它们互动形成的合力，诸如社会发展的需要、政治制度的实际运作、传统的法律文化、现时的意识形态、执法者的素质与价值取向等。1954年《宪法》及此后制定的大量行政组织法律文件在“文革”中以及之前遭到现实的冷落，[②]说明我们不能仅凭立法来确立行政组织的法治。当然，这丝毫也不意味着可以轻视或忽视立法的作用。毫无疑问，立法的完善是实现法治的一个不可或缺的条件，是实现民主，保障人权，塑造责任政府的一个必要途径。正因如此，我们必须对加强和完善行政组织法予以极大的关注和重视。

四、健全、完善我国行政组织法的若干设想

国务委员罗干在第九届全国人大第一次会议上所作的《关于国务院机构

---

① 在这方面，日本行政组织法的规定可资借鉴。《日本国内阁法》第11条规定，“无法律授权，政令不得制定赋予义务或限制权利的规定”（政令由日本内阁总理大臣发布，相当于我国国务院制定的行政法规和发布的命令、决定等）。《日本国国家行政组织法（总则）》第12条规定，“为施行法律、政令或根据法律、政令的特别授权，各主管大臣对主管行政工作有权发布各机关的命令（如总理令、省令等），但若没有法律的授权，不能设罚则、规定国民义务或者限制国民权利”。

② 这一时期，全国人大长期没有开会；共和国主席长期空缺；“中央文革领导小组”和“中共中央军委办事组”控制国家大部分权力，国务院职权被削弱；乡级政权被人民公社所取代；“革命委员会”成为地方各级人大的常设机关和地方各级人民政府等。魏定仁主编：《宪法学》，北京大学出版社1989年版，第221-222、264页。

改革方案的说明》中指出，为顺利完成政府机构改革，必须“加强行政组织体系的法制建设……建议修改《国务院组织法》，依法规范国务院组成部门的设置。建议适时修改地方组织法，对地方政府的职责权限、组织机构作出更为明确的规范”。目前我国的行政组织法体系主要由 1982 年制定的《国务院组织法》和《地方组织法》以及散见于《宪法》和其他法律中有关行政机关组织的规范构成。显然，这个体系是不完善的。行政系统是由纵向不同层级和横向不同类别的各种行政机关组成的，处于特定层级、属于特定部门的行政机关的设置及其权限各有特点。我国现行单一的、总则性质的中央政府和地方政府组织法无法对不同类别行政机关的组织、职权等作出具体、明确的规定。《国务院组织法》和《地方组织法》对我国整个公共行政组织问题规定得极其笼统和原则。因此，为适应对庞大复杂的行政组织体系的规范和调整，行政组织法体系也应在以上两个法律的基础上包容其他有关的专门组织法律文件（如条例、通则、简则等），应该在修改以上两个法律的同时适时地制定国务院各部、各委员会和各直属机构的组织条例（通则、简则等），制定省、市、县、乡（镇）以及各自治地方人民政府的组织法。鉴于全国人大及其常委会的立法任务过重，各级人民政府及其组成部门的组织规范不可能都以法律形式确立，为了既维护民主原则又兼顾行政组织立法的机动性，有必要加强以下几方面工作：首先，应由全国人大及其常委会抓紧制定各级人民政府（国务院、省、自治区、直辖市、市、县、乡、镇等）的基本组织法律；其次，应由全国人大授权国务院和地方人大制定各级政府组成部门的组织条例（通则、简则等）；最后，应由全国人大的有关机构对经授权制定出来的行政组织法律文件进行严格的备案审查，及时发现和纠正问题，并在全国人大开会期间向全国人大提出报告，以切实加强民主监督。

无论法律还是授权立法，对行政机关组织问题的规定都应具备一定的框架和一些基本内容，其中主要包括：（1）法律依据，即制定相应行政组织法律文件所依据的宪法或法律授权；（2）行政机关的基本组成，如国务院由总理、副总理、国务委员、各部部长、各委员会主任、审计长、秘书长组成；（3）相应行政机关的地位、性质和同上级行政机关的领导或指导关系；（4）相应行政机关内部机构的设置和各机构相互之间的关系；（5）相应行政机关之职权、职责（行政组织法最重要的内容）；（6）相应行政机关行使职权、职责的基本方式、程序和原则等(如各级人民政府的全体会议和常务会议制度、行政首长负责制等);(7)相应行政机关设立、变更和撤销的程序;(8)法律责任,即违反相应组织法规定而设置机构、配置职权、职责(有关行政机关及主要负责人员)所应承担的法律责任。①

进行行政组织立法,在上述框架的基础上,在内容方面还需要注意完善下述条款:

(1)授权条款。既然国务院和地方人大在全国人大制定的一般行政组织法律之下应享有制定其具体工作部门组织规则的权限,那么,全国人大在修改《国务院组织法》和《地方组织法》时,就应当明确规定授权条款,规定国务院和地方人大可以在哪些范围内制定哪些组织规则。虽然《宪法》第 62 条第 3 项规定制定关于国家机构的基本法律的职权属于全国人大,但这不否定全国人大在已经制定基本法律的基础上进行必要的授权。如果坚持机械的法定主义,会使行政机关要么无法运作,要么任意所为。而通过授权立法机制,不仅可适应现实需要,而且可以加强对行政机关的监督与约束。当然,对授权必须严格限定,全国人大不能任意地、宽泛地授出本应属于自己的专属权限;对于影响公民重大权益的授权,全国人大应在进行认真讨论和审议后方可进入表决通过程序。被授权的机关在其制定的组织法规中,必须指明授权条款,以昭示该行政组织法规的合法性,并便于公众对相应行政机关进行监督。

(2)公民权利保障条款。行政机关的权限职责直接关涉公民的权利义务,如果行政组织法只是笼统地规定各个行政机关的管理权限范围,势必会给一些行政机关在其管理领域任意限制公民权利和任意设定公民义务留下余地。因此,在《国务院组织法》和《地方组织法》这两个基本组织法之中,有必要增加关于公民权利保障的原则条款,如"未经法律授权,任何行政机关都不得规定公民基本义务和限制公民基本权利"。其实,类似的理念已经在 1996 年颁布的《行政处罚法》中有所体现。该法对行政法规、地方性法规、行政规章的行政处罚设定权均予以了限制。然而,必须认识到,现实中对公民义务的设定和权利的限制远不限于行政处罚,应该通过基本组织法律的规定

---

① 应松年:《论行政机关组织法》,载中国政法大学行政法教研室编:《行政法资料选稿》,1985 年版,第 120-136 页;熊先觉、皮纯协主编:《中国组织法学》,山西教育出版社 1993 年版,第 124-128 页。

使该原则具有普适性。[①]

(3)权限冲突解决条款。虽然行政机关组织法的完善将在很大程度上解决行政机关之间职责不明、权限冲突的问题,但是,现实行政管理的复杂性使行政机关在权限上的争议仍然无法彻底避免。权限冲突不只是行政系统内部职权归属问题,它在很多情形下也直接影响公民的权益。[②] 为及时解决权限争议,使公民相关的权利义务尽快摆脱不稳定状态,有必要在行政组织法中规定专门的条款。比如,"国务院各部、各委员会之间发生权限争议时,由国务院总理及时召开国务院全体会议或常务会议予以解决,情况紧急时由总理或主管副总理直接处理"。

(4)监督机制和法律责任追究机制条款。违反行政组织法的行为必须承担一定的法律责任,并由国家有权机关通过监督机制予以追究。其中,有的违法行为,如超越行政组织法明确规定的职权范围作出的抽象或具体行政行为,一些现行的法律规范业已规定有监督机制和责任追究机制,如全国人大常委会基于其监督权可以撤销国务院制定的与宪法、法律相抵触的行政法规、决定和命令;人民法院可以在行政诉讼中撤销违法的具体行政行为。但是,针对有的违法行为,如非法设定机构、配置职权等行为,目前还没有比较完备的法律责任规范和相关的监督机制。因此,有必要在行政组织法中规定诸如撤销非法设定的行政机构、对直接责任人员科处一定行政处分等条款,以使行政组织法制定后真正得到实现。

以上是我们健全、完善我国行政组织法的若干设想。当然,这些设想只是原则性的,至于如何制定具体的规范,还需要进行更为细致、深入的研究。另外,需要特别指出的是,行政组织法与行政机关编制法、公务员法是密切联系、相辅相成的,组织法的完善同编制法、公务员法的制定、完善应配套进行。[③]

---

① 至于是否需要有类似的原则性规定来约束地方人大,亦值得探讨。

② 安徽省某市曾发生一起行政诉讼案件,起因是城建部门、水利部门关于城市地下水资源费征收权发生冲突。这里暂且不论其中的法律、法规、规章等关于行政职权规定的相互不一致,也无须详细描述案件复杂的案情,只要听听原告(几家矿业企业单位)的意见,就可以明了问题之所在:"让我们交水资源费没问题,但不应让我们向你们几个部门重复交吧。"

③ 应松年、薛刚凌:《行政机关编制法论纲》,载《法学研究》1993 年第 3 期。

论行政编制管理的法律监督与法律责任*

行政法的理论和行政管理的实践均证明，法律监督和法律责任是行政管理的重要保障。没有法律监督和法律责任，行政管理不可能顺利和有效实现其管理目标。

行政编制管理是行政管理的内容之一，它要实现其管理目标，同样需要有法律监督和法律责任。我国过去在行政编制管理上出现的种种问题，固然有着管理体制上的种种原因，但法律监督和法律责任制度不健全不能不说是其重要原因之一。没有法律监督或法律监督制度不健全，行政编制违法行为不可能被及时发现、及时处理；没有法律责任或法律责任制度不完善，违法者的违法行为得不到追究或得不到及时严肃的追究，违法者能享用其通过违法行为得到的“好处”，其他人即仿而效之，从而行政编制管理不能不出现混乱，“机构臃肿、层次重叠、人浮于事、效率低下”就成为不可避免。

在行政编制管理方面，古今中外有很多正、反方面的例子证明了法律监督和法律责任制度的重要意义。

《帕金森定律及关于行政的其他研究》的作者帕金森在20世纪50年代总结英国行政现象的六大特点中的第一个特点是：主管人员由于好大喜功，总是喜欢增加部属；其部属也同样无事找事，在自己所管辖的部门增加人员，因此机关人员每年递增56%。这是行政编制管理法律监督和法律责任不完备的反面例子。

《贞观政要》一书的注释学者戈直评论我国唐代的“贞观之治”时，认为

---

* 本文原载《政府法制论坛》1993年第3期。

“贞观之善政，当以省官为首”。省官何以成功？行政编制管理的法律监督和法律责任是其保障。《唐律·职制律》规定，“诸官有员数，而署置过限，及不应置而置（谓非奏授者），一人杖一百，三人加一等，十人徒二年”。①

由此可见，行政编制管理必须建立完备的法律监督和法律责任机制。本文特探讨与此有关的若干问题。

一、行政编制违法行为

行政编制管理之所以需要建立法律监督和法律责任机制是因为有行违法行为的存在。行政编制违法行为是导致机构臃肿、层次重叠、人浮于事、效率低下，从而需要对行政编制管理加以监督，对行政编制违法行为设定和追究法律责任的原因所在。因此，研究行政编制管理的法律监督和法律责任，首先必须研究行政编制违法行为。

行政编制违法行为是指行政机关及其工作人员违反行政编制法律规范的行为。行政编制违法行为的主体是行政机关及其工作人员。行政机关作为编制违法行为主体的情形是：行政机关通过一定会议讨论，决定作出某种行政编制违法行为，或者行政机关的首长以相应机关的名义决定作出某种行政编制违法行为。行政机关工作人员作为行政编制违法行为主体的情形是：行政机关工作人员个人背着行政机关和行政机关首长，或者采取欺骗或其他不正当手段作出某种行政编制违法行为。

行政机关作为行政编制违法行为主体时，相应行政机关首长和有关责任人员同时构成违法主体，因为行政机关的违法行为是通过他们作出的。但是行政机关工作人员作为行政编制违法行为主体时，相应行政机关并不一定构成违法主体。因为行政机关工作人员的违法行为并不一定是行政机关或行政首长授权或经其批准作出的。行政首长作为行政编制违法行为的主体可能有两种情形：一是其行使行政首长的职权，以行政机关的名义实施某种行政编制违法行为；二是其并非行使行政首长的职权，而是通过非正当途径和非正当程序的个人活动作出某种行政编制违法行为。在前一种情形中，行政首长与行政机关同时作为违法行为主体；在后一种情形中，则仅有行政首长

① 蒲坚：《中国古代行政立法》，北京大学出版社1990年版，第318页。

以一般行政工作人员的身份作为违法行为的主体。

行政编制违法行为属于内部行政违法行为,此不同于外部行政违法行为。在外部行政违法行为中,只有作为行政管理相对人的公民、法人和其他组织才能作为违法行为的主体。而在内部行政违法行为中,行政机关及其工作人员有可能成为违法行为的主体,外部行政相对人不可能成为内部行政违法行为的主体。即使外部行政相对人由于行政机关及其工作人员的行政编制违法行为而进入行政机关,非法列入行政编制之中,其也不构成行政编制违法行为的主体。行政编制违法行为的主体仍然是行政机关及其工作人员,被非法吸收进入行政编制的人至多只是行政编制违法行为的“受益人”。当然,行政机关工作人员也只有在其直接实施了行政编制违法行为时才构成行政编制违法行为的主体。如果行政机关工作人员只是行政编制违法行为的“受益人”(如上级机关违法增加编制从下级机关调入的工作人员,行政机构违法升格而提升职务的工作人员等),他们同样不构成行政编制违法行为的主体,尽管他们因行政编制违法行为所得到的“好处”可能要被取消。

行政编制违法行为是违反行政编制法律规范的行为。行政编制法律规范的渊源包括法律、法规、规章。行政机关及其工作人员一切违反规定行政编制规则的法律、法规、规章的行为均构成行政编制违法行为。规定行政编制规则的法律规范分为两大类:一类为实体规范,即规定机构、人员、领导职位等的规范;另一类为程序规范,即规定机构设立、变更、撤销,人员增加、减少及领导职数增加、减少的提议、审查、批准、备案等程序的规范。违反行政编制实体法律规范的行为称“行政编制实体违法行为”,违反行政编制程序法律规范的行为称“行政编制程序违法行为”。

行政编制实体违法行为主要包括:(1)没有行政组织法的根据,擅自设立机构;(2)没有行政编制缺额的情形,擅自增加工作人员员额;(3)违反编制规定,擅自改变各类人员的比例;(4)违反行政组织法规定,擅自增加领导人员职数;(5)违反编制规定,擅自增加机构层次;(6)违反行政组织法规定,擅自提升机构级别。

行政编制程序违法行为主要包括:(1)增加、变动编制违反编制增加、变动的提议程序(如无提议权的人提议,提议未履行正式手续或手续不符合规定等);(2)增加、变动编制违反编制增加、变动的审查程序(如未经法定机关审查,审查时未有法定人数出席,或审查内容不全面,材料不齐全等);(3)增加、变动编制违反编制增加、变动的批准程序(如未经法定机关批准或批准机关审议批准时未有法定人数出席,或者未获法定票数通过等);(4)增加、变动编制违反报审、报批法定时限以及审查、批准超过法定时限;(5)设立、撤销非常设机构违反法定程序或者超过法定时限。

实践中行政编制违法行为还有其他多种情形,以上列举的只是其中的主要情形。

二、行政编制管理的法律监督

为了防止和纠正行政编制违法行为,保证行政编制管理目标的实现,必须建立有效的法律监督机制。行政编制法律监督机制主要应包括下述环节。

(一)权力机关的监督

权力机关对行政编制的监督主要通过控制行政人员总额和行政经费总额两个途径实现。

根据一些西方国家的做法,政府行政人员总额和行政经费总额受议会严格控制。政府每年向议会提交行政预算都要包括这两方面的数据。议会审查批准预算后,政府不得任意变更。议会除了控制政府的总编制、总经费,对政府主要工作部门的设立、变更、撤销也要加以控制。政府部门的编制需经议会决定或批准。例如,美国联邦政府的部和各独立管理机构都是通过国会立法设置的。至于部和独立管理机构从属的机构,则由政府在总编制、总经费范围内决定设置。

我国行政编制过去一再膨胀,一个很重要的原因就是缺少国家权力机关的有力控制和监督。今后,在改革我国行政管理体制的同时,必须加强国家权力机关对行政编制的控制和监督。人民代表机关不仅要通过预算、决算对行政编制予以控制和监督,还应要求政府定期或不定期向其报告行政机构、行政编制变动及行政预算的执行情况。对于报告中的疑点,应及时提出质询,要求政府予以解释、说明。对于行政编制违法行为,应责成有关部门严肃追究相应机关和人员的法律责任,人大和人大常委会还可以直接罢免相应政府部门的主要负责人。

（二）行政监察机关的监督

根据《行政监察条例》，监察机关的主要职责包括：监督检查国家行政机关及其工作人员和国家行政机关任命的其他人员贯彻执行国家法律、法规和政策以及决定、命令的情况；调查处理国家行政机关及其工作人员和国家行政机关任命的其他人员违反国家法律、法规以及违反政纪的行为。很显然，监督检查行政机关及其工作人员贯彻执行法律、法规、政策的情况就包含监督检查行政机关及其工作人员贯彻执行编制法的情况，调查处理行政机关及其工作人员违反法律、法规、政纪的行为就包含调查处理行政机关及其工作人员违反编制法的行为（行政编制违法行为）。

我国行政监察机关在对行政编制情况进行监督方面，过去一直是一个薄弱环节，对编制法的执行情况很少检查，对行政编制违法行为很少处理。今后，行政监察必须加强对这方面的监督。否则，行政编制的法律监督机制就是不完善的，行政编制管理就难以达到预期的效果。

（三）行政编制管理机关的监督

行政编制管理机关是国家设置专门管理行政编制的机关。管理就意味着监督，监督是管理的重要内容。行政编制管理机关不仅要对行政机构的设置、变更、撤销，人员的增加，职位结构的变动等进行事前审查、监督，而且要定期或不定期地对其所管理的对象实际执行编制的情况进行全面检查或抽查。发现问题，及时处理。

行政编制管理机关还可通过受理机关、组织、个人对行政编制违法行为的申诉、控告、检举及处理申诉、控告、检举反映的问题，对被管理对象贯彻执行编制法实施监督。

（四）行政首长和上级行政机关的监督

行政首长对所辖行政机关负有全面的领导责任，当然应对管辖机关的行政编制执行情况进行监督，包括对该机关编制管理工作人员进行监督。如发现问题，应及时加以处理。行政机关实施的行政编制违法行为在多数情况下是行政首长本身所为，或虽为其所属工作人员所为，但亦经其认可、批准。但是在某些情况下，行政机关其他负责人或工作人员也可能背着行政首长实施其完全不知情的行政编制违法行为。对于行政首长自身的违法行为，自然需要其他监督主体的监督，但对于行政机关其他负责人或工作人员的违法行为,行政首长的监督则是必要的。

在行政编制法律监督机制中,上级行政机关对下级行政机关,包括上级行政编制管理机关对下级行政编制管理机关的监督具有重要意义。上级行政机关与下级行政机关具有领导从属关系,上级行政机关比其他监督机关更了解下级行政机关的情况,从而能够实施更及时、更有效的监督。当然,上下级机关也由于关系密切,下级机关的行为很多是经过上级机关批准或默许的,从而上级机关可能偏袒下级机关的违法行为。因此,在行政编制法律监督机制中,其他监督环节的存在是必要的,并且是必须加强和完善的。

三、行政编制违法行为的法律责任

要保证行政编制管理目标的实现,防止和纠正行政编制违法行为,除了要加强对行政编制法的宣传教育和加强行政法律监督机制,还必须建立完善的法律责任机制。法律责任是法律监督有效运作的保障,法律监督则是法律责任实现的前提条件。没有法律监督,法律责任就无法实现,没有法律责任,法律监督就会软弱无力,就不可能发挥有效的作用。

行政编制违法行为的法律责任包括行政责任和刑事责任,但主要是行政责任。

行政责任分外部行政责任和内部行政责任。外部行政责任适用于外部行政管理相对人的行政违法行为,内部行政责任适用于行政机关内部及其工作人员违反行政法规范的行为。行政编制违法行为属于内部行政违法行为,因而只适用内部行政责任,不适用外部行政责任(如拘留、罚款、吊扣证照等)。内部行政责任包括行政机关的责任和行政机关工作人员的责任。行政机关的责任形式通常包括:停止违法行政行为;消除违法行政行为造成的影响;撤销违法行政行为;恢复被违法行政行为改变的原状;变更不适当的行政行为;责令限期作出依法定职责应作出而未作出的行政行为;赔偿行政机关工作人员因违法行政行为所造成的损失;追缴实施违法行为的机关或机关工作人员因违法行为获得的"好处"等。行政机关工作人员的责任形式主要是行政处分,包括警告、记过、记大过、降级、降职、撤职、开除公职等。除了行政处分,行政机关工作人员违法行为造成了国家损失(包括造成对外部相对人的损失,导致国家赔偿)的,还应承担相应的经济责任:行政机关可向实施违法行为的工作人员追偿行政机关已向外部相对人支付的国家赔偿金的全部或部分。

就行政编制违法行为而言,上述行政责任形式大多均是可适用的。无论是对于行政编制实体违法行为,还是行政编制程序违法行为,行政机关属于违法行为主体的,首先应由行政机关承担责任:违法设立的机构应予撤销;违法增加的人员编制应予裁减,并做好无过错的被裁减人员的善后工作;违法改变的各类人员职位比例应予纠正;违法增加的领导职务应予撤销;违法增加的机构层次应予取消;违法升格的机构应恢复原机构级别。对于行政机关作为违法主体实施的行政编制违法行为,该行政机关的行政首长和直接责任人员也同样属于违法主体。他们应承担国家工作人员的内部行政责任:接受行政处分或承担相应经济责任。

对于行政编制程序违法行为,其责任形式应分两种情形:一种是程序违法同时实体也违法的,例如,行政机关未经审查批准程序擅自增设机构和增加人员编制,且根据组织法和行政编制,所增机构和人员编制均是不应增加的;另一种是程序违法但实体并不违法的,例如,行政机关未经审查批准程序增设机构和人员编制,但根据组织法和行政编制,所增机构和人员编制是应予增加的,只是未履行法定程序和相应手续而已。这两种情形的责任形式是应有所区分的:对于第一种情形,行政机关的责任是撤销违法的行政行为,消除违法行为导致的结果,行政机关的行政首长和直接责任人员亦应承担相应行政责任,根据其违法行为的情节,予以行政处分;对于第二种情形,行政机关不一定要撤销相应行为,其责任形式可以是补充履行法定程序、补办法定手续以及根据情况,由编制主管机关给予通报批评,对于程序违法负有责任的重要负责人和直接责任人员则应根据其违法行为的情节,予以适当的行政处分,使其承担相应的行政责任。

除了行政责任,行政编制违法行为情节严重,给国家和有关人员利益造成重大损失并构成犯罪的,还应追究刑事责任。所谓"情节严重,给国家和有关人员利益造成重大损失"包括两种情况:一是严重违法乱纪,滥设机构,滥增编制,导致国家财产的重大损失或行政管理的严重混乱;二是行贿受贿,或者对行政编制管理监督机关及其工作人员或其他控告、检举其行政编制违法行为的组织、个人进行打击、报复、陷害,导致其权益受到严重损害的。

对于上述严重违法行为，司法机关可依据《刑法》有关条款，追究相应违法人员的刑事责任。

江泽民同志在党的十四大报告中指出："机构改革，精兵简政，是政治体制改革的紧迫任务，也是深化经济改革、建立市场经济体制和加快现代化建设的重要条件。"为了实现这一伟大改革和巩固改革的成果，我们一方面必须加强行政组织立法和行政编制立法，另一方面必须建立完善的行政编制法律监督体系和完善的行政编制法律责任机制。

论地方政府规章*

根据1986年第六届全国人大常委会第十八次会议修订的《地方组织法》第51条的规定，省、自治区、直辖市以及省、自治区的人民政府所在地的市和经国务院批准的较大的市的人民政府，可以根据法律和国务院的行政法规制定规章。相对于国务院各部委制定的规章，这类规章统称为“地方政府规章”。

地方政府规章有如下特征：

第一，制定机关是法律专门授权的地方人民政府，即省级人民政府、省级人民政府所在地的市的人民政府和国务院批准的较大的市的人民政府，而不是所有的地方人民政府。中小城市和县、乡、镇的人民政府均没有规章制定权。

第二，上述法律授权的地方人民政府制定的一般规范性文件和为解决个别具体问题而发布命令不属于行政规章的范围，而属于一般抽象行政行为或具体行政行为。

第三，规章必须根据法律和行政法规制定。“根据”有三层意思：(1)不能作出与法律和行政法规相对立、相矛盾的规定。(2)其规定的内容和限度必须在法律和行政法规规定的范围内，不能创制法律和行政法规未加规定的新的实体性的规范。(3)规章可以对法律和行政法规的规定具体化，可以制定实施细则。法律和行政法规有明确规定的，要根据其明确规定；没有明确规定的，也可根据其原则规定作出具体规定。

---

* 本文原载《中国行政管理》1989年第5期。

地方政府规章不同于行政法规和地方性法规。宪法对行政法规的要求是"不同宪法、法律相抵触",宪法对地方性法规的要求是"不同宪法、法律、行政法规相抵触"。而《地方组织法》要求是"根据法律和行政法规"。因此,行政法规可以创制法律未加规定的新的实体性规范;地方性法规可以创制法律和行政法规未加规定的新的实体性规范。而地方政府规章则不能创制新的实体性规范,它只能根据法律、行政法规制定有关法律、行政法规以及地方性法规的实施细则,包括有关实施法律、行政法规以及地方性法规的时间、地点、范围、执行机构、技术标准、实施程序和方法的规定。

地方政府规章应该从属于地方性法规。有关地方社会、经济、文化的一切实体性问题,都应由地方人大和地方人大常委会制定,地方政府只能规定实施细则。当然,地方性法规的草案大部分是由地方政府起草的,地方政府有关部门负责人也会参加地方权力机关对相关地方性法规草案的讨论,并向地方人大代表或地方人大常委会委员详细介绍和说明情况。地方人大常委会应把制定地方性法规作为自己经常性的任务。这样做是民主和法治的要求。同时,将地方立法工作专门化,也有利于加强地方立法的统一性、规范性和科学性。

但是,由于目前省级和较大的市级以下的人大常委会没有直接制定地方性法规的权限,省级人大常委会也没能充分行使制定地方性法规的权限。所以,应由地方性法规加以规定的有关地方社会、经济、文化管理的大部分实体性问题,现在都由省、市地方政府以地方政府规章规定,从而地方政府规章的数量大大超过了地方性法规的数量。《北京市法规规章汇编》所载1983—1984年的法规规章共77个,其中规章占70个,地方性法规仅有7个。地方性法规的数量只有地方政府规章数量的1/10。因此,改进和完善地方政府规章的制定工作,使之进一步民主化、科学化,对于促进地方社会、经济、文化的建设,保障公民合法权益的实现具有非常重要的意义。

如何改进和完善地方政府规章的制定工作是一个需在认真调查的基础上加以深入研究的问题。本文仅根据现有问题提出一些改进意见:

(一)地方政府规章大多直接涉及人民群众的切身利益,因而它的制定必须更多地听取人民群众的意见,加强人民群众对制定地方政府规章工作的参与。地方政府规章的内容凡是涉及地方政府所辖地区全体人民群众权益的，在制定前必须交由人民群众充分讨论，广泛听取群众意见，再根据最广大群众的意见制定；凡是只涉及某一部分、某一方面群众权益的，在制定时必须以一定方式向该部分、该方面群众进行详细说明，介绍情况，并认真征求他们的意见。否则，相应利害关系人可以因此而对该规章提出异议和请求撤销。

（二）地方政府规章凡载有或附有技术规范和技术标准的，必须聘请相关领域专家进行审议和提出科学论证。有些纯技术性的规章，可先交由一定的科研机关或团体进行研究，提出多种方案，然后加以比较，选择最佳方案。

（三）加强地方政府法制机构的建设，努力提高法制机构工作人员的素质。有权制定规章的地方政府都应该设立专门的法制机构，专门从事地方政府规章的“立改废”工作。这个机构的工作人员必须接受过专门的法律训练，特别是行政法训练，必须有一定的政策水平和较广泛的社会知识，特别是要有一定的行政管理经验。除此以外，他们还必须有较好的文字能力和一定的科学知识。为此，对地方法制机构现有工作人员必须大力加强培训，努力提高他们各方面的素质。在今后条件成熟、地方人大常委会能够充分行使制定地方性法规的权限时，地方政府这一机构的大部分人员可以转到地方人大常委会法制机构去工作。

（四）明确地方政府制定规章的权限。要明确权限，地方政府和地方人大常委会、省级地方政府、省会市政府和其他“较大的市”的政府都要进行适当的分权。“分权”一方面是为了发挥各级和各方面的积极性，另一方面是为了保障法制统一。“越权无效”应成为规章制定的重要原则。

（五）统一地方政府规章的一般形式和程序要求。法律授予省级地方人大和地方人大常委会制定地方性法规的权力，授予省、市级地方政府制定地方政府规章的权力，是为了使法律更好地适应地方的情况，发挥地方的积极性、主动性、创造性。但是全国的法制必须统一。当然，统一不是要求“一刀切”，而是要求构成一个具有高度有序性的系统。为此，地方性法规以及地方政府规章的制定就必须有相对统一的形式和程序。

（六）完善地方执法机构，保证地方政府规章的执行。地方政府规章是地方人民政府管理地方社会、经济、文化的最重要的手段。这种手段既属于行政手段，又不是单纯的行政手段，而是行政手段的法制化。为了更有效地应用这一手段，地方政府必须完善相应的执法机构。执法机构为实施地方政府规章,应有权根据法律规定的条件、范围、程序和方法采取一定的强制措施,督促不自觉执行地方政府规章的相对人履行他们应履行的义务。

(七)加强对地方政府规章的监督。为了保障社会主义法制的统一和人民群众的合法权益,必须加强对地方政府规章的监督。对于违法、越权和侵犯公民合法权益的规章,必须有一定的机构通过一定的方式加以废除或撤销。在这方面,应同时考虑建立和完善两方面的监督机制,即行政监督机制和立法监督机制。根据行政监督机制,下级地方政府规章应报送上一级人民政府备案审查,上一级人民政府在审查中发现下级地方政府制定的规章违法、越权等,应加以废除或撤销。根据立法监督机制,公民或公民团体发现任何地方政府规章违法、越权、侵犯其合法权益,可以向规章制定机关的同级人大常委会提出并请求审查,相应地方人大常委会通过审查,确认被提请审查的规章违法、越权、侵犯利害关系人的合法权益,即应废除或撤销该规章。此外,人民法院在审理行政案件时,发现行政行为所依据的地方政府规章违法、越权、侵犯公民合法权益,亦可提请同级人大常委会加以审查,地方人大常委会在审查确认相应地方政府规章确实存在违法、越权、侵犯公民合法权益的情形,即应废除或撤销被提请审查的地方政府规章。

加强和完善对公民财产权的法律保护*

一、为什么要研究公民财产权的法律保护？

现行《宪法》第13条规定："国家保护公民的合法的收入、储蓄、房屋和其他合法财产的所有权。""国家依照法律规定保护公民的私有财产的继承权。"

财产权是公民的基本权利之一，是公民其他基本权利实现的保障。没有财产权，公民的人身权难以得到保障。没有财产，公民无从获得和维系衣、食、住、行。没有衣、食、住、行，何以有生命、健康、自由？

没有财产权，公民难以行使其政治权利。公民的选举权、集会权、结社权、游行权、参加国家管理权的实现，都必须有一定的经济基础。吃、穿、住、行没有保障，公民还能用多少心思去参加选举、参加国家管理，还会有多少时间、精力去进行集会、结社、游行？

没有财产权，公民的劳动权、受教育权和文化、科技、艺术创作权的实现也会发生困难。劳动需要有劳动工具，受教育需要支付费用，从事文化、科技、艺术创作需要设备、条件。财产权没有保障，公民何以能实现这些权利？

我国目前尚处在社会主义初级阶段，物质利益是调动人们积极参加现代化建设，努力发展生产力的极重要的因素。而对公民财产权的保护乃是物质利益原则有效发挥作用的基本条件。即使社会分配是合理的，但如果分配所得没有保障，公民合法取得的财产随时可能被他人或政府拿去，他就不再有

---

* 本文是《加强和完善对公民财产权的法律保护》和《再论公民财产权的宪法保护》两篇文章的合编。《加强和完善对公民财产权的法律保护》原载《法制日报》1993年2月17日，第3版；《再论公民财产权的宪法保护》原载《中国法学》1993年第2期。此两篇文章均为本人执笔，龚祥瑞教授审定。

劳动、创造、投资的积极性。公民失去了劳动、创造、投资的积极性，生产力何以发展？

建立市场经济体制是党的十四大确定的我们现在和今后的一个长时期的重大任务。市场经济是以公民个人及其组织（企业也是公民的一种组织）具有独立的财产权利为前提的。财产权如果没有保障，市场对资源的配置，市场对整个经济活动的调节都会失灵。公民及其组织在生产和交换中所获得的财物随时都可能失去，他（它）们就不会有兴趣去投资市场，就不会用心思去研究选择自己的投资方向，就不会花精力对扩大再生产的领域、规模进行认真决策。如果这样，价值规律这只“无形的手”就发挥不了作用，价值规律不起作用，就不可能有市场经济。另外，对公民财产权的保护也是现代文明的一种表现，特别是社会主义国家，人权应该得到高度的尊重，尊重人权的一个重要内容是尊重公民的财产权。政府不仅应为公民的财产权提供充分的法律保护，使公民对其财产有高度的安全感；更不应该侵犯公民的财产权，不得以任何非法手段、方式、借口（如滥罚款、滥收费、滥征收征用等）从公民那里“拿”走其合法取得的财产。

长期以来，由于“左”的指导思想的影响，我们只重视保护国家财产、保护公共财产，而忽视保护公民个人的财产。某一个人富了点，稍多有了一点财产，就认为其是在走资本主义道路，非割其“尾巴”不行。只要某个人的财产被认为沾了“资”，无须任何法律程序即可被查、被扣、被没收、被销毁，即使后来发现与“资”无涉，也没有任何赔偿。“文化大革命”以后，这种情况有了极大的改变，但是，对公民个人财产的法律保护并没有提到应有的高度和引起足够的重视：至今在一些地方，乱收费、乱罚款、乱摊派的“三乱”现象依然严重存在；政府滥用权力行为（如违法吊扣证照、责令停产停业等）侵犯了公民的财产权，造成了公民财产的损失，公民依然得不到合理的赔偿；整个国家赔偿制度在我国尚未建立。

鉴于此，我们认为，法律界应该加强对公民财产权法律保护的研究，探讨完善公民财产权法律保护的机制、途径和方法。在这方面，宪法学者、行政法学者、民法学者、刑法学者、诉讼法学者应通力合作，在认真进行理论研究的同时向立法机关提供相应的立法建议。

第一，宪法对公民财产权的保护应有具体法律、法规落实，法律、法规应像对公共财产的保护一样,规定任何机关、任何组织、任何个人不得以任何非法手段侵犯公民个人的财产。没有适当的补偿,国家不得征收征用公民个人的财产。由于国家机关和国家工作人员行为致使公民财产权受到损失的,国家应当依法赔偿。

第二,应特别加强和完善有关或涉及公民财产权的行政法立法,如行政处罚法、行政强制法、行政收费法、行政征收征用法、行政赔偿法、行政补偿法等,防止政府和政府工作人员对公民财产权的侵犯。

第三,为了保障公民财产权,我国应进一步完善民法,对公民财产所有权、使用权应提供进一步的保护,对侵犯公民财产权的侵权行为应规定更完善的责任机制。对公民财产权的纠纷、争议,应确定完善的法律处理、裁决机制。

第四,刑法应加强对侵犯公民财产权犯罪行为的打击、制裁。在修改刑法时,对于过去刑罚条款规定这方面犯罪“罚度”不够或与其他犯罪行为的“罚度”比较偏轻的,应加以适当的调整。对于近几年来出现的侵犯公民财产权方面的各种新的犯罪行为,修改刑法时应规定新的刑罚。在刑法未修改前,则可以采取类推,通过单行法律规定对这类新的犯罪行为的刑罚。

第五,在诉讼法方面,应完善保护公民财产权的行政诉讼制度、民事诉讼制度和刑事诉讼制度,应为公民财产权的保护提供更加有效的程序保障机制。

总之,公民财产权的法律保护是建立社会主义市场经济体制必须解决的一个重大课题,法律工作者有责任为解决这一课题作出自己的贡献。

二、保护私有财产权的理论根据

私有制社会产生以后,财产与人类之间就有了一种隶属关系,人们把这种关系叫作“财产所有权”,把财产的拥有者叫作“所有人”或“财产主”。

认为私人应拥有财产并为自己的目的而使用源于两个不同而又有联系的理论观念:

其一,“自然权利”理论,认为“财产所有权是个人自由不受强权限制的权利,是使人权受到保护的制宪的第一要义”。这一观点直接源于德国古典哲学家康德语,之上可追溯至英国启蒙思想家洛克,之下则延续发展至当代美国法学家德沃金。

其二,“功利主义”理论,认为保护财产所有权是促进经济发展和提高社会生产力的必要手段。如果劳动成果失去了保护,也就不可能再有生产的积极性。只有把财产所有权与自由支配财产权结合起来,才能使社会资源达到最高价值的利用,从而产生最高程度的社会效益。保护私有财产的价值还在于,尽可能防止和避免对自然资源的无限制利用导致的破坏作用。在超越历史超越人们觉悟水平的全面公有制下,有些人不关心资源的有效利用和未来利用。公共财产在法律上“神圣不可侵犯”,但在事实上却未能得到有效保护、利用和使之有效地增值。

美国开国元老对私有财产权所持的是第一种理论观念。美国宪法修正案第5条与法国1789年《人权宣言》以及某些其他国家(至1956年已达44国)的宪法均是在这种理论观念的基础上规定对私有财产权的保护。英国一类不成文宪法国家的公民基本权利是在习惯法或判例法中而不是在宪法文本中规定的。而英国的判例法则是在功利主义的基础上发展起来的,因此它的理论观念基础属于第二种类型。

三、限制私有财产权的理论根据

对功利主义者来说,提到限制私有财产权的根据就像提到保护私有财产权的根据一样自然。财产所有权及其异化所产生的社会问题不是市场经济本身所能解决的,它必须依赖国家的宏观调控,特别是在社会福利和国家整体利益的领域。财产所有及其使用权需要限制。财富再分配——把富者的部分财产通过国家税收等调节手段分配给穷人——成了20世纪工业国家的一个重要制度。它们不这样做就难以维系社会稳定。为达此目的,除税收外,限制财产权的调节措施还有征收、征用等。所有这些有关的法律措施不可避免地侵犯着绝对不受限制的所谓“自然权利”,但这在现代社会是绝对必须的。英国法理学和经济学家边沁(Jeremy Bentham)认为,人类社会不存在所谓“自然权利”。他斥责“自然法”“理性法”都是毫无意义的而使人容易走上歧途的邪说。[①] 许多国家的法律(不仅是或多或少以马克思主义为指导的国家的法律)对私有财产都有不同程度的限制和管制,特别是在发展中国

---

① 张宏生、谷春德主编:《西方法律思想史》,北京大学出版社1990年版,第316-317页。

家，国家的计划被视为发展经济的必要，它们甚至把全部或局部的私有财产通过法律强制“国有化”或“公有化”。

借鉴外国的经验，我国的法律如何既保护又限制私有财产权，以适应建立社会主义市场经济体制的需要，是一个需要认真研究的问题。可以肯定地说，现行《宪法》第 13 条规定现在是不够用的了，必须加以完善。

四、私有财产的宪法保护不是绝对的

在现代社会，就连自由主义传统根深蒂固的国家，在法律上也规定了有关征收、征用私有财产和限制私有财产权的各种制度。例如，美国宪法第 5 修正案把“经正当法律程序”和“公正补偿”确定为剥夺“生命、自由或财产”的条件。换言之，经过“正当法律程序和公正补偿”，个人财产也是可以被剥夺的。后来美国宪法第 14 修正案把上述规定推广适用于各州。至于什么是“正当法律程序”、什么是“公正补偿”则是由司法机关和准司法机关来裁定的。所谓“正当法律程序”在美国法制史上有“实质性的程序”与“形式性的程序”之分。“形式性法律程序”只要求举行听证会或依照自 1215 年《大宪章》颁布以来的判例法要求即可剥夺私有财产所有权，第二次世界大战时的征收征用即是如此。至于“公正补偿”，国家亦可用发行公债券的办法作为征收私有财产的代价。澳大利亚、爱尔兰、印度等国宪法甚至连美国式的条件也作规定，任凭立法机关的意志，根据所谓“国家的需要”就可以征收任何个人的私有财产。美国的“公正补偿”条款原是从英国模式下产生发展起来的。1985 年欧洲人权法院认为英国在钢铁公司国有化时的补偿“不充分”“不公正”“不合理”，判定其违反欧洲公约。至于何谓“充分”“公正”“合理”，大抵取决于司法机关或准司法机关对财产评估所作出的裁定。财产评估师在发达国家已成为像律师和会计师一样的专门行业。当然，国家审判机关对私有财产的干涉得随时代的变化作出从严或从宽的解释。在限制私有财产的使用方面，各国法制并无一致的标准。例如，瑞士宪法自第一次世界大战时开始，就确认立法机关为保护公共卫生、安全与秩序的制定限制私有财产的一般规程。立法机关这样做并不违反私有财产应受宪法保护的原则。在有些国家，宪法还明文规定财产权所有人应尽的义务，从而为政府管制或干预财产权提供了法律根据。原《德意志联邦共和国基本法》在明文规定保护财产所有权的前提下，接着规定了“财产负有的义务”：“使用财产亦须为公共利益服务”。日本国宪法（第251条）与印度宪法（第471条）和意大利宪法（第9、32条）亦有同样的规定。这些规定说明私有财产须与公共利益协调一致。

至于税收，它是“取之于民而用之于民”的一种法制。各国宪法大抵都规定了“依照法律纳税”是每一个公民的义务。作为义务的纳税不是剥夺而是调控，其与公民的财产权并不冲突。根据世界各国的经验，我国《宪法》第13条的规定看来应加以修改和完善，以适应党的十四大所确定的建立社会主义市场经济体制的任务的需要。但修改宪法此条款必须明确两个问题：一是哪些财产须受到宪法保护，二是对私有财产权应作何种限制。对此，宪法有必要规定，凡有关财产的事项，如征收、征用、罚款、没收、赔偿、补偿、税收等，非经法律特别授权，一律应以法律定之。行政法规或地方性法规不宜自行规定公民财产权事项。另外，法律必须明确规定司法机关保护公民私有财产权的职责权限，在这方面，应进一步完善人民法院独立行使审判权的机制，使之不受任何行政机关、地方、个人、单位的干涉。

毫无疑问，我国现行宪法是一部好的宪法，曾起过和还在起着重大的历史作用。但是，随着形势的发展，它必须发展完善。否则它就不能适应我们今天社会主义民主政治和市场经济的需要。丹宁勋爵（Lord Denning）指出：“如果我们不做任何前人没有做过的事情，我们就会永远呆在一个地方，法律会停止不前。而世界上其他一切事情将继续前进。”①这样，就会导致社会的无序和混乱，妨碍社会文明的发展。

---

① ［英］丹宁勋爵：《法律的训诫》，杨百揆、刘庸安、丁健译，法律出版社1999年版，“扉页”。

论行政自由裁量权及其法律控制*

第二次世界大战以后,行政法学中“法治”原则(the rule of law)的内容发生了一个重大的变化,或者说有了一个重大的补充。“二战”前,行政法学讲“法治”,主要是讲“依法行政”“依法办事”(everything must be done according to law)。“二战”以后,行政法学讲“法治”,除了继续讲“依法行政”“依法办事”, 则重点讲“限制自由裁量权”(restrct discretionary power)、“防止滥用自由裁量权”(prevention of the abuse of discretionary power)。② 为什么会有这一变化呢？行政自由裁量权究竟是一种什么样的权力？为什么要加以控制？我国行政管理中存不存在滥用自由裁量权的问题,应不应加以控制？应怎样加以控制？本文拟就这些问题作一些初步的探讨。

一、行政自由裁量权概念的界定

行政自由裁量权是法律、法规赋予行政机关在行政管理中依据立法目的和公正合理的原则,自行判断行为的条件、自行选择行为的方式和自由作出行政决定的权力。

首先,行政自由裁量权相对于一般法定行政权来说是一种“自由的”权力;法律法规赋予行政机关管理某种事项、作出某种行为的权力,但对于相应管理行为的具体内容、范围、形式、实施方法都未予以明确规定,甚至对于行为的条件、时机也未加以确定或只是以某种不确定法律用语(如“认为适当时”“若不违反公共利益”“如其有足够的资金和信用”等)确定。据此,行政

---

* 本文原载《法学研究》1993 年第 1 期。

② [英] H · W · R · Wade:*Administrative Law*,Oxford University Press 1988, p. 23-24.

机关享有自行判断、自行选择和自行决定是否作出某种行为，在何时何地行为，怎样行为的自由。而行政机关实施羁束行为却不存在这种自由，法律法规对相应行为的条件、内容、范围、形式、程序、方法等作了详细、明确、具体的规定，行政机关只能依法行事，不能或很少能以自己评价、权衡、裁量参与其间。

其次，行政自由裁量权又不是一种绝对自由的权力，它有其外部和内部的限制。就外部而言，它应受合法性的限制，自由裁量是在法律法规规定的一定范围内的自由裁量，而不是完全没有范围、没有边界的裁量。就内部而言，它应受合理性的限制，自由裁量是法律法规赋予行政机关为了执行公务、实现社会公益而进行合理判断、斟酌、选择行为方式的自由，而不是允许其任意所为，更不是根据私益选择行为方式的自由。英国大法官科克曾指出："如我们说由某当局在其裁量权范围之内做某事的时候，自由裁量权意味着，根据合理和公正的原则做某事，而不根据个人意见做某事……根据法律做某事，而不是根据个人好恶做某事。自由裁量权不应是专断的、含糊不清的、捉摸不定的权力，而应是法定的，有一定之规的权力。"①我国台湾地区行政法学者翁岳生认为："裁量乃裁度推量之意，是人类对事物考虑之内部心理意识的过程。裁量不是随意，而是有其准据和目标，因此和毫无准则限制之恣意不同。裁量具有积极性，以追求'正确性'为目的，虽然这种'正确性'不是能客观加以确定的，而是纯主观斟酌的正确性。"②

可见，行政自由裁量权既是自由的权力，但又不是无限制的自由权力。它是一种在一定范围内根据法定原则可以自由行使的权力。至于某一种自由度(范围)有多大，则取决于相应法律法规的规定。就我国现行法律法规授权的情况分析，我国目前行政自由裁量权的自由度大致可分为广度、中度、小度三种情形。

(一)广度裁量

"广度裁量"指法律法规就相应行政管理事项授予行政机关以广泛的自

---

① 《科克判例汇编》(1598年)第5卷，第99页。转引自[美]伯纳德·施瓦茨：《行政法》，徐炳译，群众出版社1986年版，第568页。

② 翁岳生：《行政法与现代法治国家》(第9版)，台北，三民书局1978年版，第40页。

由裁量权，裁量范围通常包括行政行为的条件、行为方式、行为度及行为时空范围等要素。例如，《草原法》第14条第1款规定："地方各级人民政府应当采取措施，防治草原地区牲畜疫病和人畜共患疾病。"这里，法律赋予行政机关以采取防治措施权，但对采取什么措施、时空范围可多大、需具什么形式等，全留给行政机关自由裁量。

（二）中度裁量

"中度裁量"的裁量范围通常包括行政行为的条件、行为方式、行为度、行为时空范围等要素中的两个或两个以上。例如，《土地管理法》第44条第1款规定："乡（镇）村企业未经批准或者采取欺骗手段获取批准，非法占用土地的，责令退还非法占用的土地，限制拆除或者没收在非法占用的土地上新建的建筑物和其他设施，可以并处罚款。"这里，法律赋予行政机关以处罚权，并规定了处罚条件，但对处罚方式却赋予行政机关以一定的选择、裁量权。至于罚款的幅度，法律没有规定任何标准，应认为也是授权行政机关自由裁量。

（三）小度裁量

"小度裁量"指法律法规对相应行政管理事项作了较明确的规定，仅留给行政机关以较小的裁量余地。裁量范围通常仅限于行政行为的条件、行为方式、行为度、行为时空范围等要素中的某一个要素。如《治安管理处罚条例》第20条规定："有下列妨害公共安全行为之一的，处十五日以下拘留、二百元以下罚款或者警告……"行政机关可以在拘留、罚款、警告三个罚种上选择其中一个或两个。

法律法规授予行政机关自由裁量权，均必须采取一定的授权形式。有些授权形式是明示的，有些授权形式是暗示的。明示的授权形式通常有：（1）法律法规仅规定职责权限，将行使职责权限的方式留给行政机关自由裁量；（2）法律法规仅规定行政行为的范围，将行政行为的幅度留给行政机关自由裁量；（3）采用"可以""也可以""或""或者"等选择性法律用语。法律法规暗示授予行政机关自由裁量权的形式有：（1）通过规定相对人的行为规范，暗示规定行政机关自由裁量权。如《公民出境入境管理法实施细则》第17条第1款规定："中华人民共和国护照有效期5年，可以延期二次，每次不超过5年……"（2）采用有一定弹性的法律用语（或称不确定法律概念），如《治安管理处罚条例》第16、17条采用的"情节特别轻微""主动承认错误""及时改正”“有较严重后果”等用语。行政机关适用这些弹性法律用语，有自行判断、自定标准和自行解释的一定自由。

二、对行政自由裁量权的几点评说

行政自由裁量权是现代社会经济发展的必然产物。在早期资本主义时代，政府管的事较少，且职能也较为简单，具有稳定性和可预见性的特点，从而议会能以法律对之予以详细、明确、具体的规范。行政机关必须严格按照议会法的规定行使职权。而现代社会，政府要管的事越来越多，且其管理无一不涉及专门知识和专门技术。议会对此再没有可能都以法律予以详细、明确、具体的规范，而只能对之作出一般原则性的规定，具体管理范围、形式、方法都不能不留给行政机关去自由裁量。

行政自由裁量权是管理现代社会经济的必需。行政自由裁量权日益扩大的事实引起了许多政治学者和法学学者的忧虑，认为它是对公民权利和自由的威胁，是对法治和宪制的威胁，主张要对之加以严格限制，重新回到消极和机械法治主义的时代。这种主张自然是不现实的，它所基于的对行政自由裁量权的认识和价值判断也是不全面或不正确的。行政自由裁量权绝非只能为恶，不能为善。行政自由裁量权在正确运用的条件下，不仅不会给公民带来祸患，而且能为公民创造福祉。因为任何一部法律法规，无论它如何严密、周详，都不可能规范当时相应社会生活的一切方面，更不能规范其未来将要发生的变化。行政机关在执法中，如果没有任何自由裁量权，只能刻板地、机械地加以执行，那反而会导致很多不合理、不公平的现象，违反法律法规的初衷。

当然，没有控制的行政自由裁量权是对公民权利和自由的严重威胁。行政自由裁量权对于现代行政管理是必需的、不可缺少的。但是如果对它不加控制，任凭行政机关随心所欲地行使，它就会构成对公民权利和自由的侵犯或造成对国家、社会利益的严重损害。因为权力不加控制必然被滥用。法定权力被滥用构成明显违法，滥用者滥用时多少还会有所顾忌。自由裁量权滥用构成的违法往往是隐蔽的，不易为人们所识破，如果对之没有一定的控制，滥用者将会无所顾忌地滥用权力。

滥用自由裁量权的表现形式是各种各样的，其主要表现形式有下述六种情形。

(一)考虑不相关因素

行政机关及其工作人员行使法律法规赋予的自由裁量权,本应基于法律法规授权的目的,选择最适当的行为方式,以达到最佳的管理效果。但是,某些行政机关及其工作人员作出实施某种行为的决定和选择某种行为方式是为了给本单位或本人带来某种经济利益或某种好处,或者是为了挟嫌报复,打击异己,或者是为自己升迁制造"政绩"等。总之,是基于与立法目的无关的考虑。

(二)不考虑相关因素

法律法规赋予行政机关自由裁量权,其目的在于使行政机关在作决定时能根据政策、形势、任务和相对人及相应事项的具体情况,选择最适当的行为方案。但某些行政机关及其工作人员在作决定时,对各种有关情况全然不加考虑,凭"想当然"办事,主观臆断,将自由裁量变成了胡乱裁量,完全基于个人的主观武断。

(三)对弹性法律用语(不确定法律概念)任意作扩大或缩小解释

法律法规采用弹性法律用语(不确定法律概念)意味着授予行政机关一定的解释自由。但行政机关解释弹性法律用语必须根据法律法规的目的、整个法律法规的内容以及社会公认的基本规则。如离开这一切标准,甚至不顾人们的一般常识,对弹性法律用语(不确定法律概念)任意作扩大或缩小解释,法律法规就会变成握于行政机关之手的一种捉摸不定的东西。法将不法,被管理者将会无所适从,管理者则可为所欲为。

(四)在法定范围、幅度内作显失公正的选择

行政机关行使职权,在法定范围、幅度内自由选择行为的适当方式和度,是自由裁量权的题中应有之义。但行政机关在作选择时,如果抱有私心或偏见,违反社会基本公正原则,则为滥用自由裁量权的表现。例如,行政机关对行政相对人科处行政处罚畸轻畸重,适用的处罚种类与处罚幅度与其违法行为明显不相适应。

(五)反复无常

法律法规授权行政机关实施某种行政行为,有时会同时赋予行政机关在一定条件下变更或撤销相应行为的自由裁量权。即使法律法规没有明确的

规定，根据行政法理，行政机关因一定条件的变化也可自行改变或撤销自己原已作出的行政行为。但是这种改变应有正当的理由，并遵循适当的程序。否则，即构成“反复无常”，属于对自由裁量权的滥用。

（六）故意拖延

法律法规对行政机关办理某一事项通常规定一定时限，如三天、一月、半年、一年等。在这个时限内，行政机关何时办理某事有自由裁量权。但在某种特定情况下，由于某种特殊原因，相对人的某种事项必须紧急处理，否则将给相对人或国家、社会利益造成不可弥补的损失。在这种情况下，如果行政机关故意拖延，一定要等到时限届满之日或等到某种损失已经发生或不可避免之时再办理，即对自由裁量权的滥用。另外，对于行政机关办理的某些事项，法律法规有时没有（或不可能）规定任何时限，何时办理完全由行政机关自由裁量。在这种情况下，行政裁量也应根据相应事项的轻重缓急程度和各种有关因素依序办理。如果行政机关故意将某些应紧急处理的事项压后处理，应及时办理的事项故意拖延，同样构成滥用行政自由裁量权。

三、行政自由裁量权的法律控制

第二次世界大战以后，世界许多国家的行政法学者都在关注行政自由裁量权的正当行使问题，深入探讨建立控制行政自由裁量权的法律机制。这一领域现已取得显著的成果。根据一些国家的经验，对行政自由裁量权的法律控制主要集中在行政程序和司法审查两个方面。

（一）程序控制

法律法规通常在实体问题上授予行政机关以自由裁量权，而在程序方面对其自由裁量权的行使严加控制。早先，程序控制通常是由授予行政机关自由裁量权的授权法同时规定的，即授权法一方面授予行政机关处理相应问题的自由裁量权力，另一方面规定行政机关处理相应问题必须遵循的程序。以后一些国家在继续以授权法规定程序控制的同时，开始制定专门的行政程序法，对行政自由裁量权实行总体的系统控制。行政程序法对自由裁量权的控制主要有下述制度：

1. 听证制度。行政机关行使自由裁量权，凡是涉及相对人重要权益事项的，通常要事前举行听证，听取相对人的意见，考虑相对人提出的有关证据、材料,然后作出决定和实施相应行为。有些事项特别紧急,事前不能举行听证,事后要允许相对人提出异议或向上级机关进行申诉。对于相对人提出的异议和申诉,行政机关要进行审查和予以答复。

2. 告知制度。行政机关行使自由裁量权,作出涉及相对人权益的行政决定,必须以书面形式(个别特殊情况下也可以口头形式)通知相对人,并告知其决定的理由和根据(需要保密的除外)以及相对人对决定不服提出异议和提出申诉的权利。

3. 职能分离制度。行政机关对相对人实施行政处罚,行使调查和控告职能的人员、机构与行使作出处罚决定职能的人员、机构通常应分离,行使处罚职能的人员、机构要保持与行使调查、控告职能的人员、机构的相对独立性,事前不能相互协商和交换意见。

4. 不单方接触制度。行政机关处理两个以上相对人具有相互排斥利益的事项(如两个相对人申请某种只能由其中一人取得的许可证),或裁决某种法律法规规定由行政机关裁决的民事争议(如商标、专利、著作权争议等),行政机关在作出决定或裁决前不能在一方当事人不在场的情况下与另一方单独接触,听取其陈述,接受其证据材料等。

控制行政自由裁量权行使的行政程序制度是多种多样的,可以认为,规定行政行为行使的方式、过程、步骤、时限的所有法律规范,无论是单行法律法规规定的,还是独立的行政程序法典规定的,对于制约行政自由裁量权行使都具有或大或小、或多或少的作用,都应该视为防止行政自由裁量权滥用的法律机制的组成要素。

(二)司法控制

“二战”后许多国家的经验表明,对行政自由裁量权的司法控制是最有力和最有效的控制。但是,确立这一控制有着许多困难。首先,行政自由裁量权是法律法规赋予行政机关运用其专门知识、技术、经验,依据形势、任务和个案的具体情况机动灵活处理特定问题的权力。法院对此种权力能否加以干预?如加以干预,是否有司法权侵越或篡夺行政权之嫌?其次,法院如果能够对行政自由裁量权加以司法控制,其能控制到什么程度?过“度”会导致代替行政机关行使行政权,“度”不够又不能达到有效控制的目的。最后,法院如果能够控制行政自由裁量权,怎样进行控制?法院怎样审查行政机关行使自由裁量权的行为？审查从何入手？

1. 司法审查的可行性。法院对行政自由裁量行为审查是法院执行维护和保障法治神圣使命的要求。法治首先要求行政机关依法办事，而行政自由裁量权的行使在很多情况下可能脱离法的轨道，背离法治。行政自由裁量权的不当行使引发的不只是合理性问题，在很多情况下还可能引发法律问题。如行政自由裁量超出法定界限，越出法定范围，行政机关行使了法律法规未授予的权限；行政自由裁量权行使违反法定的条件，未遵守法律法规规定的时间、地点、对象、方式、程序等；行政自由裁量违反法定目的，行政机关利用自由裁量去实现其个人私利或打击报复等；行政自由裁量违反法律法规的基本精神、原则，行政机关对法律法规的错误理解或其他原因，错误地解释法律法规中使用的弹性法律用语，导致适用法律法规错误等。所有这些问题都不只是行政裁量的适当性问题，而是合法性问题。法院对之加以干预是其使命和职能内所应为之事，而非对行政权的侵越、篡夺。

2. 司法审查的程度。法院对行政自由裁量行为审查的"度"依审查的问题属合法性问题还是属合理性问题而有所不同。法院审查行政自由裁量的合法性问题，其"度"可强。例如，法院审查行政自由裁量行为是否超越法律法规授予的裁量权限，是否符合法律法规规定的条件，其审查如同审查法定行为一样，法院完全可以撤销行政机关违法的自由裁量行为。但法院审查行政自由裁量行为的合理性问题，其"度"则有限。对于这类行政裁量行为，法院即使认为不适当、不合理，通常也不能自行加以改变或撤销。但是，行政自由裁量行为的不合理如果属于下述两种情况，法院则应加以干预：(1)有证据证明行政机关实施行政裁量行为是出于非法的目的；(2)有证据证明行政机关实施的自由裁量行为是出于主观武断或有严重过失。对于这些行为，法院可以依法予以撤销或改变(我国变更判决仅适用于行政处罚显失公正的情况)。

对行政自由裁量行为司法审查的"度"是一个较难把握的问题。我国司法实践中往往发生"过"与"不及"的偏向。"不及"者，往往源于对行政自由裁量行为进行司法审查的可行性认识不足；"过"者，则往往源于对我国《行政诉讼法》确定的合法性审查原则认识不足。

3. 司法审查的部位。所谓"司法审查的部位"，指法院具体应对行政自由裁量行为的哪些方面进行审查。根据国外的经验和我国的实践,法院审查行政自由裁量行为,主要应审查相应行为的四个方面:行为根据、行为目的、行为内容、行为程序。

(1)行为根据审查。法院审查自由裁量行为的根据是指审查行为的法律根据,即自由裁量权的权源。审查行为的法律根据首先要审查行政机关实施的自由裁量行为是否有法律法规的授权,没有法律法规授权的自由裁量行为自然是无效的。其次,要审查行为是否超越法律法规授予的自由裁量权范围。如前所述,自由裁量权不是无限制的自由权力。法律法规授予行政机关自由裁量权,通常会设立一定的范围(包括时间、地域、事项等的范围)和界限(权力的限度)。行政机关超越法律法规规定的范围和界限行使自由裁量权,如同其没有授权一样,是无效的。

(2)行为目的审查。法律法规授予行政机关一定的自由裁量权是为了行政机关能更好地履行其相应管理职能,完成其相应管理任务。行政机关行使其自由裁量权,如果不是为了实现法律法规授权的目的,其行为参与了个人的非法动机,即构成滥用自由裁量权,法院审查行政机关实施自由裁量权行为的目的,应严格依据授予行政机关自由裁量权的法律法规的立法目的,以相应立法目的为行政裁量行为目的的参照系,审查行政裁量行为的目的是否偏离立法目的。当然,有些法律法规的立法目的难以从法律条文中推导出,这就必须考查有关立法的资料,包括立法草案提案人对立法提案的说明,全国人大或全国人大常委会对相应立法草案的讨论、审议、辩论的记录等,从所有有关立法的原始材料中发现立法机关的立法目的。

(3)行为内容审查。法院审查行政自由裁量行为的内容,首先要审查相应行为是否违反法定明示条件。法律法规授予行政机关自由裁量权,通常会为之明确设定一定的条件,行政机关只有在法定条件具备时,才能行使法律法规授予的裁量权。例如,《投机倒把行政处罚暂行条例》第 3 条规定了投机倒把行为的定义和十一种表现形式,第 9 条规定了对相应行为的九种行政处罚形式。根据该暂行条例,工商行政机关对相对人适用九种处罚形式中的哪一种或哪几种有自由裁量权,其前提条件应是相对人实施了该暂行条例第 3 条规定的十一种投机倒把行为中的一种或几种。不具备法定前提条件,工商行政机关对相对人无论适用何种处罚形式都是违法的,法院可以予以撤销。

其次,法院要审查行政自由裁量行为是否违反法律法规默示的条件。法律法规授予行政机关裁量权,有时未明确规定相应权力行使的条件,但根据一般法理或根据法律法规的整个规定,明显可以推导出某种条件,行政机关行使裁量时不遵守此种条件亦构成违法,法院可以加以干预。例如,《治安管理处罚条例》第5条规定公安机关对因民间纠纷引起的违反治安管理行为,情节轻微的,可以调解处理。这里仅规定"情节轻微"一个明示条件,但我们根据一般法理,可以推导出调解还应有纠纷双方当事人同意调解这个条件(法律虽未规定,但根据法理,这是不言而喻的,因此我们可视此为法律默示的条件)。如果公安机关违反这一默示条件,不顾双方或一方当事人的反对,强行进行调解,其调解行为应认为是违法的,法院可确认其调解行为无效。再次,法院审查行政自由裁量行为的内容还应包括审查行政机关是否对法律弹性用语滥加解释。法律使用弹性法律用语意味着赋予行政机关对该用语的解释上的一定自由裁量权,但行政机关解释弹性法律用语应有一定的标准,不得任意滥加解释。例如,法律法规中经常使用"情节轻微""情节特别轻微""情节严重""情节特别严重""有严重后果""有较严重后果""有特别严重后果"等不确定法律用语。对此,行政机关在一定时期、一定地域范围内应有相对统一的解释。如果行政机关在同一时间、同一地域范围内适用不同的标准解释,即滥用自由裁量权,法院自然应加以干预,认定其裁量行为无效。最后,法院审查自由裁量行为的内容还应审查行为是否符合社会的基本公正原则。如行政机关在自由裁量时,背离社会普遍公认的一般公正标准,其行为显失公平,即使该行为未超出法定范围、幅度,法院也应加以干预,撤销或变更相应行为。

(4)行为程序审查。程序审查是对行政自由裁量行为司法审查的重要环节。法律法规授权行政机关就相应事项处理作实体上的自由裁量时,通常要求其裁量遵守一定的程序。此种程序或是由专门行政程序法规定,或是由某种单行法律法规规定,或者是由行政惯例确立。行政机关行使自由裁量行为必须遵守相应的程序。其如果违反法定程序或重要的行政惯例,该裁量行为即不具有法律效力。当然,法律法规规定的行政程序有时不是命令性的,而仅是指导性的(法律法规对这种程序的规定往往使用"可""认为适当时""如认为必要"等词语)行政机关未遵循此种指导性程序不一定导致行为无效。

只有根据相应行政行为的性质、内容或行为发生当时当地的情况，行政机关实施相应裁量行为理应采用此种指导性程序而故意不采用，导致行为明显不合理时，法院才应加以干预，确认相应行为违法，撤销相应行为，或责令行政机关重新作出行政行为。

第二编

行政法治研究

论行政管理法制化*

所谓“行政管理法制化”，就是行政管理的整个过程在法的规范下进行。同时，行政管理的整个过程表现为法的机制的运行过程，即表现为行政立法、行政执法、行政司法、行政法制监督的过程。行政管理法制化要求国家行政机关及其工作人员在整个行政活动中依法、用法、守法。“依法”就是以法作为行政管理的根据，依法办事，依法行使职权；“用法”就是以法作为行政管理的手段，通过行政立法、执法、司法、监督实施管理；“守法”就是以法作为行政管理的准绳，遵守法律，尊重法律，自觉受法律约束，在法律的范围内活动。

一、行政管理法制化是行政管理科学化的要求

传统的行政管理可以凭管理者个人意志管理，凭管理者的经验管理；现代行政管理则必须凭科学管理，必须遵循管理事物自身发展的客观规律（如客观经济规律、文化教育事业发展的客观规律等）管理。在我们今天所面临的“新技术革命浪潮席卷世界的时代”，靠“拍脑袋”、凭经验是无法对现代的国家事务、社会事务和经济文化事业实施管理的。现代行政管理必须善于运用政治学、社会学、法学、心理学、行政学以及系统论、信息论、控制论等学科理论的科学知识，全面研究社会、政治、经济、文化等各种事物发展的客观规律，并按照行政管理的科学理论和社会事物发展的客观规律实行科学管理，而在行政管理中加强法制，实现行政管理法制化正是行政管理科学化的要求。

---

* 本文原载《政治与法律》1986年第5期。

第一,行政管理法制化是行政管理科学化的基本条件。法律不是个人意志的反映,而是集体智慧的结晶;不是单纯经验的记录,而是在对客观事物的广泛调查、对客观规律的深入研究、对以往经验的科学总结的基础上制定出来的。法虽然不等于客观规律,但它们一般反映了客观规律的要求。在行政管理中,要克服凭个人意志办事、凭经验办事、凭"拍脑袋"办事,不能不加强法制,重视发挥法在行政管理中的作用。

第二,行政管理法制化是行政管理科学化的手段。在行政管理过程中,科学的管理制度要通过法律予以确立,科学的管理方法要通过法律予以推广使用,科学的管理理论要通过法律予以规范化并付诸实现。

第三,行政管理法制化是行政管理科学化的保障。法律具有强制性,具有普遍约束力。科学的管理制度、方法一经法律确认,任何单位和个人就都必须执行。否则,即要承担法律的责任。

第四,行政管理法制化是行政管理科学化的实际体现。例如,国家对经济的行政管理,在行政管理法制化的条件下,就可以尽量避免行政机关直接指挥和干预企业,不是直接向企业下达人、财、物、产、供、销的指令,致使企业成为行政机关的附属物,窒息企业的活力,而是用法律规定企业的权利、义务和责任,规定企业必须遵守的行为规则。企业在法律的指导下,可以主动地、积极地、创造性地组织自己的生产和经营,行政机关只需依法对之实施监督,依法纠正它们的违法和不当行为,依法处理它们在生产和经营活动中发生的各种矛盾和纠纷。这样,就会使企业充满活力,整个国家的经济活动既沿着正确的方向又生机勃勃地向前发展。

二、内部行政管理法制化的主要作用

行政管理法制化包括内部管理法制化和外部管理法制化两个方面:第一个方面是以法来调节内部行政管理,包括以法律规定行政机构的设置、组织结构、编制、职权、责任、工作方式方法;规定国家工作人员的录用、培训、考核、奖惩、退休、退职等制度;规定行政管理文件和行政行为的成立要件、效力、变更和撤销的程序、根据等,使整个行政管理在法的规范下进行。这个方面的行政管理法制化对于改善行政管理、提高行政管理效率的作用主要表现在以下方面。

第一,行政管理法制化有利于保证行政机构的合理设置。在行政管理法制化的条件下,法律严格规定行政机构设置的精简、统一、效能、需要、法制等各项原则及其具体施行规则,严格规定设置行政机构的审批程序和编制。

第二,行政管理法制化有利于保障行政机构的正常运转。在行政管理法制化的条件下,法律严格规定各机关单位和各个工作人员的职权、任务,严格规定他们越权和失职的责任,使其各尽其职、各负其责。

第三,行政管理法制化有利于提高行政机构的工作效率。在行政管理法制化的条件下,法律严格规定行政机关的办事程序,严格规定其处理问题、解决问题的时间要求,使行政机构及其工作人员有秩序地和及时地进行工作,以避免"公文旅行"、拖延耽搁的现象。

第四,行政管理法制化有利于吸收优秀人才进入国家工作人员队伍和不断提高这支队伍人员的素质。在行政管理法制化的条件下,法律严格规定国家工作人员的录用条件(包括政治思想、文化程度、业务技术水平、身体素质等方面的条件)和录用程序(包括考试、考核、审查等),规定定期和不定期的各种形式的培训制度。这样,一方面可以防止坏人和庸人进入国家工作人员队伍,另一方面可以保证现有人员的业务能力和知识水平通过培训不断得到提高。

第五,行政管理法制化有利于调动国家工作人员的积极性,充分发挥其知识才能。在行政管理法制化的条件下,法律严格规定国家工作人员的岗位责任制和考核制度,规定与之相适应的奖惩升降、辞职辞退制度,奖优罚劣、奖勤罚懒。这样,即可以打破"干与不干一个样,干多干少一个样"的"大锅饭"和"铁饭碗"现象,从而调动起广大国家工作人员的积极性、主动性。

第六,行政管理法制化有利于保证国家工作人员队伍的革命化、年轻化、知识化、专业化建设。在行政管理法制化的条件下,法律严格规定国家工作人员的任职条件(思想品质、业务素质、文化水平、年龄和健康状况等)以及考核、培训、退休离休、领导班子梯队建设制度等,以保障和促进国家工作人员队伍的"四化"建设。

三、外部行政管理法制化的主要内容

行政管理法制化的第二个方面包括行政立法、行政执法、行政司法和行政法制监督。

(一)行政立法

所谓“行政立法”,是指法律授权的国家行政机关制定行政管理法规的活动。行政管理法规包括行政法规和行政规章。根据宪法和有关组织法的规定,国家最高行政机关国务院有权制定行政法规;国务院各部、委,各省、自治区、直辖人民政府,省、自治区人民政府所在地的市和国务院批准的较大的市的人民政府有权制定行政规章。行政管理法规不同于法律。法律是由全国人大和全国人大常委会制定的;行政管理法规是行政机关制定的。行政管理法规的效力低于法律,行政管理法规必须根据法律制定,它的内容不能和法律相抵触,但是可以补充法律和将法律的规定具体化。行政管理法规的效力高于行政命令,行政命令必须根据行政管理法规发布,它的内容不能和行政管理法规相抵触,在将行政管理法规适用于具体场合时,行政命令可以将行政管理法规的规定具体化。行政管理法规作为行政管理的手段,随着国家社会经济的发展,随着经济体制改革和行政管理体制改革的深入进行,具有越来越重要的意义。对于大量的不断增加并且愈益带有复杂性的新的社会关系,如只靠全国人大和全国人大常委会制定法律来加以调整是远远不够的。根据世界各国的经验,对于涉及社会、经济、文化管理方面的问题,立法机关通常授权行政机关制定规则、条例、章程等行政管理法规加以调整。行政机关制定行政管理法规调整这些问题,因为所调整的问题属于它们主管的范围,它们了解这些问题所涉及的各种情况,熟悉有关的业务技术,所以能够处理得更迅速和更准确。当然,人民代表机关对行政管理法规要加以监督,当发现行政管理法规有与法律相抵触的情况时,随时可以加以撤销或要求行政机关予以修改或废止。

在加强行政管理法规的制定工作,即行政立法方面,我们当前亟须做很多工作,其中主要包括以下方面。

第一,要确定各级国家行政机关制定行政管理法规的权限。在中央,要确定哪些问题由全国人大和全国人大常委会制定法律,哪些问题由国务院发布行政法规;在地方,要确定哪些问题由地方权力机关制定地方性法规,哪些问题由地方人民政府制定行政规章。在各级人民政府的权限划分上,要确定哪些问题由国务院发布行政法规,哪些问题由国务院各部、委制定规章,哪些问题由地方各级人民政府制定规章。省、市人民政府在行政立法方面也要作出明确的权限划分。

第二,要确定各级行政管理法规的效力范围和效力等级,以便在两个行政管理法规(或行政管理法规与其他法律文件)发生矛盾时,确定以哪个法律文件为准。例如,在国务院部、委的规章与省级人大制定的地方性法规或省级人民政府制定的行政规章发生矛盾时,确定以哪个法律文件为准;在两个部、委或两个省级人民政府发布的行政管理法规发生矛盾时,确定以哪个法律文件为准;等等。

第三,要加强和完善各种行政立法机构。各级人民政府都应建立专门的行政立法工作机构。这些机构的工作人员必须既懂行政业务,又懂立法程序和立法技术。现有人员的素质不具备的,要加以调整或培训。

第四,要尽快制定行政管理法规立法条例,规定行政管理法规制定的程序和规则,使各级行政机关在进行行政立法时有所遵循,从而积极地、主动地和正确地行使行政立法权,完善行政法制。

(二)行政执法

所谓"行政执法",是指行政机关根据其职权执行相应法律、法规、规章的活动。例如,国家工商行政管理机关负责执行和实施有关企业登记管理、经济合同管理、商标管理、广告管理的法律、法规、规章;环境管理机关负责执行和实施有关环境保护的法律、法规、规章;物价管理机关负责执行和实施有关物价管理的法律、法规、规章等。在行政管理法制化中,立法机关(包括行政立法机关)制定的有关行政管理的法律、法规、规章能否实现,关键在于行政执法。任何一个法律和行政管理法规要保证得到执行,在立法时就应该同时确定负责实施它的相应执法机关。执法机关为了实施法律、法规、规章,有权制定实施细则,有权发布相应的行政命令和采取相应的行政措施,有权对管理对象科处行政处罚。

行政执法机关通过执行和实施法律、法规、规章,对管理对象进行管理。它的管理通常涉及管理对象活动的某一方面(如物价、食品、卫生、产品质量、建设规划等),而并不涉及管理对象活动的全部领域(人、财、物、产、供、销等);它的管理范围通常是综合性的(对某一种职能进行综合性的管理),而不是部门性的(对某一部门进行全面性管理);它的管理方法通常是采用审批、发照、检查、监督、查处违法行为等，而不是采取直接指挥和干预的方式。目前，我国在进行经济体制改革的同时，正在进行行政管理体制和管理方法的改革，法律手段的运用在行政管理中占有越来越重要的地位。为此，有必要加强行政执法机关的建设，以充分发挥法律、法规的指导协调作用。在这方面，当前亟须做的主要工作有：

第一，改革旧的行政管理体制，大大减少直接向企事业单位发号施令、直接指挥管理企事业单位的行政机构，加强运用法律手段和经济杠杆对管理对象实施管理、调节、监督的行政执法机构，如工商行政管理机关、商品检验机关、物价管理机关、税务机关、财政监察机关、审计机关等。

第二，建立健全严格的行政执法和行政监督的程序和各种制度。

第三，明确行政执法机关的权限和责任，确定它们有权干什么，有权要求管理对象干什么，有权对管理对象采取什么措施，有权在何种情况下对管理对象实施行政强制，同时确定它们对正确执行法律和正确行使职权负有何种责任，使其既积极主动又合法地发挥它们的作用。

（三）行政司法

所谓“行政司法”，是指专门行政机关根据行政程序或准司法程序处理行政执法过程中发生的具体案件的活动。在国家行政机关执行法律、法规、规章，行使行政管理职能，实施行政监督的过程中，不可避免地会发生这样或那样的争议和纠纷。其中主要包括以下方面。

第一，国家行政机关与作为管理对象的企事业单位、社会组织和公民个人之间发生的争议和纠纷，如税收争议纠纷、土地征收争议纠纷、环境污染监管争议纠纷以及公民控告行政机关及其工作人员违法失职行为，国家工作人员不服行政处分和公民不服行政处罚等发生的争议纠纷。

第二，国家行政机关自身之间（上下级行政机关之间、平行行政机关之间、行政机关内部不同单位之间）发生的争议和纠纷，如管辖权争议纠纷、行政管理法规冲突的争议纠纷及有关人、财、物问题引发的争议纠纷等。

第三，作为管理对象的企事业单位、社会组织、公民个人相互之间发生的争议和纠纷，如经济合同纠纷、商标争议、专利争议及因物价和有关产、供、销问题的引发的争议纠纷等。

这些争议和纠纷案件由于是在行政机关行使行政职权过程中发生的，或者由于所争议的事务当时是由行政机关专门管辖的(如经济合同、商标、专利等),行政机关了解案情、熟悉争议事务涉及的业务技术,故通常由行政机关或先由行政机关而不是直接由司法机关来处理这些案件(尽管有些案件司法机关具有最终裁决权,即当事人不服行政机关的裁决,可以向人民法院再行起诉,由人民法院作出终局裁决)。由行政机关处理这些案件较之司法机关处理具有程序简便、解决问题迅速、处理费用低廉、裁决易于执行等优点。但是行政机关处理案件也有弊端,因为有很多案件,行政机关本身就是其中的当事人,甚至是作为案件的被告,由它们来处理,有时难以作出公正合理的裁决。另外,行政机关在行使行政职能的过程中多采用行政命令的方式,故由它们处理案件,往往会失之简单,甚至是压服,从而导致不公平、不合理。为了克服行政机关处理具体案件的上述弊端,世界上很多国家在行政机关内部或外部设立专门的和有一定独立性的机构(行政法院、行政裁判所或其他专门行政司法机构),适用司法或准司法程序处理应由行政机关处理的争议案件。

行政司法作为我国行政管理领域法律机制的一个环节,特别需要加强和完善。这方面我们当前亟须做的工作有:

第一,建立健全和完善行政司法系统。行政司法系统应包括各种类型和不同性质的行政司法机构,如专门处理申诉控告检举案件的机构,专门处理不服行政决定、行政处分、行政处罚案件的机构,专门处理行政权限争议和对行政管理法规提起异议的案件的机构,专门处理商标和专利纠纷的机构(如商标评审委员会、专利复审委员会)等。

第二,抓紧制定行政诉讼法,完善统一的行政诉讼程序,保证司法机关准确合理地处理应由人民法院处理的行政案件。

第三,抓紧培训各类专门的行政司法人员。这些人员必须具有三种知识:行政管理知识、法律知识和有关专门的业务技术知识。

(四)行政法制监督

所谓"行政法制监督",是指对国家行政机关及其工作人员执法行为和遵纪守法行为的监督。行政法制监督包括党的监督、人民代表机关的监督、检察机关的监督、人民群众的监督和行政机关内部的监督。党的监督主要是方针政策的监督和党的纪律检查机关对在行政机关中工作的党员遵纪守法行为的监督。人民代表机关的监督包括法律监督和工作监督。法律监督主要是监督宪法和法律的实施,行政机关如果制定出与宪法、法律相抵触的行政法规和规章,作出同宪法、法律相抵触的决议、决定,人民代表机关有权予以撤销。工作监督主要是听取和审议政府工作报告(包括对过去的工作总结和对今后的工作部署),审查和批准国民经济和社会发展计划,审查和批准预算、决算。对于行政机关的工作,人民代表机关可以提出质询案,必要时还可以组织关于特定问题的调查委员会。检察机关的监督主要是通过查处国家工作人员失职渎职、违法乱纪行为的职务犯罪案件,对国家行政机关工作人员遵守法律实施监督。人民群众的监督主要是通过批评、建议和申诉、控告、检举方式对行政机关及其工作人员执行法律和遵守法律进行监督。行政机关内部的监督包括上级行政机关的监督和专门行政机关(如行政监察机关、审计机关)的监督。监督的范围包括执行法律、行使职权和遵守法律等,监督的方法包括检查工作,审查文件,撤销违法的或不适当的决议、命令,对相关工作人员科处行政处分等。加强行政法制监督是行政管理法制化的一个重要环节,应当对之予以足够的重视。在这方面,当前亟须做的工作有:

第一,建立健全行政法制监督的系统,包括建立统一的行政监察机构,协调系统内各监督主体的监督权限和监督范围。

第二,完善有关行政法制监督的法律法规,特别是抓紧对各种监督措施、手段、方法及其适用程序和要求方面的立法,以加强对法制监督活动的法律规范。

第三,加强各级各类信访机构的建设,使之成为行政法制监督的重要信息资料来源。

健全行政法完善社会主义法制*

“七五”计划第50章规定了我国在“七五”期间要着重完成的一项具有重大历史意义的任务：健全行政法，完善我国社会主义法制。

行政法是调整国家行政管理关系，即国家行政机关在行使行政管理职能过程中发生的各种社会关系的法律规范的总和。它规定国家行政机关的组织、结构、编制、职权、工作程序和工作方式，规定国家工作人员的权利、义务、纪律、责任及国家对工作人员的任用、调配、考核、奖惩；规定行政法规、行政规章制定的权限、程序及对行政法规、行政规章内容和形式的要求；规定国家行政管理活动的原则、程序及管理者与被管理者双方各自的权利和义务；规定国家和人民群众对行政机关及其工作人员实施监督的形式和途径；规定行政诉讼的原则、机构和程序等。

行政法是法制的重要环节。一个现代国家的法律体系通常由宪法、民法、刑法、行政法（包括民事诉讼法、刑事诉讼法和行政诉讼法）及一系列单行法律法规组成。宪法是一个国家的根本大法，而民法、刑法、行政法则是一个国家的基本法律。一个国家如果没有民法、刑法或行政法，就谈不上法制的完善。

一、加强行政法是社会主义民主的要求

社会主义国家是人民当家作主的国家，人民当家作主的一个重要内容就是将自己的意志上升为法律，要求自己的政府及其工作人员按照法律办事。

---

* 本文原载《中国行政管理》1987年第2期。

人民必须能够真正制约和监督政府及其工作人员,使政府及其工作人员真正向人民负责、为人民服务,这才是真正的人民当家作主、真正的社会主义民主。而要做到这一点,必须有赖于健全和完善行政法。正是基于此,“七五”计划指出,要加强行政立法,使社会主义民主制度化、法律化,使国家行政管理工作法制化,使国家机关工作人员严格依法办事,克服官僚主义,清除腐败象,保护公民的合法权益。

二、加强行政法是社会主义现代化建设的要求

社会主义现代化建设要求有一个高效率的行政指挥管理系统,而这个系统的建立,有赖于行政法的健全和完善。实践证明,只有用行政法严格规定各机关和各类工作人员的职、权、责,才能解决互相扯皮、互相推诿的问题;只有用行政法严格规定机构设置的原则、审批程序和编制,才能解决机构臃肿、人浮于事的问题;只有用行政法严格规定各项行政活动的程序和时限要求,才能解决“压推拖了”的问题。没有行政法,就不能从制度上防止和避免官僚主义,从而就不可能有政府机关工作的高效率,就不可能有四个现代化的成功,社会主义现代化建设的宏伟事业就有可能毁于官僚主义的画圈盖印、“公文旅行”、“压推拖了”及文山会海之中。加强行政法是改革我们传统的行政管理体制和管理方法的要求。我们传统的行政管理体制是政企不分,权力高度集中,地方、基层、企业事业单位没有自主权。我们传统的管理方法是直接控制、直接干预,以单纯的指令性计划和行政命令的手段去实现管理的目标。实行这种管理体制和管理方法的后果是压抑了地方、基层、企事业单位及广大干部群众的积极性、主动性、创造性。这些弊端的革除,有赖于行政法的健全和完善。没有行政法规定党政和政企职权的划分,规定中央和地方、上级政府和下级政府的适当分权,规定行政管理机关管理的权限、方式、程序,规定行政管理机关和管理对象各自的权利、义务、责任等;政企分开、中央和地方适当分权,扩大企业事业单位的自主权,改直接控制为间接控制、改微观控制为宏观调控、改“统死管死”为放开搞活等都是难以实现的。即使一时实现了某种改革,也可能不要多久又倒回去,或者离开预定目标改到“邪路”上去。这种教训我们过去已经有了,如机构改革的“膨胀—精简—膨胀”,实行“对外开放,对内搞活”政策后随之而起的各种不正之风,其重要

原因之一就是我们缺乏健全完善的行政法。

三、加强行政法是消除目前国家机关和干部中存在的各种不正之风的需要

不正之风的滋生、发展、蔓延的重要条件之一是我们缺少严格的行政法制。例如,如果有行政法严格规定干部的录用、考核、晋升的条件和程序,选拔、提升干部方面的不正之风就会受到限制;如果有行政法严格规定国家机关工作人员的义务、纪律及追究纪律责任的机构和程序,国家机关工作人员经商办企业的不正之风就难以兴盛起来;如此等等。当然,行政法不是解决一切问题的唯一法宝,但有了严格的法制,就能起到防止和驱除腐败现象的作用,使国家机关及其工作人员保持优良的作风。

四、加强行政法是保障公民合法权益的需要

在社会主义社会,法的职能是保护人民,保护公民的合法权益。作为调整国家行政管理关系的行政法,比起民法和刑法来,其保护公民合法权益的功能更为明显、突出。公民从出生到死亡,随时随地都要与行政机关打交道,如出生登记、结婚登记,办理各种许可证、执照,交纳税款、就业、职务升迁、工作调动、申请辞职退休等,都离不开行政机关。对此,如果没有行政法严格规定国家行政机关及其工作人员的职责、工作程序、时限要求,没有行政法规定公民对国家机关及其工作人员违法失职行为进行申诉、控告、检举的途径和程序,没有行政法规定公民对因国家机关及其工作人员违法失职行为受到损失而请求赔偿的途径和程序,没有行政法规定行政诉讼机构和程序,公民的合法权益就难以得到可靠保障。

行政法是国家的基本法。整个行政法包括实体法和程序法两大部分,程序法又包括行政活动程序法和行政诉讼程序法(以下简称行政诉讼法)两部分。行政实体法和行政活动程序法关系十分密切,它们常常结合在一起,统称行政管理活动法。例如,调整行政组织的行政组织法既规定国家行政机关的性质、地位、职权,也规定国家行政机关建立、变更、撤销的程序;调整公职关系的国家工作人员法(公务员法)既规定国家工作人员的权利、义务,也规定国家工作人员任用、奖惩、晋升、退休的程序;等等。

行政管理活动法通常包括下述组成部分:(1)行政组织法;(2)国家工作

人员法（公务员法）；（3）行政立法标准法；（4）行政执行法（含行政强制法）；（5）行政奖励和行政处罚法；（6）行政法制监督法。上述组成部分也可以结合在一起制定统一的行政法典（如苏联乌克兰苏维埃社会主义共和国 1931 年制定的《乌克兰行政法典》，德国威敦比克邦 1936 年制定的《威敦比克邦行政法典》），或将其基本原则结合在一起制定统一的“行政法通则”或“行政法纲要”。这种统一的行政法典、通则、纲要目前在世界上还是较少先例的。大多数国家是将行政法的上述组成部分分别制定单独的法典或法律文件。如日本的《行政组织法》《国家公务员法》，苏联的《行政违法行为法纲要》《人民监察法》，美国、德国、奥地利、南斯拉夫和波兰的《行政程序法》，奥地利的《行政强制执行法》，罗马尼亚的《规范性文件制定法》等。行政诉讼活动对于行政管理活动有相对的独立性，故通常制定单独的行政诉讼法典加以调整。世界上许多国家都制定有单独的行政诉讼法典。例如，设立专门行政法院进行行政诉讼的法国、联邦德国、意大利等欧洲国家，不设行政法院而由普通法院审理行政案件的日本，在普通法院内设立行政法庭处理行政案件的南斯拉夫等，都制定了统一的行政诉讼法调整行政诉讼关系。

行政法是我国法制系统中的一个薄弱环节。我们已经有了作为规范整个国家机关和公民行为的基本准则的宪法，也有了比较完善的《民法通则》《民事诉讼法（试行）》《刑法》《刑事诉讼法》，但我国目前还缺少比较完善的行政法。当然，我们现在不是没有行政法，单行零散的行政法律文件还是有不少的，如《国务院组织法》《国务院关于国家行政机关工作人员的奖惩暂行规定》《治安管理处罚条例》等。但是，很多方面的单行行政法我们现在尚属缺如，统一调整一定领域行政关系的集中性的行政法律文件更是缺乏，如国家工作人员法（公务员法）、行政立法标准法、行政执行法、行政强制法、行政处罚法、行政法制监督法以及行政诉讼法等，都还没有制定出来。就是现在已有的一些单行行政法律文件，很多也需要修改、补充或重新制定。因此，健全和完善我国行政法是摆在我们面前的一项十分重要而又十分艰巨的任务。

行政法治探索*

一、中国行政法治的形成与发展

1986年至1996年十年间，中国继20世纪70年代末至80年代初所进行的重大变革以来，在社会、经济、文化等各个方面取得了举世瞩目的发展，发生了对下一世纪产生深远影响的两个转变：经济体制由计划经济向市场经济的转变；行政管理方式由人治向法治的转变。对于后一个转变（前一个转变不是本文研究的范围），我们仅从下述几个方面的事实即可窥其概貌。

（一）行政机关从主要依政策办事到主要依法办事的转变

20世纪80年代前期，我们国家开始制定法律、法规，行政管理领域逐步以依法办事取代主要依政策、依领导人指示办事。1979年至1984年，全国人大和全国人大常委会共通过法律、决议、决定约80件，其中有关行政管理的有39件。但这个进程很艰难。这个时期，整个社会虽然较为重视法制，但对法制的认识却有片面性：当时人们大多只知刑法、民法和经济法，而不知行政法；只知司法的依法办案，而不知行政的依法办事。直至80年代中期，中国尚缺乏规范行政行为、行政责任、行政救济的基本法律，行政管理的大多数领域尚无法律调整，行政机关及其工作人员行使职权所遵循的仍然主要是政策性文件。1984年，时任全国人大常委会委员长彭真同志根据国家民主政治和商品经济发展的情况，认识到要在国家管理领域加强法制的特殊重要性，提出国家管理"要从依靠政策办事逐步过渡到不仅依靠政策还要建立、健全法

* 本文原载《中央政法管理干部学院学报》1997年第5期。

制,依法办事”。[①] 行政法学者更是在 80 年代初就呼吁国家应重视和加强行政法制,在行政管理领域实现依法办事、依法行政。[②] 但大多数学者和国民就依法行政达成共识,并将依法行政作为国家行政管理的一项原则确定下来,则是 20 世纪 80 年代中后期的事。1986 年笔者曾在所著《行政法概论》一书中提出行政管理法制化(依法行政)的原则,并将其内容概括为“在行政领域做到有法可依,有法必依,执法必严,违法必究”。[③] 1989 年,罗豪才教授应司法部法学教材编辑部之约主编的高等学校法学教材《行政法学》提出了行政合法性原则,亦即依法行政原则,并将该原则分解为四项具体要求:(1)任何行政职权必须基于法律的授予才能存在;(2)任何行政职权的行使都应依据法律、遵守法律;(3)任何行政职权的委托及其运用都必须有法律依据,符合法律要旨;(4)任何违反上述要求的行政活动非经立法机关事后认许,均应宣告无效。[④] 1993 年第八届全国人大第一次会议通过的《政府工作报告》则正式以政府文件的形式确定了依法行政的原则。报告明确提出:各级政府都要依法行政,严格依法办事。一切公职人员都要带头学法懂法,做执法守法的模范。1996 年第八届全国人大第四次会议通过的《关于国家经济和社会发展“九五”计划和 2010 年远景目标纲要及关于〈纲要〉报告的决议》更进一步将依法行政,依法治国,建立法治国家作为国家的治国方针。决议指出:要坚持和实行依法治国,积极推进社会主义法制建设的进程,加强立法,严格执法,不断提高广大干部和群众的法律意识和法制观念,努力建设社会主义法制国家。

由此可见,1986 年至 1996 年十年间,依法行政原则在中国逐步形成并最终正式确立。与此相适应,中国行政管理各个领域、各个方面的法律法规也逐步健全、完善。这个时期,全国人大及全国人大常委会通过了近 200 件法律

---

① 彭真:《在首都新闻界人士座谈会上的讲话》,载《人民日报》1984 年 4 月 8 日,第 1 版。

② 夏书章在《机构改革与行政法》一文中提出,“在行政管理方面,也应该像刑事、民事领域等一样,要依法办事”,载《光明日报》1980 年 8 月 28 日,第 3 版。笔者在《加强行政立法,为“四化”服务》一文中指出:要实现宪法规定的民主、法制原则,“必须制定和完善有关行政机关活动规则的具体法律、法规,解决行政领域有法可依的问题。在此基础上,再逐步建立、健全保障行政领域法制的各种机构和制度,解决行政领域有法必依和违法必究的问题”,载《中国法制报》1982 年 8 月 6 日,第 4 版。

③ 姜明安:《行政法概论》,北京大学出版社 1986 年版,第 189 页。

④ 罗豪才主编:《行政法学》,中国政法大学出版社 1989 年版,第 39 页。

或决议、决定,其中大多数涉及行政管理。如土地管理法、税收征收管理法、城市规划法、环境保护法、食品卫生法、技术监督法、广告法、反不正当竞争法、消费者权益保护法、海关法、教育法、中国人民银行法、商业银行法、保险法、统计法、审计法、档案法、律师法、劳动法等。这些法律所调整的领域在十年前都还是法律的空白区。正是在形成依法行政原则和依法治国方针的过程中,我国同时促进了法制在这些领域和其他领域的逐步健全、完善。

(二)官民关系从只可"官告民"到亦可"民告官"的转变

中国法制史有几千年,诉讼制度也有差不多同样长久的历史。但中国法制史主要是刑法和刑事诉讼史。民法和民事诉讼在中国法制史中位置很低,行政法和行政诉讼则几乎没有地位。就"民告官"的行政诉讼而言,历代的法律虽然没有禁止"民告官",但法律的运作实际上只允许"官告民",而不允许"民告官"。不仅不允许民告官府,民告官员个人实际上也是非常困难的。清末轰动一时的"杨乃武与小白菜案"就是一个典型的例子。① 中华人民共和国成立以后,《宪法》虽然规定民可告官,②但在 20 世纪 80 年代以前并没有建立真正规范化的"民告官"制度(行政诉讼制度)。直至 1982 年,第五届

① 杨乃武生于清道光二十一年,是浙江余杭县的乡绅,同治十二年,他考中了举人。杨乃武平时爱管闲事,喜欢抱打不平,为此还顶撞过官府,这为以后他身陷囹圄埋下隐患。"小白菜"叫毕秀姑,由于相貌长得俏丽,又喜欢穿白衣绿裤,人送绰号"小白菜"。她嫁于葛品连,两人租住在杨乃武家的一间房子里,杨乃武经常给她教书、认字,教她读经,正因如此,街坊邻里就起了闲话,当时街坊中有"羊(杨)吃白菜"的闲话。同治十二年 10 月,"小白菜"的丈夫葛品连清晨起来忽然得病全身青黑,重病死亡。葛品连的老母亲向余杭知县刘锡同报案,刘锡同将毕秀姑带回县衙审问,用大刑伺候,严刑拷打。在残酷的刑讯逼供之下,毕秀姑屈打成招,说是杨乃武买到了砒霜,把砒霜交给她,让她趁机毒死葛品连,以达到他们通奸居住的目的。于是刘锡同马上传讯杨乃武,用严刑逼供拷打杨乃武,从而获得他需要的招供。之后,杨乃武始终不承认自己有真实的作案事实。但即便如此,刘锡同仍然以杨乃武与"小白菜"通奸共谋害死葛品连定案之论呈送杭州府请求定案。杨乃武与"小白菜"均对一审判决不服,请求刑部再审。但是当时老百姓告官是非常困难的,当事人要求刑部再审,必须经过"跪钉板"等残酷程序。经过此血淋淋的程序,刑部尚书和九卿等方对此案进行再审。再审中提出了两个重大疑点:一是当时将砒霜卖给杨乃武的艾仁堂药店的店主钱坦已经死亡,但是杨家早就提供了当日杨乃武根本不在余杭县的证词;二是经对葛品连的尸骨进行鉴定,葛品连根本不是中毒而死,而确属疾病而死。从而最后杨乃武、"小白菜"得以沉冤昭雪。

② 1954 年《宪法》第 97 条规定:中华人民共和国公民对于任何违法失职的国家机关工作人员,有向各级国家机关提出书面控告或者口头控告的权利。但这一规定所确立的"民告官"仍还只是告官员个人。1982 年《宪法》第 41 条规定:"中华人民共和国公民……对于任何国家机关和国家工作人员的违法失职行为,有向有关国家机关提出申诉、控告或者检举的权利……"这一规定确立的"民告官"则不仅包括告官员个人,而且包括告官府,从而为建立行政诉讼制度提供了宪法依据。

全国人大常委会第二十二次会议通过的《民事诉讼法(试行)》才第一次规定人民法院可以按照民事诉讼程序,审理法律规定的行政案件("民告官"案件)。之后,到 1989 年,七届全国人大二次会议方通过独立的《行政诉讼法》,正式确定"民告官"的行政诉讼制度。该法于 1990 年 10 月 1 日起施行,到现在已有 6 年多时间。这 6 年的运作虽然并不顺利,实施中存在各种各样的障碍和困难,但是这个制度的确立和发展对推动中国的法治进程起了重大的作用。

首先,它促进了行政法的立法,因为行政诉讼是对行政行为的法制监督。人民法院审理行政案件,其重心是对行政行为的合法性进行审查,行政行为被诉至法院,如果行政机关不能举出其法律、法规根据,就有败诉的可能。这样,就迫使行政机关不断地就其管辖事项请求立法机关立法或自己制定出法律草案请求立法机关审议和通过,行政机关本身也加快了制定行政法规和规章的速度。20 世纪 80 年代,全国人大和全国人大常委会每年通过的法律和有关法律问题的决定、决议一般不超过 10 个,国务院每年发布的行政法规一般在 50 个左右;而《行政诉讼法》实施以后的 90 年代,全国人大和全国人大常委会每年通过的法律和有关法律问题的决定、决议超过 20 个,国务院每年发布的行政法规达 70 个左右。

其次,行政诉讼制度促进了行政机关依法执法。有了行政诉讼制度,行政机关实施行政行为如果违法执法,就可能被公民、法人或其他组织诉至法院。法院通过审理,如果确认行政行为违法,就将撤销行政机关的行为并可判决行政机关承担相应的赔偿或其他法律责任。《行政诉讼法》实施以来,法院每年判决撤销或变更行政机关行政行为数与其结案数相比,其比例是较高的,接近 20%(另有 30%以上的案件,行政机关在原告起诉后认识到自己的行政行为违法,主动改变原行政行为,得到原告谅解,故原告撤诉)。① 这样,"民

① 1988—1993 年,法院受理行政案件 84,305 件,审结 82,129 件,其中判决维持行政行为的占 34.1%,判决撤销或变更的占 20.5%,原告撤诉的占 35.4%,作其他处理的占 10%(参见《中华人民共和国全国人民代表大会常务委员会公报》1993 年第 3 号,第 59 页)。1995 年法院共审结行政案件 51,370 件,其中判决维持的占 17.34,判决撤销或变更的占 15.82%,原告撤诉的占 50.59%(其中因被告主动改变不合法的行政行为,原告撤诉的占 45%),作其他处理的占 16.25%(参见《中华人民共和国全国人民代表大会常务委员会公报》1996 年第 3 号,第 111 页)。

告官"制度对行政机关及其工作人员就形成了一种压力,迫使他们学法、懂法和依法执法。

最后,行政诉讼制度的实施增强了公民的权利意识和民主法制观念。我国由于有长期的封建专制传统,加上中华人民共和国成立后一直实行计划经济体制,权力过于集中,公民的权利意识和民主法制观念均较为淡薄。"民告官"的行政诉讼制度建立以来,公民与政府机关对簿公堂,平等地与之争辩是非,政府机关的行为如果确实违法,损害了公民的合法权益,行政机关则要向公民赔礼道歉,依法承担侵权赔偿责任。这种诉讼过程和诉讼结果无论是对于参加诉讼的当事人,还是对于从各种渠道获知此种信息的公民,都是一种潜移默化的民主、法治教育。20 世纪 90 年代,中国公民的权利意识和民主法制观念均大为增强,虽然这不能完全归功于"民告官"的行政诉讼制度的建立和运作,但是它在其中所起的作用是毋庸置疑的。

（三）行政侵权责任从"落实政策"到国家赔偿制度的转变

中华人民共和国成立以来,我们对于政府违法或不当行为造成公民人身或财产损害的,一直实行一种称为"落实政策"的制度。"落实政策"包括很广的范围:涉及的人和事可以溯及几年、几十年;性质可以是政治性的、政策性的、工伤事故性的或行政机关及其工作人员日常执行职务造成损害性质的。"落实政策"的措施包括恢复城市户口、安排住房、安排受害人或其家属子女工作、给予经济补偿。这种制度在不同的历史时期对于受害人虽然也起了积极的救济作用,但是其不足之处在于政策变化多、弹性大、标准不一,从而实行起来有失公正,导致很多应该得到救济的受害人得不到救济;同样的受害人有的能得到多种且较优厚的救济,有的却只能得到很微薄的救济或根本得不到救济。由于没有统一的救济标准,这种"落实政策"的制度还可能导致执行政策的机关和工作人员的腐败。由于存在这些弊端,更由于 20 世纪 90 年代以来市场经济体制和"民告官"制度的推动,通过立法规范国家侵权责任,建立国家赔偿制度的呼声越来越高。正是在这种背景下,第八届全国人大常委会第七次会议于 1994 年通过了《国家赔偿法》。① 该法同时规定了行

① 《国家赔偿法》于 1995 年 1 月 1 日起正式施行,各级法院于当年受理国家赔偿案件 197 件,审结 154 件,其中决定赔偿的 64 件。

政赔偿和刑事赔偿(冤狱赔偿)两种国家赔偿制度。根据该法,公民不仅可以对行政机关及其工作人员的行政侵权行为造成的损害请求国家赔偿,而且可以对司法机关及其工作人员在行使侦查、检察、审判、监狱管理职权时实施的侵权行为所造成的损害请求国家赔偿。国家赔偿制度的建立是中国在人权保护方面的一个重大进步,无疑体现了现代法治的精神。

(四)人事管理从实行"干部制度"到推行公务员制度的转变

在行政机关的人事管理上,我国过去长期以来实行的是与计划经济体制相适应的"干部制度"①。这种制度虽然在革命战争年代和新政权建立早期起过积极作用,但长此以往,整个国家工作人员队伍的生机、活力被窒息,导致国家机关运转不灵,效率低下。特别是当计划经济体制向市场经济体制转轨时,原"干部制度"的各种弊端更充分地暴露出来。正是在这种情况下,组织人事部门于1984年成立国家公务员法研究起草小组,研究国家人事管理制度的改革和起草公务员法。经过8年多的艰苦工作,起草小组数易其稿,终于在1993年8月将法律草案提交国务院常务会议审议通过,国务院以《国家公务员暂行条例》的名称发布。该暂行条例现已实行3年多,从中央到地方,各级公务员制度均已逐步建立,在人事管理很多重要制度的改革上取得了突破性的进展。其主要制度包括:(1)考试录用制度。国家行政机关录用担任主任科员以下非领导职务的公务员,采用公开考试、严格考核的办法,按照德才兼备的标准择优录用。(2)考核制度。行政机关设立考核机构,在部门负责人的领导下,每年对公务员的德、能、勤、绩情况进行考核,确定考核等次作为其晋升职务、级别和工资的依据。(3)奖惩制度。行政机关根据公务员的表现,对工作成绩显著和有突出贡献的公务员予以奖励,对违反义务、违反纪律的公务员给予处分。(4)职务晋升制度。公务员晋升要经过严格考核,审查其是否符合拟任职务的资格条件,并且要听取群众意见。根据需要,有时还要举行公开竞争考试,以保障公正、公平和选拔优秀人才。(5)轮换制度。对担任领导职务和某些工作性质特殊的非领导职务的公务员,有计划地实行职

---

① 在我国,"干部"这个词没有确切的含义,有时指所有国家工作人员;有时则仅指一定行政级别(行政二十三级以上)的国家工作人员;更多的时候指所有担任一定负责职务的各类人员,如企业干部、社团干部、原农村的生产队干部、大队干部、学校的学生干部;等等。"干部制度"亦有广义、狭义之分,狭义仅指关于一定行政级别以上国家工作人员的制度。

位轮换,以防止其拉帮结派、以权谋私。(6)回避制度。公务员之间有某种法定亲属关系的,不得在同一行政机关担任直接隶属于同一行政首长的职务或有直接上下级领导关系的职务,也不得在其中一方担任领导职务的机关从事监察、审计、人事、财务工作;公务员担任县级以下地方政府领导职务的,一般不得在原籍任职;公务员执行公务时,涉及本人或某种法定亲属关系人员的利害关系的,必须回避。《国家公务员暂行条例》的发布和实施,使中国的人事管理制度朝法治的方向迈出了一大步。

(五)政府和政府工作人员从只监督他人到自己也接受监督的转变

根据我国20世纪50年代确立的政治体制,各级人民政府均由国家权力机关产生,接受国家权力机关的监督,该监督是一种外部监督。除了外部监督,政府内部还设立了专门的行政监督机关——监察委员会或监察部,对行政机关及其工作人员履行职责和遵纪守法的情况进行监督。[①] 由于当时各级人大的制度还不尽完善,权力机关并没有很好地行使对各级政府的监督职能,因而对政府机关及其工作人员实施法制监督的主体主要是监察委员会或监察部。然而,到20世纪50年代后期,监察部被撤销。之后直至20世纪80年代,政府机关及其工作人员成了只监督他人而自己不受监督的特殊"公仆"。

法治是与权力制约和监督联系在一起的。没有制约与监督的权力必然导致滥用与腐败。孟德斯鸠认为:"一切有权力的人都容易滥用权力,这是万古不易的一条经验。"因此,必须"以权力制约权力",否则"公民生命、自由必然要成为滥用权力的牺牲品"。[②] 通过"文化大革命"的教训,我们已深刻认识到对政府权力加以监督和制约的必要性。首先,1982年《宪法》加强了各级国家权力机关对政府的监督力度,如规定全国人大有权罢免国务院总理、副总理、国务委员、各部部长、各委员会主任、审计长、秘书长;全国人大常委会有权撤销国务院制定的同宪法、法律相抵触的行政法规、决定和命令;全国人大和全国人大常委会有权组织特定问题的调查委员会,对特定问题进行调查;全国人

---

① 1949年第一届全国政协通过的《中央人民政府组织法》规定,政务院设人民监察委员会,对政府机关和公务人员是否履行职责的情况进行监督。1954年一届全国人大一次会议通过的《国务院组织法》规定,国务院设监察部,对国务院各部门、地方各级国家行政机关、国营企业及其工作人员履行职责和遵纪守法的情况进行监督。

② [法]孟德斯鸠:《论法的精神》,张雁深译,商务印书馆1961年版,第154-156页。

大代表在全国人大开会期间,全国人大常委会委员在全国人大常委会开会期间,有权依法定程序对国务院或国务院各部、委提出质询;等等。其次,也是非常重要的一项措施,即1986年第六届全国人大常委会第十八次会议决定重新设立监察部,对国家行政机关贯彻实施国家法律、法规和政策的情况以及国家行政机关工作人员遵纪守法的情况进行监督。监察部成立以后,办理了许多大案要案,查处了一大批上至省、部级领导,下至普通科员、办事员的违法乱纪和各种腐败行为的案件。最后,就是建立行政诉讼制度,通过人民法院审理行政案件,对行政机关依法行使职权的行为进行监督。① 权力机关、监察机关和司法机关的监督,构成了目前中国比较严密的行政法制监督体系和机制。当然,目前这个体系和机制仍有缺陷和不足,需要进一步改进和完善。

(六)对行政权的控制从只注重实体制约到同时注重程序制约的转变

中国在"文化大革命"以后,开始注重对行政权的控制和制约,建立了各种相应的监督制度,形成了较为严密的监督体系和机制,这已如前所述。但这种监督和制约往往只及于权力行使之前或权力行使之后:权力行使之前是通过法律确定行政机关权力的界限,使其不得无限行使权力;权力行使之后是通过各种监督途径追究行政机关及其工作人员违法行使权力的法律责任。但法律恰恰忽略了对行政权行使过程的规范,忽略了从程序上对行政行为的制约。现代社会,法律往往不得不赋予行政权很大的自由裁量空间,人们很难在实体上对其进行严密的规范。因此,在现代社会,程序控制是保障行政权合法、正确行使,防止其滥用和侵犯公民权利自由的必不可少的条件。20世纪80年代中期以后,中国开始认识到程序制约和加强行政程序立法的重要性,有关行政管理的法律、法规也开始规定相应的行政程序。如1987年国务院办公厅发布的《行政法规制定程序暂行条例》,1989年国务院发布的《行政区域边界争议处理条例》,1992年全国人大常委会通过的《税收征收管理

---

① 行政诉讼制度具有多重性质:首先,它是一种解决行政争议的制度,如同民事诉讼是解决民事争议的制度一样;其次,它是一种行政救济制度,通过"民告官",为受到行政机关及其工作人员违法失职行为侵犯的公民、法人或者其他组织提供法律救济;再次,它是一种行政责任制度,人民法院通过判决撤销违法的行政行为,责令实施违法行政行为的行政机关承担包括行政赔偿在内的各种法律责任;最后,它是一种行政法制监督制度,国家通过司法审查的形式,对各级政府及其工作人员依法行使职权的情况实施监督。

法》,1994 年全国人大常委会修正的《治安管理处罚条例》,这些法律、法规均就有关行政行为的程序作了较明确、具体的规定。当然,中国行政程序最典型的立法要数 1996 年 3 月第八届人大第四次会议通过的《行政处罚法》。该法较好地解决了对行政行为的程序制约问题,较好地体现了现代民主法治的精神和原则。其所规定的各项行政程序制度有:行政执法时出示证件,表明身份制度;作出行政处罚决定时的说明根据、理由制度;决定前查询和收集证据制度,决定中听取当事人陈述和申辩制度,决定后的送达处罚决定书、告知当事人救济权利、救济途径的制度以及作出较重大的行政处罚决定举行听证的制度;等等。特别是听证制度,对于保障行政行为公正合理进行,防止行政执法人员滥用权力,保护公民、法人或其他组织的合法权益具有特别重要的意义。《行政处罚法》为中国行政程序立法积累了很好的经验,目前,行政立法研究组正准备在这一法律和其他规定行政行为程序的有关单行法律的基础上,制定统一的行政程序法典,以规范整个行政机关的行政行为,使体现现代民主、法治精神的公开、公平、公正原则贯穿在整个行政运作过程中。

二、加强行政法治建设涉及的若干关系

1986 年至 1996 年是中国由人治向法治转变的重要十年。这已如前述。法治的确切含义是什么?法治社会有哪些标准和构成要件?我们应该、可能建立一个什么样的法治社会?对这些问题,人们一开始没有完全达成共识,到现在也难以完全达成共识。无论是学术界还是实务界,人们对什么是法治和怎样建立法治社会都有各种不同的意见和主张。这十年间,中国在向法治迈进的过程中,人们在不断地对法治进行思考、探索,也在不断地互相争论、辩论。这些思考、探索、争论、辩论涉及许多方面的问题和许多关系。笔者择其涉及行政法治意义较重要的若干关系予以阐释。

(一)法治与法制

中国学术界有时将“法治”与“法制”通用,认为“法制”除可指法律制度外,亦可指依法办事,依法办事即“法治”。[①] 但大多数学者认为“法治”与“法

① 周振想主编:《法学大辞典》,团结出版社 1994 年版,第 897 页;另参见栗劲、李放主编:《中华实用法学大辞典》,吉林大学出版社 1988 年版,第 120 页。

制”虽有一定联系,但也有重要区别。“法制”是法律制度的简称,是相对于经济、政治、文化等制度而言的;“法治”则是相对于人治而言的。“任何国家在任何时期都有自己的法律制度,但不一定是实行法治,希特勒统治的德国也有法律制度,但它并不是实行法治。”(李步云语)①“法制”与“法治”表面上看来只是名词之争,实际上有观念上的差别,“这不仅表现在是否主张法律至上,也体现在工具论和价值论两种法律观的分歧上。工具论者虽接受加强法制的方针,但往往把法制只是看作统治国家和控制社会的手段,或者视为阶级斗争的工具。价值论者则强调法律的民主性、正义性,主张既要民主法制化,更要法制民主化”(郭道晖语)。②

如果仅从字面上理解,去除字面背后的价值内涵,法治与法制则只是动态与静态的区别。法制为法律制度,属静态性质;法治为依法治国和运用法律制度治国,为动态性质。法制是法治的前提,法治是法制的目的。但是,人们在将法治作为一种目标追求时,仅对法制和法治作字面上的理解是远远不够的。古希腊政治和法律思想家亚里士多德指出:“法治应包含两重意义:已制定的法律获得普遍的服从,而大家所服从的法律又应该本身是制定得良好的法律。”③这里亚氏所讲到的“法治”两重意义实质包含三个要件:(1)有法可依,即国家有“已制定的法律”满足社会的需要,为人们提供了规范其行为的准则;(2)可依之法为“良法”,即法律应反映“正义”,排除“偏见”;(3)法被普遍遵循,即国家制定出来的法律只要是“良法”,所有的人都应予以遵守,不仅公民应予以遵循,政府官员也应予以遵守。

英国现代行政法学家韦德教授认为,法治应包括以下四项内容:(1)依法办事;(2)限制滥用自由裁量权;(3)法律面前人人平等;(4)政府应与公民一样承担法律责任。④ 可见,古人、今人都对“法治”赋予了各种价值内涵,而不仅是在字面的含义上使用它。

无论是在字面上还是在实际内容上,作为一种理想目标,或者作为一种治国方针或行政管理方式,人们所要追求的都应该是“法治”,而不仅是“法

---

① 《依法治国,建设社会主义法治国家学术研讨会纪要》,载《法学研究》1996 年第 3 期。

② 《依法治国,建设社会主义法治国家学术研讨会纪要》,载《法学研究》1996 年第 3 期。

③ [古希腊]亚里士多德:《政治学》,吴寿彭译,商务印书馆 1981 年版,第 199 页。

④ [英]H. W. R. Wade, *Administrative Law*, Oxford University Press, 1988.

制”。法制只是法治的一项内容。在从人治向法治过渡的初期,中国首先要解决的问题自然是法制:加强立法,解决有法可依的问题。到现在,有法可依的问题在中国已不是主要矛盾。因此,人们开始探讨涉及法治的诸多更广泛、更深层次的问题:一是制定“良法”的问题。作为良法,首先要反映广大人民的意志和利益,符合客观规律,有利于促进生产力的发展和社会文明进步。但是,现在一些地方制定的地方性法规,一些部门和地方制定的规章,乱设罚款,乱设收费项目,规定部门或地方封锁(如不准外地商品在本地销售)等,这些法就不能被认为是“良法”。而要保障立法机关所立之法为“良法”,就必须改变现行制定法律、法规、规章的体制和程序,更多地让人民群众参与立法;设立立法听证制度,更多地听取利害关系人的意见。此外,还应建立违宪、违法审查制度,对违反宪法的法律,违反法律的法规、规章,公民要有处可告,国家要设专门的机构受理、审查和作出裁决等。二是政府守法的问题。守法是行政法治的基本构成要件,也是整个法治的重要内容。政府执法,首先要守法,要依法执法。而要保证政府守法,就必须建立一整套机制,包括公务员制度、官员财产收入申报制度、监督制度,特别要加强权力机关和司法机关对行政的监督与制约等。三是公民权利和自由的保障问题。现行宪法和法律规定了公民的各种权利和自由,这些权利和自由既有人身方面和财产方面的,也有文化方面和政治方面的。这是“法治”的标志之一。但是作为法治社会,公民权利和自由不仅要有法定,更要有保障实施的机制。当然,法治的深化所要解决的问题还多,远不止上述三个问题,更不止一个加强和完善法制的问题。

(二)法治与行政权力、公民权利

20世纪80年代以来,我国行政法学界就行政法的性质和功能展开了一场争论,提出了三种不同的观点和主张,这些不同的观点和主张在之后被学界概括为三论:管理论、控权论和平衡论。管理论者认为,行政法是管理法:“既是管理者进行管理的法,又是管理管理者的法。”[①]“行政法是关于国家行

① 张尚鷟主编:《走出低谷的中国行政法学——中国行政法学综述与评价》,中国政法大学出版社1991年版,第44页。

政机关进行行政管理活动的各种法律规范的总和。”①“国家有关行政管理方面的法规种类繁多,具体名称不一,但就其内容来说,凡属于国家行政管理范畴的,在部门法的分类上统称为行政法。”②控权论者则认为,行政法是控权法:“行政法最本质的特征就是对行政权的控制。”③“因为行政法如果不是对行政权加以控制的法,那我们社会主义的行政法和封建社会的所谓行政法还有何区别呢?”④“而行政法所以存在的原因恰恰是因为行政权力的存在或其运用有可能损害他人的利益,需要行政法加以约束、控制,使其在法律划定的界限范围内行使。”⑤平衡论者则认为,管理论和控权论都有片面性:“现代行政法本质上是平衡法……在一个强调行政机关主导地位和公民服从地位的时代和国度,行政法的本质只能表现为‘管理法’……而在一个强调公民权利、害怕行政专横的时代和国度,行政法的本质则可能表现为‘控权法’……行政法发展到今天,一方面,现代社会政治、经济、文化发展已有效地控制了行政专横,保障了公民权利;另一方面,这种政治、经济、文化的发展又要求适当扩大行政权,约束公民权。在此,适应这一社会趋势,现代行政法在世界各国都不同程度地跳出了‘管理法’或‘控权法’的窠臼,向着‘平衡法’的方向发展,其特征是行政权受到约束,行政权与公民权之间既相互制约,又相互平衡。”⑥

上述关于行政法性质与功能的三种观点实际上反映了人们对行政法乃至整个法治在构筑行政权力与公民权利关系不同模式方面的主张。在第一种模式的法治社会中,法制比较健全、完善,但法律偏重规范被管理者的行为,保障和维护管理秩序,提高行政管理的效率。在第二种模式的法治社会中,同样有着健全、完善的法制,但法律偏重维护公民的权利、自由,控制政府的行政权力,防止其滥用。而在第三种模式的法治社会中,法制健全、完善同

---

① 《中国行政法》编写组编:《中国行政法》,河南人民出版社 1987 年版,第 3 页。

② 王岷灿主编:《行政法概要》,法律出版社 1983 年版,第 1 页。

③ 王连昌主编:《行政法学》,中国政法大学出版社 1994 年版,第 38 页。

④ 张尚鷟主编:《走出低谷的中国行政法学——中国行政法学综述与评价》,中国政法大学出版社 1991 年版,第 45 页。

⑤ 张尚鷟主编:《走出低谷的中国行政法学——中国行政法学综述与评价》,中国政法大学出版社 1991 年版,第 46 页。

⑥ 袁曙宏:《现代行政法本质上是平衡法》,载《中外法学》1996 年第 5 期。

样是前提,但“法律既同等地追究行政机关和相对一方的违法行为”,也“针对行政权和公民权”提供“保障和抑制”,并以此作为“现代行政法律制度必要的两支旋律”。[①] 比较上述三种模式,第三种模式显然是最理想的,既保护公民权利和自由,又维护行政权力正常行使;既限制公民滥用其权利和自由,又控制行政权违法、专断行使。但是这种平衡只能在总体上把握,人们不可能也不应该在任何具体时间、地点和场合都讲求平衡。行政机关在行使行政职权时,其作为管理者,可以运用国家权力强制公民履行有关法定义务,公民处于被管理者的地位,自然不可能与之平衡。在这种情况下,法律无疑应设立一定的实体和程序规则限制行政机关滥用权力和保护公民不被行政机关滥用权力的行为所侵犯。这种设立实体和程序规则的法律(行政法)则是偏向于公民的。可见行政法是通过不平衡去实现平衡。

(三)法治行政与依法行政

法治行政[②]与依法行政是两个密切联系但又有区别的概念。法治行政必然要求依法行政,但仅有依法行政却不等于实现了法治行政。法治行政对于行政机关及政府与人民的关系有更广泛的要求。在中国,对依法行政原则的认可经过了一个长时间的曲折过程(这已如前述)。但当依法行政原则在学术界和实务界已达成初步共识并在实践中开始逐步实施以后,人们并没有就此止步,而是继而开始探讨比依法行政原则更深入的法治行政的问题了。

建立和实施法治行政首先要明确两个问题:其一,法治行政包括哪些要件;其二,法治行政状态下的依法行政与非法治行政(或从人治行政向法治行政转型时期)状态下的依法行政的区别。

我们首先探讨第二个问题(因为第一个问题的答案要以第二个问题的答案为基础)。在中国,由人治向法治转变的初期,依法行政的要求是尽可能在

---

① 罗豪才、沈岿:《平衡论:对现代行政法的一种本质思考——再谈现代行政法的理论基础》,载《中外法学》1996年第4期。

② 本文使用了“法治”“行政法治”“法治行政”三个概念。这三个概念既有联系,又有区别:法治包含行政法治,法治是整体,行政法治仅指行政领域的法治,指公民与行政机关的关系和行政管理方式的法治状态;至于“法治行政”与“行政法治”,二者在内容上并没有什么区别,两个概念的不同之处在于:二者使用的场合和角度不同,与之相对的事物不同。“行政法治”是在研究法治的领域时使用,是相对于民事领域的法治、刑事领域的法治、经济领域的法治、政治领域的法治等而言的;而“法治行政”是在研究行政的形式时使用,是相对于人治行政而言的。

行政领域做到有法可依、有法必依、执法必严、违法必究。但是这一原则在进一步展开过程中遇到了各种问题和矛盾:其一,法是由各种形式的法的文件组成的,因其制定主体不相同、由不同利益机制驱动以及信息、技术上的原因,再加之某些法律规范的效力层级关系不明确,这就造成了行政机关如何依法行政的矛盾。另外的矛盾是,一些行政机关,特别是一些地方行政机关,明知低效力层级的规范与高效力层级的规范发生冲突,但它们受某种利益的驱使,仍然按低效力层级的规范办事。更有甚者,一些有规章制定权的部门或地方行政机关为了本部门、本地区的利益,在高层级法律规范对相应问题已有明确规定的情况下,不惜牺牲法制统一原则,故意制定出与高层级规范相抵触的低层级规范,人为地制造规范冲突。

其二,行政法是由各种不同内容的法的规范组成的,在依法行政原则确立之初,行政机关依法办事主要是指依行政行为实体法办事;至于行政组织法、行政程序法等,一般均不被人们重视。例如,行政机关处理生产、销售假药的行为,当时只要根据《药品管理法》第 33 条规定的假药标准,确认当事人生产销售的是假药,并根据《药品管理法》第 50 条规定的处罚种类、处罚幅度对相对人予以处罚,其行为就可认为是依法行政了。但是《行政诉讼法》实施以后,行政机关仅这样做是否能认定为依法行政就产生疑问了,人民法院对行政行为进行司法审查,不仅要审查行政行为的实体法根据而且要审查行政行为的权限根据和行政行为程序的合法性。相应地,行政行为只有实体合法、程序合法、权限合法,才能被法院维持。就上述行政机关的药品“打假”(对制、售假药行为进行处罚)行为来说,要在司法审查中确认为行政机关依法行政,就不仅要遵循法定假药标准、法定处罚种类和处罚幅度,而且要遵循法律有关行政机关之间的权限划分和法律有关行政处罚程序的规定。过去那种“只要是假,谁打都行,怎么打都行”的观点①显然不符合新的依法行政的要求了。然而,对依法行政提出更广泛、更深入的要求,必须以相应法律的健

① 这种观点在四川“夹江打假案”中得到最充分的体现。在该案中,制假者状告打假者,认为行政机关越权,违反法定程序等,人民法院受理了该案。对此,有关党政机关及负责人、舆论机构甚至一些人大代表等均予以谴责,提出“只要是假,谁打都行,怎么打都行”“怎么能容许制假者状告打假者呢?”“打假怎么还会有错呢?”参见姜明安:《依法打假与保护被打假人的诉权》,载《法制日报》1996 年 4 月 15 日,第 1 版。

全、完善为基础。但目前我国行政组织法、行政程序法的立法都处于相对滞后的局面，这样，依法行政的原则在实施中就不能不发生困难。

其三，如前所述，法有“良法”“恶法”之分，在社会由人治转向法治之初，依法行政要求行政机关有法即依，而不管是“良法”还是“恶法”，“恶法亦法”。但是，法治的进一步发展则要求行政机关区分“良法”“恶法”。“恶法非法”，行政机关必须予以抵制。然而行政机关怎样确认“恶法”必须有一套严格的程规则；否则，各人凭自己的判断行事，必然导致社会的混乱。

由此可见，依法行政原则随着法治行政的建立和实施，其原有含义在很多方面开始显现出局限性，不适应新的要求，在实践中产生了许多矛盾。基于此，行政法学者必须对依法行政原则不断进行研究，并不断赋予该原则以新的内涵；法律实务界亦应据此不断对立法、执法、司法加以改进、完善，使之解决实践中不断出现的矛盾，促进法治行政不断向更广、更深层次发展。

法治行政原则的建立和发展除了以新的内断更新依法行政原则，对行政机关及其工作人员行为还提出了其他一系列新的要求。根据法治行政实行较早的国家的经验，法治行政的其他要求包括以下几个方面。

1. 限制行政自由裁量权

由于现代的社会、经济关系日益复杂，法律很难对行政机关的行为作出疏而不漏的严密规范，立法机关不能不在许多领域赋予行政机关及其工作人员以广泛的自由裁量权。行政机关及其工作人员正确运用这种自由裁量权，可以为社会、公民提供更多、更灵活、更有效的服务；但是，这种权力如果被行政机关及其工作人员滥用，则可能严重侵犯公民权利和自由，对社会公益造成重大损害。因此，在法治行政条件下，自由裁量权不应是一种绝对自由的权力，而必须对之加以限制，使之行使符合“一定之规”。① 这种“一定之规”即是合理性原则。合理性原则既包括实体要求，如公平、正义，维护社会公益，保护个人人权等；也包括程序要求，如“自己不做自己的法官”，对公民

① 美国行政法学者施瓦茨在其所著《行政法》一书中引用了英国著名大法官科克关于自由裁量权的一段精辟论断：“自由裁量权意味着，根据合理和公正的原则办事，而不是根据个人意见办事……根据法律办事，而不是根据个人好恶办事。自由裁量权不应是专断的、含糊不清的、捉摸不定的权力，而应是法定的、有一定之规的权力。”参见[美]施瓦茨：《行政法》，徐昕译，群众出版社 1986 年版，第 568 页。

作出不利的行政行为,要事先告知当事人,并听取其意见等。①

2. 健全和完善行政法律监督机制

中国在20世纪80年代中期以后加强了权力机关对行政机关的监督,在行政系统内部设置了监察部,在行政系统外部建立了法院对行政行为的司法审查制度,形成了初步的行政法制监督体系。但这个体系目前还不完善,仍有较多的缺陷,尚不能形成有效的监督机制。根据法治行政的要求,有必要对之加以新的改进和完善,主要措施包括:其一,进一步加强权力机关的监督,特别是加强权力机关对行政法规、行政规章和其他规范性文件的监督,许多学者建议在权力机关内设立专门监督机构,审查行政规范性文件的合宪性和合法性。其二,进一步加强监察机关和审计机关的监督力度,有人建议改变这两个监督机关目前的从属关系,使之由目前从属于行政系统转变为从属于权力机关系统,使其地位更加超脱、更加权威,从而监督更有成效。其三,进一步扩大人民法院对行政行为司法审查的范围,由目前只能审查涉及公民人身权、财产权的行政行为扩大到能审查涉及公民政治权利、文化权利的行政行为;由目前只能审查具体行政行为扩大到能审查抽象行政行为。其四,进一步加强舆论机构对行政权运作的监督,行政公开,政府接受舆论监督,通过报纸、电台、电视对行政行为的报道增加政府行为的透明度,这既是法治行政的要求,也是现代民主的重要标志。② 为此,国家要制定相关法律,以保障舆论机构获取信息、发布信息的权利,保障公民的知情权,使舆论监督成为行政法制监督中重要而有效的环节。

3. 改革行政管理体制,转变政府职能

行政管理体制的改革涉及两个重要问题:其一,政企分开,使政府真正成为政府,行使管理、监督、指导、服务等功能,而不要去干涉企业具体的人、财、物,产、供、销等具体事务,更不要自己办企业,经营企业;其二,处理好中央与地方的关系,适当划分中央与地方的行政管理职能,既防止中央过分集权,又

---

① 英国的"自然公正"原则(natural justice)和美国的"正当法律程序"原则(due process of law)均是对自由裁量权进行控制的程序规则。

② 20世纪中期以来,一些国家陆续制定了《信息自由法》《政府信息公开法》《阳光下的政府法》等有关政府行为公开的法律,扩大了舆论对政府行为的监督,政府行为公开化已成为现代民主的趋势之一。

防止地方封锁和地方保护主义。转变政府职能与行政管理体制改革紧密相连,转变政府职能一方面要求行政机关改变在计划经济体制下对社会经济事务事无巨细的干预,对个人的自由和企业、组织的自主权的不适当控制,变指令性管理为指导性管理,变微观控制为宏观调控;另一方面要求行政机关将大量可为社会和公民群众自治性组织管理的事务转移给社会和群众自己管理,充分发挥各种社团组织(如律师协会、注册会计师协会、个体劳动者协会、工会、妇女联合会等)和群众性自治组织(如居民委员会、村民委员会等)的作用。转变政府职能,减少政府对公民个人和企业的控制,扩大公民的自由和企业、组织的自主权是法治行政或行政法治的重要标志,是未来民主发展的必然趋势。

三、结论

1986年至1996年这十年,中国行政法发展所取得的成绩是巨大的,其中最大的成绩是在行政领域开始了由人治向法治的转变。但是这种转变尚未完成,在转变的道路上还有很多客观的和人为的障碍,还可能发生某些暂时的挫折或局部的倒退;但是从中国已形成的社会、政治、经济、文化环境看,从整个国际国内现在和未来的大气候看,中国民主、法治的前景是美好的,总的发展趋势是不可逆转的。我们完全可以预言,不需要很长时间,在人类即将开始的新世纪,民主、法治将更加健全、完善,民主、文明、富强的中国将屹立于世界东方。

对几个法律或法制问题的浅见*

先后应邀参加几个座谈会,分别讨论有关的法律或法制问题。现将本人在会上的发言摘要汇集如下,以期在更大的范围内引起讨论。当然,这些问题分别涉及不同的领域,相互之间并没有内在的逻辑性,但它们均从属于法制这个总题目之下。

一、如何理解《国家赔偿法》规定的国家赔偿前提条件——“违法行使职权”?

1994 年第八届全国人大常委会第七次会议通过的《国家赔偿法》第 2 条第 1 款规定:“国家机关和国家机关工作人员违法行使职权侵犯公民、法人和其他组织的合法权益造成损害的,受害人有依照本法取得国家赔偿的权利。”该条款确定了国家赔偿的前提条件:导致受害人合法权益损害的行为是国家机关或国家机关工作人员违法行使职权的行为。也就是说,国家只对国家机关和国家机关工作人员的违法行使职权的行为造成的损害承担赔偿责任。如果是合法行使职权的行为,即使造成了对相对人合法权益的损害,哪怕是生命、健康权的损害,国家也不负赔偿责任。

这样,如何解释“违法行使职权”,对于国家赔偿责任的确定,以致对《国家赔偿法》目的的实现,即能否有效地保护公民、法人和其他组织的合法权益以及促进国家机关依法、正确行使职权,就具有决定性的意义。

对“违法行使职权”可以有两种不同的解释。第一种解释是:行使职权的行为本身违反法律、法规的明确规定;或者虽然没有违反法律、法规的明确规

---

* 本文原载《中央政法管理干部学院学报》1995 年第 4 期。

定,但相应行为没有法律、法规的根据,如违法限制公民人身自由,殴打公民导致其身体伤害等。第二种解释是:行使职权行为的结果违法,行为导致了对法律、法规所保护的权益的损害。例如,海关工作人员检查出入境旅客的行李物品,因不慎造成了相应物品的损害(无论检查行为本身是否合法,是否有法律、法规根据);公安人员对现行犯或逃犯使用武器,不慎打伤或打死在场的无辜人员(无论使用武器行为本身是否合法,是否有法律、法规根据);等等。这类行为本身无论是否合法,但其结果对于相对人是一样的,其合法权益受到了损害。因为相对人权益本来是为法律、法规所确立和受法律、法规保护的,国家机关或国家机关工作人员行使职权的行为却(故意或过失)损害了这种权益,因而是"违法行使职权"。

第二种解释的外延比第一种解释要宽,无疑更有利于保护公民、法人和其他组织的合法权益,实现《国家赔偿法》的目的。将国家机关和国家机关工作人员形式上合法的过失行为造成的对相对人合法权益的损害完全排除在国家赔偿的范围之外是极不合理、极不公正的。

为了避免人们对国家赔偿前提条件的过分狭窄的理解(第一种解释)及其导致的不合理、不公正,许多建立国家赔偿制度的国家在其国家赔偿法中不使用"违法"一词,而以"不法"代之。"不法"显然是针对相对人的受害结果而言的:国家机关和国家机关工作人员的行为导致了相对人合法权益的损害。无论导致这种损害的行为合法还是违法;无论是有法律、法规根据还是没有法律、法规根据,只要这种损害是"不法"的,即没有法律、法规根据的,就应该赔偿。

既然我们现在的《国家赔偿法》使用了"违法"一词,那么我们在执法、司法实践中,就应当对"违法"作第二种理解,即从行为结果的角度理解。以后在修改该法时,我建议采取国外的相关做法,以"不法"取代"违法",以合理和明确界定国家赔偿的前提条件,防止执法、司法实践中因对法律用语的误解而导致对立法目的的偏离。

二、如何保障人民法院的独立性、权威性?

《人民日报》1994 年 9 月 21 日载文《福建行政诉讼案件为何大幅度下降?》,文章分析主要原因有三,其中有两项原因分别是:一是党政负责人"过问”案件，干预太多；二是法院（审判机关）怕得罪行政机关及领导。这些问题岂止是福建一地的问题？其他许多地方何尝不是如此，只是程度不同而已。

人民法院的独立性、权威性是行政诉讼制度存在和顺畅运作的关键。法院行使审判权如果没有独立性、权威性，法院要受制于其他机关、组织或个人，其他机关、组织或个人可以影响、干涉法院行使行政审判权，法院行使行政审判权要看其他机关、组织、个人的眼色，对其他机关、组织、个人心存畏惧，如此，“民告官”就难有希望，行政相对人就很难指望从法院获得公正。那么，如何保障法院的独立性、权威性呢？总结我们自己的经验，借鉴国外的有关做法，我认为有必要确立和认真实行下述制度和措施：

（1）法官由权力机关任免，任何其他机关、组织、个人不得任免法官和将法官调任其他工作。

（2）人民法院以外的任何其他机关、组织、个人不得干预、过问法院对具体案件的受理和审判。

（3）以立法确立对于妨碍、干扰人民法院诉讼活动和拒不执行人民法院判决的机关、组织、个人的“藐视法庭”责任，人民法院可随时对之科处相应处罚。

（4）法院财政预算单列，直接由权力机关审批。

（5）国家给予法官较优厚的工资、福利待遇。法官工资升级主要依据年资，领导不能任意提高或降低法官的工资级别。

（6）非有法定事由和经法定程序，法官不受处分、处罚。

除以上6条外，为了更有效地保障法院依法独立行使行政审判权，在条件成熟的时候，还可以考虑将法院设置与行政区域脱钩：在若干省设一高级法院；若干市设一中级法院；若干县设一基层法院。如此，行政要干预司法就要困难得多，人民法院的独立性、权威性从而会大大提高。

三、政府与法是什么关系？

人民建立政府，是欲使之为人民服务。政府是人民的工具。人民通过政府，管理国家内政外交事务，组织和领导社会主义现代化建设，发展社会主义社会生产力，增强国家的综合国力，提高人民的生活水平。总之，是通过政府为人民造福。但是，人民建立的政府有时也可能脱离人民，不仅不能很好地为人民提供服务,一些政府机关和政府工作人员甚至利用人民给予的权力反过来欺压人民。可见,人民对政府这个工具,运用得好,可以使之为“善”,运用得不好,也可能为“恶”。

人民怎样运用好政府这个工具,使之最大限度地为“善”,最小限度地为“恶”呢?要解决这个问题自然需要建立政治的及政治思想工作等诸多方面的机制。但是,法在解决这个问题上无疑可以发挥特别重要的作用。

政府为“善”,首先意味着管理得当:该管的要管好,不该管的不任意干预。这就必须改变管理体制,通过法律把政府和相对人关系固定下来。政府违法失职要承担法律责任,政府违法干预、管理相对人的事务(如违法干预企业自主权)同样应承担法律责任。为此,必须制定相应的法律和确立相应的法律机制。

政府为“善”还意味着政府提供有效的管理,克服机构臃肿、互相推诿、互相扯皮、效率低下的现象。这就必须在政府内部建立责任机制、激励机制、竞争机制,通过法律把各个政府机关及其工作人员的职、权、利、责确立起来,使其充分发挥积极性,调动一切积极因素。为此,必须制定和完善行政组织法、编制法、公务员法、行政程序法等法律法规。

至于抑制政府机关及其工作人员可能的为“恶”,即防止政府机关及其工作人员违法失职、滥用职权,损害国家社会公益和侵犯管理相对人合法权益,更需要建立完善的内部和外部的法律监督机制。内部监督机制主要有行政监察监督和审计监督,外部监督机制主要有权力机关的监督和司法监督。为此,必须制定和完善权力机关监督法、行政监察法、公民复议法、行政诉讼法、国家赔偿法等法律法规。

人民为了实现自己的目的,必须建立自己的政府。然而,要使政府最大限度地为“善”(为人民提供最好的服务),最小限度地为“恶”(违法失职、滥用权力、贪污腐败等),还必须建立法治,以法规范政府的行为,以法调节政府和管理相对人的关系,以法来抑恶扬善。法与政府的关系是篇大文章。随着改革开放向纵深发展,法学界必须做好这篇大文章。

法治的目标价值与手段价值[*]

一、"法治"观念的形成及其发展

早在两千多年前的春秋战国时期,中国当时主要的政治和法律思想流派法家就提出了"垂法而治""缘法而治""以法为本""事断于法"等"法治"的主张。[①] 不过,中国古代法家主张的法治是与封建专制相联系的,指的是以法治民。商鞅说,"民本,法也。故善治者,塞民以法"。[②] 韩非说,"治民无常,唯治为法"。[③] 可见,在他们的法治思想里,法(基本上是刑法)只是被作为一件好的治民工具而被推崇。

几乎与中国古代法家同时代的古希腊政治和法律思想家亚里士多德等人也提出了法治的主张。亚氏指出,"法治应当优于一人之治","法律是最优良的统治者"。[④] 亚氏对法治的解释是:"法治应包含两重意义:已制定的法律获得普遍的服从,而大家所服从的法律又应该本身是制定得良好的法律。"[⑤] 所谓"良好的法律",就是合乎亚氏理想的"正义政体"(中产阶级主治政权的政体)和反映中产阶级利益和意志(排除"富人和穷人的偏见")的法律。可

---

* 本文原载《中央政法管理干部学院学报》1996 年第 6 期。

① 《商君书·壹言》《商君书·君臣》《韩非子·饰邪》《慎子·君人》。转引自张国华、饶鑫贤主编:《中国法律思想史纲》,甘肃人民出版社 1984 年版,第 182-193 页。

② 《商君书·画策》。转引自张国华、饶鑫贤主编:《中国法律思想史纲》,甘肃人民出版社 1984 年版,第 187 页。

③ 《韩非子·心度》。转引自张国华、饶鑫贤主编:《中国法律思想史纲》,甘肃人民出版社 1984 年版,第 210 页。

④ [古希腊]亚里士多德:《政治学》,吴寿彭译,商务印书馆 1981 年版,第 167、171 页。

⑤ [古希腊]亚里士多德:《政治学》,吴寿彭译,商务印书馆 1981 年版,第 199 页。

见,在亚氏的法治思想里,法治既被视为一种具有目标价值的理念,又被视为实现其所追求的目标(正义政体)的手段。

到了近代,“法治”的观念有了重大发展,法治与现代民主政治联系起来。法治既被视为民主政治的保障,又被视为民主政治本身。19世纪英国宪法和行政法学家戴雪(A. V. Dicey)认为“法治”应包含以下三个要素:(1)法律至上,政府必须依法办事;(2)法律面前人人平等,无论何人,都受制于国家同一法律和同一法院;(3)人民的权利和自由受法律保障,如受侵犯,可从法院获得救济。[①]

到了20世纪,西方法学界对“法治”赋予了更多新的要素,其中主要包括:(1)法律是可以获知的,并且尽可能地易懂和可预测;(2)法律权利义务的问题应通过适用法律而非通过行使自由裁量权解决;(3)法律应平等地适用于所有人,除非客观差别证明区别对待具有合理性;(4)政府官员行使权力必须诚信、公正,符合授权目的,不得滥用和越权;(5)法律必须提供充分的基本人权保障;(6)必须为当事人提供廉价的、支付得起的,且不过度迟延的解决民事争议的机制;(7)国家提供的裁判程序应该是公平的;(8)国家应如同遵守国内法一样遵守国际法义务。[②]

很显然,现代西方的“法治”概念包容了更多的目标价值因素。我国在建立人民民主政权以后,对“法治”的理解也有一个发展的过程。20世纪80年代以前,“法治”这个词一般是不用的,党和国家领导人通常只讲加强“法制”而不讲实行“法治”,并且“法制”在大多数场合也只被赋予阶级斗争工具的意义,而很少把法制与社会主义民主政治,与人民追求平等自由和限制政府官员滥用权力结合起来。董必武在第一次全国司法会议上的讲话中是这样阐述“法制”及其意义的:国家没有法制,就不能成为一个国家,社会经脱离了战争的影响,司法工作和公安工作就成为人民国家手中对付反革命活动,巩固人民民主专政,维持社会秩序,保护人民民主权利和合法利益,保障国家经济建设的最重要的工具。[③]

---

① [英]戴雪:《英宪精义》,雷宾南译,中国法制出版社2017年版,第254-269页。
② [英]汤姆·宾汉姆:《法治》,毛国权译,中国政法大学出版社2012年版,第55-181页。
③ 董必武传记编写组:《董必武传略》,法律出版社1985年版,第118页。

在经过了极“左”路线的教训，特别是“文化大革命”的沉痛教训以后，我国对法治有了新的认识，中共十一届三中全会公报关于法治的表述集中体现了这种新的认识：“为了保障人民民主，必须加强社会主义法制，使民主制度化、法律化，使这种制度和法律具有稳定性、连续性和极大的权威，做到有法可依，有法必依，执法必严，违法必究……检察机关和司法机关要保持应有的独立性……要保证人民在自己的法律面前人人平等，不允许任何人有超于法律之上的特权。”这里描述的法治图景即充满了目标价值的色彩。

二、历史的经验教训

无论中国还是外国，无论东方还是西方，虽然自古以来就有人提出过“法治”的主张，但是“法治”的真正实行却是近现代的事。在奴隶社会和封建社会，不可能真正实行法治。

不要说与民主政治相联系的“法治”，就是与专制政治相联系的“法治”（如我古代法家提倡的“法治”，亚里士多德也主张过建立在君主制、贵族制基础上的“法治”）也未真正实行过。事实上，在专制体制下，法治不可能行得通。首先，专制统治者自己不愿意受法律的约束，不愿意将自己的行为置于法制的控制之下；其次，专制统治者也不愿意以具有规范性和稳定性的法律统治人民，他们更乐于随心所欲地向人民发号施令，更喜好以反复无常的意志管理国家，向人民显示他们无上的权威。因此，伴随整个奴隶社会和封建社会的专制统治只能是人治，不可能有法治。尽管古代社会也有法，法在专制统治下也发挥着一定的维护社会秩序的作用。

在17世纪英国资产阶级革命、18世纪法国资产阶级革命和19世纪美国独立战争之后，许多西方国家相继推翻了封建专制统治，建立了资产阶级的民主政体，相应地确立了在国家和社会生活的各个领域实行法治。《法国人权宣言》规定，“法律是公共意志的表现。全国公民都亲身或经由其代表参与法律制定……在法律面前，所有公民平等”；“法律仅禁止有害于社会的行为，凡未经法律禁止的行为不得受到妨碍，而且任何人不得被迫从事法律所未规定的行为”；“除非根据已制定和公布的法律，任何人不得受到处罚”；“社会有权要求公务人员报告其工作”。1791年《美国宪法修正案》进而规定“非经正当法律程序，不得剥夺任何人的生命、自由或财产”。西方资产阶级国家在推翻封建专制以后通过宪法或其他法律文件确立的“法治”在人类文明发展史上无疑是一个伟大的进步，但是由于其阶级的局限性和资本主义制度的不合理性，其法治本身的内容并非完全公正的和人民所理想的。因为资产阶级的法主要反映（或基本上只是反映）资产阶级的意志和利益，而不可能通过真正民主的法律程序全面反映全体（或绝大多数）人民的意志和利益。

但即便如此，人民生活在此种“法治”秩序下，其生命、自由、财产（多数人民也许很少有财产）多少还是能得到一定的形式上的保障，政府的权力多少还是能得到一定的监督和控制，社会公正在一定的范围、一定的领域还是能在形式上得到体现的。但是这种有局限性的法治在西方资产阶级国家也并不是永远有保障的。当某种危机威胁到大垄断资产阶级的根本利益时，他们不仅可能局部违反、破坏此种法治，而且可能进一步抛弃整个民主机制和完全废除法治，而实行法西斯专制统治。20 世纪 20 年代以后意大利、德国、日本等国的情况就是这样。这些国家的大垄断资产阶级背弃法治而实行法西斯统治，曾经给人类带来了空前的灾难。

继资产阶级革命以后，20 世纪许多国家爆发了无产阶级领导的社会主义革命。俄罗斯等国首先在全世界建立了苏维埃社会主义民主政权。中国继苏联之后，也于 20 世纪 40 年代末建立了人民民主政权。社会主义国家从本质上讲应该是人民真正当家作主的国家。人民当家作主自然只能是法治而不应是人治，因为人民的意志只能通过法律来集中体现，离开法治，不可能有真正的人民民主。1918 年的《俄罗斯联邦宪法》规定，全体公民及所有苏维埃政权机关及其全体人员，应严格遵守共和国的法令及中央政权所颁布的决议、条例和命令。除国内战争及与反革命进行斗争的紧急情况外，任何苏维埃机关的公务人员不得采取违反法律或超出法律范围的手段。1954 年《宪法》规定：“一切国家机关工作人员必须效忠人民民主制度，服从宪法和法律”；“中华人民共和国公民在法律上一律平等”；“中华人民共和国公民的人身自由不受侵犯”；“中华人民共和国公民有言论、出版、集会、结社、游行、示威的自由”；“人民法院独立进行审判，只服从法律”。从上述宪法的这些规定看，社会主义国家在制度上是选择法治而不是选择人治的。

但是，由于各种主观和客观的原因，特别是由于当时“左”的思想路线及所推行的“左”的政策的影响，社会主义国家在一个长时期里并未认真地实行法治而主要实行人治。苏联在斯大林时代进行的“肃反”“清洗”运动，中国在20世纪六七十年代进行的“文化大革命”，即以人治取代法治，以个人专断取代民主的最明显的表现。人治和专断的结果是：人民的权利、自由被侵犯，许多无辜的人的生命被非法剥夺，社会、经济的发展陷入停滞，最终导致国弱民穷，人民对社会主义的优越性产生怀疑。

近现代的历史经验教训表明，法治是民主的保障，是人民基本权利和自由的保障。无论是资本主义国家还是社会主义国家，一旦抛开法治而实行人治，实行专断，人民就要遭受痛苦和灾难，社会文明就要受到破坏。

三、法治与社会主义市场经济

社会主义国家从其本身的性质考察，应该是法治国家而非人治国家，但事实上社会主义国家在很长一个时期实行的是人治而不是法治，这是为什么呢？这在很大程度上是同社会主义国家实行的经济体制相联系的。

20世纪80年代以前，社会主义国家几乎全部实行的是计划经济体制，因为当时在理论上有一种误区，认为社会主义国家只能实行计划经济体制，市场经济只能是资本主义。而与计划经济体制相适应的国家管理方式只可能是人治而不可能是法治。在计划经济体制下，即使有“法制”（法律和制度的总称），也不可能有“法治”。而且在计划经济体制下，法制（法治的基础或前提条件）也从来不受重视，从来是不完善的。在计划经济体制下之所以只能是实行人治而不可能实行法治，其原因主要在于：

第一，在计划经济体制下，个人、组织都是“公家”的，都从属于公家的一定单位，而各种单位又都从属于相应的政府机关，政府机关则下级服从上级，最终服从最高层级的领导人，整个国家处于一种一元化的“领导——从属”性的行政关系之中。这种关系不需要多少法律来维系，层层下达的“红头”和行政命令就使一切处于“有序”状态。

第二，在计划经济体制下，个人、组织很少有属于其本身所有或能为其自行支配、处置的财产，很少有相互之间的经济利益冲突与竞争，从而也无须多少法律调节其间的利益关系和对其财产加以保护。

第三，在计划经济体制下，全国人民被要求高度统一思想，统一行动，以实现最高层级领导人为国家确定的统一目标。在这种情况下，领导人的意志、指示就是最高的法律,通过正常立法程序制定的法律必须贯彻和服从领导人的意志和领导人的指示;否则,就认为会影响全国的"大一统"。

第四,在计划经济体制下,党和政府被认为是人民利益的天然代表者、保护者,永远不会犯错误,永远不会做有损人民利益的事。从而,权力制约、人权保障、审判权检察权独立行使、依法行政等都是不必要的,是姓"资"而不姓"社"的,是妨碍社会主义建设的速度和效率的。

社会主义国家搞了几十年计划经济,不仅没有达到预期的目标,到后来甚至导致国民经济接近崩溃的边缘,人民生活极端困难,于是党和国家领导人与人民群众都不得不反思:社会主义和计划经济,资本主义和市场经济是否存在必然的联系?说市场经济只存在于资本主义,社会主义只能搞计划经济,实践证明这肯定是不正确的。社会主义为什么不可以搞市场经济?"计划经济不等于社会主义,资本主义也有计划,市场经济不等于资本主义,社会主义也有市场。"①基于这种反思,中国等一些社会主义国家开始陆续从计划经济体制转向市场经济体制(有的社会主义国家,如苏联和东欧一些国家,是在完全放弃了社会主义制度的前提下转向了市场经济,中国等国则是在坚持社会主义基本政治制度的前提下推进市场经济)。与经济体制的这种转变相适应,国家管理方式也逐步从人治转向法治。这种转变在很大程度上是由经济体制转变所推动和促进的。因为市场经济要求法治,人治与市场经济严重不相容。首先,市场经济是以存在多元主体的竞争和交换为前提的,多元主体之间的相互关系不能靠一元化的行政领导机制来调节,而必须引进法治机制;否则,就无法保障市场经济运行所必需的秩序。其次,市场经济是以市场主体享有必需的经营自主权和政府权力受到相应限制为条件的,而经营自主权的保障和政府权力的限制都只能在法治环境中实现,人治只能导致政府权力的膨胀和对个人、组织权利的侵犯。再次,市场经济是以市场主体的平等竞争和个人的相对自由(如择业自由、迁徙自由等)为条件的。平等、自由必须通过法律来确认和保障,法律对平等、自由加以确认、保障是法治的重要内容。而人治则是建立在严格的等级、从属——服从关系以及个人、组织的自

① 《邓小平同志建设有中国特色的社会主义理论学习纲要》,学习出版社 1995 年版,第 51-52 页。

由受到严格限制的基础之上的。最后，市场经济是以人、组织的权利（特别是财产权、人身权）受到有效的法律保障和在权利受到侵犯时能获得有效法律救济为条件的。为此，必须有依法独立行使的审判权和检察权。任何组织、个人不得非法干预司法机关独立行使审判权和检察权。这是法治的重要内容之一。在人治条件下，司法必须服从领导人的意志和领导人在不同时期为国家确定的目标。在各个不同层次上，不同级别的司法机关也要接受相应层次级别的领导人的指示。这种司法，其公正性当然会受到怀疑，市场主体在缺少公正司法保护的条件下，自然不可能有足够的积极性参与市场竞争，从而影响市场经济的发展。

由此可见，计划经济是与人治相联系的，而市场经济则与法治相联系。计划经济必然导致人治，市场经济则要求法治，搞市场经济必然促使政府实行法治。法治以市场经济为基础，这是一方面。另一方面，法治对市场经济也有着重大的反作用：重视法治，推行法治，可以促进、推动市场经济的发展；反之，轻视法治，推行人治，则会妨碍市场经济的发展，甚至会毁掉整个市场经济体制。

四、法治与社会主义民主政治

既然发展社会主义市场经济和社会主义民主政治可以认为是我们现阶段的目标，那么如何实现这一目标呢？这自然有许多事情要做，其中一个极具重要意义的事情就是加强法律机制，在我国政治、经济、文化和社会生活各个方面实现法治。关于法治与社会主义市场经济的关系前文已述，这里我们主要探讨法治与社会主义民主政治的关系。

关于法治与民主的关系，邓小平同志曾经指出：要加强民主就要加强法制；为了保障人民民主，必须加强法制；要制定一系列的法律、法令和条例，使民主制度化、法律化。[①] 邓小平同志在这里讲的是“法制”，但实质是“法治”，或主要内容是“法治”。“使民主制度化、法律化”这一表述既指出了法制的价值取向——“民主”，又指出了法制的动态形式——对整个社会生活特别

---

① 《邓小平同志建设有中国特色的社会主义理论学习纲要》，学习出版社 1995 年版，第 59－60 页。

是对政治运作的全面规范和调整,从而包含了法治的基本内容。

社会主义民主的最基本内容是人民当家作主,是人民通过自己的代表机关,将自己的意志集中和上升为法律,通过法律实现对国家社会生活的调整;是人民通过自己的代表机关产生政府,并通过自己的代表机关或直接对政府进行监督和控制。很显然,要实现社会主义民主,就必须实行法治。只有通过建立和完善国家法律机制,才能保证社会主义民主的下述目标和要求的实现。

(一)依法行政

民主首先意味着政府依法行政。因为人民的意志是通过集中上升为法律来统治国家的,故政府只有依法办事、依法行政,才能体现自己是人民的公仆,是从属和服从于人民的意志和利益的。依法行政是民主政治与法治的第一个结合点。

依法行政的"法"包括宪法、法律、法规、规章。法规和规章的数量是最多的,但政府行为的最终依据应该是宪法和法律。法规、规章与宪法、法律的具体规定或原则、精神相抵触时,政府行为应服从宪法和法律。因为只有宪法和法律是由全国人民代表机关制定的,反映全国人民的意志和利益。

依法行政的内容包括依照法定权限、法定行为规则和法定程序行政。"法定权限"是法律为政府行为确定的权限范围,政府不能超越这个范围和界限去干预个人、组织属于其自主权和自由处置的事项。"法定行为规则"是法律为政府行为确定的条件、标准,政府不能违反法定条件、标准作出影响个人和组织权利、义务的行为。法定程序是法律为政府行为确定的方式(如公众参与、行政行为信息公开、行政行为不单方接触利害关系人等)、步骤、时限,政府不能违反法定方式、步骤、时限实施行政行为和作出行政决定。

(二)权力制约

民主要求权力制约,因为权力具有诱惑力和腐蚀性,对权力不加监督和制约,必然导致权力的滥用,导致腐败。为保障人民民主和防止公民的生命、自由"成为滥用权力的牺牲品",必须"以权力制约权力"。①

对权力的制约首先是指对行政权的制约,因为行政权是最广泛、最经常、最直接涉及公民权益的权力,所以也是最容易导致腐败和滥用的权力。对行

① [法]孟德斯鸠:《论法的精神》,张雁深译,商务印书馆 1961 年版,第 154-156 页。

政权进行监督、制约的国家权力首先是立法权，立法机关通过制定法律，事前控制行政权的范围和行使方式，并通过考察、调查、质询、审查、听证、罢免等方式事中或事后监督、制约行政权的行使。对行政权进行监督、制约的另一重要国家权力是司法权，特别是人民法院通过行政审判对行政机关的具体行政行为的合法性进行审查，使行政权在具体运作过程中的滥用受到有效的控制。行政监察、审计虽然本身属于行政系统的组成部分，但其对行政权具有相对独立性，其同样是对行政权进行监督、制约的重要环节。

对行政权进行监督、制约的重要内容之一是对行政自由裁量权的控制。在现代社会中，行政自由裁量权的存在是不可避免的。一国法律无论如何严密，均不可能对所有政府行为的范围、幅度、方式都作出具体规定，法律不可避免地要为行政机关留下大量自由裁量的余地。对于自由裁量的行为，权力机关、司法机关、监察机关、审计机关都难以进行有效的监督、制约。根据现代民主制度的经验，对行政自由裁量权的有效制约是程序控制，即通过法律或法理为行政自由裁量行为的行使确定一系列公开、公正、公平的规则或原则，如行政行为的事前通知，表明身份，说明理由，听取申辩，不单方接触，回避（自己不做自己的法官），制作记录、案卷，告知当事人救济权利和救济途径，等等。为实现对政府行为的程序制约，许多国家在 20 世纪 40 年代以后制定了行政程序法、信息自由法、阳光下的政府法、行政复议法、行政诉讼法等一系列规范政府行为、控制行政自由裁量权的法律。

（三）公民在法律面前一律平等

公民的平等权是民主政治的另一重要要求。所谓“平等”是指“任何公民享有宪法和法律规定的权利，同时必须履行宪法和法律规定的义务”。平等首先是立法的平等。立法者在立法时不能偏私或歧视（如歧视少数民族、歧视女性、歧视信仰宗教的公民、歧视农民等）。当然，立法的平等不是绝对平等。国家为了发展经济，促进整个社会的文明进步，有时要对具有某种特殊情况的地区（如经济特区）、产业（如高科技产业）或具有某种特定情形的公民（如残疾人）实行一定的优惠政策。这些政策通过立法予以确立可能使法律在形式上具有某种“不平等”，但是这种“不平等”的目的恰恰达到了实质的平等和促进社会的文明进步，从而是符合民主、法治的原则和精神的。它完全不同于一些国家曾经通过立法限制黑人、妇女或具有某种思想信仰的公民的选举权或其他权利的立法不平等。这些不平等则完全违反民主、法治精神的。

平等的另一重要内容和要求是行政执法和司法的平等。行政执法平等要求行政主体平等地对待行政相对人,不能在法律规定的范围、条件以外给予某些个人、组织以特权,而加予另外的个人、组织以法外的义务。在法律面前,所有公民应该机会均等。只有机会均等,才有公正,才谈得上民主。司法平等是指当事人在诉讼中法律地位平等,人民法院应平等地对待诉讼中的争议双方当事人。司法平等是立法平等和行政执法平等的保障,没有司法平等,整个公民的平等权就无法最终实现。但司法平等的基本条件是审判权和检察权依法独立行使,人民法院只有在不受任何干预的条件下依法独立地审理刑事、民事、行政等案件才能保证公正,保证平等而无偏袒地对待任何当事人。很显然,要做到这一点,必须进行各种相应的司法改革,为人民法院依法独立行使审判权创造各种外部和内部的环境。

(四)政府对违法、侵权行为承担法律责任

政府承担行政侵权责任是民主政治与法治的另一个结合点。从民主政治的角度讲,政府不仅应该依法行政,依法办事,而且应该守法和承担法律责任。法治不仅要求公民守法,而且要求政府守法。如果政府行为违法,侵犯个人、组织的合法权益,则政府应依法承担法律责任;如其行为造成公民人身权或者公民、法人和其他组织财产权的损害,则政府应依法赔偿受害者的损失。在专制政体下,政府对其违法侵权行为是不负法律责任的。资本主义民主政体在早期法治不完善的情况下,政府对其侵权行为也是不负法律责任的,其理论是所谓"主权豁免"。美国直到 1946 年才制定《联邦侵权赔偿法》,英国直到 1947 年才制定政府承担赔偿责任的《王权诉讼法》。政府对行政侵权行为承担国家赔偿责任应该说是现代民主和法治的要求。我国于 1989 年制定了《行政诉讼法》,1994 年制定了《国家赔偿法》。在政府依法、守法和承担法律责任方面,我国已经开始走上了现代法治的道路。20 世纪即将过去,新的世纪就要到来。在 20 世纪的最后十年,我国人民确立了建立社会主义市场经济和发展、完善社会主义民主政治的目标。与之相适应,在国家管理和政府行为方式上,我们选择了法治而摒弃了人治。法治不仅是我们建设社会主义市场经济和民主政治的手段,同时更是我们追求的理想社会和文明生活的重要目标。

行政法治在中国的生长*

行政法治是现代民主的产物，行政法治与专制是不相容的。在专制制度下，国王（皇帝、君主）是国家的主人，国家从属于国王，国家的一切权力属于国王，老百姓只是政府的臣民、奴仆，可以由国王任意统治、压迫、屠宰。在这种制度下，统治者当然不愿意受法律的约束，不愿意依法办事，不愿意受它统治的人民的监督，不愿意对人民承担自己违法侵权行为的责任；更不可能容忍臣民控告自己，和臣民一起上法庭去争论是非曲直，以致接受法庭的裁判，赔偿因自己违法侵权行为造成的对臣民的损失。

中国共产党人领导中国人民革命，在民主问题上，其目标是明确的，那就是要反对专制统治，建立民主政治。但是我们对于民主政治在很长一个时期里却缺乏深刻的认识和足够的重视。这一点决定着我国行政法治建设的整个进程和命运的艰辛。因此，我们在研究我国行政法治发展的经验教训时，有必要首先简要回顾一下我们对民主政治的认识和实践。

第一，民主政治主要是解决政府与人民的关系，而不是解决敌我关系。毛泽东同志提出的"人民民主专政"的公式是解决这两种关系的很好的公式。但是长期以来，我们强调专政多，而重视民主、研究民主不够。

第二，民主政治意味着人民是国家的主人和政府受人民的委托行使国家管理职能，向人民负责，受人民监督，而不仅是指人民当家作主。但是长期以来，我们讲民主政治时，往往只讲人民当家作主，而很少认真研究监督政府、制约政府的形式和途径。

---

* 本文原载《中外法学》1989 年第 4 期，发表时题为《行政法制在中国的生长》。

第三,民主政治必须通过行政法治实现和以行政法治加以保障。没有行政法治,政府的权力就会无限制,人民的权利就会无保障,政府向人民负责和人民监督政府都会成为一句空话。然而长期以来,我们在讲法制时,重点只讲刑法,而很少讲行政法。

第四,民主政治是以一种制度来确立政府与人民的关系,它是一种法律化、制度化了的政治关系,而不是一种道德关系。这种关系只能以法律、以制度来确立,而不能单靠人的道德来维持。一个政府是由一些高级官员和千千万万的普通公职人员组成的。而这些高级官员和普通公职人员中,不要说各种各样的人都会有,即使都是好人,好人也是会变的。在无限制、无约束权力的腐蚀下,圣人都可能变成专制君主。然而,对于这一点,我们长期以来缺乏认识,总以为人民政府、党领导的政府是天然的、永恒的民主政治的体现,把民主政治仅仅等同于政府为人民服务,为人民谋利益,而没有进一步通过法制去确立和保障人民监督政府。然而,如果没有真正实际的监督和制约,在政府工作人员实际为自己谋私利和损害人民利益时,人民便无能为力,毫无办法。

第五,民主政治与整个国民的民主观念和素质有关,在我国现时的情况下,仍存在众多的文盲和半文盲,几千年的封建专制文化对国民仍有着不小的影响。在少数领导干部的头脑中,也会夹杂某些封建专制观念。他们喜欢人治,不喜欢法治;喜欢发号施令,不喜欢受法律的约束;喜欢人民一切服从他们,不喜欢人民监督他们。他们虽然也主张、提倡和实行某些民主的形式,但却反对建立法律化、制度化的政府与人民之间的真正民主关系。即真正的民主政治体制。

所有这些经济、政治和文化的条件,决定了我们对民主政治的认识,决定了行政法治在我国生长的艰难、曲折。

从中华人民共和国成立到20世纪50年代中期,是中国行政法治开始生长和发展的时期。这个时期,国家制定和颁布了大量的行政组织法,规定各级国家行政机关的组织、职权、工作方式和责任。如《中央人民政府组织法》《国务院组织法》《地方组织法》等。这个时期,国家还制定和颁布了大量的行政管理法规,规定国家行政机关对经济、政治、文化等各方面事务以及人、财、物各个领域管理的权限及管理方式。这个时期,国家建立了行政监察制度和公民控告国家机关及其工作人员违法行为的制度。1949 年 9 月第一届全国政协通过的《中央人民政府组织法》规定政务院设人民监察委员会,人民监察委员会对政府机关和公务人员是否履行其职责进行监察。1954 年 9 月第一届全国人大通过的《国务院组织法》规定国务院设立监察部。从中华人民共和国成立到 20 世纪 50 年代中期,在行政法制监督方面,除了确定行政监察机关的监督,宪法和法律还规定了检察机关对行政机关及其工作人员的一般监督。

上述情况说明,在中华人民共和国成立以后较长一段时期内,我们是比较重视行政法治的,既制定多种行政组织法,为政府履行行政管理职责确定权限和责任,又颁布各种行政管理法规,为政府实施行政管理确定准则、规范、标准、程序;同时设立行政法制监督机构,对政府机关及其工作人员合法地、准确地和有效地行使职权,保障公民的合法权益不被政府机关违法失职行为侵犯起到了重要作用。

1957 年以后,整个立法工作的速度放慢了,以至于在之后近于完全停顿下来。不立法,政府依法办事、依法行政即失去了前提,使许多行政领域无法可依。与无法可依并行的另一个问题是有法不依。由于轻视法律,否认法治的"左"的思想对广大执法人员的影响,原有的行政法也不能得到有效的贯彻,执法人员在行使职权中往往依言不依法,以领导人的指示而不是以法律作为办事的依据。有的执法人员在没有领导人明确指示的情况下,甚至看领导人的"眼色"行事,凭猜测领导人的意向行事。20 世纪 50 年代后期,背离行政法治的另一个重要表现是,取消对行政机关及其工作人员的监督与制约。在这方面,首先是反对法律对权力的制约,过分强调社会主义的集中与统一;其次是否定和取消检察机关对行政机关及其工作人员行使职权行为的合法性监督;最后是撤销监察部,取消监察机关对整个行政活动合法性、合理性以及对所有行政工作人员遵纪守法的监督。对行政法治最严重的破坏和践踏是在"文化大革命"时期。这期间,民主和法治遭到蹂躏,行政法治建设处于一片萧条的状况。1976 年以后,"文化大革命"虽然结束,但直到党的十一届三中全会召开以前,由于"左"的路线尚没有完全结束,行政法治仍然被忽视。

1978 年党的十一届三中全会召开至 1982 年新宪法颁布,是中国行政法治再生和走向发展的新时期。党的十一届三中全会第一次把民主和法治提到了重要的地位，会议指出："为了保障人民民主，必须加强社会主义法制，使民主制度化，使这种制度和法律具有稳定性、连续性和极大的权威，做到有法可依，有法必依，执法必严，违法必究……要忠实于法律和制度，忠实于人民利益，忠实于事实真相，要保证人民在自己的法律面前人人平等，不允许任何人有超越法律之上的特权。"这是对过去几十年经验教训，特别是对十年"文革"教训的最深刻的总结。它展示了行政法治在中国大地上重新生长和发展的希望。

1979年，全国人大常委会作出决议，确定从中华人民共和国成立以来国家制定的法律法令，凡不与现行宪法、法律、法令相抵触者均继续有效。之后第五届全国人大第二次会议通过《地方组织法》，将地方各级革命委员会改为地方各级人民政府，详细规定了地方各级人民政府的组织、职权和工作方式。接着，第六届全国人大第五次会议又通过《国务院组织法》，将国务院的组织和活动重新纳入法制的轨道。与此相适应，这个时期还颁布了大量的行政管理方面的法律、法规，为行政机关依法办事提供了前提条件。

1978年至1982年这个时期，行政法治发展中最具有重大意义的事件是新宪法(八二宪法)的颁布，新宪法不仅重新恢复和确认了50年代初期和中期创建而在这之后相当长一个时期内中断了的行政法治，而且将之向前大大发展了一步。这主要表现在下述五个方面：(1)重新确认和发展了作为行政法治基础的人民主权原则；(2)重新确认和发展了以"宪法和法律至上"为核心的行政法治原则；(3)重新确认和发展了一定的权力制约原则；(4)重新确认和发展了政府工作责任制和政府工作效率原则；(5)重新明确规定了国务院和地方各级人民政府的性质、地位及其职权。

1983年至1988年是中国行政法治进入大步发展的时期，这个时期，中国大地上发生了一系列重大变革——经济的、政治的乃至人们观念的转变，这些变革改造了中国大地的法治土壤，使之变得较适于民主政治和行政法治的生长。在这块经过改革洗礼的中国大地上，行政法治开始显现出勃勃生机。这个时期，行政法治在许多方面有了重大发展，其中有七件大事在中国行政法治发展史上具有不容忽视的意义。

一、改革政府机构，转变政府职能

1982 年 3 月，第五届全国人大常委会第二次会议通过决议，决定对国务院和地方各级人民政府的机构进行全面改革。这次改革的主要目标是：精简机构，明确职责，实现领导班子“四化”（革命化、年轻化、知识化、专业化），克服官僚主义，提高工作效率。这次改革用了 2 年多时间，取得了一定的成效，特别是在领导年轻化、知识化方面取得了较明显的进展，但是在精简机构方面却没有取得预期的成功。因此，1988 年 3 月，第七届全国人大第一次会议决定对政府机构进行新的全面性的改革，主要着眼于转变政府职能，按照加强宏观管理和减少直接控制的原则，重新确定政府机构的职能，确定每一个机构的职责范围，做到定职能、定机构、定人员。与此同时，在机构改革的基础上，加强行政组织的立法和行政编制立法，使改革的成果得到巩固和进一步发展。目前，这场改革仍在进行，国务院决定用 5 年时间完成这次改革。

二、起草公务员法，试行公务员制度

党的十一届三中全会以后，为适应经济体制和政治体制改革的需要，中央开始考虑将人事管理纳入法治的轨道。1984 年，中组部和劳动人事部成立国家工作人员法即公务员法起草小组，半年后起草出初稿，以后数易其稿。至 1988 年 6 月完成第 15 稿，暂定名为《中华人民共和国国家公务员条例（草案）》。该条例草案确定了我国公务员制度的基本框架。这个框架的主要内容是：将我国国家公务员分为政务类和业务类两大类。由人民代表机关选举产生和决定任命的各级政府组成人员归于政务类，政府组成人员以外的政府工作人员归入业务类。政务类公务员按照宪法和组织法进行管理，业务类公务员由政府人事机构根据公务员法进行管理。其管理方式是：（1）公开考试，择优录用；（2）实行职位分类制度；（3）按照法定的标准和程序对每个公务员进行考核；（4）实行功绩晋升制度；（5）实行回避制度；（6）实行常态化的培训制度；（7）建立有利于公务员安心工作和激励其积极进取精神的履职责任制度、辞退辞职制度、退休退职制度；（8）建立与公务员的地位、作用及工作特点相适应的工资福利制度。

建立和完善公务员制度是我国行政法治建设方面的一件大事，是我国政治体制改革的一个重要环节。国家准备用 10 年左右的时间,全面实行公务员法,推行公务员制度。目前国务院正在组织在一些部门和地区进行试点,并力争在 1992 年以前完成在中央和省级建立公务员制度的工作。

三、确立行政立法,保障有法可依

1982 年现行宪法正式确认行政立法,规定国务院有权制定行政法规,国务院各部委有权制定行政规章。之后《地方组织法》又规定省、自治区、直辖市人民政府及省、自治区人民政府所在地的市和经国务院批准的较大的市的人民政府亦有权制定行政规章。为了加强行政立法的民主性和科学性,行政立法的制定要保证人民群众的参与和专家学者的咨询。我国宪法和组织法(《国务院组织法》和《地方组织法》)明确规定,全国人大常委会有权撤销国务院制定的同宪法和法律相抵触的行政法规,地方人大常委会有权撤销本级人民政府制定的不适当的决定和命令(含规章)。目前我国正在加强行政立法的程序立法,规定行政立法听取人民群众意见、协商、审议、备案、公开等各项制度。自 1982 年宪法颁布到现在,我国行政机关已经制定了大量行政法律文件(国务院每年制定行政法规近 70 件,各省、自治区、直辖市人民政府每年制定行政规章近 100 件),调整着广泛的社会关系,保障改革开放和社会主义现代化各项建设事业的顺利进行。

四、完善行政法,保障依法行政

八二宪法首次提出"宪法和法律至上"的原则,规定所有国家机关都必须遵守宪法和法律;一切违反宪法和法律的行为,均必须予以追究;任何组织和个人都不得有超越宪法和法律的特权。1985 年,当时全国人大常委会的负责人进一步提出要在我国实现由主要依政策办事到主要依法办事的转变。以后,中央和国务院在"七五"规划中又明确提出"行政管理法制化"的目标,党的十三大报告继而指出:"为了巩固机构改革的成果并使行政管理走上法制化的道路,必须加强行政立法,为行政活动提供基本的规范和程序。"

1982 年以后,我国主要行政执法领域的法律法规以及相关的制度日趋完善,单纯依政策办事、依领导人指示办事逐渐向依法办事转化。近几年,我国在每个行政执法领域均制定和颁布了相应的行政法律、法规和行政规章。

五、建立行政司法,保障公正行政

行政司法是指行政机关适用准司法程序裁决行政管理领域的争议、纠纷,处理特定具体案件的活动。过去我们解决行政管理领域的争议和纠纷,通常都由行政机关依一般行政程序径行决定或由行政机关对争议双方进行调解,由双方在互让互谅的基础上达成解决争议的协议。这种解决问题的方法虽然程序简便、易于执行(行政决定可强制执行,调解协议则多自愿执行),但很多时候会背离法制和公正的要求。根据法制和公正的要求,行政领域的争议应由相对独立的裁判机构根据一定的准司法程序解决,即依行政司法的途径解决。我国进入 20 世纪 80 年代后,即开始建立行政司法制度的尝试。例如,在国务院工商行政管理部门设立商标委员会,专门负责处理商标争议事宜;在国家专利局设立专利复审委员会,专门负责处理专利争议事宜;在国家工商行政管理局和地方各级工商行政管理局设立经济合同仲裁委员会,在其职权范围内处理经济合同纠纷案件;在劳动行政管理机关设立劳动争议仲裁委员会,在其职权范围内处理因履行劳动合同而发生的争议案件和因开除、除名、辞退违纪职工而发生的争议案件。这些专门行政裁判机构处理相应争议案件不是根据一般的行政程序,而是根据一定的准司法程序,如申请、答辩、调查、取证、当事人陈述、对质、辩论等,必须严格依据法律和事实作出裁决。当事人不服裁决,在法律有规定的情况下,还可向人民法院提起诉讼。

六、加强行政法制监督,完善权力制约机制

1983 年至 1988 年,我国加强行政法制监督的最重要步骤是建立国家监察机关和地方各级行政监督机关。1986 年,新设立的国家监察机关所确定的监察对象是:各级国家行政机关及其工作人员以及国家行政机关任命的国营企业、事业单位的领导干部。国务院对新设立的国家监察机关拟定的任务是:检查监察对象贯彻实施国家政策和法律法规的情况;监督处理监察对象违反国家政策、法律、法规和违反政纪的行为;受理个人或单位对监察对象违反国家政策和法律法规以及违反政纪行为的检举、控告;受理监察对象不服纪律处分的申诉;按照行政序列分别审议经国务院任命的人员和经地方人民

政府任命的人员的纪律处分事项。国家行政监察机关除享有20世纪50年代国家行政监察机关享有的检查权、调查权和建议权外，还享有一定的行政处分权，即可对国家行政机关工作人员和国家行政机关任命的国家企事业单位的领导干部处以记大过以下的行政处分。

在行政法制监督中，除了行政监察机关的监督，国家审计机关的监督亦具有重要的地位。国家审计机关是根据1982年《宪法》设置的，它的任务是对国务院各部门和地方各级政府的财政收支以及国家财政金融机构和企事业组织的财务收支进行审计监督。对于被审计单位，审计机关享有检查权、调查权，要求其作出某种行为或不作出某种行为权（如要求提供有关文件、账册、材料或要求停止违法收支，制止严重损失浪费等）以及一定的行政处罚权（如没收非法所得，处以罚款，扣缴款项，停止银行贷款等）。

七、建立行政诉讼制度，加强公民权益保护

1982年《宪法》第41条规定："中华人民共和国公民……对于任何国家机关和国家工作人员的违法失职行为，有向有关国家机关提出申诉、控告或者检举的权利……由于国家机关和国家工作人员侵犯公民权利而受到损失的人，有依照法律规定取得赔偿的权利。"之后，《民事诉讼法（试行）》第3条第2款规定："法律规定由人民法院审理的行政案件，适用本法规定。"自此，我国在法律上正式确认了人民法院审理行政案件的行政诉讼制度。

1987年，我国开始正式起草行政诉讼法的立法工作。1988年11月，《行政诉讼法（草案）》经第七届全国人大常委会第四次会议讨论后在《人民日报》上全文公布，提交全民讨论。

行政诉讼是人民法院对行政机关行使行政权的行为实行法律制约，保障行政相对人合法权益的一种重要手段。根据《行政诉讼法（草案）》的规定，人民法院通过对被诉行政行为的审查，确定行政机关行为是合法和适当，并根据不同情况作出下述判决或裁定：（1）维持原行政决定；（2）撤销或部分撤销原行政决定；（3）责成行政机关在一定期间履行依法应履行的职责或者超过法定未履行的职责；（4）变更原行政决定；（5）责成行政机关停止侵犯、返还财产、恢复原状、赔偿损失和恢复名誉、赔礼道歉等。

1988年11月，全国人大常委会公布《行政诉讼法（草案）》是我国民主和

法治建设中一件了不起的大事。它预示着我国几千年封建专制社会形成的“官贵民贱”官民不平等的官民关系以及反映在人们头脑中的相应观念,将为官民之间平等的权利义务关系及人们对于官民关系的新的观念所代替。商品经济的发展,使人们具有并认识了自身的利益、人格、价值。法律对官民权利义务关系的确定,为人们提供了保护自身利益、维护自身人格和价值的武器。商品经济和法治的相互作用、相互促进则必然导致真正民主政治的实行和民主政治的发展。人们有了自己的利益,有了维护自己利益的观念和法律保障,就必然要求参政,就必然关心政治对自己利益的影响和通过参政途径去改善这种影响。商品经济、法治、民主政治,是中国文明和振兴的希望所在,而行政诉讼制度在中国的建立和发展正是与这个希望相联系着的。

行政法治,或者说,社会主义行政法治(如果说,在中华人民共和国成立前,也存在过某种行政法治的话,中华人民共和国成立以后的行政法治则应称“社会主义行政法治”)在中国这块大地上已经生长 40 年了。尽管生长过程历经磨难,其中很长一段时间,除了在土壤里藏着它活着的根,在地面上几乎已看不到它的存在。然而,它毕竟生长过来了。现在,最艰难的岁月已经过去,前面发展的路虽然还会有坎坷、有障碍,但行政法治在中国的发展兴盛已经是大势所趋了。

对于行政法治在中国发展兴盛的必然趋势,人们现对之已不存在多少争论,但对于中国行政法治怎样发展,在中国应建立怎样的行政法治,无论是在法律学者中,还是在法律实际工作者中,甚或是在国家领导人和一般人民群众中,都还存在各种不同观点的争论。这些争论及争论的结果将或多或少决定着中国行政法治的前景。

人们争论的问题很多,我们通过对这些争论问题的剖析也许能把握中国行政法治发展前景的某种的可能性。这里列举其中十个较具重要性的问题:(1)未来中国的行政法治是采取“制权模式”还是采取“治民模式”?(2)坚持“法律至上”还是实行“长官至上”?(3)建设“多管事的政府”还是建设“少管事的政府”?(4)行政法体系的完善是制定统一的行政法典还是制定分散的单行法规?(5)行政法制建设是以实体法为重点还是以程序法为重点?(6)行政诉讼是创立行政法院还是继续维持行政审判庭?(7)行政解纷是建立行政裁判所还是加强信访制度?(8)对行政立法的监督是实行权力机关审查还是实行司法审查？(9)监察机构和审计机构是隶属于权力机关还是隶属于行政机关？(10)政府侵权行为是国家豁免责任还是国家负赔偿责任？对这些理论问题和实践问题设定不同的解决方案也许会导致未来行政法治的不同具体形式和不同特色。但是，不管未来的行政法治会采取何种具体形式和特色，行政法治在中国大地上的发展和兴盛的总的前景是毫无疑义的。因为现在中国大地的土壤里已经积攒了行政法治生长所需要的肥料和水分——中国今天的经济、政治和文化诸条件已经形成或正在形成一个适于民主和行政法治生长和发展的机制。

市场经济·法治·行政法*

回首即将过去的这个世纪,人类充满着自豪:20世纪科学技术的进步、生产力的发展、社会制度的变革以及人类在物质文明和精神文明建设方面所取得的成就,是以前任何世纪都不可比拟的。然而,在20世纪,人类也曾蒙受过巨大的灾难和耻辱,帝国主义好战分子发动的两次世界大战曾杀害了千千万万的善良的人民,毁灭了千千万万幸福美好的家庭,特别是希特勒法西斯,曾使欧洲、亚洲以及世界许多其他地区的人民在一个相当长的时期里生活在战争和死亡的威胁之中,其对人权和自由的侵害简直是无以复加,较中世纪的封建专制有过之而无不及。

人类从法西斯的历史教训中更加深刻地感受到民主、自由、法治对于人类的极端重要性。20世纪以前,人类在推翻封建专制统治之后,曾建立起一系列保障民主、自由、法治,防止封建专制的制度,如代议制度、责任政府制度、权力制约制度、司法独立制度等。但是在有了这些制度之后,为什么还会产生希特勒法西斯呢?这说明过去的制度还不完善,有可供专制、独裁分子利用的漏洞。于是人类在战胜法西斯以后又开始了为完善民主法治的新的探索。这包括一系列的政治体制改革和经济体制改革,其中一项内容即推进依法行政,以行政法特别是行政程序法规范政府的行为,保障人民对政府的控制、监督,防止政府滥用权力和侵犯人民权益。

从20世纪初开始,中国人民曾为建立民主、法治进行过而且现在还在进行着艰苦的探索,并为此而付出了沉重的代价。一个较长的时期,中国实行

---

* 本文原载《法商研究》1994年第4期,发表时题为《市场经济·政府·法》。

计划经济体制，在整个社会经济生活中不重视法的作用，行政法更是一片空白，政府行为不受法的约束，从而造成权力滥用，最后导致“文化大革命”的浩劫。

自20世纪80年代起，我国逐步向市场经济过渡，行政法治开始生长、发展起来。首先，国家开始制定法律、法规规范各行政领域行政相对人的行为。其次，或与此同时，国家也开始制定法律、法规规范政府机关的行为，包括以行政组织法规范政府机关的组织、职权；以行政行为法规范政府机关的活动原则和活动程序；以行政监督和责任法规范政府机关违法、侵权行为责任追究。进入20世纪90年代后，我国更是通过全国人大正式制定了《行政诉讼法》《国家赔偿法》《行政复议条例》《行政监察条例》《国家公务员暂行条例》，相应地建立了行政监督、行政责任、行政救济等行政法制度，特别是行政诉讼制度。中国的行政法治在短短十几年的时间内，走过了外国一些行政法发达国家几十年甚至上百年的路程。

中国和外国的近代史说明，民主、自由、法治与行政法，与政府依法行政有着密切的联系，而法治、行政法又与市场经济有着密切的联系。没有市场经济的环境，法治、行政法难以生长和发展；而没有法治、行政法，市场经济也难以运作。由此可见，法治、行政法、市场经济同是民主、自由的保障。

本文主要探讨市场经济与行政法、市场经济与法治的关系。

一、市场经济与行政法

行政法的实质是规范和控制政府权力，调整政府与公民（公民个人和公民组织）之间关系的法律。在封建时代，君权至上，统治者的权力不受控制，从而不可能有行政法。在自由资本主义时代，政府权力有限，其所介入的领域和所干预的事项有限，公民与政府打交道的场合不多，故社会对行政法的需要度不大。因此，那时虽有行政法，但行政法很不发达。人类进入20世纪后，社会、经济随着现代科学技术进步有了迅猛发展。科技进步和经济高速发展一方面给人类带来了大量的财富，另一方面也给社会带来了大量的矛盾和问题，如环境污染、生态破坏、不正当竞争与垄断、通货膨胀、失业、吸毒等。解决这些社会问题提出了加强政府权力的需要。行政权从而开始广泛介入人类社会、经济生活的各个领域，以致到后来人们从摇篮到坟墓都离不开政府,离不开行政权。政府对社会、经济的管理、监督、指导、协调在一定程度上消除或缓解了社会矛盾,为社会各群体共同相处和经济活动的进行及发展提供了秩序,但行政权的加强又给人们带来了新的法律问题:行政机关及其工作人员滥用权力、贪污腐败、以权谋私、侵犯行政相对人的合法权益。人们为解决社会问题,消除社会弊害,保护自己生存、发展而创立来的控制机制(政府及其行政权)在消除社会弊害的同时制造出新的社会弊害,给人们带来新的灾难。为此,人们不得不改造旧的机制,在旧的机制中增加新的控制系统,以使原控制机制有效地发挥作用,对社会实施有效的调控、保障,又使之不致或尽可能少产生副作用,给公民个人或组织的合法权益造成侵害。这个新控制系统就是行政法及其制度。

可见,社会经济发展所引发的各种矛盾、问题导致了加强行政权的需要,行政权加强所引发的各种新矛盾、新问题则导致了加强行政法的需要。行政法所确立的一系列原则、制度,保障行政权依人民代表机关授权的目的、授权规定的方式和程序行使:使行政权行使者难以滥用权力,一旦滥用即要受到责任追究。

但是,在计划经济体制下,行政法为什么发展不起来呢?计划经济体制下行政权不可谓不强大,滥用行政权的情况不能说不存在,甚至不能说不严重。然而行政法却几乎处于空白状态。可见行政法的发展还需要其他条件,其中之一就是行政权的相对一方——公民和公民组织(包括企业组织、事业组织、社会团体等)——要在法律上具有完全独立的人格,在经济上具有独立的财产利益,真正在法律权利义务上成为与行政机关相对应的一方主体。法律对于一方依附于另一方的关系是没有多少用武之地的。在计划经济体制下,公民个人几乎均从属于一定的组织、单位,各组织、单位又均从属于一定的行政机关。那时不要说国营企业事业单位不具有真正独立的法人地位,就是当时的集体组织也不享有完全独立的经营自主权。管理者与被管理者不是独立享有法律权利义务的双方主体,而是一方从属于或依附于另一方。对于从属和依附关系来说,其维系所依靠的基础是行政命令和对命令的服从,而不是法律。这是一方面。另一方面,当时作为被管理者的企业和其他组织绝大多数是国营或国有的,它们没有属于自己所有的财产;至于公民个人,其财产仅限于有限的生活资料和微薄的工资收入,这种经济条件自然不可能使行政相对人成为与行政机关平等争论法律是非(是否违法、是否侵权等)的一方法律主体,从而管理者也就不需要,被管理者也不会要求制定行政法来规范双方的关系。

市场经济体制则不同,在这种体制下,企业获得了独立的经营自主权,它们在市场竞争中自担风险、自负盈亏,它们的生存和发展要求有法律保护它们免受行政权的任意支配和干预,它们不愿意听命于政府机关及其行政长官反复无常不断变化的命令、指令;而市场经济又需要政府对经济进行宏观调控,对相对人的行为进行一定的管理。在这种情况下,就需要法律规定政府和被管理者各自的权利、义务,以法律规范它们的相互关系。不仅政府可以依法制裁违法的相对人,相对人也可以依法对政府的违法行为提起诉讼,要求政府承担违法责任。政府和被管理者均成了独立的法律关系主体。这是一方面。另一方面,在市场经济体制下,企业和其他组织有了自己的财产,公民个人也不仅拥有了生产资料,甚至还举办私人企业和其他经济实体,强大的经济实力使它们有信心作为政府相对应的法律主体。同时,其所拥有的属于自己的财富也使他们深感需要法律保护,以避免被政府以各种非法手段(如乱罚款、滥摊派、违收征收、违法没收等)拿走。这样,行政法就成了全社会的个人、组织,特别是拥有财产权、经营权的企业和其他经济组织的迫切需要。中国行政法正是在这种需要中生长和发展起来的。

由此可见,社会经济发展所引发的矛盾而导致的加强行政监控的需要以及行政权加强,行政权对社会经济生活的广泛干预所引发的新的矛盾(权力滥用和对被管理者权益的侵犯)而导致的对行政权控制的需要是行政法产生的社会基础。而行使行政权的政府与作为行政管理相对方的公民、法人、其他组织均成为独立的法律权利义务主体(这就首先要求政企分开,政府与其他行政相对人分开,使企业和其他行政相对人脱离与政府的依附关系)是行政法的前提条件。此前提条件在计划经济体制下不可能具备而只有在市场经济体制下才能成就。因此,我们可以认为,市场经济是行政法生长和发展的土壤,行政法植根于市场经济体制之中。

行政法与市场经济的关系如此:行政法离不开市场经济,没有市场经济,行政法就不可能或者难以生长和发展。同样,市场经济离不开行政法,没有行政法对行政权的规范和控制,没有行政法对政府与公民、法人和其他组织的关系的适当调整,市场经济不可能正常运行和发展。

市场经济体制下行政法的作用主要表现在以下三个方面。

(一)赋予政府权力,确定政府权力的界限

市场经济一方面需要政府权力的一定介入,以保障秩序;另一方面需要排除政府权力的过度干预,以保障市场主体的自由和活力。为此,就必须健全和完善行政组织法,明确规定各行政机关的职权、职责。行政组织法确定行政机关的职权、职责的意义在于:第一,明确各行政机关有权干什么,它能够对行政管理相对人作出什么行为,行政相对人对行机关哪些行为有服从的义务。第二,明确各行政机关应该干什么,它们应该对社会实施哪些管理行为,对行政相对人提供哪些管理服务;行政机关不实施相应行为和提供相应服务,行政相对人可以其“不作为”为由提起申诉、控告或向法院起诉相应行政机关。第三,明确各行政机关只能干什么,不能干什么。根据依法行政的原则,行政机关实施行政行为必须有法律依据,首先必须有法定职权、职责的依据,行政机关超越职权、职责对相对人实施的行为,相对人没有服从的义务,行政机关要求相对人服从,相对人可以其“越权”为由提起申诉、控告或向法院起诉相应行政机关。由此可见,法定职权、职责既是行政机关对社会实施管理,维持社会经济秩序的依据,也是行政相对人防止行政机关行为不确定而任意所为(乱作为或不作为),保护其合法权益不受行政违法越权行为或行政不作为行为侵犯的武器。

(二)规范政府权力的行使,确定政府行为的方式

市场经济的正常运作很大程度上取决于对政府权力的限制、制约。政府权力过大,什么都管,什么都干预,就会使市场失去生机,使经济失去活力,就可能走计划经济的回头路。

但是,要保障市场经济的正常和有效运行,防止政府对市场主体合法权益的侵犯,光靠限制政府权力是不够的,甚至是很不够的。政府权力即使以法律明确界定了,并且界定得较为合理、适当,但政府如果在行使这些权力时随心所欲、以权谋私、贪污腐败,同样会使市场失去秩序,使市场主体失去对平等竞争的信心,从而使经济发展失去生机和活力。因此,国家还必须制定和完善行政程序法,以法规范政府行为的方式,确定政府行使行政权的基本原则(如公开、公平、公正原则)。行政程序法的意义在于:第一,保障民主,防

止专断。行政虽然不同于立法和司法,实行首长责任制,但现代行政同样要求一定的民主程序,如制定法规、规章、政策必须保证行政相对人的一定参与,行政机关作出影响行政相对人权益的行为,事前要通知相对人,让相对人获得必要信息,并听取相对人的意见,等等。第二,保障廉政,防止腐败。行政程序中最重要的程序有公开程序、听证程序、职能分离程序、不单方接触程序、说明理由程序等。“公开”包括法规、规章、政策和其他规范性文件公开,有关涉及相对人权益的信息、情报公开,有关影响相对人权益的决定、行为公开。凡对于公众保密,不能让公众了解、查阅、复制的文件、信息、材料,应该有法律、法规的根据。“听证”是指行政机关作出与行政相对人权益有关的决定时,应当听取相对人的意见、陈述、建议,接受其提供的证据和有关材料,并根据需要组织当事人辩论、质证,行机关在充分考虑各种相关因素和权衡各种意见后再作出相应决定。“职能分离”是为了加强权力制约,防止某些机构、个人专权和滥用权力而将行政机关内某些相互联系的职能(如调查职能与裁决职能,执行职能与监督职能等)加以分离使之分属不同的机构和人员掌管。“不单方接触”是指行政机关就某一行政事项同时对两个或两个以上相对人作出行政决定或裁决,不能在一方当事人不在场的情况下单独与另一方当事人接触(包括接受一方当事人的宴请,在家接待一方当事人的求见等)。“说明理由”是指行政机关作出涉及相对人权益的决定、裁决,特别是作出对相对人权益有不利影响的决定、裁决,必须在决定裁决书中说明法律、事实根据及相关理由。法律确立这些程序显然有利于促进廉政,防止腐败。第三,保障相对人权益,防止侵权。行政程序包括事前程序、事中程序、事后程序。所有这些程序的一个重要目的就是防止行政相对人权益被行政机关任意专断的行为侵犯。如事前的告示、通知程序,事中的调查、听证程序,事后的行政复议、行政诉讼程序,无疑都有助于制约行政机关及其工作人员滥用权力,保护行政相对人的合法权益。第四,保障行政效率,防止推诿拖拉的官僚主义。行政程序中的一个重要制度是行政行为的步骤、制度,任何行为都必须遵循法定步骤、顺序、时限法定制度,任何行政行为都必须遵循法定步骤、顺序、时限,违反则要承担法律责任。而法定步骤、顺序、时限都应是经过认真的科学研究而选择的最合理、最适当的方案设计,行政机关依此步骤、顺序、时限行事无疑能提高行政效率和防止其相互推诿、相互扯皮,拖拉耽搁等而影响行政效率。

(三)规定政府侵权行为的责任,为行政相对人提供法律救济

市场经济的生机活力源于市场主体——参与市场经济的组织和个人——的积极竞争精神,而市场主体的积极竞争精神则又在很大程度上取决于法律对其合法权益(包括人身权、财产权、经营权等)和自由的保护,使其免受各种不法行为的侵害。因此,要使市场体制正常运作,除了要有行政组织法和行政程序法,还必须健全和完善行政救济法,通过行政救济法规定行政相对人在受到或即将受到行政侵权行为侵害时请求排除侵害和恢复被侵害的权益以及追究行政侵权机关和相应公务员违法责任的途径、制度。目前,我国行政救济的主要制度有行政申诉制度、行政复议制度、行政诉讼制度、行政赔偿制度。法律确定这些行政救济制度的意义在于:第一,增强公民个人、组织对政府的信任和参与社会经济生活的安全感,营造市场经济的良好软环境。市场经济与责任政府是紧密联系的。政府如对侵权行为不承担法律责任,公民个人、组织受到行政侵权如不能获得救济,人们就会失去创造财富、发展经济的积极性,市场经济就会难以正常运转,这是显而易见的道理。第二,提高政府工作人员的法治观念,促进政府依法行政。法治与尊重人权、尊重被管理者的合法权益是紧密联系的。政府机关及其工作人员因行政侵权行为受到法律追究后,就会使他们逐步懂得权力是不可滥用的,被管理者的权益是不可以随意侵犯的,从而使政府机关及其工作人员逐步养成依法行政的习惯,逐步以法治代替人治。第三,增强外商投资的信心,促进对外开放。外商进入一国投资,其目的是很明显的,那就是要赚钱。赚钱不能不考虑赚钱行为的安全和赚到的钱的安全。如果投资国的政府不能保证他们的此种安全,他们的权益受到政府机关及其工作人员侵犯后不能获得适当的救济,他们就不会有投资的积极性。因为一个国家没有行政救济制度就等于在该国没有可靠的人身、财产的安全保障,大多数国外投资者可能不愿冒此种风险。第四,维持社会公正,保障社会稳定。一个国家,无论法律如何严密,制度如何健全,不公正和冤屈的事情总是难以避免的;一个国家的政府,无论如何廉政、勤政,个别的腐败行为、个别的官僚主义总是难以避免的,个别的政府机关或政府机关工作人员侵犯公民、法人或其他组织权益的事情也总是难以避免的。社会的不公正现象和政府机关及其工作人员的腐

败、官僚主义、侵权行为等自然是导致社会不稳定的因素,此种因素必须限制在一定的限度内,以不致造成大的社会动荡,这种限制机制的重要环节就是行政救济制度。公民个人或组织的权益受到政府机关的侵害,有了气,法律为其提供一个途径给他出气、消气,气出了、消了,事情也就平息下来了。但是如果没有这种途径,怨气越积越大,有怨气的人越来越多,社会稳定性就要发生动摇,没有稳定,发展市场经济,强国富民的愿望就都只能是一句空话。

二、市场经济与法治

不同的经济体制要求不同的政府行为方式,不同的政府行为方式适用于不同的经济体制。法治与人治可以认为是两种不同的政府行为方式。前一方式适用于市场经济体制,后一种方式适用于计划经济体制。或者说,市场经济体制要求法治,计划经济体制要求人治。

所谓"法治",是指政府依法管理、依法行政,在整个国家管理领域做到有法可依、有法必依、执法必严、违法必究。所谓"人治",是指政府依长官意志、行政命令管理国家和社会。"人治"并不完全否定和排斥法,但在长官意志、行政命令与法的关系上,前者的效力高于后者:长官可以通过行政命令立法,而不是依法办理行政事务。

计划经济体制是一种高度集权的经济管理模式。在这种管理模式下,企业在其生产、经营、销售、分配等方面以及对其内部机构设置、人员安排等事项上均没有自主权。企业对产、供、销、人、财、物的处理和决定均要受政府机关的干预。各级政府机关通过指令性计划和不断下发的"红头文件"(行政命令)管理企业。在这样的体制下,法律是没有多大用处的。政府不需要多少法律,企业和社会对法律也没有多少需求。因此,人治是与计划经济体制相适应的。

市场经济体制则不同,在这种经济体制下,企业获得了市场主体的地位,其生产、经营、销售、分配诸方面均享有广泛的自主权。同时,它们也负有自担风险、自负盈亏的责任。企业为了在市场竞争中生存和发展,它们必须有自己决定产、供、销、人、财、物的权力,它们不可能再完全听命于政府机关及其行政长官反复无常、不断变化的命令、指示。它们需要法律保护它们的自主权不受政府机关及其行政长官的侵犯或非法干预。同时,在市场经济体制下,政府仍然需要对企业和社会进行管理,对经济进行宏观调控,维持市场经济秩序等。不过,这种管理不能再单纯依靠行政命令了,它们必须同时采用,并且是主要采用具有稳定性和规范性的法律手段。在市场经济体制下,企业和社会需要法律,政府也需要法律。因此,法治是与市场经济相适应的。

目前有一个流行的说法:市场经济是法制经济。从市场经济对法律的依赖、需求和法对市场经济调整的广度和深度来说,这种说法无疑是正确的。既然"市场经济是法制经济"这一命题能够成立,那么从这一命题推出的另一命题"市场经济下的政府是法治政府"也应该是能够成立的。因为市场经济要在法的调整下进行,管理市场经济的政府的行为就不能不同时受法的规范,其管理行为就不能不依法进行。

"法治"与"法制"有不完全相同的内涵和外延。"法制"通常被理解为法律和制度的总和,是指一个规范系统,更多地具有平面和静态的性质(当然也有立体和动态的因素,人们有时在使用这一概念时会赋予它立体和动态的意义);"法治"则通常被理解为依法管理,依法治国,是指一种统治方法或管理方式,也是指一种社会状态,指一个国家处于有法可依、有法必依、执法必严、违法必究的"法治国"状态。法治相对于法制,更多地具有立体和动态的性质(当然也有平面和静态的因素,没有法制,就不可能有法治)。

法治作为一种国家社会状态,它既包括对政府的要求:依法行政,依法管理;也包括对公民、法人、组织的要求:人人知法,人人守法。法治作为一种统治方式或管理方式,则基本只是对政府的要求。这种要求随时代的变化或国度的不同,其内容会有所不同。在我国,在今天由计划经济向市场经济过渡、转变的时代,法治对于政府行为方式提出了哪些要求呢?根据法治的一般原理、市场经济的基本理论和我国的国情,其要求主要包括下述诸项。

(一)依法行政、依法办事

政府依法行政、依法办事,这是法治在任何时代、任何国度对政府行为的要求。依法的"法"包括法律、法规、规章。在各种形式的法的数量上,法规、规章的数量远远超过法律;在法的效力上,法律的效力高于法规、规章。在法规、规章的规则、内容与法律相冲突时,法律应成为准则,执法机关应适用法律而不应适用与法律相抵触的法规、规章。除非法律对相应法规、规章有特别的授权。“依法”的内容包括依法定权限、法定实体规则、法定程序办事,未遵循法定权限、法定实体规则、法定程序要求均构成对依法行政原则的违反,从而构成对法治原则(法治原则是宪法和行政法的基本原则,依法行政原则是构成法治原则的具体原则)的违反。

依法行政原则首先是对政府执法行为的要求,也是对立法的要求。只有有法可依才谈得上依法行政。立法包括权力机关的立法和行政立法。权力机关的立法主要是制定基准性规范。行政机关的立法(行政法规和规章)主要是制定从属性或执行性规范。政府行为是大量的,基准性规范的数量则不可能很多。因此,法治原则要求行政机关加强行政法规和规章的制定,使尽可能多的政府行为有具体规则可循,以最大限度减少政府行为的任意性以及由任意性导致的不公正和腐败。依法制定和发布行政法规、规章不仅是政府的一项权力,更是政府的职责。

(二)控制滥用自由裁量权

第二次世界大战以前,人们讲“法治”,其含义只是指或基本上是指依法行政、依法办事,但第二次世界大战以后,各国均在法治原则的内涵中增加了控制滥用自由裁量权的内容。因为“二战”以后,随着社会经济的发展,国家行政事务日益繁多和复杂,一国法律无论如何完备、严密,均不可能对所有政府行为的范围、幅度、方式都作出规定,法律为大量的政府行为留下了自由裁量的余地。此外,政府行为不同于司法行为,政府需要每日每时处理不断出现和发生的许多新情况、新问题,为了保障政府具有适应新情况和灵活作出反应的能力,法律亦需要赋予政府在行使其职权时以较广泛的自由裁量权。

由此可见,在现代社会,政府行为中自由裁量比重不仅有其必然性,而且有其必要性。但是自由裁量权也最易于被滥用,导致对国家社会公共利益和公民、法人、组织合法权益的损害。因此,对自由裁量权必须加以控制。

根据许多法治国家的经验,对政府行政自由裁量权的控制包括事前控制和事后控制。事前控制主要指授权控制和程序控制,事后控制主要为行政复议和司法审查。授权控制是指法律授予某一政府机关某一项自由裁量权时应有一定范围(目的范围、空间范围、时间范围等)的限制,不能授予其漫无边际的自由裁量权。例如,法律授权政府机关对卖淫嫖娼行为有查处制裁的自由裁量权,那么该授权法应同时规定政府机关行使此项权力的目的是维持良好的社会秩序和净化社会风气,并且对其查处制裁的对象、手段有一定范围的规定。否则,无限制的自由裁量必然导致滥用。当然,在法律有限制的情况下,某些政府机关也会滥用权力。但有限制可以最大限度减少滥用权力并便于在滥用权力发生后追究滥用者的责任。《民主与法制》1994 年第 5 期曾报道过这样一个案例:江西万年县石镇政法办,在 206 国道万年境内路段,与路边店老板及卖淫妇女互相串通,利用卖淫妇女在店内或上路搭车等方式勾引过往驾驶员、货主或旅客嫖娼,店老板随即向石镇政法办"报案",政法办派人到路上拦车将嫖客抓获处以罚款。这种行为明显违反授权法的目的,属典型的滥用权力。法律监督机关即可根据授权法追究这些滥用权力者的法律责任。

程序控制是指以法定程序控制和规范政府机关自由裁量权的行使。自由裁量权虽然不可能是一种绝对自由的权力(如前所述,授权法可以限定其行使范围),但自由裁量权相对于羁束裁量权来说毕竟是一种有很大自由度的权力,政府在其法定范围有选择其行为时间、地点、方式、幅度等的广泛的自由,这种自由在实体上不能再加以限制(否则就不能称"自由裁量权"),但在程序上却完全可能而且应该进一步加以控制。例如,政府机关裁量要求相对人履行一定义务或给予相对人一定制裁时,法律可要求其给予当事人通知,告知当事人行为的理由、根据,并允许当事人陈述不同意见,政府机关应当听取当事人的异议及其理由。如当事人要求,还应为当事人依法举行听证,接受当事人的有关证据。政府机关作出决定后,当事人如仍不服,应允许当事人依法申请行政复议或提起行政诉讼。法律规定这些程序并要求政府机关严格遵循,无疑有利于行政自由裁量权的合理行使和防止其滥用。

行政复议和司法审查是对自由裁量权的事后控制措施。行政复议是通过政府机关内部的监控机制发现和纠正被申请复议行政行为对自由裁量权的违法、不当行使。司法审查则是通过政府外部的监控机制,审查被诉政府机关行使自由裁量权行为的合法性和合理性,撤销违法滥用自由裁量权的行为,变更显失公正(指在决定处罚的种类和幅度上自由裁量明显不当)的行政处罚行为。

(三)对违法、侵权行为承担法律责任

作为一个法治政府,它应该带头守法,切实保障公民的合法权益不受侵犯。如果其行为违法越权,侵犯公民、法人或其他组织的合法权益,则应依法承担法律责任;造成公民,法人或组织人身权、财产权的损害,则应依法赔偿受害者的损失。对其违法行为是否承担法律责任,是区别法治政府和专制政府的一个重要标志。专制政府是不受法律约束的政府,其需要法,只是用法来治理老百姓。它本身并不需要(或者说并不必须)遵守法,其行为违法越权,损害相对人权益,亦不需要承担法律责任。相对人的权益受到政府行为的侵害,得不到任何赔偿。法治政府则不同,它因为是人民代表机关的执行机关,由其产生、受其监督。因此,它必须遵守人民代表机关制定的法律。如其行为违法,侵犯了相对人的合法权益,就必须承担相应的法律责任,赔偿相对人的损失。否则,政府的性质就会发生变化。法治是与政府对其违法侵权行为承担法律责任相联系的。无视法律,凌驾于法律之上,行为不受法律的约束,不负法律责任则是与专制相联系的。

(四)保护人权,维护公民的合法权益

法治的这一要求与前述三项要求是一致的,并且实现前三项要求是实现此项要求的前提条件。依法行政、依法办事是对人权的正面保障;控制滥用自由裁量权是对人权的反面保障;政府对违法行为承担法律责任则主要是对人权的事后保障,即人权已受到侵犯后对受害者的补救(相对来说,依法行政、依法办事和控制滥用自由裁量权主要是对人权的事前保障)。

保护人权是法治的重要要求,但不是唯一的要求。法治的前三项要求有利于保护人权,但也不仅是为保护人权服务的,它们本身还有其他目标和内容。此外,保护人权也不仅取决于法治的上述要求,人权的实现还要求有其他条件,如经济发展、国家富强、社会秩序安定、国民法治观念及精神文明素质的提高等。显然,这些条件的创造有赖于政府正确政策的指导和对国家实施有效的行政管理。政府本身尊重人权,并为人权的充分实现努力创造条件,这是法治的重要标志。

法治是与人治相对立的,但法治并不否定人的作用,并不否定政策的作用。法是人制定出来的,是根据一定的政策制定出来的;而且,法在执行中也需要政策进行补充,执行机构和执法人员进行执法活动需要同时以政策为指导,其执法行为应体现政策。法治与人治的区别在于:法治是以法作为政府行为的基本依据,法一旦制定出来,政府不能以政策修改法、改变法,政府首长更不能以个别命令变更法。政策和行政首长的命令与法相抵触时,执法机关应执行法而不是执行政策和命令。如果法因形势变化而显现出过时、不合理,则应建议立法机关依法定程序修改或废止相应法律。

法在修改、废止之前,其效力高于政策和命令。人治则是以体现长官个人意志的行政命令和政策作为政府行为的基本依据。长官可以以言代法、以言废法。当政府首长的行政命令或政府政策与法相抵触时,执法机关首先执行的是命令、政策,而不是首先执行法。像法治并不否认人的作用一样,人治也并不否认法的作用。但人治是仅把法作为一种治民的工具,当主人觉得这件工具碍手或不顺手时,可随时弃之不用。

中国要发展、要进步,要保障人民的民主、自由,必须以市场经济取代计划经济,而要实行市场经济,则必须健全和发展行政法,实行依法行政、法治行政。

第三编

行政救济研究

我国行政救济的途径*

我们在日常生活和工作中,常常要同行政机关打交道。比如,孩子出生了,要到行政机关(公安派出所)去办理出生登记;小伙子和姑娘结婚,要去主管婚姻登记的行政机关(民政机关)申领结婚证;公民开办个体工商户或者城乡集体组织开办企业,要到行政机关(工商行政管理机关)去申领营业执照;公民个人开商店或集体企业赚了钱,要到行政机关(税务机关)去缴纳税款;公民出国旅游,要到行政机关(公安机关)去办理护照;出国旅游回国,要接受行政机关(海关)检查;司机违反了交通规则、个人违反了治安管理规则、食品企业违反了食品卫生管理规则,要接受相应行政机关的处罚(从警告、罚款直至拘留);等等。我们在不断地同行政机关打交道中,有时会感觉受到了委屈,受到了不公平对待,感觉自己的合法权益被侵犯了,想打官司。然而,这种行政官司到哪里去打呢?行政相对人怎么告状?告状了如果问题仍得不到解决怎么办?本文和大家讨论这些问题:我国目前行政救济的途径。

一、行政救济的门在哪里?

根据我国法律和政策规定,公民对行政机关的决定和具体行政行为不服可以申诉,可以请求法定行政机关(通常为本级人民政府或上一级政府主管部门)进行行政复议,还可以请求专门行政裁判机关进行裁决。申诉可以是行政复议的前提,但申诉不一定导致行政复议。请求复议通常有一定的期限。如《水法》(1988 年)第 48 条第 1 款规定:“当事人对行政处罚决定不服

---

* 本文原载《法学杂志》1989 年第 1 期。

的,可以在接到处罚通知之日起十五日内,向作出处罚决定的机关的上一级机关申请复议……”但申诉则通常无确定的时限规定,尽管在行政决定作出后,当事人尽快提出申诉会有利于问题的解决。此外,行政复议通常规定确定的机关(一般为本级人民政府或上一级政府主管部门)受理,但申诉则通常未规定确定的机关受理。如《宪法》第41条第1款规定:“中华人民共和国公民……对于任何国家机关和国家工作人员的违法失职行为,有向有关国家机关提出申诉……的权利……”有关国家机关是非严格确定的。实践中,有时某个公民对某一乡镇作出的决定不服,到省信访办甚至到国务院信访局申诉的情况也是有的。当然,申诉还是应该以逐级提起为原则,因为这有利于时间、资金的节约和问题的及时解决。行政复议也不同于专门的行政裁判,行政复议通常由原行政决定机关的上级机关(本级人民政府或上一级政府主管部门)进行,而专门的行政裁判则由法律专设的行政裁判机构进行。目前我国专设的行政裁判机构很少,除了商标评审委员会和专利复审委员会,尚有经济合同仲裁委员会、劳动争议仲裁委员会等。行政裁判机构除了受理不服行政决定的行政案件,还受理双方均非行政机关的准行政案件。如劳动争议案件发生在企业管理者与企业职工之间,企业行政负责人虽然有些是国家行政机关任命的,但他们并不等于国家行政机关本身。而经济合同争议案件则发生在两个企业之间,具有民事案件的性质。目前的情况虽然是这样,但行政裁判在我国毕竟呈现发展的趋势,行政裁判机构的数量将增加。许多行政复议案件也将设立专门裁判机构(如行政复议委员会)处理,行政裁判的程序将进一步司法化,形成既不同于行政程序也不完全同于司法程序的“准司法程序”。综上所述,行政相对人在同行政机关打交道的过程中,如果不服行政机关的有关决定,申诉通常可在任何时候向任何有关的国家机关提出;行政复议通常在规定的时间内向作出行政决定的行政部门所属的人民政府或上一级政府主管部门提起;行政裁判通常在规定的时间内向法律专设的处理专门行政案件或准行政案件的行政裁判机关提起。

二、行政救济在哪里进门?

具体到一个行政争议案件,行政相对人到哪里去寻求救济呢?选择进上述四个门(申诉、复议、裁决、诉讼)中的哪一个门呢?有人说,法院最公平,到法院去告。这话虽不无道理,但相对人对行政决定不服实际很少有人先到法院去告的。通常的做法是从行政机关告起,而不是先到法院去告,这是因为:第一,行政决定是由行政机关作出的,因而行政机关对案情最熟悉,行政相对人一旦向作出行政行为的行政机关提出它作决定时忽略了某一事实或某一法律规定,它会立即明白过来,从而及时予以纠正。而相对人如果首先向法院提出,法院得对整个案件进行审理调查。对相对人提出的事实是否属实需要让行政机关说明或另聘请专家论证,对相对人提出的政策规定是否适用于相应案件事实也需要重新加以认定,等等。这样会耗费很多时间,使案件难以得到及时解决。第二,行政决定的作出往往牵涉某种专门技术或专门经验。行政机关长期管理某一专门事项,从而具有相应的专门知识、技术和经验,而法院却一般不具有这样的专门知识、技术和经验。因此,由法院首先处理行政争议案件可能不如行政机关处理得准确、妥当。第三,当事人到法院提起诉讼需要缴纳诉讼费,请律师也要花钱;而且往往还会有这种情况:当事人去法院起诉,满心认为行政机关错了,自己受冤屈了,但实际上行政机关并没有错,恰恰是当事人自己对法律或事实认识错了。如果这样,不仅会造成当事人自己的经济损失,而且会对行政机关的工作带来不利影响。第四,有的法律规定,行政复议或行政裁判是提起行政诉讼的前置程序。相对人没有先向行政机关申请复议,法院会不受理相对人的案子。例如,《治安管理处罚条例》第 39 条规定:"被裁决受治安管理处罚的人或者被侵害人不服公安机关或者乡(镇)人民政府裁决的,在接到通知后 5 日内,可以向上一级公安机关提出申诉,由上一级公安机关在接到申诉后 5 日内作出裁决;不服上一级公安机关裁决的,可以在接到通知后 5 日内向当地人民法院提起诉讼。"《城乡个体工商户管理暂行条例》(1987 年)第 25 条规定:"个体工商户对管理机关作出的违章处理决定不服时,应当首先按照处理决定执行,然后在收到处理决定通知之日起十五日内向作出处理的机关的上级机关申请复议。上级机关应当在接到申请之日起三十日内作出答复。对答复不服的,可以在接到答复之日起三十日内,向人民法院起诉。"

行政相对人寻求法律救济,首先必须搞清楚自己是对什么行政决定不服?然后认真查阅具体法律法规,弄清如不服这样的行政决定,法律法规规定应到哪里去复议、诉讼?是应向原决定机关所属人民政府或其上一级主管部门申请复议,还是应向专门行政裁判机关申请行政裁判?法律规定先复议,则应先入复议门;法律规定先进行行政裁判,则应先入行政裁判门。如果法律没有规定复议或行政裁判的途径,我们则可向主管机关或有关机关提起申诉。申诉可通过信访途径或直接向作出决定的机关或其上一级机关的主管负责人或机关首长提出。

另外,我们在申请复议或行政裁判以后,受理机关通常会在法定时间内对原行政决定作出撤销、变更或予以维持的决定。对这种决定,我们如果仍然不服,在法律有规定的情况下,即可以向人民法院提起诉讼。但根据现行法律规定,有的行政复议决定或行政裁判决定是最终决定,不能再向法院提起诉讼。例如,国家监察机关对国家工作人员不服行政处分的复议决定,专利复审委员会对申请人关于实用新型和外观设计的复审决定等,均为终局决定;相对人即使不服,也不能再提起行政诉讼。对于这种情况,当事人只能采取申诉途径进行申诉。

三、怎样进行行政救济?

第一,当事人应该认真分析案情,找出行政决定违法不当之所在。(1)分析行政决定所依据的事实是否准确,是否与实际相符,是否与解决的问题相关及相关的程度;(2)分析行政决定所适用的法律、法规、政策是否准确,是否适合于所解决的问题;(3)分析作出行政决定的机关是否享有作出此种决定的权限,是否遵守了法定的程序和形式,在作出决定时是否考虑了不相关的要素或没有考虑相关要素。

第二,写出复议申请书或起诉的诉状,申请书或诉状要写明自己的姓名、单位、职业、住址;作出所欲指控的行政决定的政机关或行政机关工作人员;所指控的行政决定的内容;作出所指控的行政决定的时间;指控的根据(包括事实根据如行政机关越权、滥用权力、行政行为程序违法、形式缺陷以及法律法规的根据等);复议或诉讼的请求(包括撤销或变更行政决定、恢复原状、进行损害赔偿等)。

第三,写好复议申请书或起诉的诉状后,即在法定时限内向有关机关提交。如属复议,则在法定时限内向法定复议受理机关提交;如提起诉讼,则向有管辖权的人民法院提交。如相应事项不属行政复议或行政诉讼的受案范围,当事人只能向主管机关或专门信访机关提起申诉。

第四,复议申请书或起诉的诉状向有关机关提交后,当事人应随时根据受理机关的要求,补充提供有关证据和材料,说明有关情况。与此同时,当事人还应认真学习研究与争议案件有关的实体法律法规和程序法律法规,以确定受理机关是否真正依法办案,是否遵循了法律关于行政复议和行政诉讼程序的各种规定(如证据规定、时限规定、回避规定等)。

第五,当事人收到行政复议决定书后,如对复议决定不服,除终局复议决定外,可依法提起行政诉讼。当事人收到行政诉讼判决、裁定后,如对判决、裁定不服,可向上一级人民法院提起上诉。上一级人民法院作出的二审判决、裁定是终审判决、裁定。法定行政救济程序应该说基本走完了。当然,当事人如果认为人民法院的终审判决、裁定确实存在错误,确实违法,还可依法向上一级人民法院乃至最高人民法院申诉,请求再审。或者向人民检察院申诉,请求检察监督。

行政诉讼立法的若干问题研究*

一、问题的提出

《民事诉讼法(试行)》曾对人民法院受理和裁决行政案件作了一个很简单的规定:“法律规定由人民法院审理的行政案件,适用本法规定。”随着中国经济体制改革的深入和政治体制改革的开展,这一简单的规定已经不适应现实的需要。行政案件的性质、内容不同于民事案件的性质、内容,因而它的审理程序、要求不可能完全同于民事案件的程序、要求,从而也不可能完全适用民事诉讼法。过去,法律规定由人民法院审理的行政案件很少(仅限于选民名单案件和少数经济行政案件),所以,民事诉讼法尚可适用,尽管也出现了困难。但随着《治安管理处罚条例》的颁布、实行以及一系列其他法律、法规的颁布、实行,人民法院受理行政案件的数量比以前大大增加。这样,很多问题被提了出来。例如,这些行政案件由谁受理,是由民庭受理,还是经济庭受理?这些案件的当事人有一方是行政机关,审理案件时行政机关不出庭怎么办?法院就案件作出裁决,行政机关不执行怎么办?行政机关的违法失职行为造成了对公民的损害,应该由谁支付公民的赔偿,是公务员还是公务员所在的行政机关,还是由国家财政或各级财政支付?赔偿的范围如何确定?很多行政案件牵涉行政机关制定的规章,公民因违反行政规章而受到行政机关的处罚,而这些行政规章有些本身不符合法律或不符合法律的原则、精神,法院怎么处理?等等。对于这些问题,民事诉讼法并未作出规定,或虽有相应

---

* 本文原载《法律学习与研究》1988 年第 3、4 期。

规定,但根本不可能适用。这样,制定有关行政诉讼程序专门规则的任务就提出来了。

怎么完成这一任务？法律实际工作者和理论工作者提出了两个方案:一个方案是在修改《民事诉讼法(试行)》(制定正式的《民事诉讼法》)的同时制定有关行政诉讼的专门规则,将这些规则分散置于《民事诉讼法》的相应章节中,或将这些专门规则汇集在一起,在《民事诉讼法》中单列"行政案件审理特别程序"一章。另一个方案是将行政诉讼专门规则从《民事诉讼法》中分离出去,单独制定《行政诉讼法》。多数人倾向采用第二个方案。于是,如何制定独立的《行政诉讼法》的问题就成为法学界近几年来所热烈讨论的一个热门课题。

二、立法目的

关于制定行政诉讼法的目的,有两种主要倾向:一是注重保障行政机关实现其行政管理职能,提高其管理效率;二是注重控制行政机关违法滥用权力,保障公民合法权益。

立法目的直接影响法律的内容,不同立法目的的倾向会导致具体法律条文的不同写法。例如,关于法院受案范围,从第一种目的倾向出发,就可能作较窄的规定;而从第二种目的倾向出发,则可能作较宽的规定。某些案件(如劳动教养案件)如首先考虑行政效率,有利于行政的敏捷和迅速,法律则不宜规定为法院的受案范围,而留给行政机关作最终决定。如首先考虑如何更好地保障公民的权利,法律则有必要将它归入法院的受案范围,由法院通过司法程序对有异议的行政机关决定作出审查和裁决。又如,关于某些强制手段(如强制搬迁、冻结银行存款等)的运用,如从第一种目的倾向出发,法律就可规定听任行政机关施行,法院不予过问,而从第二种目的倾向出发,法律则有必要规定由法院审查和作出执行裁定。再如,关于作出某些行政行为直接依据的行政规章,如从第一种目的倾向出发,法律则可规定其可作为法院裁判案件的根据,如从第二种目的倾向出发,法律则有必要规定法院可对之进行审查,确定其合宪合法后再作为判案的根据。

当然,上述两种目的倾向绝不是完全对立的。行政机关是为人民利益服务的,因此,提高它的管理效率在大多数情况下是有利于保障公民的权利和利益的;至于保障公民权利和利益,正因为它是行政机关行使职能的目的,所以与效率二者在根本上是不矛盾的。

但是在具体情境下二者发生矛盾的可能性却存在。这是因为:第一,行政机关虽然是为人民服务的机关,然而在其实际行使职能的过程中,它的某些部门、某些单位、某些工作人员的行为可能会有意或无意地损害人民的利益。第二,行政机关的合法行为虽然会有利于公民的整体利益,但有时它会损害个别公民的利益。如行政机关为了在某地建设某项公用事业,工程开始前可能要命令该地某些公民搬迁,工程完成后可能增加该地的噪声污染,使附近的公民有时会感到某些不适(尽管不严重)。第三,行政机关的某些违法行为有时不会损害多数人的直接利益,甚至有时会有利于他们的利益,但它却会严重损害个别公民的权益。

有些人过分强调行政机关和人民利益的一致性,而看不到在一定情况下可能产生的矛盾;或过分强调多数人的利益而忽视少数人在权益受到侵犯时可能产生的痛苦,因而在立法上只注重如何有利于提高行政效率,而忽视了如何切实保障每个公民的合法利益问题。

诚然,行政立法必须考虑加强行政管理,提高行政效率,只注重防止行政机关违法、越权,消极地保障公民权益,而忽视行政机关合法行使职权,积极地增进公民福利的偏向同样是应该克服的。但在我国目前的情况下,首先要注意克服的是忽视保障公民权益的偏向。

三、调整范围

要解决行政诉讼法的调整范围问题,首先要回答什么是行政诉讼。关于行政诉讼,在我国学术界有广义和狭义之争。广义的行政诉讼论者谓"行政诉讼"是指人民法院受理和裁决以行政机关为一方当事人的行政案件和国家行政机关依准司法程序受理和裁决个别具体案件的制度。狭义的行政诉讼论者谓"行政诉讼"仅指人民法院受理和裁决行政案件的活动。广义论者的理由是:第一,诉讼并非必然与法院相联系,行政诉讼更非自始在法院进行。法国的行政法院开始并非严格的法院,就是现在它亦不同于审理民刑案件的普通法院。美国的行政法官并非设在法院,而是设在行政机关。英国的行政裁判所虽然已经很大程度地司法化,但并非属于司法系统,而是属于行政系统。第二,行政案件是大量的,并且其中很大部分涉及专业性和技术性的问题,如将它们全部交付法院处理,法院是不可能胜任的。第三,既然大部分行政案件是在法院外处理的,在这种情况下,行政机关是在裁决行政案件,而不是进行行政管理,法律就应将它的裁决行政争议案件程序和法院审理裁判行政争议案件的程序作出统一规定,而不能听任行政机关自由裁量,尽管法律可以和应当对行政争议案件的法院内和法院外处理作出某些不同的规定。第四,考虑到中国处理行政案件的现状:公民不服行政机关的不当决定和违法失职行为在绝大多数情况下只能向原行政机关的上级机关或信访机构申诉,法律对于行政机关处理公民申诉未曾作系统和具体的明确规定(尽管也有各种内部文件的指示),而是听任行政机关自由裁量决定。这样,就使公民的权益往往得不到切实的法律保障。现在,如果我们把对所有行政争议案件的处理都纳入法律的轨道,作出统一的程序规定(统称行政诉讼法),使对公民申诉的处理也一定程度地司法化,对于改变我们的现状以至于改变人们轻视"法治"的观念都是很有好处的。狭义论者的理由很简单:法院外无诉讼,行政诉讼既然是诉讼,就不能包括行政案件的法院外处理。至于法院外裁决行政案件的法律调整可另制定申诉法或诉愿法。我们认为,另制定申诉法或诉愿法的想法自然是不错的,也是可行的,但是从有利于彻底转变人们观念和改变现状来说,还是不如制定统一的行政诉讼法效果好。

行政诉讼法调整法院受理和裁决行政案件的活动,但法院并不受理所有的行政案件。那么,法院受理哪些行政案件,从而哪些行政案件的处理能成为行政诉讼法的实际调整对象呢?这又是一个有较大争议的问题。

人们提出了各种不同的解决方案,这些方案大致可以分为:宽方案、较宽的方案、窄方案、最窄的方案。宽方案是:法院受理公民和组织、团体认为行政机关行为损害其合法权益的所有行政案件。限制只有两条:一是被诉行为必须是行政行为;二是被诉行为必须损害原告的合法权益。较宽的方案是:法院受理公民和组织、团体认为行政机关具体行政决定损害其合法权益的行政案件。这一方案比前一方案增加了一条限制,即被诉行为必须是具体行政决定,排除了行政规章等抽象行政行为。行政规章等抽象行政行为即使违法和损害其合法权益,当事人亦不能对之提起行政诉讼。窄方案是:法院受理公民和组织、团体不服行政机关行政处罚和科加义务(如征税)的案件。这个方案将被诉行为进一步限制为具体的作为,而排除不作为(如行政机关拒绝发给营业执照、拒绝发给某种许可证等),还排除了许多其他侵权行为(如侵犯公民出版权、集会权、言论自由权等)。最窄的方案是:法院受理法律规定的公民和组织、团体不服行政机关行政处罚和科加义务的案件。这一方案比前一方案更增加了一条限制:公民提起行政诉讼必须有具体法律规定的根据。如果行政机关的某种行政处罚和科加义务的行为没有具体法律明确规定可以对之起诉,即使其违法和损害当事人权益,当事人亦不能向法院提起诉讼。

确定上述方案中究竟哪一种方案更为合适,必须考虑各种因素。首先当然必须考虑如何更有利于保障公民的合法权益,如何更有利于保障行政机关合法地行使职能。但是仅考虑这一方面还不够,还必须考虑相应方案的可行性以及国家体制的要求,人民群众的接受力,法院的承受力等。就法院的承受力来说,不仅要考虑法院的物质设施,还要考虑目前法官的素质。

有人过分强调可行性,过分强调目前的条件,从而过分倾向于较保守的方案。他们忘记了一条真理:条件是可以改变的,人是可以改变条件的。因此,我们倾向于较宽的方案。当然,我们还可以对较宽的方案加上某些限制,例如,用具体法律排除某些暂不适于法院审理的案件,将这些案件暂时留给行政机关依准司法程序处理。

四、主管机构

关于行政诉讼的主管机构,早在行政诉讼法立法草拟试拟稿以前,法学理论工作者和实际工作者就已经提出了各种不同的方案。这些方案中争论最多的从而也最引起人们重视的有这几种方案:(1)在中国建立行政法院系统,走法国式的司法双轨制道路;(2)在行政系统内设置行政裁判所或行政法官,不服行政裁判所或行政法官的裁决,可再向普通法院上诉,走英美式的行政司法与普通法院相承接的单轨制道路;(3)在普通法院内设置行政审判庭,同时在行政系统内设置行政裁判所,在法律规定的情况下,不服行政裁判所裁决可向行政审判所裁决,可向法院行政审判庭起诉。

倡导"行政法院"方案的理由是:(1)行政案件的性质不同于民事案件,具有专业性和技术性,普通法院难以作正确、适当和及时的处理;(2)行政机关处理自己参与其间的案件，难以保证公正和保障行政相对人的权利；(3)行政裁判所过于分散，难以保障法制的统一，且依附于行政系统，难以期望它不受行政机关意志的影响；(4)在“权”与“法”发生冲突时，中国普通法院目前的地位似乎不足以处理重大行政案件。而持异议者认为：(1)设立行政法院不符合中国国情，难以为人民群众所接受。(2)在相当长一个时期内，中国不具备建立行政法院的条件：一方面，行政法官无从产生；另一方面，现在即使能找到具有相应行政法知识和才能的人来担任行政法官，其也不可能有相应的权威独立裁判重大行政案件。(3)一国设立两套法院系统，不利于法制的统一。(4)我国目前人力、物力、财力均不具备建立行政法院的条件。

倡导“行政裁判所”方案的理由是：(1)行政裁判所设在行政系统，其对行政争议所涉及的背景情况以及相应行政规章、技术标准和专门业务知识最熟悉，有利于准确、迅速和适当地裁决行政争议案件。(2)行政裁判所虽设在行政系统，但对行政机关具有相对独立性，比行政机关自己处理案件较能保证公正性。(3)设立行政规制不需要另花费大量的人力、物力、财力，裁判所可直接从目前各种行政处理、仲裁机构或信访机构转化而成。当然，这需要制定相应法律法规，确定其管辖、职权和行使职权的程序，培训裁判人员等。对此持异议者除提出如上述“分散”“影响法制统一”“易受行政当局影响”等批评外，还认为行政裁判所制度不是一种“真正的改革”，其发展很可能是“穿新鞋，走老路”。

倡导“行政审判庭”方案的理由是：(1)行政诉讼和民事诉讼均在普通法院进行，有利于法制的统一。(2)普通法院设行政审判庭，可以充分考虑行政案件的特殊性，既吸收行政法院的长处，又避免行政机关自己处理自己为一方当事人案件的短处。(3)行政审判庭并不排斥行政裁判所，而是可与之共存，从而也可获得行政裁判所的长处。行政审判庭可以对裁判所的裁决进行司法审查，可以撤销或改变裁判所的裁决，这样它又可克服行政裁判所的短处。(4)《人民法院组织法》虽未对行政审判庭作出明文规定，但有“等”的宽泛规定，建立行政审判庭不会与现行法律相冲突，从而无须重新制定或修改《人民法院组织法》。(5)人民法院设立行政庭，在人力、物力、财力方面都不会发生大的困难，法院在以前虽未有行政审判庭，但经济庭和民庭都审理过行政案件，因而行政审判庭所需要的审判人员可先从经济庭和民庭转调；至于法庭和其他审判设施，在法庭内均可由院长作统一安排调配。(6)设立行政审判庭合于中国国情，易于为大多数人所接受。

由此可见，“行政审判庭”方案的理由最为有力，因而行政法学界最后倾向于采纳这一方案。尽管后来还有人继续提倡“行政法院”的方案，但自《治安管理处罚条例》于1987年1月1日正式施行后，行政审判庭在许多地方法院实际上已变成了“既成事实”。因此，后来的争论即主要不是要不要设立行政审判庭的问题，而是在哪一级法院设立行政庭的问题。

行政审判庭究竟设在哪一级法院为好？仅设在最高人民法院或高级法院内肯定不行，它们不可能处理得了那么多行政案件。根据现行《人民法院组织法》可以设到中级法院一级。但是，设到中级法院一级是否就可行了呢？在城市也许就行了，但对于广大农村地区，一个农民要从远离城市几十里地甚至几百里地且交通很不方便的农村赶到中级法院所在地的市法院去告状，即使不是不可能，也是一件相当困难的事情。因此，立法者认为，从便民的考虑出发，行政审判庭宜设到基层人民法院一级。当然，这会与现行《人民法院组织法》发生矛盾，但是法律是可以修改的。法律必须适应现实的需要，适应人民的需要，如不适应就应该修改法律的规定。

五、当事人

哪些人可以作为行政诉讼的“起诉人”(原告)呢？公民个人可不可以提起行政诉讼？行政机关可不可以提起行政诉讼？社会组织、团体可不可以代公民起诉？企事业单位(法人)能作为起诉人吗？人民检察院能不能代表国家起诉行政机关(行政公益诉讼)？如果这些都是可以的话，它们有什么条件限制？即在什么条件下才能提起行政诉讼呢？

公民和企事业单位自然是可以自己的名义提起行政诉讼的，但他们必须是在自己的合法权益受到行政机关具体行政处理决定的侵害时才能提起诉讼。如果不是自己权益而是他人权益受害，或者虽然是自己权益受到侵害，但这种侵害与行政机关的具体行政处理决定没有直接因果关系，他们则不能向人民法院提起行政诉讼。

社会组织、团体(如工会、妇联、个体劳动者协会等)能否为自己的成员代为起诉呢？多数人倾向于应予允许。因为长期以来，中国许多老百姓怕官,更不敢告官,即使权益受到严重侵害,亦忍气吞声,装出一副"没有任何不服"的样子,唯恐以后招来更多的麻烦。但是社会组织、团体在代为其成员起诉时,如果出现败诉的情况,其诉讼结果(如诉讼费等)由谁来承担呢?考虑到这一点,对此必须增加若干限制,如需受当事人委托、经人民法院同意等。

关于人民检察院能否提起行政公益诉讼,有肯定说和否定说之争。肯定说者认为,行政机关,特别是地方行政机关,从其地方利益或某种团体私利出发,有可能作出某种损害国家利益、社会利益而并不损害某一个别公民利益的行为。在这种情况下,人民检察院应以国家公诉人的身份提起行政公益诉讼,不能听任国家利益和社会公共利益受损害。否定说者认为,行政机关的这种行为宜通过行政监察途径解决,而不应通过行政诉讼途径解决。我们认为,对这种行为通过行政诉讼途径解决可能比通过行政监察途径解决更有利于增进人们的法治观念和使问题得到更适当和更有效的解决。

关于起诉人(原告)的范围,争论最大的也许是行政机关能否作为起诉人向法院控告公民或企事业单位。经常有这样的情况:行政机关(如某市人民政府)制定一项规章,规定公民或企事业单位必须作出某种行为或不准其作出某种行为(如规定企业招工必须优先录取本市待业青年,或规定公民不得在市区一定范围内燃放鞭炮),而行政相对人认为这种规章侵犯了他们的权利或自由而拒不执行。于是,行政机关即依据规章对其科处罚款,但被罚者拒绝缴纳。在这种情况下,实施罚款行为的行政机关和作为被罚者的企事业单位或公民都可能诉诸法院:被罚者认为行政机关的罚款行为是违法的,因为其所依据的规章是违法的,侵犯了被罚者的合法权益,因而请求法院撤销行政机关的行为。而行政机关认为制定规章、执行规章,对企事业单位和公民进行管理是其职权,依据规章对违反规章者科处罚款是理所当然的;否则就没有办法进行管理,因而请求法院强制执行(法院有权通知银行从当事人账户中强制扣缴和划拨)。对于被罚者和行政机关的上述请求,法院目前一般均不受理。不受理前者的理由是:我国法院的司法审查权对于行政机关制定的规章合法或适当与否,法院无权加以评价或裁判;不受理后者的理由是:法院只根据法律裁决案件和采取强制措施,而不能根据规章判案和采取强制措施。

法院不受理因规章而引起的争议案件导致了很多问题和矛盾:第一,公民权益因规章违法侵犯而得不到司法救济；第二，即便规章合法，执行机关在执行规章过程中因违法执行行为侵犯公民权益亦得不到司法救济，而行政行为很大部分是直接执行规章而不是直接执行法律的行为；第三，在某些情况下，行政机关取得了超越法律而不受限制的权力，例如，法律规定对某种危害社会利益的行为处以 50 元以下的罚款，而规章对某种类似行为规定 500 元以下的罚款却得不到司法救济；第四，对于行政机关的规章，老实人老老实实地予以执行，而不老实人拒不执行，行政机关却无可奈何，因为法院拒绝对不执行规章的人采取强制措施，从而会使行政机关合法行使职能的行为亦得不到保障。

据此，有的行政机关强烈要求取得行政诉讼起诉人（原告）的资格，使它们既被公民、法人等行政相对人所起诉，自己亦能起诉公民、法人等行政相对人。但反对者认为，行政诉讼只能是“民”告“官”，而不能“官”告“民”。

我们认为，涉及行政规章合法性问题的争议，法院应该受理。根据《人民法院组织法》，人民法院的任务包括“维护社会主义法制和社会秩序”“保护公民的人身权利、民主权利和其他权利”的内容。因此，如果行政规章违反法律，侵犯公民的权益，法院就应确认其违法或无效以维护法律的权威和保护公民合法权益。如果规章符合法律，并未侵犯公民合法权益，法院就应加以维护，确认行政机关制裁行政相对人违反规章的行为，并应行政机关申请依法对相对人采取行政强制措施。法院也应支持行政相对人起诉行政机关在执行规章过程中违法侵犯其权益的行为，并根据行政相对人的请求，撤销行政机关的此种行为或确认该行为违法。如果不是这样的话，法院实际上就没有履行《人民法院组织法》赋予它的维护法制、保护公民权益的任务。至于所谓“司法审查”，我国现行法律虽没有明确规定，但现行法律也没有作出法院不能进行司法审查的根据。相反，现行法律事实上是赋予了法院以“司法审查权”的。试想，法院如果不能对行政规章和行政行为进行审查，它如何审理、裁决行政案件，从而如何完成它维护法制、保护公民权益的任务？

至于行政机关能否在行政诉讼中作起诉人（原告），应视法律是否赋予行政机关实施强制措施（如查封、扣押、冻结、划拨、强制扣缴、强制搬迁等）的权力。如果法律已将行政强制权赋予了行政机关，行政机关就没有必要项作为行政诉讼原告起诉行政相对人。至于它自己实施的行政强制措施是否合法、得当,行政相对人可请求法院审查、监督。反之,如果法律没有将强制措施权力赋予行政机关,行政机关就应有作为行政诉讼原告起诉行政相对人的资格。因为行政机关的行为如以规章作根据时,行政相对人不执行,行政机关不能起诉请求法院强制执行,行政管理就无法顺利进行。

六、行政诉讼程序

行政诉讼法虽然将倾向于只调整法院受理和裁决行政争议案件的活动,但行政争议的处理并非总是始于法院。根据现行法律的规定,行政争议的处理有各种不同的方式和途径。其中较常见的有:(1)行政复议(通常向上一级行政机关申请);(2)声明异议(向作出相应行政行为的行政机关提出);(3)行政裁决(向专门行政裁决机关提出);(4)行政仲裁(向专设行政仲裁机关提出);(5)行政诉讼(向有管辖权的人民法院起诉)。

关于行政复议与行政诉讼解决行政争议的关系,各方面存在不同意见。一是主张复议前置:凡是提起行政诉讼的案件,必须先经过行政复议。因为:(1)原行为机关的上级机关(复议机关)对案件发生的背景、案件涉及的各种事实以及有关的行政规章和专门技术要比法院了解和熟悉得多;(2)原行为机关的上级行政机关对原处分机关负有领导、监督之责,通过复议撤销和纠正原处分机关违法或不当的决定是其应行使的权限和应履行的职责;(3)行政争议案件不经过原行为机关的上级行政机关(或行政裁判机关)的复议而直接向法院起诉,法院有可能不堪负担,将使案件大量积压,既影响行政机关正常活动的进行,又不利于保护行政相对人权益。

二是反对把行政复议作为行政诉讼的必经前置程序。其理由之一是担心"官官相护",复议前置不利于保护公民权益;理由之二是徒增一道程序,不利于案件的迅速解决。他们认为,不用担心老百姓到法院告行政机关状的人太多。现在的问题是,其合法权益被行政机关违法失职行为侵犯后到法院去告状的老百姓太少了,而不是太多了。因此,根本没有必要限制法院直接受理行政案件。

法院受理行政案件以后是径行审理、裁决还是先行调解,这是行政诉讼程序方面的又一个有争论的问题。对这个问题,大致有三种主张:(1)行政案件一律不得进行调解;(2)行政案件一般不进行调解,但有关损害赔偿的问题可进行调解;(3)行政案件一律先行调解。

持第一种主张的人认为,行政案件涉及的争议是行政决定合法与否的问题,合法不合法不是可以讨价还价的问题。且行政机关是代表国家进行管理,它们和公民的关系不同于公民之间或法人之间的关系,调解会使行政机关行使职权的行为失去严肃性。持第二种主张的人承认第一种主张的理由适当,但是认为行政诉讼中附带的损害赔偿请求亦具有民事赔偿的性质,通过调解确立赔偿范围和赔偿额度要比法院径行判决合理和适当。持第三种主张的人认为,调解是法院和双方当事人一起学习、讨论和理解法律、解决争议的极好形式。在调解过程中,通过相互的讨论和法院的启发,行政机关可能自己认识到自己所作决定是与某一法律和法律原则相抵触的,从而主动撤销或改变自己决定,获得相对人的谅解,使矛盾得到化解;或者起诉人(原告)在调解中发现自己的起诉是无根据的,是出于对某一法律或法律原则的误解,行政机关的决定并不违法和不当,从而主动撤诉,亦使矛盾得到解决。法院这样做,既有利于案件的迅速解决,又有利于增进管理者和被管理者之间的相互理解和消除他们之可能产生的对立情绪。因此,调解程序不仅适用于民事诉讼,同样应适用于行政诉讼;不仅适用于行政损害赔偿案件的处理,也适用于一般行政案件的处理。

关于行政诉讼程序的第三个有争议的问题,是行政案件的审理形式问题:行政案件的审理是开庭审,还是书面审?或者是以开庭审为原则,书面审为例外,还是以书面审为原则,开庭审为例外?主张无例外地开庭或无例外地书面审的人不多,大多数人是要么倾向于有例外地开庭审,要么倾向于有例外地书面审。主张有例外地开庭审的人认为,开庭有利于保障案件公正处理,有利于保障公民权益。而主张有例外地书面审的人认为,法院审理的行政案件大多已经过行政机关的行政复议程序,事实问题大多已经解决,法院审理主要是解决法律问题,从而没有多少开庭必要性。且行政案件的处理涉及行政管理活动的正常进行,要求及时、迅速,因而可以而且应该省去那些不必要的程序。当然,持上述两种主张的人都不排除例外,前者同意对事实清楚、案情简单的案子实行书面审,后者赞成对某些涉及公民权益的重大案件实行开庭审。此两种方案均是所谓"原则加例外"的方案,只是各自的倾向性不同。

关于行政诉讼程序的第四个有争议的问题是诉讼的审级问题。行政诉讼是沿用民事诉讼的两审终审制,还是实行一审终审制?最高人民法院曾就治安行政案件的审理发布过一个文件,规定治安行政案件的审理既不采用两审终审制,也不采用一审终审制,而采用在一审之外再另加一个上级人民法院复核的程序制度。即原则上一审结案,但如果当事人不服,可在规定期限(5日)内请求上级人民法院复核一次。复核当然不是一级审判程序,既不开庭,也不要求当事人之间进行书面辩论。这是一个折中的方案。因为考虑行政案件的性质要求迅速处理,且行政案件进入法院以前已经过行政复议程序,所以不宜再实行二审制。但从充分保障当事人诉讼权利、尽量防止和纠正可能发生的错判考虑,亦不宜实行一审制,于是提出了这么一个一审加复核的折中方案。我们认为,这个方案在现在看来似乎是可行的,对其他行政案件能否适用,还需通过审判实践检验。今后实践中如发生困难,可再行修改,仍实行二审终审制。

七、裁决与执行

人民法院对行政案件审理终结,对起诉人(原告)所指控的被诉行政行为可作出什么样的裁决,这是个既有一致看法亦有争论的问题。

一般来说,对于行政案件,人民法院通过审理,如果认为被诉行政处理决定违法,可作出撤销该处理决定的裁决;反之,如果认为被诉行政处理决定合法,可作出驳回起诉人诉讼请求,维持被诉行政处理决定的裁决。对于人民法院能作出此两种形式的裁决,大致是没有争论的。

有争论的是:人民法院通过审理,认为被诉行政行为部分合法、部分违法;或者认为被诉行政行为虽然合法,但是失当、不合理,在这些情况下,法院能否变更行政机关的行政决定。对于这一点,有人认为,法院不能变更行政决定。因为作出行政决定是法律授予行政机关的权限,而且行政机关管理某项事务,它对该事务的历史、现状、未来和所决定的相应问题所涉及的环境、条件、各种技术标准以及此问题与其他问题的联系有着最全面和最深入的了解,所以只有它最有可能作出最适当的决定。法院认为某项行政决定有违法、不当的地方,可以撤销和要求行政机关重新作出决定,而不能代替行政机关作出决定。

有人认为,法院可以而且应该变更被诉行政决定。法院既然有权审理和裁决行政案件,它就应该同时有权变更不适当的行政决定。如果法院对不适当行政决定不予变更,怎么纠正行政决定的错误?怎么保护公民的权利?法院责成行政机关作出新的决定,它作出的新的决定如仍坚持它原先的错误,或者仅作不关痛痒的修改怎么办?行政相对人再不服,再告,一个案件何时才能了结?

有人认为,法院可以变更法律规定了一定范围、一定幅度,而行政机关超过了该范围、该幅度的行政决定。例如,法律规定对行人违反交通规则的行为罚款额为1~30元,而行政机关科处违反交通规则的人罚款50元,在这种情况下,法院即可根据案情将罚款额50元改变到1~30元的幅度之内的一定数额,如改为20元。如果法律对相应行政行为并未规定任何范围和幅度,而是授权行政机关自由裁量,或者虽然规定了一定范围和一定幅度,行政机关的行为并未超出该范围和幅度,法院则不应加以变更。

我们认为,最后一种意见似乎是较可取的。但是对于行政机关明显失当或出于明显不当动机作出的行政决定,即使其决定并未超出法律规定的范围和幅度,或法律并未规定范围、幅度,法院亦可作出变更。

关于法院对行政案件的裁决,另外一个有争议的问题是:法院在作出撤销或变更行政决定的裁决同时,能否责成行政机关对因该决定受到损害的公民或单位予以损害赔偿。对此持否定意见的人认为,请求损害赔偿之诉属于民事诉讼,行政诉讼原告不能在提起行政诉讼时提起损害赔偿的请求,法院亦不能同时审理和裁决损害赔偿。而对此持肯定意见的人反驳说,否定论的说法是纯粹的教条主义和烦琐哲学:行政审判庭将一个案件审理终结,对案情一目了然,从而对应否判予原告损害赔偿和判予多少最能作出适当的裁决,有什么理由让原告重新起诉至民事审判庭和让民庭重新将案件再审理一番和作出裁决呢?

最后,关于行政判决、裁定的执行问题。对于这个问题,人们较多的担心是怕行政机关不执行法院的行政裁判。为了保证行政机关执行法院的行政裁判,从事行政法研究的学者提出了三条立法建议:(1)对行政机关拒不执行法院行政裁判的行为,法院可向同级人民代表大会常务委员会报告,并请求人大常委会督促其执行;(2)向其上级主管部门或同级监察机关提出司法建议,要求其追究不执行法院行政裁判行为的相应行政机关负责人的责任,并督促他们加以执行;(3)在行政诉讼法和其他有关法律中,规定行政机关负责人不执行法院行政裁判的法律责任和不执行的法律后果。我们认为,这三条建议均是有采行价值的。

行政诉讼与法治环境*

一、行政诉讼在形成和改善法治环境中的作用

《行政诉讼法》颁布十周年，中国法治环境逐步形成并日益改善。

在立法方面，1989 年至 1999 年十年间，全国人大及其常委会通过法律 146 项，通过有关法律问题的决定 66 项，二者共计 212 项，相当于 1949 年至 1989 年 40 年立法的总和（约 140 件）还多。这些立法中有很大一部分是被行政诉讼"逼"出台的。例如，在行政诉讼中，行政主体要承担侵权赔偿责任，但没有国家赔偿法，法院就没有根据确定什么情况赔，什么情况不赔，赔多少，谁有权利请求赔偿，谁有义务给予赔偿，从而相应行政案件难受理，判决难下。为解决行政赔偿问题，《国家赔偿法》就被"逼"出来了。又如，在行政诉讼中，法院经常要审查行政主体的行政处罚行为是否合法，但没有统一的行政处罚法，法院就没有根据确定谁有权处罚，谁无权处罚，有权处罚者能对哪些行为实施处罚，能实施哪些行政处罚，行政处罚应遵循哪些程序，从而司法审查无据，判决难下。为解决对行政处罚行为的司法审查问题，《行政处罚法》就被"逼"出来了。在行政诉讼的十年运作中，行政管理领域的许多法律就是这样被"逼"出台的。

在行政执法方面，1989 年至 1999 年这十年间，出现了五个重要变化。

其一，行政行为从主要适用"红头文件"开始转变为适用法律条文。10 年前，行政行为很少适用法律条文，一般适用"红头文件"及相应政策根据，有的

---

* 本文原载《行政法学研究》1999 年第 4 期。

干脆不适用任何文件或政策根据。更早一些时候，甚至法院有些判决也不适用法律条文而适用政策文件。而这10年，行政主体实施行政行为开始逐步适用法律法规。因为如果不这样做，一旦被行政相对人诉至法院，就要冒败诉的风险。

其二，行政行为从不注重程序转变为开始遵循程序办事。10年前，行政行为很少讲究程序，只要实体上不错就行。现在则不然，实施行政行为开始注意程序。例如，给予行政相对人处罚时，首先向相对人出示证件，说明处罚根据、理由，听取相对人的陈述、申辩；其次作出处罚决定（作出重大处罚决定前，还应相对人请求举行听证），向相对人送达处罚决定书；最后还要向相对人告知救济权利和救济途径；等等。当然，现在也仍有少数行政主体轻视行政程序，在实施行政行为时违反法定程序。但这种行为一旦被相对人诉至法院，它们就要承担败诉的风险。在有了一两次败诉教训后，它们以后也就开始按法定程序办事了。

其三，行政行为从不重视证据转变为开始重视证据。过去，行政主体实施行政行为虽然也收集证据，但并不过分追求证据的确凿、充分和保障其客观性、关联性与合法性，更不注重收集证据的时间（先取证后裁决）和收集方式（以合法方式收集）以及对证据的保管（附于行政案卷之中）。现在则不同，行政主体实施行政行为非常重视证据的合法性和证明力，因为证据不过硬，行政行为一旦被诉，就可能被法院撤销。

其四，行政主体实施行政行为从不尊重行政相对人转变为越来越尊重行政相对人的人格尊严。过去，行政相对人找行政主体办事，往往门难进，事难办。如果是行政主体处理行政相对人的违法行为，其工作人员有的更是辱骂甚至殴打相对人，还有的任意限制或剥夺相对人的人身自由。现在，这种情况逐步有了转变。因为，如果行政主体及其工作人员违法侵犯相对人的人身权（包括人身自由和人格尊严），导致其人身权益损害，相对人可对其提起行政赔偿诉讼。这样，行政主体及其工作人员在与行政相对人（即使是有违法行为的相对人）打交道时，不能不将任何相对人都作为权利主体对待，尊重其人格尊严和注意不侵犯其合法权益。

其五，行政主体应行政相对人申请办理各种事项时，从随意拖延耽搁转变为依法及时履职，行政主体不作为的现象越来越少了。过去，行政相对人向行政主体申请办理某种事项,行政主体一不高兴就不理不睬;有时还无故拒绝受理;有的受理后搁置一旁,几个月甚至一年半载不予答复;有的以"研究、研究"应付相对人,等待相对人"意思、意思",相对人不"意思、意思","研究"就没有下文。现在,行政主体这样对待相对人的情形少多了。因为,行政相对人对于行政主体的不作为可以提起行政诉讼,法院应相对人的请求,可以责令行政主体限期作出某种行政行为。行政主体再不作为,则要承担法律责任。

在司法方面,1989 年至 1999 年十年间,出现了三个引人注目的变化。

其一,法院受理行政案件的范围越来越宽,数量越来越多。在《行政诉讼法》颁布前,法院仅受理少数具体法律规定的几类案件。1987 年和 1988 年两年内,整个法院系统共受理行政案件 14,513 件,平均每年 7256 件(这以前更少)。而 1989 年至 1999 年十年间,法院受理行政案件的种类达几十种,十年受案总数达 460,308 件,平均每年 46,031 件,1998 年受案近 10 万件。

其二,法院的地位和权威越来越高。过去,法院不受理行政案件或仅受理很少的行政案件,不能对行政机关进行监督和制约;而法院在人、财、物方面却要处处受制于行政机关,从而独立性不能充分发挥,不能体现其应有的地位和权威。《行政诉讼法》颁布实施后,情况则有变化,法院可以审查行政机关的行政行为,如认定被诉行为违法,还可以撤销行政处理决定和责令其承担法律责任(如给予相对人赔偿等)。这样,法院的地位和权威就相应提高(当然,由于体制的原因,这种提高还是很不够的)。

其三,法院介入社会生活的广度和深度大为增加。在计划经济时代,法院主要被作为阶级斗争的工具,镇压反革命和其他反社会分子是其主要功能。改革开放以后,法院越来越多地介入社会经济生活,其办理民事、行政案件的数量在法院总办案数中的比例越来越高,办理刑事案件数的比例则相应降低。《行政诉讼法》颁布实施后,由于法院受理行政案件,法院介入社会生活的范围就更为广泛、更为深入。"六五"期间(1983—1988 年),整个法院系统共审结各类一审案件 7,322,079 件,其中刑事案件 1,692,955 件,占总案数的 23.12%;"八五"期间(1993—1998 年),整个法院系统共审结各类一审案件 22,417,744 件,其中刑事案件 2,437,426 件,占总案数的 10.87%。"八五"期间法院总受案数和审结案件数比《行政诉讼法》颁布前的"六五"期间增加

2倍，民事、经济、行政、海事等类案件增加2.5倍，而刑事案件占总案数的比例却降低12%。[①] 法院在国家和社会生活中地位的提高和作用的加强，反映了法律地位的提高和作用的加强，这是法治环境改善的最明显的体现。

当然，导致法治环境的此种改善有多种因素，但不可否认，《行政诉讼法》的颁布和施行是其中一项非常重要的因素。

二、行政诉讼与法治环境的互动关系

当我们看到《行政诉讼法》的颁布和实施对中国法治环境的形成和改善起了如此重大的作用时，我们也许会产生一个疑问：中国为什么不早一点制定《行政诉讼法》，早一点建立行政诉讼制度呢？自中华人民共和国成立到1989年40年间，中国一直没有建立正式的行政诉讼法律制度。那么，到了1989年，在改革开放十周年后，中国为什么在那个时候通过立法建立行政诉讼制度呢？

要解开这一疑惑，我们必须分析行政诉讼与整个法治环境的互动关系。整个法治环境包括市场经济、法治、民主政治等各种要素。下面我们分别探讨行政诉讼与法治环境各个要素之间的互动关系。

（一）行政诉讼与市场经济的关系

市场经济是行政诉讼制度生存的土壤，行政诉讼制度则是市场经济运作的条件和保障。在计划经济时代，行政相对人均从属于行政主体，公民、法人和其他组织实际上没有独立的法律主体资格，一切听命于行政主体的行政命令。在这种"命令—服从"关系的条件下，不可能产生行政诉讼制度。就企业而言，那时企业基本上都是国营（仅有很少的集体企业，私营企业则不允许存在），企业的产、供、销，人、财、物都由国家计划直接或间接决定，企业的盈亏与企业管理者和工人的利益无关。在这种情况下，企业还有多少必要和可能去向法院状告政府呢？就公民个人而言，其本身就是单位的人和政府的人（因为单位是政府的单位），基本上无私有财产（这里指生产资料而非指生活资料）可言，从而也没有多少向法院状告政府的可能性和必要性。市场经济

---

① 根据1989—1999年最高人民法院每年向全国人民代表大会所作工作报告中列举数据归纳和统计。

时代则不同,行政相对人有了独立的法律主体资格,非公有制企业不用说,就是集体企业和国有企业也成为独立的法人。法人有产、供、销,人、财、物的自主权,有自己独立于政府的利益。它们对政府行为不可能再百依百顺了,政府侵犯它们的权益,它们必须找一个地方去控告,去寻求救济。就公民个人而言,他们绝大多数已由无产者变成了有产者,许多人有了自己所有的房屋、车子,甚至开办了私人企业,从而政府的行为对他们再也不是无所谓了,在他们与政府发生争议时,要求一个政府之外的第三者来裁决他们之间的纠纷就是理所当然的事情了。市场经济要求行政诉讼,没有行政诉讼的保障,行政主体侵犯行政相对人的权益,行政相对人无处可告,无处寻求救济,他们就不会有积极性去竞争、去发展,市场秩序就会混乱,市场经济就会出现危机。

(二)行政诉讼与法治的关系

行政诉讼需在法治条件下运作。在人治条件下,行政诉讼制度甚至不可能产生,更谈不上实际和有效运作。首先,人治理论轻视法和制度的作用,过分相信伦理和道德的功能,如认为在主流意识形态指导下的人民政府和人民政府工作人员不会侵犯人民的权益。即使公民和政府发生争议,也可通过思想政治工作解决,而无须诉诸法院。其次,在人治条件下,立法不受重视,法律不完备,行政争议即使诉诸法院解决,法院无据可依,也无从解决。此外,在人治条件下,法院主要作为专政的工具用于对付反革命和其他反社会分子,而较少用于解决民事、经济争议,更不会用于解决公民和政府之间的行政争议。因而行政诉讼制度在人治条件下不可能建立。实行法治则不同,法治与行政诉讼制度紧密相连。首先,法治要求政府依法行政、依法办事,而这必须有监督、有制约,监督和制约不仅要有自律,更要有他律。其次,法治强调人权,强调公民权益保护,而司法保护是对人权最有效的保护。最后,法治理论虽不否定伦理和道德的作用,但更重视法和制度的功能,如认为人民政府也可能犯错,人民政府的工作人员也可能侵犯人民的权益,因此,必须从制度上建立纠错和救济机制,而行政诉讼制度正是这样的机制。

行政诉讼不仅是法治的必然要求和构成要素,也是法治的推进器。例如,法律不健全,行政行为没有法律根据,行政相对人诉至法院,行政机关败诉后就会促使立法机关加快立法步伐;行政执法人员有法不依或违法滥用职权,行政相对人诉至法院,行政机关败诉后就会督促所属工作人员努力学法,严格执法和守法。同时,人民法院受理行政案件,审查行政行为,监督行政机关依法行政将不断提高法院的地位和权威。而法院地位、权威的提高与法律的完备和得到严格执行、遵守一样,是法治国家的基本标志。

(三)行政诉讼与民主政治的关系

行政诉讼既是民主政治的产物,也是民主政治的内容。首先,民主意味着政府由人民代表机关产生,服从人民代表机关制定的法律;政府行为如违反法律的规定,必须受到追究。追究的主体除了人民代表机关本身,还必须有专门的常设的机关,这主要就是法院(行政法院或普通法院)。其次,民主意味着政府权力接受监督和制约,没有监督和制约的权力必然变成专制的权力。而民主监督、制约的基础力量是人民,但人民必须通过享有国家权力的专门机关并遵循适当的法律程序实现监督和制约(权力必须以权力制约,监督必须有序和规范地进行。否则,人民的批评、建议、申诉、控告、检举等都不能发挥实际的制约、监督效用)。此外,民主,特别是现代民主,还意味着保护少数,意味着对受到政府违法行为侵犯的个别相对人的制度化救济。民主的重要形式虽然是少数服从多数,但这并不等于多数人可以为所欲为、多数可以压制少数。少数人的利益必须通过适当的法律途径予以保护,特别是个别相对人合法权益受到政府违法行为侵犯后,法必须为其提供相应的救济途径。因为政府侵犯个别人的权益并不会使它失去大多数人对它的信任,导致人民代表机关的罢免等政治程序。为了保护受政府行为侵犯的个别公民、法人和其他组织的合法权益,通过法律设置制度化的救济机制显然是必要的。没有这种救济机制的民主是不完善的民主,是不能完全真正反映全体人民意志和利益的民主。

民主政治要求行政诉讼制度,行政诉讼制度也只能在民主政治条件下生存和发展。在封建专制或法西斯专制条件下,行政诉讼制度是不可能存在的,因为专制君主、专制统治者不可能允许有另外的国家权力对其进行监督和制约,不可能允许人民质疑其行为的合法性,不可能为受到其侵害的相对人设置独立于自己、自己不能左右其运作的救济机制。

行政诉讼制度不仅只是民主政治的产物,而且行政诉讼制度一经产生还会对民主政治的健全和发展产生积极的促进作用。例如,行政诉讼使政府的行为更加公开,人民可借此获得更多的有关政府的信息。这些信息既可以帮助人民更好地知政、议政、参政,也可以帮助人民更有效地监督政府,还可以帮助人民加强对政府工作人员廉政、勤政情况的了解,以便在行使选举权时选出更适格的“公仆”。此外,行政诉讼在运作过程中揭露出政府机关及其工作人员的各种违法行为将使现行民主制度中的某些缺陷、某些薄弱环节得以暴露,从而引起人们重视和推进政治体制改革,使国家的民主政治不断完善。综上所述,行政诉讼与市场经济、法治、民主政治等法治环境各要素的关系是一种辩证统一的关系:法治环境达到一定的境界,必然产生行政诉讼制度,行政诉讼制度也只有在一定的法治环境中才能生存、发展;而行政诉讼制度一旦产生和运作又会对法治环境产生积极的影响,促进法治环境向更高的境界发展。

论国家侵权责任的构成*

《行政诉讼法》制定和颁布以后，国家赔偿法立法紧接着提上日程。在立法研究和试拟草案的过程中，最棘手和争论最多的问题是国家侵权责任的构成。

一般认为，国家侵权责任的构成要件为：(1)国家侵权行为；(2)公民、法人或其他组织遭受损害的事实；(3)国家侵权行为与损害事实之间的因果关系。本文就此三项构成要件的具体内容谈点个人的看法。

一、国家侵权行为

国家侵权行为是指国家机关及其工作人员、法律法规授权行使一定行政职能的组织、个人或国家机关委托进行行政管理的组织、个人在行使国家职能过程中违法侵犯公民、法人或其他组织合法权益的行为。国家侵权行为具有下述特征。

(一)国家侵权行为的侵权人是国家机关及其工作人员、法律法规授权行使一定行政职能的组织、个人或国家机关委托行使一定行政职能的组织、个人

侵权行为人行使职权的行为是代表国家并以国家名义实施的，故他们的行为应认为是国家的行为。在国家侵权法律关系中，关系的一方主体（侵权方）是国家，另一方主体（被侵权方）是公民、法人或其他组织。

当然，在国家内部还存在各种不同的法律关系。对于外部侵权行为，内部法律关系主体应依法承担相应的内部法律责任（纪律责任或经济责任）。

---

* 本文原载《中外法学》1991年第4期。

但就对外而言,行为主体应认为是国家,由国家对外承担侵权行为的责任。

(二)国家侵权行为是侵权人在行使相应国家职能过程中实施的

国家机关、国家机关工作人员、被授权人、被委托人均只有在行使国家职能过程中才能实施国家侵权行为,他们在进行与其相应国家职能无关的活动中所实施的侵权行为不是国家侵权行为。侵权人在其工作时间、工作地点内实施的侵权行为不一定与其行使职能有关。例如,公民甲在国家工作人员乙上班时间内从乙办公室门前路过,乙发现甲是自己的情敌,故意向外扔出一个墨水瓶将甲的头打破,此侵权行为就不能认为与乙行使其职能有关。反之,侵权人不在其工作时间、工作地点内发生的侵权行为也不一定与其行使职能无关。例如,公安人员甲假日在百货商店乙处购物时发现一通缉逃犯,甲抓获逃犯时,错将乙的某贵重物品作为逃犯违法物品带走、没收,此行为就不能认为与甲行使职能无关。对于侵权人的行为是否与其行使职能有关,必须具体情况具体分析,综合考虑时间、地点、目的、行为方式(包括着装、使用公务设备、武器、工具、佩戴公务标志)等要素,而不能绝对以某一要素或绝对以所有要素为识别标准。

(三)国家侵权行为是侵权人侵犯公民、法人或其他组织合法权益的行为

这一特征也存在疑点:国家侵犯相对人合法权益的行为是国家侵权行为,国家侵犯国家工作人员或被授权人、被委托人的合法权益的行为是否构成国家侵权行为?

从理论上讲,国家和国家机关工作人员的关系,与国家和公民、法人或其他组织的关系不是同一层次的法律关系。国家侵权法律关系应仅指外部关系。国家工作人员的个人权益与其他公民的个人权益在很多方面是一样的,如劳动就业领取劳动报酬权、名誉权等;但有些权益则与其他公民不一样,而是与国家工作人员的身份紧密联系的,如接受培训权、职务晋升权、要求改善工作条件或工作环境权等。因此,对于国家机关工作人员后一类权益被侵犯(如受到开除公职、降低工资级别等不公正的行政处分)可视为国家侵权,而对于前一类权益被侵犯,则一般不作为国家侵权行为处理。

(四)国家侵权行为是国家机关违法实施的行为

国家机关依法限制或剥夺公民、法人或者其他组织一定权利的行为不能称为国家侵权行为。作为国家侵权行为特征之一的“违法”应解释为行为人

行为违法。行为人合法行为使公民、法人或者其他组织权益受到一定损害不应认定为“侵权”(尽管公民、法人或者其他组织权益受到国家合法行为严重损害时可请求国家适当补偿),公民、法人或者其他组织非法权益受到国家违法行为限制或剥夺自然亦不能认定为“侵权”,因为侵权行为的第三个特征是侵犯合法权益。至于国家工作人员行为违法,自然应被追究法律责任,但这不是由国家承担侵权法律责任,而是由国家追究行为人违法行为的法律责任。

国家机关合法行为使公民、法人或者其他组织合法权益受到一定损害的情况是很多的。如戒严使交通中断,给相对人生产、生活均会造成不便,带来一定直接或间接的利益损失;行政执法检查,如公安、工商、海关、物价管理等行政机关依职权进行搜查、讯问;车站、机场、码头等进行的安全检查等即使不违法,也均会给相对人造成时间的耗费和一定利益的损失。对于这种损失,作为国家相对人的公民、法人或其他组织均有容忍的义务,承担这种义务与其享受国家为之提供和保障的和平、安全生活的权利是一致的。因此,国家机关合法行使职权行为致使相对人一定权益损害不应归入“国家侵权行为”的范畴。只有这种损害较为严重,公民、法人或者其他组织才可依法请求国家予以适当补偿。

(五)国家侵权行为是有过错实施的行为

这里所指的“过错”只能是主观过错。尽管实施国家侵权行为的国家工作人员或被授权人、被委托人个人不一定有故意或过失,其可能是奉上级首长命令而为或是根据某一国家机关的决定、决议而为,但在这些情况下,给他们发布命令的上级首长或作出决定、决议的国家机关是有过错的。因此,国家侵权行为终究是有过错的行为。

主观过错虽然是国家侵权行为的特征,但是在追究具体国家侵权行为的责任时,侵权人或追究侵权责任的人民法院却不应要求被侵权人对侵权人的主观过错承担举证责任。只要侵权人的行为违法,被侵权人和人民法院即可认定侵权人的行为是有主观过错的,除非侵权人自己能提出自己没有主观过错的证据(如不可抗力、正当防卫、紧急避险等)。

二、损害事实

国家侵权损害事实是指国家机关及其工作人员、被授权人或被委托人在行使国家职能过程中实施的侵权行为使被侵权人的人身或财产权益受到的实际损害。

(一)人身损害

人身损害包括:(1)被侵权人的人身自由受到非法限制或剥夺;(2)被侵权人健康受到损害,导致伤、残、病等;(3)被侵权人名誉、荣誉受到损害,导致精神痛苦等;(4)被侵权人生命权被非法剥夺,导致死亡。

导致人身自由损害的国家侵权行为是各种各样的,如行政行为中的错误拘留、劳教、扣留、收审等;刑事侦查、起诉、审判活动中错误刑事拘留、逮捕、判决等;民事、刑事、行政诉讼过程中的错误的司法拘留(作为排除诉讼障碍的强制措施)等。

人身自由损害导致国家侵权责任是毫无疑义的,因为人身自由权是宪法赋予公民的基本权利,是公民其他一切权利的基础,且人身自由损害必然带来相应的精神损害和财产损害以及可能的其他损害,故国家对此侵权承担责任是特别重要的。

导致公民健康、生命损害的国家侵权行为除了可能由国家机关的错误行为(通过决议、决定,如法院的死刑判决)构成,在很多情况下也可能由国家机关工作人员或被授权人、被委托人个人执行职务中的违法行为(如殴打、捆绑、虐待等)构成。公民健康、生命损害的事实包括伤、病、残和死亡,此种损害事实通常要以国家医疗机构或其他法定鉴定机构的证明或鉴定意见作为依据。当然,生命、健康损害的事实即使成立,要确立国家侵权责任,也还需证明国家侵权行为及其与损害事实因果关系的存在。精神损害很多时候是伴随着人身损害、财产损害同时发生的。在这种情况下,精神损害不一定作为独立的国家侵权责任构成要件的损害事实,可以被人身损害、财产损害(特别是人身损害)的损害事实所吸收。但是在有些情况下,精神损害是独立发生的,如行政处罚中的警告,行政处罚或国家工作人员在执行职务中的诬蔑、诽谤为导致公民的名誉、荣誉受损,致使其精神极度痛苦等。对于这种情况,精神损害应作为导致国家侵权责任构成要件的独立损害事实。

(二)财产损害

作为国家侵权责任构成的损害事实之一的财产损害包括:(1)被侵权人的一定财产的全部或部分丧失;(2)财产的外部变形或导致其价值降低或者

失去价值;(3)财产的变质、破损,导致其价值降低或失去价值;(4)可得利益的丧失,如失去原本可取得的利息、营业收益、利润或其他收入等。

导致被侵权人一定财产全部或部分丧失的国家侵权行为主要有:行政处罚中的错误没收、罚款;行政强制措施中的错误销毁;行政处理行为中的违法科加义务(如多收税、乱摊派等);刑事处罚中的错误罚金、没收;司法执行中的违法执行行为等。这些国家侵权行为是造成被侵害人财产损害,导致国家侵权责任法律关系发生的最常见的法律事实。

导致被侵权人一定财产外形或质量发生变化,使其价值减少或丧失的国家侵权行为主要有:行政强制措施中的错误扣留、扣押、封存;司法行为中的不当诉讼保全、证据保全、违法执行行为以及国家机关工作人员在执行职务中的个人违法乱纪行为等。被侵权人财产外形或质量发生变化作为构成国家侵权责任的损害事实通常是以其财产价值一定程度的降低或丧失为前提的。如果外形或质量虽稍有变化,但其价值基本没有降低或仅有很少降低则不一定构成国家侵权责任的损害事实。

被侵权人可得利益的损失作为能导致国家侵权责任的损害事实应是有条件限制的。首先,这种可得利益应该是一种可以得到的利益(如银行利息、正常的营业利润、固定的劳动报酬等),而不仅是一种凭推测可能得到的利益(如鸡可下蛋、蛋可孵出鸡的无穷推算的利益)。其次,这种可得利益应是指某种直接的财产利益,而不应包括(至少我国目前不宜包括)各种各样可能带来一定间接财产利益的机遇,如聘用考试机会、职务晋升机会、有奖竞赛机会等。最后,这种可得利益应是在较短期内可以取得的利益而不应是久远的将来可能获取的利益。可得利益损失作为国家侵权责任构成要件之所以应加一定限制条件,理由在于:第一,此种利益不同于既得利益,相对人尚未实际取得。虽然在一般情况下,他是可以取得的,但例外情况也总是可能发生的。因此,他也存在不能实际获取的风险。第二,可得利益的推算可以是无穷尽的,而国家的财力是有限的。第三,人与人之间、个人与社会、个人与国家之间不存在也不可能存在绝对的公平。虽然国家、社会应尽量通过创立和完善各种制度(如国家赔偿制度、国家补偿制度等)去维护公平和消除不公平,但制度的作用不是万能的,制度创立不了绝对的社会公平。人们如果试图通过某项制度去创立绝对的社会公平,那么反而会事与愿违,可能造成更多的社会不公平。因此,国家侵权责任是有一定限度的,作为国家的公民、法人或其他组织对国家侵权行为给其造成的某些轻微的损害和某些可得利益的损害有容忍的义务,不能无限制地要求国家赔偿自己受到的或可能受到的任何损害。

至于可得利益损失作为国家侵权责任构成的限制条件,法律、法规一般只能作出原则性的规定,具体界限还需由人民法院通过具体个案和司法解释确立。

三、因果关系

作为国家侵权责任构成要件的因果关系是指被侵权人权益受到损害与国家侵权行为之间存在必然的内在联系,即被侵权人的权益损害确实是由国家侵权行为造成的,或者说,国家侵权行为是使被侵权人权益损害必然发生的条件。

因果关系不是一般的条件关系。一定事物的发生可能是由很多条件促成的,但这些条件中有些条件必然导致该事物发生;有些条件则不然,它只能决定该事物早一些发生或晚一些发生,决定该事物在大一些范围以大一些的规模发生,或在小一些范围以小一些的规模发生。在所有条件中,只有决定相应事物必然发生的条件才是该事物的原因,与该事物存在因果关系。决定该事物发生的时间、范围、规模等的条件与该事物只是一般的条件关系,而不是因果关系。

在国家赔偿实践中,辨别与确认被害人损害事实与国家侵权行为之间的因果关系是一件极为复杂和困难的事,必须将因果关系的理论应用于具体案件,根据具体案件中的具体情况作具体分析,以求使国家侵权责任制度的运行既保障社会公平(被害人因国家侵权行为造成的实际损失能得到合理的赔偿),又保障国家机关的职能有效行使(国家机关及其工作人员能主动积极地依法行使职权,没有被某些相对人无理纠缠的顾虑)。

综上所述,国家侵权责任的构成要件即为上述三项:国家侵权行为、相对人遭受损害的事实、国家侵权行为与损害事实之间存在因果关系。当然,此构成主要是从国家赔偿立法角度分析的,即国家赔偿立法确定国家承担侵权责任应以此三项为条件。如果从执法和司法的角度分析,只有上述项条件还不一定导致国家侵权责任。因为在执法、司法中,要使国家承担侵权责任还必须有法律、法规根据,而法律、法规并非对所有具有上述三项条件的国家侵权行为均规定了法律责任。而且,法律、法规有时还会明确排除某些国家职权行为的法律责任。因此,执法或司法机关在裁决国家侵权责任时不仅要考虑以上三项构成要件,还要查阅法律、法规的有关规定,在这个意义上,具有法律、法规的规定也可视为国家承担侵权责任的一个条件。但此条件在理论上不能作为国家侵权责任的构成要件。

《行政案例精析》前言与后语*

一、《行政案例精析》前言

三年以前,即有编一本行政案例集作为行政法教学补充教材的意愿。但手头的工作一件接一件,一直未能抽出时间来将这一意愿变成现实。去年(1989年)下半年,北大法学院安排我给中国高级法官培训中心行政法专业班授课,天赐良机,借助于这些具有丰富审判实践经验的法官们的集体智慧,终于把这个意愿实现了。

本书共分六编:

第一编　行政行为析。本编通过对有关案例的分析,探讨行政机关具体行政行为的正确与错误、合法与违法以及正确、错误的理由和合法、违法的根据,探寻行政机关怎样正确、合法实施具体行政行为。

第二编　起诉、受理析。本编通过对有关案例的分析,探讨行政案件起诉、受理的条件,当事人资格,受案范围,探寻原告能就哪些案件起诉和人民法院怎样正确受理。

第三编　一审判决析。本编通过对有关案例的分析,探讨一审判决在认定事实、收集证据、适用法律诸方面的有关经验和存在的问题,探寻人民法院对具体行政行为正确进行司法审查应遵循的有关规则。

---

* 姜明安、王殿全、梁锦棠主编:《行政案例精析》,中国人民公安大学出版社1990年版。姜明安除撰写该书第六编第一章　人民法院对具体行政行为的司法审查,第二章　行政诉讼的判决、裁定和决定,第三章　行政赔偿和行政补偿外,还撰写了该书的前言和后语。后语是一篇探讨案例教学方法的文章,该文曾载全国法院干部业余法律大学校刊《学习与辅导》1990年第8期。

第四编　二审判决析。本编通过对有关案例的分析，探讨二审判决中较常出现的一些问题和适当的解决方法，探寻人民法院对行政案件正确作出终审判决应遵循的有关规则。

第五编　执行、赔偿析。本编通过对有关案例的分析，探讨人民法院行政判决、裁定执行中的相应问题和行政赔偿的某些疑难问题，探寻正确执行行政判决、裁定和正确进行行政赔偿应遵循的有关规则和应注意纠正的有关偏向。

第六编　行政审判论。本编不同于前五编，它不是对具体案例的分析，而是在对本书整个案例进行分析、研究的基础上，就行政审判的有关重要问题进行专门论述。本编包括三个部分：第一部分论述司法审查，包括司法审查的方式、依据、范围等。第二部分论述行政判决、裁定和决定，包括行政判决、裁定、决定的种类、适用范围、适用条件等。第三部分论述行政赔偿和行政补偿，包括行政赔偿和行政补偿的范围、标准、程序等。

本书所编每个案例均由五部分构成：(1)案题。开门见山、简明扼要地提出本案例所要论述或研究探讨的问题。(2)原告的姓名、身份，被告行政机关的名称，第三人（如案中有第三人的话）的姓名、身份（案中当事人为公民者，只写其姓而隐其名，为机关、单位者只写单位名称而隐去其所在地域）。(3)案情简介。简要地介绍案件发生的时间、地点、经过、双方当事人争议之所在。(4)理论分析。对案中所涉及的行政法或行政诉讼法问题进行理论分析。通过分析，阐明行政法学或行政诉讼法学的有关原理、原则。(5)结论。编者在理论分析的基础上，提出本人对相应案件处理的基本看法或对案中所涉及的行政法、行政诉讼法问题的基本观点。

如前所述，笔者最早想编写案例集的意图是想将之作为行政法教学的补充教材，用于教学（案例教学是法学教学的重要方法之一，应予提倡和推广，笔者曾应法院业大校刊《学习与辅导》之约，写过一篇鼓吹案例教学及其方法的文章，见本书后附录）。但现在看来，本书不仅应对这方面起作用，而且，或许更重要的是，它应对当前行政机关依法行政和人民法院行政审判起借鉴、参考作用。案例分析不同于法学教科书或专著，它是对法律原理、法律条文的实际的、具体的阐释，可以认为是“形象思维”作品（如果说教科书、专著是“抽象思维”作品的话），人们从这种“形象思维”作品中，更易于获得清楚、明了的启示和帮助。

当然,本书不会没有缺点和错误。由于行政审判在我国开展的时间还不太长,经验积累不足,特别是作为主编之一的笔者,全然没有行政审判的经验(过去曾以陪审员的身份办过若干刑、民事案子,也做过刑事案件的辩护人)。因此,本书恐怕只能是一本有用、有益但又有某些缺点甚至某些错误的书。对于书中的缺点、错误,欢迎各方面读者以各种形式予以批评、指正。

二、《行政案例精析》后语:案例教学方法初探

案例教学法,即教员通过对典型案例的解剖、分析和组织学生对典型案例进行研究、讨论,引导学生从个别到一般、从具体到抽象,从实际案例中学习、理解和掌握法的一般原理、原则的教学方法,是我国法学教学改革中值得探讨和加以试验的一种教学方法(当然,此种方法不仅适用于法学教学)。笔者在教学中曾试用过这一方法,下面谈一点自己运用案例教学方法教学的粗浅体会。

(一)案例教学法适用的主要范围

一般来说,案例教学法适用于整个法学教学,适用于所有学习法学的学生,但它主要或特别适用于应用法学的教学,适用于从实际工作中来,学习结束以后又将回到实际工作中去的离职或在职学习的干部学员。

民法、刑法、行政法、诉讼法等应用法学的教学不同于法学基础理论、法律制度史、法律思想史等理论法学、历史法学的教学,它应特别注重理论联系实际。因为应用法学教学不仅要使学生了解法律对各种相应问题是怎么规定的,为什么要那样规定,而且要使学生能够运用法律规则去解决各种复杂的社会问题。法律的条文是有限的,社会生活却是无限的。如何准确地运用有限的法律条文去解决无限的应由法律解决的相应实际社会问题,这是学习应用法学的学生必须培养的一种能力——将法律条文、法学理论运用于实际社会生活的能力(或称适用法律的能力)。法学学生的这种能力显然不是仅靠教员传授几条、几十条法学原理、法律原则所能获得的,他们必须同时通过对大量实际案例的亲自分析、解剖、研究、探讨,逐步地培养,逐步地获得这种能力。

对脱产或在职干部学员的教学不同于对法律院系一般大学生的教学,应

特别注重学员对现行法律条文的正确理解和对法律规则具体适用的掌握，以提高他们分析和解决实际问题的能力。因为这些学员来自实际部门，学习以后还将回到实际工作中去。他们离职或在职学习的目的很明确，就是要提高自己的法学理论水平和实际运用能力，以便今后更正确和更得心应手地处理本部门范围内各种复杂的实际问题。他们学习的时间是有限的，而法学理论知识是无限的。如何在有限的时间内能使他们多学习和掌握一些对他们实际工作有用的理论和知识，提高他们分析问题、解决问题的能力，这是承担这些学员教学工作的教员应认真考虑和解决的问题。在教学内容和教学方法上，如果我们完全搬用对待一般大学生的那一套，他们就可能学习兴趣不高（因为不能实现他们的学目的），学习效果不好。反之，我们如果能开展生动、活泼的案例教学，将法律一般原理、原则的讲授寓于具体案例的分析讨论中，就可以既调动他们的学习积极性，又使他们能更多地掌握实际运用法律的知识和提高解决实际问题的能力。

（二）案例教学的主要方法

案例教学有各种不同的方法，笔者在教学中采用的主有两种。

其一，以教员分析、讲授为主的方法。

教员根据教学内容选择典型案例（每一课题或可选择几个案例，简单的问题可不用案例，复杂的问题，如行政法中的自由裁量权及其滥用问题、行政诉讼中的第三人和附带民事诉讼问题等。或可选择多个案例，说明相应问题的各种情形、各种表现形式），在讲课中通过对案例的解剖、分析，总结，归纳相应的法律原理、原则，或者说明、阐释相应法律条文的含义及适用规则等。

采用这个方法，选择案例和进行分析、归纳均很重要。选择的案例要与课题的内容相适应，并且分析、归纳所获得的结论应能恰到好处地说明、证实相应课题所要讲述的原理、原则。当然，一个案例的内涵可能是很丰富的，有时它不仅可以说明、证实相应课题所要说明、证实的原理、原则，还可说明、证实与相应课题无关或关系不大的另外的原理、原则。对于这种案例，分析和讲授要全面顾及，但以说明、阐述与本课题有关的理论问题为主。对其他理论问题顺便提及可以帮助学生复习以前学习过的内容，加深对原有知识的理解，或者为以后的学习先作一个铺垫或埋下一个伏笔。

其二，以学生讨论、研究为主的方法。

这种方法的步骤是:教员讲完一个课题后,选择一个或几个案例,提出若干问题,交给学生课后去分析研究,并要求学生写出分析研究要点;然后(通常在一周后)组织学生进行集体讨论。讨论中可以相互辩论,学生与学生之间、学生与教员之间均可进行辩论。通过研讨,使大家对相应问题的结论逐步趋向一致;最后再由教员进行小结。小结应对讨论中提出的各种意见、观点进行分析,指出其正确或错误之所在。当然,正确的意见不一定是唯一的,有时解决问题有几种不同的方案。解决问题的各种不同方案是可以共存的,学生今后在实践中可根据实际情况选择其中最佳的方案。

(三)案例教学应注意的几个问题

案例教学法要求教员付出比运用一般教学法更多的劳动和心血,必须精心组织。否则,就不能取得预期的教学效果。案例教学应注意的问题有很多,下述问题尤应重视。

其一,要精心选择案例。

案例教学不是单纯为了加强教学的生动性和提高学生的学习与听课兴趣,不是给学生讲故事,而是要通过案例分析,使学生更好地掌握法律的一般原理、原则和提高学生运用它们解决实际问题的能力。因此,教员必须根据教学计划和课程内容精心选择案例。案例选择得好,是教学成功的一半。案例选择得不好,说明不了课题所要解决的问题,教学目的即不能实现,教学任务和计划就不能完成。

其二,要善于抓住问题和提出问题。

教员对所选择的案例自己首先要吃透,并善于抓住该案例的主要问题和向学生提出问题,然后引导学生找资料,进行分析、研究和得出结论。采用前述第一种案例教学法虽然以教员分析、讲授为主,但同样首先应向学生提出问题,在学生有所思考和初步得出答案的基础上进行分析、讲授。如果教员仅把案例交给学生,不提出问题,学生的分析研究就可能离开课题的内容,以致无的放矢,实现不了案例教学的目的。

其三,要认真组织讨论。

认真组织讨论是成功地进行案例教学的重要一环。教员在讨论中要起主导和引导作用,要保证讨论紧紧围绕提出的问题进行。教员可随时插话,或提醒发言者讨论的主题,或介绍有关背景材料、法律条文、法律原理和原则,或故意制造“争端”,挑起争论,使各种论点及其论据得到充分表述。当然,教员的插话必须简练、扼要;否则,会把讨论课变成讲授课。

其四,要有重点地进行小结。

案例讨论以后,教员通常应该有重点地进行小结、讲评。对讨论中提出的各种意见、观点要明确表明自己的态度:同意哪些意见、观点,不同意哪些意见、观点,根据和理由何在。当然,如前所述,有些不同意见、观点不是正确和错误的问题,而只是解决一个问题的几种方案、几种途径。教员在小结、讲评中对明显错误的意见、观点应予明确否定,毫不含糊;对非错误的不同意见、观点则应予以分析,阐明其利弊得失所在。必须明确,案例教学不是减轻教员的负担,教员不能任意找几个案例让学生讨论一番,自己不闻不问,对学生的意见、观点不置可否。这样的“案例教学”不仅不能使学生多有所收获,而且还可能不及传统的教学法,甚至会将学生引入歧途。

《行政诉讼案例评析》前言*

《行政诉讼法》的颁布实施,行政诉讼制度在我国的确立,是我国在法治的道路上迈出的具有重大历史意义的一步。“法治”,意味着政府和公民一样,要遵守法律、服从法律,要依法办事、依法行政;“法治”,意味着公民的权利自由受法律的保障,任何政府机关都不能任意侵犯公民的合法权益;公民的合法权益在受到政府机关及其工作人员违法行为侵犯时,能依法获得有效的救济。很显然,要实现法治,不能没有行政诉讼制度。

行政诉讼,一方面通过对行政机关具体行政行为的司法审查,监督行政机关依法行政,追究行政机关违法侵权行为的法律责任;另一方面通过法院对违法具体行政行为判决撤销、变更或责令行政机关履行法定职责和赔偿行政侵权行为造成的行政管理相对人损失,保护行政管理相对人的合法权益,对被违法侵权行为损害的行政管理相对人予以救济。同时,行政诉讼制度的实行,有力地推动着行政立法、行政执法、行政司法等各项行政法制建设的发展,促进着我国许多领域、许多方面的工作从“人治”走向“法治”。

行政法官是行政诉讼制度的主要运作者,行政诉讼制度能否正常有效地运行,在很大程度上取决于行政法官的素质。基于此,国家把培养行政法官的工作放在了非常重要的位置,除了高等学校法律院系大大加强了行政法学的教学,近两年来,全国各地还举办了各种不同类型的行政法官培训班、研讨班。特别应该提到的是:最高人民法院与北京大学联合组建高级法官培训中心,两次专门开办高级行政法官培训班(每期 60 人)。第一次高级行政法官

---

* 姜明安主编:《行政诉讼案例评析》,中国民主法制出版社 1994 年版。姜明安除撰写该书附录一　论行政自由裁量权及其法律控制和附录二　论国家侵权责任的构成外,还撰写了该书的前言。

培训班开办于《行政诉讼法》在全国正式实施的前夕:1989 年 9 月至 1990 年 7 月;第二次高级行政法官培训班开办于《行政诉讼法》在全国正式实施一年后的当下:1991 年 9 月至 1992 年 7 月。

这两期高级行政法官培训班学员在北大学习期间,不仅完成了既定的学习任务,在行政法学、行政诉讼法学方面的理论水平有了明显的提高,实际办理行政案件的能力有了相当的进步。而且,学员们在老师的指导下,总结他们在实践办案中的经验,将实践经验上升为理论,分别集体完成了两部行政法论著(第一期学员完成的《行政审判问题研究》和第二期学员完成的《中国司法审查制度研究》)和两部案例分析著作(第一期学员完成的《行政案例精析》和第二期学员完成的《行政诉讼案例评析》)的写作。这四部书研究、探讨和解决(或部分解决)了我国行政诉讼实践中提出的许多理论和实践问题,对促进我国行政法制建设的发展无疑将起积极的作用(就已出版的前两部书来说,这个作用显然已起到了)。

《行政诉讼案例评析》共分 12 编。第一、二编主要探讨行政诉讼的范围、当事人资格和当事人提起行政诉讼的条件;第三至七编主要探讨具体行政行为的合法性问题:行政机关作出具体行政行为应如何认定事实,如何收集和采用证据,如何适用法律法规,怎样遵循法定程序以及怎样正确行使职权(不超越职权和滥用职权),研究行政机关在这方面的成败得失、经验教训;第八至十二编主要探讨人民法院对具体行政行为的审查和判决:什么行为应予维持,什么行为应予撤销,什么行为应予变更,什么行为构成"不作为",法院应作出履行判决,什么行为构成"行政侵权行为",法院应作出赔偿判决并研究人民法院在行政审判方面的成功和失误、经验与教训。

本书的案例基本上都是从《行政诉讼法》实施以后全国各级人民法院审理的案件中精选出来的,但也有些选自《行政诉讼法》实施前审结的旧案(占 10%)。不过,被选的旧案均有一定的典型意义,并完全运用《行政诉讼法》的原则、规则进行分析。案例的作者除第二期高法班学员(共 60 名)外,还有 2 名其他高校来北大进修的教师和几名北大研究生。全部案例分析均经主编审阅修改定稿,某些案例的结论和理论分析为主编重写。

本书所编每个案例分析的体例与《行政案例精析》体例相同,亦由五部分构成:(1)案题。开门见山、简明扼要地提出本案例所要论述或研究探讨的问题。(2)原告的姓名、身份,被告行政机关的名称,第三人(如案中有第三人的话)的姓名、身份(案中当事人为公民者,只写其姓而隐其名,为机关、单位者只写单位名称而隐去其所在地域)。(3)案情简介。简要地介绍案件发生的时间、地点、经过、双方当事人争议之所在。(4)理论分析,对案中所涉及的行政法或行政诉讼法问题进行理论分析。通过分析,阐明行政法学或行政诉讼法学的有关原理、原则。(5)结论。编者在理论分析的基础上,提出本人对相应案件处理的基本看法或对案中所涉及的行政法、行政诉讼法问题的基本观点。

笔者认为,本书作为由行政审判第一线的高级行政法官执笔撰写的案例集,不仅可作为高校行政法学教员和学生教学的补充教材(主要用于案例教学),而且对于行政机关工作人员依法行政和人民法院行政审判人员进行行政审判也有一定的借鉴和参考作用。

《行政诉讼与行政执法的法律适用》前言*

这是一本专门探讨行政执法和行政诉讼中具体法律适用问题的著作。法律适用是法治系统的重要环节。衡量一个国家的法治水平,除了看其立法的量和质,另一个基本的考核指标就应为法律适用的状况。无法可依固然不能称“法治”,但有法不依或在适用中曲解法的原意,背离法的准则,断章取义为其所用,亦难言“法治”。

我国在10年或15年以前,实行“法治”的主要困难也许是无法可依,法律不完善可能是主要矛盾。但时至今日,实行“法治”的主要矛盾恐怕已转化为法律运作机制方面的问题了。立法虽然尚有很多艰巨的工作要做,因为我国法律远未达到完善的程度,但我国社会、经济大多数领域已不再是无法可依了。现在突出的问题是有法不依、执法不严,法律得不到正确的适用。这是为什么呢?这里固然有执法、司法人员的素质问题,但更有体制问题,适用法律的环境问题,具体的执法、司法制度问题以及法律适用中的法律解释机制和法律规范冲突处理机制等诸多问题。

由此可见,在我国目前的情况下,针对实践中迫切需要解决的有关问题,开展对法律适用的研究非常必要。只有重视和加强此种研究,才能找出解决上述法律适用诸多问题的方法和途径。本书旨在从对行政执法和行政诉讼中适用法律的研究入手,具体阐释、分析适用法律运作过程中的有关问题,以期找出其中某些带有一定规律性的东西,给实践以指导或借鉴。

本书作者大多是具有行政审判适用法律实践经验的高级法官,其中不少

---

* 姜明安主编:《行政诉讼与行政执法的法律适用》,人民法院出版社1995年版。姜明安除撰写该书第一编第一章　行政法适用的若干问题外,还撰写了该书的前言。

人还同时具备较高的理论水平。因此,本书对相应问题的研究大都具有一定的深度,且理论联系实际,从而可望对行政执法和行政诉讼适用法律实践能起到一定的积极作用。

作为研究法律适用问题的一部专著,本书各编、章之间具有内在的联系,同时又有自己的相对独立性。第一编研究法律适用的一般问题;第二编侧重探讨具体行政行为(行政执法)中的法律适用;第三编侧重探讨行政审判(行政诉讼)中的法律适用;第四编研究不同法律文件的效力和法律规范冲突及解决规范冲突的冲突规范问题。

本书每一编的每一章都着重分析法律适用的一个具体问题,研究该问题的理论与实践,分析调整该问题的有关法律、法规,并附若干案例予以阐释、解说。这样,读者既能通过本书从整体上把握法律适用的有关理论,又能通过本书的某一具体编、章获得解决法律适用某一具体问题的知识、方法。这是本书的一个鲜明特色。

《中国行政法治发展进程调查报告》后记[*]

继第八届全国人大第四次会议之后，江泽民同志在中国共产党第十五次全国代表大会上再一次郑重提出了“依法治国，建设社会主义法治国家”的治国方略，并指出，实行这一治国方略“是发展社会主义市场经济的客观需要，是社会文明进步的重要标志，是国家长治久安的重要保障”。[①]

我国正式、明确使用“法治”的概念和提出建设“法治国家”（第八届全国人大第四次会议使用的还是“法制”和“法制国家”）的目标虽然始自中国共产党第十五次全国代表大会的报告，但法治的进程实际上是从党的十一届三中全会开始的。中共十一届三中全会总结了我们党和国家自新中国成立初期至“文化大革命”结束近 30 年，特别是“文革”10 年的经验教训，提出了对中国历史产生并且还将继续产生重大深远影响的 176 字的著名“法治宣言”：“为了保障人民民主，必须加强社会主义法制，使民主制度化、法律化，使这种制度和法律具有稳定性、连续性和极大的权威性，做到有法可依，有法必依，执法必严，违法必究。从现在起，应当把立法工作摆到全国人民代表大会及其常务委员会的重要议程上来。检察机关和司法机关要保持应有的独立性；要忠实于法律和制度，忠实于人民利益，忠实于事实真相；要保证人民在自己的法律面前人人平等，不允许任何人有超于法律之上的特权。”尽管这 176 字中并没有出现“法治”的明确表述，当时三中全会更没有将此 176 字冠

---

* 姜明安主编：《中国行政法治发展进程调查报告》，法律出版社 1998 年版。姜明安除撰写该书序言（代序）《从人治走向法治——中国行政法治十年的回顾与展望》外，还撰写了该书的后记。本书仅收录该书后记。

① 江泽民：《高举邓小平理论伟大旗帜，把建设有中国特色社会主义事业全面推向二十一世纪》，载《江泽民文选》，人民出版社 2006 年版，第 29 页。

以“法治宣言”;但是,这 176 字确实贯穿和渗透着现代法治的基本精神,闪烁着几千年中外法治思想的夺目光华。我国 20 年健全和发展社会主义法制的实践证明,这 176 字确实起了“法治宣言”的作用。

20 年来,我国的法治到底取得了多大的进展?中国在法治文明方面到底取得了多大的成绩?我们现在距“法治国家”“法治政府”“法治社会”究竟还有多大差距?我们要实现社会主义法治的理想,还要进行哪些工作,在哪些方面作出努力?为了回答这些问题,我们北京大学法律系行政法教研室组织 1996 届高级法官培训班 60 名学员于 1997 年 2 月至 3 月在全国进行了一次较大规模的社会调查。调查的总题目是“20 世纪 90 年代中国行政法治发展的进程”。调查的时间范围虽然确定为 20 世纪 90 年代,但 20 世纪 90 年代的中国法治乃是 20 世纪 70 年代末至 80 年代中国法制的发展、延伸,从而我们调查的内容必然要追溯到 20 世纪 90 年代以前的情况。这次调查的领域虽然确定为“行政法治”,但行政法治是法治的核心、主干,行政法治涉及立法、司法和国家社会生活的各个领域,涉及法治的方方面面。事实上,我们这次调查大多是从法院行政诉讼入手的。行政诉讼的被告是行政机关,通过对行政诉讼被告的调查,我们了解到行政机关依法办事、依法行政和其本身遵守法律、法规的情况。行政诉讼的原告是公民、法人和其他组织,通过对行政诉讼原告的调查,我们了解到我国国民的法律观念、法治意识逐步增强和运用法律保护其权益的情况。行政诉讼的依据是法律、法规并参照规章,通过对行政诉讼依据的调查,我们了解到我国立法适应社会经济发展不断完善的情况。行政诉讼案件的审理机关是人民法院,通过对人民法院的调查,我们了解到我国司法机关独立行使审判权,保障公正、平等、人权等现代法律价值观念得以实现的情况。我们在调查以后,形成了近 100 万字的调查报告,经过主编的删改,本书呈现给读者的只是其中的一小部分。

本次调查是由北京大学法律系行政法教研室组织策划的。整个调查工作得到了最高人民法院高级法官培训中心的支持、指导,得到了全国各地党政机关、人民法院和广大公民、组织的支持、帮助。对此,我们表示衷心的感谢。

本调查报告的立意、整体框架和结构由本书编委会集体讨论确定,各编、章的提纲和基本内容由主编、副主编与各作者商议后确定。整个调查报告完成后,主编对各编、章进行了全面修改,最后由主编统稿、定稿。

本调查报告正式交付出版之际,正值北京大学建校 100 周年。我们谨以此书向北大 100 周年献礼。愿北京大学永葆青春,日益兴盛。

第四编

公务员制度研究

我国公务员制度的建立和主要内容*

一、我国公务员制度的建立

我国于1993年8月14日发布《国家公务员暂行条例》,1993年10月1日起施行。该暂行条例的发布和施行标志着在我国开始正式建立公务员制度。

我国公务员制度从酝酿到正式建立,经历了三个阶段。

第一阶段为理论研究阶段(1978—1984年)。党的十一届三中全会是我国发生伟大转变的一个里程碑。党的十一届三中全会以后,我国走上改革开放的道路。在干部人事制度上,理论界开始探讨管理的科学化和法制化的问题。一些学者、专家自20世纪70年代末80年代初开始研究我国长时期实行的干部制度的利弊得失,探讨国外文官制度(公务员制度)对我国的可借鉴之处,并为此在北大专门主办“比较文官制度研究班”(1983年),聘请外国人事管理专家(美国的坎贝尔教授 Alan K. Campbell、法国蒂姆西教授 Gerard Timsit 等)介绍西方国家公务员制度的具体内容及其运作方法。经过近五年时间的研究、探讨,理论界提出了制定我国公务员法(当时称为“国家工作人员法”),使我国人事管理走上法制化道路的建议。

第二阶段为立法阶段(1984—1993年)。1984年10月,《国家工作人员法》(后改为《国家公务员暂行条例》)立法起草小组成立,开始公务员制度的

* 本文原载《中外法学》1994年第3期。

立法。[1] 这个法规共写了30稿,历经八年多时间,至1993年4月24日,才在国务院常务会议上获得通过。这个法规的草拟之所以经历这么长的时间,其出台之所以这么艰难,原因在于公务员制度是我国历史上从未有过的一种全新的制度,反映的是现代民主和市场经济的要求。当时很多国民还不了解、不熟悉这种新制度,还有一些人因各种原因反对这种制度。

第三阶段为实施阶段(自1993年10月1日起)。《国家公务员暂行条例》虽然是自1993年10月1日起施行,但从1989年起,国务院就已先后在一些部门和地区进行试点,取得相应经验后,才在全国开始实施。当然该暂行条例在全国开始实施并不等于公务员制度在我国已经完全建立和进入正常运转。公务员制度在我国的完全建立和进入正常运转还需要一个过程,这个过程大体需要三年时间。

我国公务员制度是从过去长时期实行的"干部制度"(或称"国家工作人员制度")转化而来的,并且这种转化过程现在还在进行。我国之所以要由过去的干部制度转为实行公务员制度是因为过去的干部制度存在诸多弊端,不适应今天社会主义市场经济发展的需要。过去干部制度的弊端主要表现在:其一,重人治,轻法治,干部的升、降、奖、惩等主要取决于长官意志,没有严格的法定条件、法定程序予以规范;其二,干部吃"大锅饭",端"铁饭碗",缺少竞争和激励机制,干多干少一个样,干好干坏一个样,窒息了干部的主动性、创造性,导致政府效率低下;其三,人才归单位所有、部门所有,干部难以流动,导致许多人用非所学、用非所长,不利于人才在全国的最佳配置,不利于干部聪明才智和专长的最佳发挥,也限制了干部选择工作地点、单位和职业的自由。当然,除了上述弊端(导致改革的原因),我国过去的干部制度也有很多优良传统和有益的经验。例如,在用人方面,重视德才兼备,重视实践经验;在人事管理方面,强调实行群众路线,实行领导、专门机关和群众的一定形式的结合(尽管事实上长官意志起决定作用);在待遇和保障方面,实行较稳定的职业保障和较优的福利待遇;等等。我国现在的公务员制度并没有抛

① 《国家工作人员法》立法起草小组由中组部、劳动人事部所属部门负责人和北大、人大及中国社科院法学所、政治学所的专家、学者共15人组成,时任中组部副部长曹志任组长,笔者是该起草小组成员之一。

弃上述优良传统和有益经验;相反,现行制度正是在继承过去干部制度的优良传统和吸收过去干部制度的有益经验基础上的发展和创新。

我国公务员制度也借鉴了中国古代科举制度的某些精华,其中最重要的就是“考试取士”,通过考试选拔人才,录用公务员。但是我国今天的公务员制度绝不是中国古代科举制度的简单继承、发展,更不是古代科举制度的翻版、复制。我国现在的公务员制度与古代科举制度有着根本的区别:其一,古代科举制度是建立在封建专制的基础上,所选之人是为封建君主服务的;现代公务员制度是建立在民主的基础上,是为广大人民服务的。其二,科举制度所确立的官吏与国家(皇帝)的关系(君臣关系)是一种具有某种人身依附性质的关系;公务员制度所确立的公务员与国家的关系是一种权利义务性质的法律关系。其三,科举制度主要是指“考试取士”;而公务员制度是指包含着调整公务员考试录用、职位分类、考核、奖惩、培训、交流、工资、保险、福利等一整套现代人事的系统制度。其四,科举制度在中国古代并非选官、任官的唯一制度,除了科举制,中国古代选官还有荐举制、荫生制、捐纳制(卖官鬻爵)等;而现在的公务员制度规定,凡录用担任主任科员以下的行政工作人员,一律要通过考试(进人必考)。其五,科举考试的内容和形式死板、僵化,与实践严重脱节,难以选拔具有真才实学的人才;公务员考试的内容则坚持理论联系实际,形式灵活多样,有利于选拔各种不同领域不同方面的有真才实学的人才。

相对于中国古代科举制度,我国现代的公务员制度从国外文官制度(公务员制度)借鉴了更多的原理和运作方法,如文官制度的统一原则、公开原则、平等原则、竞争原则、激励原则、职位分类原则、职位保障原则以及考试制度、考核制度、功绩制度、回避制度、培训制度、交流制度、退休保险制度等。可以说,我国现在的公务员制度中大多数具体制度内容,或多或少不同程度地参考和借鉴了公务员制度建立、发展较早的西方各国的有关经验和做法。当然,我国的国情不同于西方国家,因此,我国公务员制度与西方国家文官制度也有着重要的区别。首先,在我国,共产党是执政党,公务员必须拥护共产党的领导和社会主义制度。这与西方国家公务员实行“政治中立”原则是不同的。其次,我国公务员分为政府组成人员与非政府组成人员,任领导职务的公务员与任非领导职务的公务员,这与西方国家公务员划分为政务类公务员、业务类公务员的分类法是不同的。此外，我国公务员制度各项具体制度既借鉴了西方国家的某些做法，但也都有中国自己的特色。例如，录用制度中强调德才兼备，采用考试、考核相结合的办法，考核坚持德、能、勤、绩全面考核，采取平时考核、年度考核、民意测验、民主评议等多种形式相结合的方式；交流制度包括行政机关内部交流，也包括与其他国家机关以及国有企事业单位的工作人员交流；交流方式包括调任、转任、轮换和挂职锻炼；等等。这些都是我国公务员制度不同于或不完全同于西方国家文官制度的特色。

二、我国公务员制度的主要内容

我国《国家公务员暂行条例》共 18 章 88 条，其所设计的公务员制度的主要内容包括以下方面。

（一）公务员系统新陈代谢的运转机制

公务员系统新陈代谢的运转机制指公务员系统不断从外部吸收新的成员和不断从内部排除出各种不适应系统运作的旧的成员，以保证系统正常有序运转的机制。

根据《国家公务员暂行条例》的规定，我国公务员系统的"入径"（进入方式）有三：

1. 公开竞争考试（包括考核）。《国家公务员暂行条例》第 13 条第 1 款规定，国家行政机关录用担任主任科员以下非领导职务的国家公务员，采用公开考试、严格考核办法，按照德才兼备的标准择优录用。这是公务员系统最基本、最主要的"入径"，是防止任人唯亲，防止公务员系统入口上的腐败，保障公务员队伍质量的最重要的制度。

2. 调任（经过考核）。根据《国家公务员暂行条例》第 55 条和第 57 条的规定，行政机关可以从其他国家机关以及国有企事业单位调入人员担任领导职务或助理调研员以上非领导职务。调入人员必须经过严格考核，具备拟任职务所要求的政治思想水平、工作能力以及相应的资格条件。考核合格的，应当到行政学院或者其他指定的培训机构接受培训，然后正式任职。

3. 特别方式。《国家公务员暂行条例》第 16 条第 2 款规定，行政机关录用特殊职位的国家公务员，经国务院人事部门或者省级人民政府人事部门批准，可以简化程序或者采用其他测评方法。所谓特殊职位的国家公务员指涉及国家安全、重要机密以及要求专业技术很强的职位的公务员以及除政府组成人员以外的担任领导职务的公务员。

根据《国家公务员暂行条例》的规定，中国公务员系统的“出径”（退出或排除出去的方式）有五：

1. 退休。退休分两种形式：强制退休和申请退休。强制退休的条件是：男年满 60 周岁，女年满 55 周岁，或者丧失工作能力的。申请退休件是：男年满 55 周岁，女年满 50 周岁，且工作年限满 20 年的，或者工作年限满 30 年的。申请退休需经任免机关批准。

2. 辞职。公务员可以通过辞职退出国家公职系统。公务员辞职应向任免机关提出书面申请，任免机关应在 3 个月内予以审批。审批期间，申请人不得擅自离职。国家行政机关根据实际情况，可规定公务员 3 年至 5 年的最低服务期限，公务员未满最低服务期限的不得辞职。此外，在涉及国家安全、重要机密等特殊职位上任职的国家公务员不得辞职。

3. 调出。根据《国家公务员暂行条例》的规定，公务员可以从行政机关调到其他国家机关或国有企事业单位任职。公务员调出行政机关后，不再保留国家公务员的身份。

4. 辞退。行政机关对于具有下列情形的公务员，可以辞退：（1）在年度考核中，连续两年被确定为不称职的；（2）不胜任现职工作，又不接受安排的；（3）因单位调整、撤销、合并或者缩减编制员额需要调整工作，本人拒绝合理安排的；（4）旷工或者无正当理由逾期不归连续超过 15 日，或者 1 年内累计超过 30 日的；（5）不履行国家公务员义务，不遵守国家公务员纪律，经多次教育仍无转变，又不宜给予开除处分的。

5. 开除。开除是《国家公务员暂行条例》规定的对于公务员的一种最严厉的行政处分形式，适用于有严重违法、违纪行为的公务员。开除公务员依法分别由任免机关或行政监察机关决定，并应报上级机关备案。县级以下行政机关开除公务员，须报县级人民政府批准。

（二）激励竞争机制

《国家公务员暂行条例》所设计的激励竞争机制主要包含下述制度。

1. 考核制度。行政机关对其所属公务员实行平时考核和定期考核相结合的考核制度。考核内容包括德、能、勤、绩，以考绩为主。考核结果分优秀、称职、不称职三个等次。考核等次作为公务员职务升降、奖惩、辞退的依据。

2. 奖励制度。行政机关对于有下列表现的公务员予以奖励:(1)忠于职守,积极工作,成绩显著的;(2)遵守纪律,廉洁奉公,作风正派,亦事公道,起模范作用的;(3)在工作中有发明、创造或者提出合理化建议,为国家取得显著经济效益和社会效益的;(4)爱护公共财产,节约国家资财有突出成绩的;(5)防止或者挽救事故有功,使国家和人民群众利益免受或者减少损失的;(6)在抢险、救灾等特定环境中奋不顾身,作出贡献的;(7)同违法违纪行为作斗争,有功绩的;(8)在对外交往中,为国家争得荣誉和利益的;(9)有其他功绩的。奖励形式有:嘉奖,记三等功、二等功、一等功,授予荣誉称号。

3. 纪律惩戒制度。行政机关对于有下列违纪行为,尚未构成犯罪的,予以行政处分:(1)散布有损政府声誉的言论,组织或者参加非法组织,组织或者参加旨在反对政府的集会、游行、示威等活动,组织或者参加罢工;(2)玩忽职守,贻误工作;(3)对抗上级决议和命令;(4)压制批评,打击报复;(5)弄虚作假,欺骗领导和群众;(6)贪污、盗窃、行贿、受贿或者利用职权为自己和他人谋取私利;(7)挥霍公款,浪费国家资财;(8)滥用职权,侵犯群众利益,损害政府和人民群众的关系;(9)泄露国家机密和工作秘密;(10)在外事活动中有损国家荣誉和利益;(11)参与或者支持色情、吸毒、迷信、赌博等活动;(12)违反社会公德,造成不良影响;(13)经商、办企业以及参与其他营利性的活动;(14)其他违反纪律的行为。行政处分的形式有:警告、记过、记大过、降级、撤职、开除。

4. 职务升降制度。公务员职务升降取决于其德才水平、工作表现。贤能者升,不称职者降,晋升按照规定的职务序列逐级进行,个别德才表现和工作实绩特别突出的可越级晋升。降职适用于在年度考核中被确定为不称职或不胜任现职又不宜转任同级其他职务的公务员。

5. 辞退制度。公务员不胜任工作,不履行义务,不遵守纪律,对其教育后仍不改正的,行政机关可以辞退。

6. 晋级增资制度。公务员工资制度贯彻按劳分配原则,公务员工作称职、优秀的,可以定期晋升工资奖金,不称职者则不能晋升工资。

(三)制约机制

为保障公务员廉政勤政,防止其违法乱纪、以权谋私,《国家公务员暂行条例》设计了下述制约机制：

1. 回避制度。公务员之间有法定亲属关系的，不得在同一机关担任双方直接隶属于同一行政首长的职务或有直接上下级领导关系的职务，也不得在其中一方担任领导职务的机关从事监察、审计、人事、财务工作。公务员执行职务时，涉及与本人有利害关系的，必须回避。公务员担任县级以上政府领导职务，一般不得在原籍任职。

2. 轮换制度。行政机关对担任领导职务和某些工作性质特殊的非领导职务的公务员，由任免机关组织有计划地进行职位轮换。

3. 限制兼职制度。公务员原则上一人一职，确因工作需要，经任免机关批准后，可在行政机关内兼一个实职，但不得在企业单位兼任。

4. 禁止经商制度。公务员不准经商、办企业以及参与其他营业性的经营活动。

5. 行政处分制度。公务员违法违纪，根据情节要受到警告、记过、记大过、降级、撤职、开除等行政处分。

（四）保障机制

为解除公务员后顾之忧，使其安心工作，忠于职守，乐于献身公职事业，《国家公务员暂行条例》设计了以下保障机制。

1. 职位保障。《国家公务员暂行条例》规定，公务员非因法定事由和非经法定程序不被免职、降职、辞退或受到行政处分。

2. 生活保障。国家公务员实行定期增加工资制度，其工资水平与国有企业职工工资水平大体持平，除国家法律、法规和政策规定外，公务员的工资不得扣减，其保险福利待遇不得降低。

3. 退休制度。公务员年老或丧失工作能力，享受养老保险金和其他退休待遇。

4. 申诉控告制度。公务员受到不公正待遇，其合法权益受到侵犯，可以向有关国家机关提出申诉、控告，要求相应行政机关纠正错误的处理决定，恢复公务员被侵犯的合法权益，赔偿其所受到的经济损失。

除了以上主要内容，中国公务员制度还包括其他有关内容，如职位分类、培训制度，公务员的权利、义务规范，管理机构，监督机制等。

现在，我国从中央到地方，都在有组织、有步骤地推行公务员制度。可以预计,这一体现现代民主、法治精神和公开、平等、竞争、择优原则的新制度将完全改变中国人事管理的旧面貌,将给我国公职系统注入新的生机、活力,从而推进整个中国的经济和社会的发展。

谈《国家公务员暂行条例》的制定与实施*

一、实行公务员制度是民主、法治、效率的要求

《国家公务员暂行条例》(以下简称《暂行条例》)终于出台了。早在 1984 年,由中组部、劳动人事部抽调所属部门负责人和北京大学、中国人民大学、外交学院、中国社科院法学所、政治学所专家、学者(共 15 人),组建了国家工作人员法立法起草小组,开始草拟公务员法。当时准备制定的是法律,曾拟用过"国家工作人员法"、"国家行政工作人员法"、"国家行政机关工作人员法"以及"公务员法"等名称。最后才确定先以行政法规(而非法律)的形式和使用现在的名称"国家公务员暂行条例"出台。立法起草小组花了近半年时间草拟出该法第一稿,以后几易其稿。人事部成立后,此项立法转人事部,并改"法"为"条例","条例"写了十几稿,到今天国务院以《暂行条例》发布,历时近九年时间。九年内"条例"有好几次出现出台希望,也有好几次近于要放弃,将草案打入了冷宫,似乎没有了出台的希望。其中的艰难曲折,笔者作为初稿草拟人之一,略知一二。

这个"条例"(而且只是"暂行条例")的出台为什么这么难?因为该"条例"所要建立的公务员制度是和现代民主、法治、高效率密切相联系的。要在我们这个有着几千年封建历史,新中国成立后又长期实行计划经济体制的国度里实行这种体现民主、法治精神和平等、竞争、效率原则,且又是借鉴了国外某些经验和做法的制度,人们可以想见会有多少困难,多少阻力。这个"条

---

* 本文原载《行政法学研究》1993 年第 3 期。

例”为什么还是能出台,为什么终于出台了?因为我们国家已经走上了社会主义市场经济之道,市场经济要求民主,要求法治,要求效率。既然社会主义市场经济是不可逆转的发展方向,那么,民主、法治、高效率就同样不可阻止。体现民主、法治、高效率原则和精神的公务员制度就迟早要出台。困难和阻力只能使它晚一些出台,而不可能使它永远不出台。公务员制度与民主、法治、高效率究竟是什么关系呢?本文试作一简要分析。

(一)公务员制度与民主

从历史上看,公务员制度是资产阶级和人民群众反对封建“恩赐官职”制和资本主义社会早期的“政党分赃”制的产物。“恩赐官职”制是封建国王、皇帝将国家及其国家公职视为一己之私物,任命官员被他作为对忠实于他的臣民的一种赏赐。“政党分赃”制是资产阶级政党将国家公职视为其通过竞选获取的战利品,在其执政后,按其拥护者在竞选中出力的大小和功劳分派官职。这两种任官制度除了不符合选贤任能的效率原则,就是显然不符合民主原则:普通公民没有特殊身份、特殊关系就难以获得担任国家公职、参与国家管理的机会。而公务员制度则与此不同,任何公民不分出身、地位、民族、性别、经济状况和政治信仰,通过竞争考试、考核,符合法定条件者,皆可成为国家公务员,担任国家公职,参与国家管理。

我国现在颁布的《暂行条例》即体现了这种民主精神(但我国公务员录用对政治信仰有严格要求)。《暂行条例》第13条第1款明确规定:“国家行政机关录用担任主任科员以下非领导职务的国家公务员,采用公开考试、严格考核的办法,按照德才兼备的标准择优录用。”这种通过公开、平等竞争考试和考核的方法向社会择优录用公务员的制度将给最广泛的公众提供担任公职的平等机会,而机会均等则正是现代民主的重要内容。

除了录用这一环节,公务员制度在考核、奖惩、申诉控告等环节上也体现了比我们过去的干部制度更大的民主。过去我们对干部的考查评价多是凭领导和人事部门的主观印象,而根据现在的《暂行条例》,考核则先由公务员个人总结,再在听取群众意见的基础上写出评语,提出考核等次意见,经考核委员会或考核小组审核,最后才由部门负责人正式确定考核等次。过去我们提拔干部,多是采用“伯乐相马”的方法,而根据现在的《暂行条例》,公务员晋升要经过以下程序:(1)采取领导与群众相结合的办法产生预选对象;(2)按照拟任职务所要求的条件进行资格审查;(3)在年度考核的基础上进行晋升考核;(4)由任免机关领导集体讨论决定人选。所有这些,无疑都体现了公务员制度的民主精神。

(二)公务员制度与法治

"法治"的基本含义是依法治国,依法办事,行政法治则主要指依法行政、依法管理。"法治"的反面是"人治"。"人治"的基本含义是依长官意志、个人意志治理国家,管理社会行政事务。长官意志、个人意志往往与反复无常、滥用自由裁量权联系在一起,与故意或非故意、自觉或不自觉违反客观规律、违反科学规则联系在一起。"法治"的"法"则有规范性、稳定性、科学性(决策须经过集体讨论,集中集体智慧,依严格程序制定),法无论如何要比个人一时的主意,哪怕是伟大人物深思熟虑的主意,更具科学性。

国家管理领域的法治包括两个方面。一是对外管理的法,即国家机关及其公务人员依法对公民、法人和其他组织进行管理的法;二是对内管理的法,即依法对国家机关的组织、编制、公务人员等进行管理的法。过去我们对外管理法治不完善,"人治"色彩很浓;对内管理就更是以领导指示、政策文件为主,"人治"占主导地位。

过去我们搞计划经济体制,"人治"尚能维系。现在搞市场经济,"人治"就再也难以为继了。"人治"解决不了廉政、勤政的问题,而不解决政府机关及其工作人员的廉政、勤政问题,社会主义市场经济就难以进行。因此,市场经济呼唤法治,而在人事管理方面实行法治,就不能不推出公务员制度。现在颁布的《暂行条例》即要在人事管理领域实行法治,无论是公务员的进、出、管,均须严格遵循法定条件、权限、程序,任何领导人都不能离开法定条件、权限、程序个人说了算,任意进人,任意提拔人,任意处分人;任何公务员也都不能离开法定条件、权限、程序,靠山走门子。不符合法定升官条件的升不了官,符合法定被处分条件的免不了罚,法定该交流的要交流,法定该回避的要回避,法定该辞退的要辞退。在法律和制度面前人人平等。人人有依法规定的平等权利和义务,谁也不能占便宜,谁也不能犯法,任何犯了法的人都不能逍遥法外。这就是法治,这就是法治对人事管理的要求。

(三)公务员制度与效率

市场经济要求高效率的政府、高效率的行政管理。机构臃肿,人浮于事，公务人员素质低下，懒、馋、贪、妒是无法搞市场经济，无法使我国经济腾飞的。那么，怎样提高行政效率，怎样建立一支高素质、廉政、勤政的公务员队伍呢？世界许多国家的经验表明，制定公务员法、建立公务员制度是解决这个问题的一个很好的、必不可少的途径。

就我们现在颁布的《暂行条例》所确立的公务员制度来说，其对于效率的促进作用是显而易见的。

首先，公务员制度要求采取考试、考核用人，从“进口”上把住了公务员队伍的质量关，能有效地防止无能之辈和品质恶劣分子进入公务员队伍。

其次，公务员制度要求实行对公务员系统化、规范化的培训，能全面提高公务员的政治、业务素质，使其不断增加和更新知识，以适应社会经济和科学技术日新月异的发展对公务员素质提出的要求。

再次，公务员制度确立了一整套考核、奖惩、职务升降、工资福利待遇的竞争、激励机制，这将打破以过去旧体制下形成的干好干坏一个样、干与不干一个样的“大锅饭”制度，有利于调动整个公务员的积极性，促使他们努力学习、积极工作、奋发进取，从而给我们整个政府机关注入生机与活力，最大限度地提高政府工作效率。

最后，公务员制度确立了严格的辞职、辞退以及退休规范，为不愿意担任公职和不适于担任公职的公务员开辟了顺畅的“出口”，使公务员队伍形成制度化的择优汰劣和新陈代谢机制：能者进，庸者出，病者休，老者退，其效率自然会大大提高。《暂行条例》终于出台了，我国公务员制度将根据这个《暂行条例》在三年左右的时间里建立起来。我们相信，公务员制度的建立将使我国社会主义民主、法治推向一个新阶段，将使我们政府的行政效率推进到一个新水平，从而将进一步推动我国的社会主义物质文明、精神文明建设，使我们国家更加富强，更加生机勃勃。

二、现在的关键是实施

建立公务员制度进行的第一大“战役”是立法，制定《暂行条例》。没有法，没有规范，制度的建立自然无从谈起。现在法有了，《暂行条例》出台了，第二大“战役”就应该是坚决执行，全力以赴地实施《暂行条例》。

有人认为，公务员制度虽好，《暂行条例》虽然也写得不错，但我国目前还不具备实行公务员制度的条件,还缺乏公务员制度赖以运行的经济、政治、文化环境。因此,公务员制度应该缓行,《暂行条例》应待条件成熟后实施。这种观点和主张似乎很有道理,也确有很多事实支持。但是持这种观点和主张的人们恰恰没有考虑:条件和环境是怎么来的,是怎么形成的?许多事物的条件和环境往往是事物进行过程中逐步具备、逐步完善的。公务员制度就是如此,它所需要的环境:民主、法治、市场经济、国民的现代化观念等,既是实行公务员制度的基础,它们本身又必须和必然要在实行公务员制度的过程中进一步完善;它所需要的条件:理论、经验、经费等,既是实行公务员制度的前提,它们本身又必然要在实行公务员制度过程中进一步积累。就经费条件讲,不实行公务员制度,效率低下,财政紧张,经费难以解决;而实行公务员制度,效率提高,财政就会有更多的钱用来完善公务员制度。

有人认为,公务员制度事关重大,很多问题现在尚无把握,各种有关配套法规又还没有制定出来,《暂行条例》还是暂不实施好。这种观点虽也有一定道理,但显然具有片面性。《暂行条例》出台之前,公务员制度已在有关部门和地方试行过较长时间,对各种有关问题不能说全无把握。而且最重要的是,各种问题只有在《暂行条例》实施过程中才能暴露出来,各种配套法规也只有在总结实施经验的基础上才能制定好,从而才能更好地调整各种相应关系。

有人认为,公务员制度虽然应该实行,但实行起来困难太多,阻力太大。因此,实行不要那么积极,易行的就行,难行的就止。这种态度显然是很有害的。一个新制度的推行,不可能没有困难和阻力,有困难就应想办法克服,有阻力就应采取措施排除阻力。这样,结果很可能就是"柳暗花明又一村"了。

那么,我们应该怎样既坚决而又稳妥地实施《暂行条例》,在我国最终建立起较完善的公务员制度呢?本文特提出以下建议。

(一)大力宣传《暂行条例》,加强国民对公务员制度性质、意义、作用的认识

作为一种新制度,只有人们真正理解它和感觉到对它的迫切需要,它才会被大多数人们所接受;而只有大多数人们能接受它,它才会具有真正的生命力。在我们对公务员制度的宣传中,要把与制度有直接利害关系的人们(如将为《暂行条例》所调整的人)以及将组织这一制度实施的人们作为重点的宣传对象,他们的认识提高了,其阻力就会大大消除,其动力就会大大增强。

（二）培训人才，组织实施公务员制度的队伍

一个新制度，必须靠人去建立、去推行。它不可能自然形成。特别是像公务员制度这样一个涉及全国统一规范的新制度，没有一大批真正懂得这个制度的内容及其“操作规程”（而不仅是只懂得其表面意义）的高素质的组织管理人员去组织实施它，要使之建立和正常有序运行是不可想象的。那么，人才从哪里来呢？必须花大力量着手培训，从现在的组织人事管理干部中抽调一批改革意识强、有能力、有魄力的干部进行培训，作为今后具体实施《暂行条例》的中坚力量。

（三）制定配套法规，完善各项具体制度的法律规范

公务员制度是一个大系统工程。在这个大系统工程中，包含着许多小系统工程，即各项具体制度。《暂行条例》只对公务员制度整个大小系统工程确定了基本规范，但各项具体制度都还有待根据《暂行条例》确定的基本规范去制定相应配套法规进行具体调整。当然，配套法规不可能马上全部出台，它必须根据《暂行条例》实施过程中反馈的问题反复修改补充完善，然后逐步出台。而且配套法律规范可以是多层次的，包括国务院行政法规、部门规章、地方政府规章。不同层次的法律规范可逐步完善。公务员制度实施的整个过程即公务员法律规范不断完善的过程。

（四）在现有条件下最大限度地实施《暂行条例》，在实施过程中进一步创造和完善条件

《暂行条例》确定的各项具体制度的实施同样必须具有相应的条件。《暂行条例》发布令规定该条例自今年（1993 年）10 月 1 日起施行。这个“施行”当然是指全面施行，而不是指部分制度施行，部分制度不施行；也不是部分地区施行，部分地区不施行。但是个别制度马上施行确实会有条件不具备的问题，某些地区马上施行《暂行条例》确实会有很大的困难。因此，实事求是的口号应该是，在现有条件下最大限度地实施，在实施过程中进一步创造和完善条件。“最大限度”就是尽最大的努力，采取最有效的措施，最充分地利用现有的条件。因为一个制度只有整体运转才能发挥最佳功效，如果长时期部分运转、部分不运转，不仅出不来应有的效果，可能最终毁了整个制度。当然，《暂行条例》的个别规定也许有不合适的或脱离中国国情的，但这种情况须报国务院通过法定程序修改，任何单位、个人，不得任意改变或违反《暂行

条例》的规定,另搞一套。否则,统一的科学的公务员制度就会弄得面目全非。建立公务员制度也许还有很多问题需要研究和讨论,但现在的关键是实施好《暂行条例》。

我国国家工作人员工资制度研究*

我国国家工作人员的工资制度,同我国的整个工资制度一样,是建立在“按劳分配”和“同工同酬”原则的基础之上的。这是由我国社会主义国家的性质所决定的。社会主义国家的国家工作人员,不是高踞于人民群众之上的享有特权的官僚,而是普通的劳动者,是使用“特种工具”的工人。① 社会主义国家的国家工作人员,不是凭官爵领取俸禄,而是凭履行国家公职的劳动领取工资报酬。国家确定他们工资报酬的依据是劳动的数量和质量,而不是权力或资本。按劳分配、多劳多得、少劳少得;同样的劳动取得同样的报酬。我们既反对剥削,也反对平均主义。至于我们在某些时候在实际工作中没有很好地贯彻“按劳分配”“同工同酬”的原则,那是我们工作中的失误,而绝不是我们制度本身的问题,绝不反映我国工资制度的本质。

我国的整个工资水平不高,国家工作人员的工资水平是比较低的。新中国成立以来,我国一直实行低工资制。当然,为了保障和提高广大工作人员的实际生活水平,国家在实行工资制的同时,还实行着多补贴的制度。实行这种制度是由我国生产力的发展水平所决定的。新中国成立初期,我们的国家是那样的穷困,建设任务是那样的艰巨,实行高工资制,自然是不能设想的。以后,随着国民经济的恢复和第一个五年计划的完成,我国职工的工资

---

* 本文选自曹志主编:《中华人民共和国人事制度概要》,北京大学出版社 1985 年版,第 242-318 页。本书其他作者写作部分和笔者写作部分(本书第九部分)所基于的资料和数据绝大部分源于中组部政策研究室向我们“国家工作人员法立法小组”提供的近 20 本《人事工作文件》(从 1949 年至 1983 年,除“文化大革命”时期外,大多每年 1 本)。故本文如无特别需要说明的问题,文中不再对所引用的资料和数据加注。

① 《列宁全集》第 24 卷,人民出版社 1963 年版,第 19 页。

水平曾有所提高。但遗憾的是,以后由于“左”的指导思想的影响,更加上反革命集团的破坏,我国的生产力没有得到应有的发展,我国职工的工资水平没有得到应有的提高。直到党的十一届三中全会以后,我国的经济形势才开始发生根本性的转变,国家职工的工资也才有可能相应地得到多次增加。但是,工资水平的大幅度提高须取决于经济的腾飞。而一个国家,特别像我们这样的大国,经济的腾飞不是短时间内所能成就的事业。因此,在目前的条件下,要马上改变我国职工低工资状况是不可能的,即使是设想在较短时间内,大幅度提高我国职工的工资水平亦是不现实的。我国国家工作人员的工资,在基本原则上和企业工人工资制度是一样的;但在工资形式上,实行的是和企业工人工资不同的制度。我国企业工人的工资主要实行八级工资制(部分工人实行计件工资制或其他工资形式),而国家工作人员实行的是职务等级工资制。之所以要采取这两种不同的工资形式,是因为企业工人和国家工作人员劳动的内容和方式不同:前者是直接从事物质资料的生产,其劳动的数量和质量可以通过其劳动生产出来的产品直接衡量;而后者是从事非物质资料的生产,其劳动的数量和质量不能以某种价值物直接衡量。这种建立在相同原则基础上的不同工资制度形式是符合实际的。我们现在要进行的改革,不是要取消这种区别、取消多种形式的工资制度而搞“一刀切”,恰恰相反,我们的改革是要丰富和发展能够体现同原则的多种工资形式。我国国家工作人员的工资长期以来主要是由党的政策和政府的规范性文件调整的。到目前为止,我国还没有调整整个国家公职关系的国家工作人员法,也没有专门调整国家工作人员工资报酬关系的工资法。这种情况是与当前国家法制不够健全和完善相联系的。为了加强国家公职关系(包括工资关系)方面的立法工作,必须分析研究我国三十多年来所实行的工资制度,认真考察和探索其中的利弊得失,正确总结历史的经验教训。为此,我们特将新中国成立以来党和政府各个时期发布的各种规范性文件中有关国家工作人员工资制度的规定加以整理和归纳,按照若干类别作一粗略的介绍。

一、工资制度的历史发展

我国国家工作人员的工资制度是在新民主主义革命期的供给制的基础上发展起来的。民主革命时期,我们党处在极其艰苦的条件下,物质生活异常困难,不可能实行工资制,就连最低标准的供给往往也没有保障。毛泽东同志在讲到红军时期的供给制时曾说:“红军一面要打仗,一面又要筹饷,每天除粮食外的五分钱伙食费都感到缺乏。”①“红军至今没什么正规的薪饷制,只发粮食、油盐柴菜钱和少数的零用钱。”②“从军长到伙夫,除粮食外,一律吃五分钱的伙食。发零用钱两角即一律两角,四角即一律四角……士兵管理伙食,仍能从每日五分的油盐柴菜钱中节余一点作零用,名曰‘伙食尾子’,每人每月约得六七十文。”③这些话是讲根据地的情况的,但实际上反映了我们党在整个民主革命时期供给制的基本状况。当然,以后的边区时期和解放区时期,情况要比根据地时期好一些,特别是解放战争后期,我们已由农村进入城市,情况开始发生转变。

在这个时期,我们军队官兵和广大干部虽然基本上仍然实行的是供给制,但也有开始实行工资制的。对于工厂的工人、技术人员以及国家机关、事业单位中留用的旧人员,开始一律实行工资制。1948 年和 1949 年,中共中央就工资问题连续发布了好几个指示。例如,1948 年 8 月的《关于工资问题给东北局的指示》;1949 年 1 月的《关于新解放城市职工薪资问题的指示》;1946 年 6 月的《关于留用旧职员工的工薪问题的指示》等。

中共中央在 1948 年给东北局的指示中,对当时的工资制度提出了三条原则,指出:“战时工资应低于平时,同时职工应有的生活水准必须保证,技术管理能力的差别亦必须适当规定等级,予以待遇上的区分。不如此则无法持续生产与鼓励生产。因此,(1)最低工资应保证维持连本人在内的两个人的生活;(2)实行交叉累进的定级工资制;(3)规定不同企业各种职工的一般工资最高额。在实施这三个原则时,应照顾到战时生活降低的要求和战时物价的波动,使战时工资制度和工资标准问题,能得到合理的解决。既可避免平均主义的错误,又不致违反战时要求,而职工最低生活能得到保障。”

《中央关于新解放城市职工薪资问题的指示》提出:“新解放城市中关于职工与留用的公教人员的工资薪水问题,是个非常复杂的问题,也是全国性

---

① 《毛泽东选集》第 1 卷,人民出版社 1966 年版,第 53 页。
② 《毛泽东选集》第 1 卷,人民出版社 1966 年版,第 62 页。
③ 《毛泽东选集》第 1 卷,人民出版社 1966 年版,第 64 页。

的问题，不能草率地制定新的工资标准。而且，目前的形势，又不允许我们召开全国性的会议来通盘解决这一问题。我们过去在农村环境中因袭供给制而草率规定的那一套工厂工人工资制度和标准，不能搬用于城市。因为城市生活水平较高，房租水电都要钱，不能按乡村生活水平来定城市工人的工资。因此，凡任原职的职工和公教人员，只有暂时一律照旧支薪，即按解放前最近三个月内每月所得实际工资的平均数领薪。”“原是供给制的一些干部，到新解放的城市工作，也不必急于改行薪水制。”

《中央关于留用旧职员工的工薪问题的指示》提出：“政府机关留用的旧职员，借支和原职原薪都只能在接管初临时采用。接管工作结束后，可分别量才录用，既未必任职，更不应拿原薪。原职原薪的办法用在这里一般是不适当的。”中共中央关于工资问题的这些指示，是新中国成立初期我国工资的基本政策。当时国家工作人员的工资报酬形式和工资酬标准正是根据这些指示确定的。

当时国家工作人员的工资实行几种不同的形式：军队干部、战士和大部分国家机关干部，仍然沿袭战争时代的供给制。供给包括伙食、服装、津贴。伙食分大灶、中灶、小灶三种标准。灶别划分的依据是职务、参加革命年限、对革命的贡献。作战受伤、被捕受刑等均作为考虑因素。此后，供给制逐步改行包干制，即将伙食、服装等折成米或款，包干供给。开始仅将生活费折成米包干供给，其他如服装、技术津贴、保健费、老年优待金、住房等仍然供给，即所谓“小包干”。后来，国家几次提高工作人员的津贴标准，并扩大包干范围，除小孩保育费、保姆费以外一律包干，即所谓“大包干”。

另一部分国家机关、企事业单位的干部和职工（包括留用人员）实行工资制。工资标准是以小米市斤为计算单位，按照工资米价折款发给本人。

还有一部分工作人员实行部分供给、部分工资制。对新中国成立以后新参加工作的中直国家机关工作人员，政务院于 1950 年 1 月 20 日制定了统一的工资标准。将工作人员职务分成 25 级，同一职务设若干级别，各职务的级别交叉，最高级别（第 1 级）工资标准为 3400 斤小米，最低级别（第 25 级）工资标准为 120 斤小米。1 ~ 3 级的级差为 600 斤小米，3 ~ 5 级的级差为 400 斤，5 ~ 7 级为 200 斤，7 ~ 11 级为 100 斤，11 ~ 17 级为 40 斤，17 ~ 25 级为 30 斤。最高标准为最低标准的 28 倍。

1952 年,国家对工作人员的工资报酬制度进行了一次改革,统一以工资分作为供给制人员的津贴标准和工资制人员的工资标准。实行工资分制的考虑是:当时全国物价虽已初步稳定,但仍有波动,而且地区之间的物价水平不一致,从而还不可能实行直接以货币支付工资的制度。为适应这种情况,必须找出一种既能在全国范围内统计、核算,又能基本反映各地生活消费和实际物价差别的统一的工资计算单位。这种单位的适当形式就是"工资分"。每一工资分的分值均以实物计算。

根据政务院 1952 年 7 月 5 日的规定,每一工资分所含食物的种类与数量是:食粮 0.8 斤;白布 0.2 尺;植物油 0.05 斤;食盐 0.02 斤;煤 2 斤。

供给制人员的津贴标准,分为 29 级(按职分级,一职多级,职间级别有交叉),最高津贴标准(第 1 级)为 1706 工资分(包括伙食费、服装费、津贴三项),最低津标准(第 29 级)为 85 工资分。最高标准是最低标准的 20 倍。

工资制人员的工资标准亦分 29 级。第 1 级的工资标准为 2200 工资分,第 29 级的工资标准为 85 工资分。最高标准是最低标准的 26 倍。

1956 年,国家对整个工资制度实行了根本的改革,取消了工资分制度和物价津贴制度,实行直接统一按货币规定工资标准的制度。国家机关、事业单位和少数企业的国家工作人员,统一实行职务等级工资制。国家机关行政管理人员分为 30 个等级,工程技术人员分为 18 个等级,大多数企业的领导人员、工程技术人员和经济管理人员实行职务工资制。企业工人则分别实行八级工资制、七级工资制(如建筑业工人)、岗位工资制(如纺织运转工人)、职务工资制(如邮电工人)等;普通工、勤杂工、炊事员、汽车司机等工种和学徒工则基本上按地区统一规定工资标准。

此外,1956 年的工资改革还调整了地区、产业、部门之间的工资关系。在地区关系上,根据各地区经济发展情况、物价生活水平及工作生活条件等,将全国划分为十类工资区,分别规定不同的工资标准;在产业关系上,根据各产业在国民经济中的重要性、技术复杂程度和劳动条件因素,对不同产业规定不同的工资标准,如国家机关的工程技术人员规定了五种产业工资标准;在部门和职类关系上,规定直接生产部门人员的工资标准高于非直接生产部门人员的工资标准,企业干部的工资标准高于国家机关工作人员的工资标准,工程技术人员的工资标准高于同级管理人员的工资标准。改革方案还为教授、高级科研人员、高级技术人员规定了较高的工资标准。

1956年工资改革的成绩是巨大的。通过这次改革,我国初步建立了基本上符合“按劳分配”“同工同酬”原则的工资制度。20世纪50年代前期和中期,我国国民经济恢复和发展较快。在这个基础上,国家多次调整职工的工资,提高了职工的工资水平,职工生活有了明显改善。1957年,周恩来同志在党的八届三中全会《关于劳动工资和劳保福利问题的报告》中指出:“八年来,不仅工资水平提高了,职工生活改善了,并且从根本上改变了半殖民地半封建性的工资制度,建立了基本上符合社会主义按劳付酬原则的工资制度”,从而鼓舞了广大职工的劳动热忱,胜利地完成了恢复和发展国民经济的计划。“一五”时期,全国工业总产值每年平均递增18%,工业全员劳动生产率每年平均递增8.7%,职工的平均工资每年平均递增7.4%。

当然,1956年建立起来的工资制度并不是尽善尽美的。近30年来(1956年至1985年),各方面的情况又发生了很大变化,而工资制度却没有进行过根本的改革,在一个相当长的时期里又停止了正常的晋级加薪制度。从而,现行工资制度暴露出很多不合理的地方,迫切地需要进行全面的改革。

二、工资制度的主要原则

我国国家工作人员的工资制度,就其本质来说,是社会主义的工资制度。考察我们党和国家历来有关工资问题的各种文件、规定、指示,我国国家工作人员的工资制度,主要体现下述社会主义原则。

(一)各尽所能、按劳分配的原则

还在1954年6月25日,中央人民政府政务院在《国家机关工作人员工资包干费标准及有关事项的规定命令》中,就明确提出国家机关工作人员工资上的“按劳付酬”原则。1956年7月4日,国务院在《关于工资改革的决定》中指出:要根据按劳取酬的原则,对企业、事业和国家机关的工资制度,进行进一步改革。之后,在有关工资问题规范性文件中,都规定把“各尽所能、按劳分配”原则作为我国工资制度的根本原则。如1961年9月16日中共中央关于讨论和试行《国营工业企业工作条例(草案)》的指示中提出:“应当按照每个人的技术水平,按照每个人的劳动的数量和质量来确定报酬,而不应当按其他标准。”1977年8月10日,国务院在《关于调整部分职工工资的通知》中提出,这次调整工资,要体现“各尽所能、按劳分配”的原则。1979 年 10 月 25 日,国务院在《关于职工升级的几项具体规定》中提出:这次升级,要真正体现“各尽所能、按劳分配”的原则,择优升级,反对平均主义。1984 年《中共中央关于经济体制改革的决定》中亦明确规定:国家机关、事业单位的工资制度要进行改革,“改革的原则是使职工工资同本人肩负的责任和劳绩密切联系起来”。

(二)同工同酬的原则

1955 年 8 月 31 日,国务院《关于国家机关工作人员全部实行工资制和改行货币工资制的命令》、同年 10 月 25 日高教部《关于高等学校工作人员全部实行工资制和改行货币工资制的通知》以及 1956 年 7 月 4 日国务院《关于工资改革中若干具体问题的规定》中,均明确提出了“同工同酬”的原则。以后,中央和地方各级人民政府关于国家工作人员工资的各种规定和具体工资方案中,都以不同形式反映和体现了这一原则:国家工作人员,无论性别、年龄和出身有何不同,在同样的条件下,从事同样的工作,即应领取同样的酬劳。

(三)正常提薪的原则

这一原则是在 1956 年工资改革中首先提出来的。国务院《关于工资改革的决定》第 3 条第 2 款中规定,要“使升级成为一种正常的制度”。国务院《关于工资改革中若干具体问题的规定》第 4 条又规定了正常升级的具体办法。但由于“左”的路线的影响,这些规定并没有完全执行,正常提薪制度并没有真正建立起来。直到 1978 年,这一原则才又重新提了出来。1978 年 2 月 10 日,中共中央转发国家计委《关于经济计划的汇报要点》以及 1978 年 4 月 20 日中共中央《关于加快工业发展若干问题的决定(草案)》中均提出“要实行正常的调整职工工资的制度”。

(四)适应形势的原则

这一原则要求国家工作人员工资的增长要与国民经济的发展相适应,与社会劳动生产率的增长和消费品的增长相适应,与物价和生活费的增长相适应。1953 年 9 月 7 日,《中共中央关于建筑工程部工作的决定》中提出“正确的方针,应该是在发展生产、提高劳动生产率的基础上,使工资福利适当地逐步增加”。1956 年 4 月 22 日,国务院在《关于修订工资改革方案的通知》中提出,工资增长,必须注意下列几个方面:第一,必须保证完成原定的降低成本和上缴利润的计划指标。因此,工资的增长,必须考虑到进一步提高劳动生产率的可能性。第二,工资的增长,必须考虑到消费品供应特别是副食品供应的可能性,以免引起物价波动,影响职工的实际收入。第三,工资的增长,必须考虑到保持年度之间的适当平衡关系,每年工资增长的幅度不宜悬殊太大。1956 年 7 月 4 日,国务院在《关于工资改革的决定》中提出:确定工资的提高,应"根据国家工业和农业的发展情况和当前的政治经济任务,根据职工工资的提高必须与劳动生产率的提高相适应和劳动生产率提高的速度又必须超过工资提高的速度的原则"。1960 年 9 月 20 日,中共中央在转发国家计委党组、劳动部党组《关于当前劳动力安排和职工工资问题的报告》中提出:"职工工资的增长必须同生活消费品的增长相适应,也必须同整个社会劳动生产率的增长相适应。"

(五)反对平均主义的原则

这一原则要求打破收入分配上"干多干少一个样、干好干坏一个样、干与不干一个样"的"大锅饭"现象,使工资报酬充分体现多劳多得、少劳少得,充分体现脑力劳动和体力劳动、复杂劳动和简单劳动、熟练劳动和非熟练劳动的差别。1956 年,国务院在《关于工资改革的决定》中明确提出,要克服工资待遇上的平均主义,使熟练劳动和不熟练劳动、繁重劳动和轻易劳动在工资标准上有比较明显的差别。1956 年 2 月 24 日,《中共中央关于知识分子问题的指示》中提出:"知识分子特别是高级知识分子的劳动报酬,应该根据按劳取酬的原则,适当地加以提高……目前在物质待遇上的平均主义倾向,以及机械地按照行政级别办事、只重视行政负责人而不重视专家的错误倾向,应该坚决地加以克服。"1978 年 4 月 20 日,中共中央《关于加快工业发展若干问题的决定(草案)》中规定,在分配上要坚持按劳分配,多劳多得、少劳少得,既反对高低悬殊,又反对平均主义,承认必要的差别。1984 年,《中共中央关于经济体制改革的决定》深刻论述了在工资报酬上彻底反对平均主义的必要性,指出:"长期以来在消费资料的分配问题上存在一种误解,似乎社会主义就是要平均,如果一部分社会成员的劳动收入比较多,出现了较大的差别,就认为是两极分化,背离社会主义。这种平均主义思想,同马克思主义关于社会主义科学观点是完全不相容的。历史的教训告诉我们:平均主义思想是贯彻执行按劳分配原则的一个严重障碍,平均主义的泛滥必然破坏社会生产力。”

（六）统筹兼顾的原则

1957 年，周恩来同志在中国共产党第八届中央委员会第三次扩大会议上《关于劳动工资和劳保福利问题的报告》中阐述了这一原则。他指出：“我国的劳动工资和劳保福利政策，必须从统筹兼顾全国人民生活首先是工农生活、适当安排城乡关系这个基本观点出发，实行合理的低工资制，尽量使大家都有饭吃，并且在发展生产的基础上，使工农生活能够逐步地得到改善。实行合理的低工资制，就是对工资水平的安排，不能单纯从工业生产的增长和工业劳动生产率的提高出发，而必须从整个国民经济的发展和全社会劳动生产率的提高出发。只有实行合理的低工资制才能与我国相当低的工农业生产水平相适应。”近 30 年来，我国有关工资福利的各种规定，基本上遵循和体现了这一原则。例如，1958 年 2 月 6 日《国务院关于企业、事业单位和国家机关中普通工和勤杂工的工资待遇的暂行规定》中提出，“由于普通工和勤杂工只从事简单的体力劳动，并且一般都是就地招收的，同农民的关系比较密切，他们的工资待遇比农民的收入高出过多，就会引起农民的不满，并且容易吸引农民大量流入城市，既有碍于农业生产，也给城市中劳动就业的安排和居民的生活供应等方面增加了困难”。因此，他们的工资标准不可超过当地一般农民收入过多，同时考虑到城乡生活水平的差别，亦不可规定过低。1958 年 7 月 30 日，中共中央转发中共吉林省委《关于街道办工业现场会的报告》中提出：关于工资、工时和福利待遇问题，应从全国六亿人口的国情出发，根据当地人民生活水平现状和街道工业特点，既有利于促进街道工业的发展，又应与当前一般街道居民的生活水平相差不多的原则加以确定。

（七）关心职工物质利益与加强思想政治工作相结合的原则

20 世纪 50 年代初期，党中央和国务院就提出了这一原则。1953 年 9 月 7 日，《中共中央关于建筑工程部工作的决定》中提出：“必须肯定，任何忽视工人当前切身生活利益的倾向是错误的，不可容许的，但如果离开发展国民经济、实现国家工业化这一目标，离开了提高劳动生产率这一基础，片面强调职工工资福利，也是错误的，是与工人群众长远利益相违背的。”1958 年 12 月 10 日，中共中央在《关于人民公社若干问题的决议》中提出，“必须关心人，纠正那种见物不见人的倾向……把生产和生活对立起来，认为重视群众生活就会妨碍生产的观点,是错误的。当然,离开提高觉悟和发展生产,片面地或者过分地强调改善生活,而不提倡为长远利益而艰苦奋斗,也是错误的”。1961 年 9 月 16 日,中共中央在关于讨论和试行《国营工业企业工作条例(草案)》的指示中提出:“政治挂帅和物质鼓励相结合,是充分调动职工群众的积极性的正确原则。在贯彻按劳分配的时候,要加强对职工的政治教育,但是,就确定每个人的劳动报酬来说,只能是按劳分配。”1978 年 9 月 13 日,中共中央在《关于做好改革工资制度调查研究工作的通知》中提出:在改革中,一定要坚决贯彻执行“不劳动者不得食”“各尽所能、按劳分配”的原则,调动广大职工的社会主义积极性。必须坚持无产阶级政治挂帅,加强思想政治工作,教育人们树立共产主义的劳动态度,全心全意地为人民服务,把精神鼓励和物质鼓励结合起来,以精神鼓励为主。但确定职工劳动报酬,只能是按劳分配,而不能按照其他标准。

三、国家工作人员的工资标准

我国国家工作人员目前适用的工资标准共有几十种。这些标准中,绝大多数是在 1956 年工资制度改革中制定而沿袭至今的。其中有少数后来作了一些修改与调整,但均未有根本性的改变。下面我们分别介绍几种不同类别国家工作人员的工资标准。

(一)国家权力机关和行政机关工作人员的工资标准

国家权力机关和行政机关工作人员的工资,根据工作人员的职务分为 30 级。一职多级,职间级别交叉。第 1 级为最高工资,标准为 644 元①;第 30 级为最低工资,标准为 23 元。最高工资为最低工资的 28 倍。各级的级差不等,第 1~3 级的级差约 10 元,第 14~16 级的级差约 14 元,第 28~30 级的级差为 2 元。

这个工资标准自 1956 年颁布以来,中共中央、国务院为了缩小高低工资之间的差距,以利于密切领导与群众的关系,曾先后四次决定降低部分人员的工资。这四次降低工资的决定是:1956 年 12 月 18 日国务院《关于降低国家机关十级以上干部的工资标准的决定》;1959 年 2 月 7 日中共中央《关于降

① 各级都依地区分为 11 种工资标准,这里引用的工资额是六类地区的工资标准。下同。

低国家机关三级以上党员干部工资标准的决定》；1960 年 9 月 26 日中共中央转发国家计委党组和劳动部党组《关于降低十七级以上党员干部的工资标准的建议》；1957 年 3 月 31 日《国务院关于修订国家关工作人员工资标准表(四)的通知》。

(二)司法机关工作人员的工资标准

司法人员的工资亦分 30 级。其标准、级差、高低工资差距与权力机关和行政机关工作人员相同。

(三)民警人员的工资标准

民警人员工资分 13 级。第 1 级为最高工资，标准为 149.5 元；第 13 级为最低工资，标准为 34.5 元。最高工资为最低工资的 4.3 倍。最高 3 级工资的级差约 14 元，最低三级工资的级差约 6 元。

(四)国家机关专业技术人员的工资标准

国家机关专业技术人员工资标准依产业分为五类。每类标准均分 18 级。第 1 级工资为最高工资，标准为 333.5 元；第 18 级为最低工资，标准为 27.5 元(各类均同)。最高工资为最低工资的 12 倍。各级工资的级差最高为 46 元，最低为 3.5 元。

(五)国家机关翻译人员的工资标准

国家机关翻译人员工资分 15 级。第 1 级为最高工资，标准为 299 元；第 15 级为最低工资，标准为 48.5 元。最高工资为最低工资的 6.2 倍。各级工资的级差最高为 46 元，最低为 6.5 元。

(六)国家机关技术工人和普通工人的工资标准

国家机关技术工人和普通工人工资分 10 级。第 1 级为最高工资，标准为 89.5 元；第 10 级为最低工资，标准为 17.5 元。最高工资为最低工资的 3.3 倍。各级工资的级差最高为 9 元，最低为 3.5 元。

(七)高等学校教学人员的工资标准

高等学校教学人员工资分 13 级(教授 1~6 级，副教授 3~6 级，讲师 6~9 级，助教 9~13 级)。第 1 级为最高工资，标准为 345 元；第 13 级为最低工资，标准为 56 元。最高工资为最低工资的 6.2 倍。各级工资的级差最高为 97.5 元，最低为 6 元。

(八)中国科学院科研人员的工资标准

中国科学院科研人员工资分12级(研究员1~4级,副研究员3~6级,助理研究员6~9级,研究实习员9~12级)。第1级为最高工资,标准为287.5元;第12级为最低工资,标准为56元。最高工资为最低工资的5.1倍。各级工资的级差最高为46元,最低为6元。

(九)国家卫生技术人员的工资标准

国家卫生技术人员工资分21级(后将16、17两级合并,改为20级)。第1级为最高工资,标准为333.5元;第21级为最低工资,标准为29元。最高工资为最低工资的11.5倍。各级工资的级差最高为46元,最低为3元。

(十)中专、技校、中学、小学教学人员的工资标准

中专教学人员工资分13级(原为11级,后将国家机关的23、24两级并入,作为该标准的最后两级)。最高工资为218.5元,最低工资为43元。

技工学校教师工资亦分13级。最高工资为186.5元,最低工资为38元。

中学教员工资分10级。最高工资为149.5元,最低工资为33元。

小学教员工资亦分10级(原为11级,后将最后一级废弃)。最高工资为86.5元,最低工资为29元。

(十一)文艺工作人员的工资标准

文艺工作人员工资分16级(不包括文艺辅助人员2级)。第1级为最高工资,标准为333.5元;第16级为最低工资,标准为42.5元。最高工资为最低工资的7.8倍。各级工资级差最高为46元,最低为6元。

(十二)体育运动员、教练员的工资标准(1982年修订后的新标准)

体育运动员、教练员工资分11级(教练员1~11级,运动员3~11级)。第1级为最高工资,标准为180元;第11级为最低工资,标准为43元。最高工资为最低工资的4.2倍。各级工资级差最高为18元,最低为10元。

四、国家工作人员工资定级与晋级的基本依据

根据新中国成立以来国家有关工资问题的文件规定,国家工作人员工资级别确定依据,即定级的依据主要有四个:职务、德、才、资历。

1952年,政务院在《关于颁发各级人民政府供给制工作人员津贴标准及工资制工作人员工资标准的通知》中规定:"评定各个工作人员的津贴和工

资,在目前情况下,应依其现任职务,结合其德、才,并适当地照顾到其资历。提任同一职务的人员,其津贴、工资可以不同。”

1954年,政务院在颁发《关于国家机关工作人员工资、包干费标准及有关事项的规定的命令》中提出:评定国家机关工作人员工资,包干费的级别,应以其现任职务,结合其德、才,并适当地照顾其资历为原则,防止偏才、偏资历等偏向。

1956年,国务院在《关于工资改革的决定》中规定:企业职员和技术人员的工资标准,应该根据他们所担任的职务进行统一规定。

高教部在《关于1956年全国高等学校教职工工资评定和调整的通知》中规定:教职员工的工资级别,应根据现任职务,结合德、才条件和工作成绩进行评定。评定工资时,不要硬套原来的工资级别,一般应根据每个人的学术水平、工作能力、教学或工作成绩来评定工资级别。

文化部在《关于颁发全国文化事业单位、企业工作人员工资标准和调整工资的通知》中规定:评定和提升工作人员级别,应根据工作人员的现任职务,贯彻德才兼备的干部政策,并且适当地照顾其资历。文艺工作人员和其他业务技术人员的工资级别的评定和提升,主要应根据本人当前的艺术或业务技术水平,结合其在人民群众中的地位和影响,同时应适当地照顾其在艺术或业务工作上的历史功绩。

林业部在《关于颁发林业事业系统工人职员工资标准及工资改革中有关问题规定的通知》中明确:技术人员工资的评定一般的应根据技术能力的高低,任务的大小,工作态度好坏,工作效果如何及其在技术工作人员中的声望与对国家的贡献等条件。

从上述规定来看,评定国家工作人员的工资级别,虽也考虑一些其他因素和条件,但主要依据是职务、德、才、资历(资历作为主要的参考依据)。

职务是指国家工作人员的现任职务。

“德”是指工作人员的政治思想品质。对于各类各级国家工作人员“德”的要求,一般是共同的,但有时也对不同部门不同行业的工作人员提出某些不同的要求。例如,1952年中央人民政府人事部、卫生部在其联合发布的一份文件中规定,卫生技术人员“德”的要求是:政治立场坚定;服从组织;遵守纪律、制度;爱护病员;工作积极,认真负责;作风正派,忠诚老实;联系群众,努力并虚心学习;能批评与自我批评。卫生部在其制定的《中医人员评定工资等级的参考条件》中亦规定,对中医人员工资级别的评定,在“德”的方面要考虑其工作作风,对病人的服务态度及思想要求学习进步等。

“才”是指工作人员担负某一种业务工作的能力。对各类各级国家工作人员“才”的要求是不同的。例如,1954 年卫生部颁发的《卫生技术人员评定工资等级标准》中,对卫生技术人员的“才”就提出了程度不同的 6 个等级的要求。其中第 1 等(适用于 1~4 级的主任医师、主任药师、主任技师等)要求:(1)精通本科与熟知有关各科理论,能掌握本科全面业务并能解决技术上重大疑难问题;(2)了解本科技术上最新进展的情况,能领导教学研究工作,在学术上有著述和创造;(3)能组织领导其下级卫生技术人员改进工作,提高业务有显著成绩。第 3 等(适用于 9~12 级的主治医师、医师、药师、技师等)要求:(1)通晓本科理论,技术熟练,能单独解决本科业务问题;(2)能了解本科近代科学研究情况及理论之发展。第 6 等(适用于 23~26 级的技术员、护理员、防疫员等)要求:初步了解本科的一般知识,能做一般的技术操作。

“资历”是指工作人员参加革命年限、学历,原任职务及对革命事业的贡献等。资历一般不作为评定某一工资级别的必备条件,只是作为评级的参考因素。评定同样一个职务的不同级别,除了考虑德、才条件(而德、才条件更多被作为任命其职务高低的条件),在很大程度上即考虑其资历。如根据一定的德、才条件,某二人同被确定为医师,但其中一人为国内外高等医药学校(学制 4 年以上)毕业,从事医药工作 3 年以上;而另一人则为中级卫生技术学校毕业,亦从事该项工作 3 年以上,前者通常被评定较后者为高的级别。

国家工作人员工资级别评定以后,怎样升级?是定期还是不定期?是全面升级还是限制性升级?限制性升级怎么限制?是依资历(划线升级),还是依德才(择优升级)?国家在各个时期均作了相应的规定。

“一五计划”时期(主要是 1952 年至 1955 年),许多国营企业一般都建立了正常的职工升级制度,有的每年进行一次,有的每年进行两次。1955 年,少数电力行业企业还规定每季进行一次。当时的职工升级不是全国统一安排的,企业可以在主管部门下达的年度工资总额范围内根据生产需要自行安排。职工的升级范围,国家也不作统一规定,由企业按照年度工资总额的增长计划和实际需要确定职工升级的条件,工人一般是根据生产需要和技术水平,职员主要根据德、才条件,适当照顾资历。1956年,国务院在《关于工资改革中若干具体问题的规定》中规定:“企业工人升级应该严格根据技术标准评定”。职员升级则采取两种办法:(1)定期升级。每年定期评级一次,凡是工作有显著成绩的,可以升级。(2)不定期升级。职员提升职务以后,原来的工资级别在新职务等级线以下的,应该在提升职务的同时,适当地提升工资级别;原来的工资级别在新职务等级线以内的,根据所在单位同职人员工资水平的情况,可以提升工资级别,也可以不提升工资级别。1956年规定的关于职员的定期升级(一年一次)和不定期升级制度由于各种原因,实践中没有能够完全实现(从1959年至1976年,全国仅对部分职工进行过四次升级)。自1959年开始,职工升级的范围和升级条件改由国家统一规定。这里只介绍一下1959年以后,国务院及国务院劳动工资主管部关于升级条件的规定。这些条件大体包括:工作态度、业务水平、贡献和资历。

1959年,劳动部在《对1959年职工升级工作的几点意见》中规定:“确定工人升级的条件应该根据生产的需要、技术水平、日常生产成绩和劳动态度,并适当照顾工龄;确定职员升级的条件应根据本人现任职务和德、才情况,并适当照顾资历。”

1960年,国务院在《关于评定和提升全日制中小学教师工资级别的暂行规定》中规定:评定和提升教师的工资级别,应该以教师的思想政治条件和业务工作能力为主要依据,同时必须照顾其资历和教龄。

1963年,劳动部在《关于一九六三年工资安排意见的报告》中提出:职工的升级,“应当根据生产和工作需要,职工的技术(业务)熟练程度与工作成绩、劳动态度来确定”。

1971年,国家进行调资升级,以参加工作时间作为是否升级的唯一依据,凡是在某年某月某日以前参加工作而未达到某一工资级别者(除犯错误者外),均可升一级或两级(以后的几次升级均对部分人员实行这个办法)。

1977年,国务院在《关于调整部分职工工资的通知》中规定:调整工资“要优先考虑贡献较大、工作多年、工资偏低的生产、工作骨干和科研、技术人员”。

1979年,国务院在《关于职工升级的几项具体规定》中规定:职工升级“应当按照劳动态度、技术高低、贡献大小进行考核,并以贡献大小作为主要的考核依据”。

1979年以后的几次升级都限制在某一系统、某一行业的人员(如卫生系统、中小学教员、优秀运动员、教员等)。升级的原则仍然是择优升级,以工作成绩和贡献作为主要条件。但参加工作年限亦是确定能否升级的重要依据。

五、大学与中专毕业生的工资

大学中专毕业生的工资制度是国家工作人员工资制度的一部分。它同整个国家工作人员的工资制度一样,曾先后采取过三种形式,即新中国成立初期的供给制形式(亦有实行工资制形式的),1952年以后的工资分制形式(包括包干制和工资制两种形式),1956年以后的货币工资制形式。

1950年,政务院规定当时的全国公私立高等学校毕业生在见习期间尽可能实行供给制;不能实行供给制按低薪发给。高等学校毕业生,每月工资以小米240斤计算,研究生每月工资以不超过300斤小米计算(具体由所在单位根据情况确定);不产小米的地区以当地主要粮食为计算标准。

1953年,政务院规定大学、中专毕业生的定级工资按学历和修业年限规定。在正式定级前领取临时工资。当时政务院规定的临时工资标准为:研究生210工资分;修业4年的大学本科生190工资分;修业5年以上的本科生210工资分;大学专科生180工资分;中专毕业生170工资分;技校毕业生150工资分。上述毕业生的正式定级工资均不得低于临时工资。

1953年以后,上述工资分标准进行过若干次调整。大专毕业生和中专毕业生按修业年限和入校前的文化程度划分为几个级别,分别规定不同的工资分标准。整个毕业生的工资分标准略有提高。

1956年以后,全国实行统一的货币工资制。国务院工资改革工作办公室于1956年9月22日对高等学校毕业生的定级工资作了专门规定:大学本科(修业4年或5年)毕业生一般定为行政21级,工资62元①;大学专科(修业2年或3年)毕业生一般定为行政22级,工资56元。

1957年,国务院发布《关于高等学校和中等专业学校毕业生在见习期间的临时工资待遇的规定》,1958年国务院人事局发布《关于高等学校和中等专

① 此为六类地区标准。下同。

业学校毕业生分配工作以后工资待遇等问题的综合答复》,对大学、中专毕业生在见习期的临时工资和见习期满后的定级工资标准作了规定(比 1956 年规定的标准有所降低)。各级毕业生见习期间临时工资的标准为:研究生修业 4 年者 63.5 元,修业不满 4 年者 57.5 元;大学本科生 46 元;大学专科生 39 元;高级中专生修业 3 年者 32 元,修业 2 年者 27.5 元;初级中专生 23 元。各级学校毕业生定级工资标准为:研究生修业 4 年者 70 元(20 级),修业不满 4 年者 62 元(21 级);大学本科生 56 元(22 级);大学专科生 49.5 元(23 级);高级中专修业 3 年者 37.5(25 级),修业 2 年者 33 元(26 级);初级中专生 30 元(27 级)。毕业生技术工作者则确定为相应的技术级,如大学本科生做技术工作,可确定为技术 13 级(55 元);大学专科生可确定为技术 14 级(48.5 元)等。

关于调干生的工资,1961 年劳动部和内务部规定,他们的定级工资一般不应低于其入学前的标准工资。有的人入学前标准工资过高的可以适当降低,但降低幅度不宜太大。

关于留学生的工资,1961 年劳动部规定,一般的比国内同等学校毕业生高一级;但是条件较差,并不比国内同等学校毕业生强的,其工资级别,也可以和国内同等生一样。

"文化大革命"前期,各级学校毕业生(1968 年至 1972 年的毕业生)规定一律按临时工资标准发给工资,不实行一年以后转正定级的办法,到后期(1973 年以后)又恢复转正定级的办法。但 1964 年和 1965 年入学研究生的定级工资,按大学本科毕业生定级。"文化大革命"期间和"文化大革命"以后毕业的工农兵大学生,则不实行见习期,直接定为行政 24 级(43 元);入学前为在职职工者,其工资高于 43 元的,则执行原工资。

1980 年以后,国家规定:对改革招生制度后经过统一高考入校的各级学校毕业生,恢复"文化大革命"以前各级学校毕业生的工资待遇。又考虑到中专毕业生原定级工资偏低,故将中等专业学校修业 2 年以上的毕业生的定级工资提高一级,即从 25 级提到 24 级。其临时工资也由原 32 元提高到 35 元。

六、转业军人的工资

1951 年至 1965 年,转业军人的工资待遇有过多次变化;1965 年以后,则没有大的变化。转业军人现行的工资制度,基本上是沿袭1965年的规定(仅1953年以前入伍的干部的工资待遇有变化)。

1952年,政务院规定,军队转业人员待遇以不降低在军队原来享受之待遇为原则。转业后仍为供给制(包干制)待遇者,其灶别、津贴均就高不就低。转业后改工资制待遇者,评定的工资收入如低于原在军队之实际收入(包括本人伙食、服装、津贴及其家属所享受之供给或补助部分),差额以津贴名义发给。但此项津贴应随其工资之逐渐提高而减少或取消。

1955年,国务院鉴于形势的发展变化和全国已改行货币工资制,对军队转业干部的工资待遇作了以下新的规定:军队干部转业,要与复员回乡的干部一样,办理复员手续,发给"中国人民解放军复员建设军人证明书"以及复员资助金。其转业后的工资,按新分配的职务,根据其德、才,适当参考其原级别,重新予以评定。

1957年,国务院制定了《军队干部级别与国家机关行政人员工资级别比照表》,规定军队干部转业到地方工作,应按照所在单位工资制度和工资标准执行。转业到国家机关工作,其工资级别按照比照表确定;转业到事业、企业单位工作,则应按照比照表中同级工资款额确定。

1958年9月24日,国务院《关于军队干部退出现役问题的决定》规定,转业干部到地方后的政治待遇一般仍按现行套级办法,将军队级别套成地方级别来确定。如因工作需要,德、才条件较好,职务分配较高的,地方认为需要调整其级别时,可由所在地方组织进行调整。该决定明确规定,凡是1958年1月1日以后转业的干部,其薪金待遇均按下列原则执行:凡军龄满25年的干部,均保持军队的原薪(级别薪金和军龄补助金);军龄15~25年的干部,按军队原薪的95%发给;军龄在15年以下的,按军队原薪的90%发给。上述三类干部,如按地方确定的级别,其应领薪金超过上述规定时,则按地方薪金标准待遇。

1962年11月3日,国务院《关于选调转业军官转商业部门服务问题的通知》又规定,副排级以上干部仍按1958年的规定发给本人两个月的薪金作为安家补助。转业后的级别待遇,基本上按原任职务确定地方级别。地方后的薪金标准,军龄不满15年的,头两年仍按军队的原薪金发给,从第三年起,改按地方级别发给薪金;军龄15年以上的,转业后即按地方级别发薪。为了照顾这些干部长期在军队服务的贡献，按其军龄长短，按月发给退役补助金，直至本人所领的地方薪金达到他转业时的军队薪金标准为止。

转业干部到地方后的行政级别，在离队前，由军队有权批准转业的机关，按照原任职务，参照其现级别确定。在确定转业干部的地方级别时，应在地方相等职务所规定的级别范围以内确定。

1965年，国务院发布《中国人民解放军退出现役干部转业地方工作暂行办法》，对转业干部的工资待遇作出了不同于以往的规定：退出现役转业到地方工作的干部，转业地方后，享受地方同等级别的工资待遇。考虑到历年转业的干部均执行着历次不同的规定，以致不仅不同时期的转业干部待遇不一致，而且出现了一部分转业干部的工资待遇高于现役军队干部的现象。为了改变这种状况，国务院于同年又作出了如下四项规定：(1)1952年3月1日至1955年8月31日转业的干部，凡有保留工资的(军队工资与地方工资差额的保留)，均予取消。(2)1958年1月1日至1962年11月2日转业的干部，取消军龄补助金。取消军龄补助金后，其薪金仍高于地方同级干部的，高于部分暂予保留，随本人工资升级和标准增长逐步抵销；其薪金低于地方同级干部的，按地方标准执行。(3)1962年11月3日至1965年4月22日转业的干部，军龄不满15年的，仍按地方规定待遇执行；军龄满15年的，取消退役补助金。(4)对于取消保留工资、军龄补助金或退役补助金的转业干部，如工资级别较地方同等条件干部相比确实偏低，且本人德、才条件较好，可适当调整其工资级别(限调一级)。生活确实有困难的，可用福利费适当补助。

1965年以后，军队转业干部工资待遇一直沿袭《中国人民解放军退出现役干部转业地方工作暂行办法》的规定，即"享受地方同等级别的工资待遇"。直到1978年，国务院、中央军委颁发《中国人民解放军干部服役条例》才对上述规定作了部分修改，即规定1953年12月31日以前入伍的干部转业，改享受军队级别的工资标准待遇。而1954年1月1日以后入伍的干部转业，则仍执行1965年暂行办法的规定：享受地方同等级别的工资待遇。

我国国家工作人员福利制度研究*

国家工作人员福利有广义和狭义之分。广义的国家工作人员福利是指所有有关改善国家工作人员物质文化生活的事情,包括各种社会保险待遇,各种补贴或津贴,各种休假及请假待遇,各种为工作人员工作和生活提供方便、解决困难、活跃文化娱乐生活而建立的设施与制度等。狭义的国家工作人员福利仅指机关、单位自己举办的、其经费在规定的“福利费”项下开支(部分费用亦可在其他经费项下开支,如上下班交通补贴可在行政费或事业费项下开支;实行“预算包干”办法后,亦可从其“增收节支”款中开支)的各种集体福利事业和对工作人员的生活困难补助。本文介绍的国家工作人员福利制度是指广义的福利制度;狭义的福利制度作为广义的福利制度的一部分,亦将同时加以介绍。

一、各种补贴与津贴

补贴和津贴,一般来说可以认为是一种福利待遇,也可认为是工资的组成部分。特别是那些具有补偿工作人员在特殊劳动条件下劳动消耗和承担较多任务所付出的劳动消耗的津贴,更多地具有工资的性质。不过,就整个补贴和津贴来说,把它视为福利,似乎比视为工资更适宜些。因此,我们将各种补贴和津贴均归入此处,作统一的介绍。当然,补贴和津贴的种类很多

---

* 本文选自曹志主编:《中华人民共和国人事制度概要》,北京大学出版社 1985 年版,第 319-362 页。本书其他作者写作部分和笔者写作部分(本书第十部分)所基于的资料和数据绝大部分源于中组部政策研究室向我们“国家工作人员法立法小组”提供的近 20 本《人事工作文件》(从 1949 年至 1983 年,除“文化大革命”时期外,大多每年 1 本)。故本文如无特别需要说明的问题,文中不再对所引用的资料和数据加注。

(1978年,有人统计其名目有两百种之多)。这里自然不能一一述及,而只能就主要者介绍若干。

(一)地区生活费补贴

1956年工资改革时,国家取消了地区物价津贴,创立了地区生活费补贴制度。国务院《关于工资改革的决定》规定,“根据各地区发展生产的需要、物价生活水平和现实工资状况,规定不同的货币工资标准。对于物价高的地区为了避免出现过高的工资标准,可以采取在工资标准以外另加生活费补贴的办法。生活费补贴应该随着物价的调整而调整”。[①] 为适应这一要求,国务院在制定各地区工资标准时,同时制定了各地区的生活费补贴标准。这个标准自1956年颁布以来,仅在1965年进行过一次较大的调整,一直实行到现在。

(二)粮价补贴

1965年粮食统销价格提高以后,国务院决定给收入低的职工以粮价补贴。补贴的办法是:每一职工的补贴(13级以上的干部或相当于13级以上的干部不补贴,17~14级的干部,生活不困难的也可以不补贴),大体上相当于3个人的粮食提价金额。但省一级党委和人委可以根据职工家庭人口情况,对该办法作出调整。例如,只负担自己1人生活和负担2人生活的职工,按1人计算;负担3人到4人生活的职工,按3人计算;负担5人及5人以上生活的职工,按5人计算。有两个或两个以上职工的家庭,把家庭人口分作两份或几份计算。[②]

1979年,国务院在调整工资区类别时,决定将粮价补贴全部或部分冲销;并规定当时没有调整工资区类别的职工和那次虽调整了工资区类别、但粮价补贴未冲销的职工,今后调整工资时,要逐步冲销之;原来没有享受粮价补贴职工和新参加工作的职工,不得再扩大实行。[③]

(三)房租补贴

适应我国低工资制度的情况,我国一直实行普遍的房租补贴。国家职工住房,只交很低的房租,其余均由国家补贴。据北京市1982年的典型调查,按

---

① 《国务院关于工资改革的决定》,载人民日报论坛,https://rmrb.online/read-htm-tid-143436.html。

② 1965年国务院《关于发给职工生活补贴的几项规定》。

③ 1979年国务院《关于调整工资区类别的几项具体规定》。

照当时房屋的折旧费、维修费、管理费计算，平均每平方米使用面积月租应为0.6元至0.8元，而我们的房租收费标准仅为0.12元至0.17元，其差额由国家或企业补助。

(四)副食品价格补贴

1979年，国务院在提高肉、禽、蛋等主要副食品销售价格时，决定同时发给职工副食品价格补贴。其标准是：在一般地区工作的职工，每人每月发给副食品价格补贴5元；在纯牧业县(旗)工作的职工，每人每月发给副食品价格补贴8元(新疆、西藏地区执行另外的标准)。以后新参加工作的职工按照本单位职工的副食品价格补贴标准发给补贴。①

(五)交通费补贴

1978年，国务院决定在全国有计划地逐步建立职工上下班交通费补贴的制度。当时规定的实行范围是：省、直辖市、自治区革委会所在地的城市和人口50万以上的城市[不包括农业人口和市属县城关(县城关指靠近县城而非城区的地方)非农业人口。个别人口不满50万的主要工矿区，如省、直辖市、自治区认为有必要实行，须报经财政部国家劳动总局同意]。实行的条件为：职工家距工作地点4华里以上，必须乘坐公共汽车、电车或骑个人自行车上下班的。补贴标准是：(1)上下班乘坐公共汽车、电车的，原则上由本人负担一部分(不少于1.5元)，其余部分由工作单位给予补贴；(2)乘坐工作单位交通车上下班的，应当适当收费；(3)骑个人自行车上下班的，适当补贴修理费(每月不高于1.5元)。②

(六)取暖费补贴

该补贴的补贴范围在1978年以前和以后有些变化。1978年以前，对于长城以南、兰州以东、秦岭以北、淮河以北地区的县城和乡村(镇)工作的职工，不实行此种补贴。1978年12月，国家劳动总局、财政部报经国务院批准，对于这些地区的县城和乡村(镇)全民所有制单位，同样实行职工宿舍取暖补贴制度，并执行同一地区的市的取暖补贴标准。③

---

① 1979年国务院《关于提高主要副食品销价后发给职工副食品价格补贴的几项具体规定》。

② 1978年财政部、国家劳动总局《关于建立职工上下班交通费补贴制度的通知》第2、3条。

③ 1978年国家劳动总局、财政部《关于实行职工宿舍取暖补贴制度的乙类地区的县和县以下全民所有制单位实行取暖补贴制度的通知》。

(七)岗位津贴

岗位津贴是国家对从事条件特别艰苦的工作或有毒、对身体健康有害、有危险性工作的工作人员发给的津贴。如医疗卫生津贴、科学保健津贴、农业科技人员保健津贴、劳改劳教干部岗位津贴、社会福利事业单位岗位津贴等。1979 年 12 月 30 日,卫生部、财政部、国家劳动总局联合发文,规定各级各类医疗保健、医药科研、药品检验和医学生物制品单位,专职从事并直接接触有毒、有害、有传染危险工作的人员实行医疗卫生津贴。津贴标准:根据从事上述性质工作的工作量大小、时间长短、条件好坏、防护难易以及危害身体健康程度等情况,划为四类。一类(适用专职从事强致癌物质研究工作、专职从事麻风病防治和科研工作等人员),津贴标准为每人每月 13~15 元;二类(适用专职从事放射性物质保管监测工作或放射性与同位素诊断、治疗和科研工作等人员),津贴标准为每人每月 10~12 元;三类(适用专职在病区直接处理污水污物及洗涤病人污染衣物工作等人员),津贴标准为每人每月 7~9 元;四类(适用专职从事实验动物饲养工作等人员),津贴标准为每人每月 4~6 元。以上四类标准的津贴,除从事放射工作的人员按月发给外,其他人员均按实际接触天数发给。

1981 年 4 月 24 日,中国科学院、财政部、国家劳动总局,在修改中科院 1955 年颁布的《中国科学院保健津贴暂行办法》的基础上,重新发布《中国科学院保健津贴试行办法》。该试行办法规定:对专职从事或直接接触有毒有害工作人员,根据工作量大小、时间长短、条件好坏、防护难易以及危害身体健康程度等情况,分别发给甲、乙、丙、丁四级不同的保健津贴。甲级(适用专职从事放射性装置及同位素应用科研工作、专职从事强致癌物质研究和监测工作等人员),津贴的标准为每人每月 10~12 元;乙级(适用一般使用放射性装置及同位素的科研工作,专职从事力学的大炮、风洞、爆炸试验工作等人员),津贴的标准为每人每月 8~9 元;丙级(适用专职从事实验动物饲养工作、专职从事药材加工和粉尘严重的工作等工作人员),津贴的标准为 6 元;丁级(适用专职从事运送放射性同位素工作、动植物分类工作的工作人员),津贴标准为 4 元。以上四个等级标准的津贴,除从事放射性工作的人员按月发给外,其余人员均按实际接触天数发给。①

1980年9月14日,公安部决定对劳教劳改工作干部实行岗位津贴。其标准按每人每月9元计算。但具体标准则作差别规定:农矿业人员高于其他行业,边远地区高于城市,中队高于大队,大队高于支队、总队等。②

1980年10月6日,民政部、国家劳动总局规定:在民政部门举办的城市社会福利院、养老院、儿童福利院、精神病院和收容遣送站的工作人员给予岗位津贴。其津贴标准根据不同岗位、工作量的大小和对身体健康影响的程度分为三类:一类适用直接担任病瘫老人、严重精神病人、传染病人和生活不能自理的痴呆傻病残婴幼儿护理工作及从事处理尿布、拆洗污秽被服的人员,标准为每人每天0.4元;二类适用担任较重精神病人、老人、痴呆傻和婴幼儿护理和担任医务工作收容遣送站直接接触收容对象的人员,标准为每人每天0.3元;三类适用为病残、精神病人和收容遣送站为收容对象服务的其他人员,标准为每人每天0.2元。③

(八)野外工作津贴

1964年,国务院发布了《关于地质勘探职工野外工作津贴暂行规定》。该规定指出,为了合理地解决地质勘探职工在野外工作期间生活方面的额外需要,鼓励和发挥地质勘探职工的劳动积极性,对矿藏地质勘探单位的在野外从事地质普查或勘探工作的职工,发给野外工作津贴。野外工作津贴标准,根据地区自然条件、交通条件和生活条件的差异,全国分为九类地区;每类地区又根据普查和勘探工作的艰苦程度、流动性大小等条件,规定两种津贴标准,从事普查工作的高一些,从事勘探工作的低一些。

类似野外工作津贴性质的津贴还有林区津贴、海岛津贴、艰苦气象台站津贴、流动施工津贴、水电建设工程施工津贴等。

---

① 《中国科学院、财政部、国家劳动总局关于颁发中国科学院保健津贴试行办法的通知》,载百度文库,https://wenku.baidu.com/view/0dbaf6565bfafab069dc5022aaea998fcc22408d.html? _wkts_=1710143274244。

② 1980年公安部、财政部、国家劳动总局《关于劳教、劳改工作干部试行岗位补贴的规定》第2条。

③ 1980年民政部、国家劳动总局《关于城市社会福利事业单位岗位津贴的试行办法》第1条。

二、社会保险

社会保险包括生育、疾病、负伤、残疾、退休、死亡六个项目。本文只介绍国家工作人员生育、疾病、负伤、残疾、死亡的保险待遇。

（一）生育待遇

女工作人员的生育待遇自国务院 1955 年 4 月 26 日发布的《关于女工作人员生产假期的通知》以来，其基本规定一直没有变化。这些基本规定包括：(1)女工作人员生育，产前产后共给假 56 天，难产或双生增加假期 14 天；(2)怀孕不满七个月流产的，可根据医生意见给予 30 天以内的产假；(3)产假期间，工资照发；(4)产假期满，因病需要继续休养者，按病假处理；(5)怀孕生育及产后所需的检查费、接生费、手术费、住院费等一切费用，均实行公费医疗。

为了鼓励计划生育，1982 年中共中央发布九号文件，规定对只生一个孩子的女工作人员发给独生子女证和独生子女费，其标准为每月 2. 5 元，至其独生子女 14 岁时为止。在不领或少领独生子女费的情况下，可延长其产假假期。

（二）疾病待遇

国家工作人员的疾病待遇，可分为医疗待遇和生活待遇两个方面。关于医疗待遇，政务院 1952 年 6 月 27 日《关于全国各级人民政府、党派、团体及所属事业单位的国家工作人员实行公费医疗预防的指示》(以下简称《指示》)中规定：自 1952 年 7 月起，将公费医疗预防的范围分期推广，使全国各级人民政府、党派、工青妇等团体，各种工作队及文化、教育、卫生、经济建设等事业单位的国家工作人员和革命残疾军人，得享受公费医疗、疾病预防的待遇。上述人员门诊、住院所需的诊疗费、手术费、住院费、门诊或住院中经医师处方的药费，均由医药费拨付；住院的膳费、就医路费，由病者本人负担。

适应《指示》的规定，政务院于同年 8 月制定了《关于国家工作人员公费医疗、疾病预防实施办法》(以下简称《实施办法》)，详细规定了有关公费医疗的各种具体事项。其中包括：(1)享受公费医疗、疾病预防待遇人员的范围包括全国各级人民政府、党派、团体的在编人员；全国各级文化、教育、卫生、经济建设事业单位人员；经中央人民政府政务院核定之各工作队人员；受长期抚恤的在乡革命残疾军人和住荣军院校的革命残疾军人。(2)各级人民政府(专署以下除外),均组织公费医疗、疾病预防管理委员会。(3)中央、大行政区、省(市、行署)所在地之城市,均指定一个或一个以上医院,专门负责公费医疗、疾病预防工作。(4)各级人民政府应将公费医疗、疾病预防经费列入财政预算,由各该级卫生行政机关掌握使用。(5)各地卫生行政机关公费医疗、疾病预防处(科),对当地应享公费医疗、疾病预防待遇之人员,须发给公费诊疗证,得凭证至指定之医院或门诊部诊疗。

政务院关于公费医疗、疾病预防《指示》和《实施办法》所作的规定,有些在以后作了某些修改,而大多则一直沿用至今,其中几次较重大的修改为:

1964 年 5 月 3 日,国务院批转卫生部和财政部的报告中对就医路费作了下述新的规定:国家机关工作人员"患有疑难病症而又必须到外地治疗的","凡在本省、自治区、直辖市范围内转地治疗的,应由指定的医疗机构出具证明,并须经当地卫生部门审查批准;凡转到别的省、自治区、直辖市治疗的,须经各该省、自治区、直辖市卫生厅(局)审查批准,并事先与转往的医院联系妥当"。在此情况下,"到外地就医病人的往返车船费(不包括旅馆费和途中的伙食补助费),可参照差旅费的规定,在原单位差旅费项下报销"。

1965 年 10 月 27 日,卫生部和财政部在《关于改进公费医疗管理问题的通知》中规定:门诊挂号费和出诊费,改由个人缴纳(因公致残、二等乙级以上革命残疾军人例外)。各单位医务室有医生看病的,也可以酌收适当的挂号费。没有实行营养滋补药品收费的地区,也应考虑尽快实行。

1974 年 7 月 20 日,卫生部、财政部颁发《享受公费医疗人员自费药品范围(试行)》规定:贵重药品和滋补药品,除用于抢救危重病人或治疗工伤人员外,均改按自费处理。该文件具体列举规定了各种自费药品的品种(这些品种在 1977 年有所减少)。

关于国家工作人员患病期间的生活待遇,其主要规范文件有:1952 年政务院《关于各级人民政府工作人员在患病期间待遇暂行办法》,1954 年政务院《关于各级人民政府工作人员病假期间待遇的暂行规定》,1955 年国务院颁布的《国家机关工作人员病假期间生活待遇试行办法》,以及 1981 年国务院颁布的《国家机关工作人员病假期间生活待遇的规定》。

1952 年的《关于各级人民政府工作人员在患病期间待遇暂行办法》规定:

供给制人员患病期间,本人原享受之供给、津贴,一律照发。工资制人员,1949年底以前参加工作的,原工资照发;1949年以后参加工作的,患病期间在1个月以内的,原工资照发,1~6个月的,发原工资的80%;6个月以上的,发原工资的60%~80%(确有特殊情况者可以例外)。

1954年的《关于各级人民政府工作人员病假期间待遇的暂行规定》规定:包干制人员患病期间,按原待遇发给生活费。工资制人员,参加工作6年以上的,发给原工资;不满6年的,1月内发给原工资;1月后,工作不满1年的,发原工资的60%;不满3年的,发原工资的70%;3年以上的,发原工资的80%(有特殊情况者可酌量增发)。

1955年的《国家机关工作人员病假期间生活待遇试行办法》规定:工作人员病假在6个月以内,第1个月工资照发;第2个月起发原工资的70%至100%(工作年限不满2年的发原工资的70%,工作年限为2~5年者,发原工资的80%,5~10年者,发原工资的90%;10年以上者,发原工资的100%);6个月以后,发本人工资的50%~80%(工作年限不满2年的,发原工资的50%;工作年限为2~5年者,发原工资的60%;5~10年者,发原工资的70%;10年以上者,发原工资的80%)。对有重大功绩和特殊贡献者,待遇可酌量提高。病假期间,各项福利待遇不变。

1981年的《国家机关工作人员病假期间生活待遇的规定》规定:工作人员病假在2个月以内,发给原工资;2~6个月者,发原工资的70%~100%(工作年限不满10年的,发原工资的90%;满10年的,发原工资的100%);6个月以后,发原工资的70%~90%(工作年限不满10年的,发原工资的70%;满10年的,发原工资的80%;1949年9月2日以前参加革命的,发原工资的90%)。获省、直辖市、自治区及国务院各部门劳动英雄、劳动模范者,可适当提高。符合离休条件的工作人员,病假期间工资照发。此外,病假期间,如病假工资低于30元的,按30元发给;原工资低于30元的,发给原工资。病假期间,各项福利待遇不变。

(三)负伤待遇

国家工作人员负伤,分因公负伤和非因公负伤。工作人员非因公负伤,享受病假待遇。对于工作人员因公负伤,其待遇国家另有专门规定。1950年12月11日,政务院批准内务部颁布的《革命工作人员伤亡褒恤暂行条例》

规定:对敌斗争或因公负伤,应送公立医院治疗,不能送公立医院者,得由所在机关就近请医治疗。疗养期间,生活费照常发给。1956年2月21日,内务部、财政部、国务院人事局在关于国家机关工作人员病假待遇问题的联合发文中规定:工作人员因公负伤(包括军队转业人员旧伤复发),在医疗期间,工资照发。1964年7月1日和11月27日,1977年5月17日,内务部、财政部先后规定革命残疾人去疗养所疗养或伤口复发去外地就医的路费,一般按照出差标准予以报销。1978年8月7日,财政部、国家劳动总局规定:因公负伤住院治疗期间的膳食,个人负担1/3,公家补助2/3。

(四)残疾待遇

国家工作人员残疾,亦分因公残疾和非因公残疾。非因公残疾,按伤残程度和工作年限,可分别享受病假、退职或退休待遇。因公残疾,分因战致残和因公致残两种情况,国家依残疾等级定期发给残疾工作人员一定数额的残疾抚恤金。残疾抚恤金按残疾程度分为四等六级(特等和一等各为一级,三等则各分甲、乙两级),1950年内务部制定的《革命工作人员伤亡褒恤暂行条例》规定了各等级残疾抚恤金的标准。此标准在1952年、1953年、1955年和1977年作了四次修改。

国家工作人员因公致残,除享受残疾抚恤金待遇外,还根据残疾等级同时享受退休待遇。

(五)死亡待遇

国家工作人员亡故后,国家给予其遗属下述三类待遇:丧葬费、抚恤金、生活困难补助(生活困难补助不是普遍给予,而是只给予生活有困难的遗属)。

1. 丧葬费。1950年12月11日,内务部颁布的《革命工作人员伤亡褒恤暂行条例》规定:革命工作人员亡故,其棺丧费,在缺乏木材地区,得在不超过800市斤食粮内实报实销;在不缺乏木材地区,得在不超过600市斤食粮内实报实销。1952年1月,将棺丧费标准调整为食粮1000市斤至1500市斤,同年又调整为420~640工资分(棺木特别昂贵地区取高线)。1953年以后,又进行过多次调整。

2. 抚恤金

抚恤金分两类:第一类为牺牲人员遗属抚恤金,其标准较高,牺牲人员授予烈士称号;第二类为病故或意外死亡人员遗属抚恤金,其标准较低,亡故人员不称烈士。1950 年政务院颁布的《革命工作人员伤亡褒恤暂行条例》规定了两类抚恤金的标准。这个标准在 1952 年、1953 年、1955 年、1977 年作过多次修改。

1957 年 4 月 27 日,内务部、财政部、国务院人事局联合答复内蒙古自治区人事局和吉林省人事局请示,同意除进行一次性的抚恤以外,如果死者所遗家属生活上有困难的,原工作机关可以根据从严的精神,从机关福利费内酌情给予临时的或定期的补助。以后,全国各级机关、事业单位逐渐都实行了这个办法。

1964 年 1 月 8 日,内务部、财政部又规定,上述补助费分别在行政费、事业费中解决。1980 年 8 月 10 日,民政部和财政部在其联合发文中规定,对 1979 年对越自卫还击作战牺牲的现役军人、支前民兵、民工等人员的家属,均增发抚恤金 300 元;自 1980 年 6 月 4 日起,经批准为革命烈士的,对他们的抚恤金标准,各级均增加抚恤金 300 元。这样,牺牲人员抚恤金各级的标准就分别提高到 1,000 元、950 元、900 元、850 元、800 元。

3. 生活困难补助

1957 年,内务部、财政部、国务院人事局在其联合发文中规定:遗属生活有困难的,原工作机关可以根据从严的精神,从机关福利费内,酌情给予临时的或定期的补助。如果机关福利费开支此项费用有困难,可以在原工作机关的行政费内报销。1964 年 1 月 3 日,财政部和内务部又规定:遗属补助费,今后不在各单位福利费内开支,而分别改为在行政费、事业费总开支内解决。但在预算领报时,仍列入"职工福利费"项内。1980 年 2 月 13 日,民政部和财政部发布《国家机关、事业单位工作人员死亡后遗属生活困难补助暂行规定》。该规定对遗属生活困难补助的原则、补助的对象、补助的标准均作了详细的规定。

补助原则:困难大的多补助,困难小的少补助,不困难的不补助。

补助对象:父(包括抚养死者长大的抚养人);夫,年满 60 岁,或者基本丧失劳动能力的;母(包括抚养死者长大的抚养人);妻,年满 50 岁,或者基本丧失劳动能力的子女(包括遗腹子女、养子女、前妻或前夫所生子女)年未满 16 岁,或者年满 16 岁尚在普通中学学习,或者基本丧失劳能力的;弟妹(包括同父异母或者同母异父弟妹)，年未满16岁，或者年满16岁尚在普通中学学习，或者基本丧失劳能力的。

补助标准：一般以维持当地群众生活水平为原则(牺牲人员的家属可适当提高一些)。遗属补助费，按应享补助的人数和标准计算，其总额不得超过死者生前的工资。除定期补助外，遗属如遇特殊困难，还可给予临时补助。

三、休假、请假及其待遇

根据各种规范性文件规定，我国国家工作人员享受各种休假及请假待遇，即除每周享受1天公休假外，每年还可享受法定节假和探亲假(符合探亲条件的工作人员)。20世纪50年代，还曾实行过年休假；国家工作人员患病，可以请病假；女工作人员生育，可以请产假；国家工作人员结婚，可以请婚假；国家工作人员直系亲属死亡，可以请丧葬假；国家工作人员个人或家庭有紧急事务需要处理，可以请事假。国家工作人员依照规定休假或请假，均可享受相应的假期待遇。

(一)节假

1949年12月23日，政务院颁布的《全国年节及纪念日放假办法》规定了三类节假：(1)为全体人员享受的节假。此种节假包括：新年1天；春节3天；五一国际劳动节1天；国庆节2天。全年法定节假共为7天。(2)为部分人员享受的节假。此种节假包括："三八"妇女节，妇女放假半天；"五四"青年节，青年放假半天。此种节假，是为便于妇女和青年举行群众性庆祝纪念活动而设，可部分人员放假，部分人员作为代表参加庆祝纪念活动。(3)属少数民族习惯之假日。此种假日由各少数民族聚集地区之地方人民政府，斟酌各自民族习惯，规定放假日期。

上述节假，假期内均照发工资。为全体人员享受之节假，假日如逢星期日，应在次日补假。

(二)年休假

1952年12月12日，中央人民政府政务院规定，国家工作人员实行年休假制度。年休假期限为：中央人民政府所属各院、委、署及政务院所属各委、部、会、院、署、行正副首长，各委正副秘书长，各大区行政委员会正副秘书长和各委正副主任，省(市)人民政府正副主席(市长)以上职务人员及其他相当以上职务之人员，每年30天；中央人民政府、大区行政委员会正副处长，省(市)人民政府正副厅局长，专署正副专员以上人员及其他相当以上职务之人员，每年20天；其他各级人民政府办事员以上工作人员，每年10天。上述各类人员中，如有平时工作特别繁重而体质又较差者可酌情延长休假期。

政务院的这个规定，由于在之后执行中发现，当时我国还不具备全面实行年休假制度的条件，因此，这个制度于1954年即停止执行。

(三)探亲假

1957年11月16日，国务院颁布《关于工人、职员回家探亲的假期和工资待遇的暂行规定》，对职工享受探亲待遇的条件、探亲对象、探亲假期、探亲待遇作了下述规定：

享受探亲待遇的条件：在国营、公私合营的企业、事业单位和国家机关、人民团体中连续工作满1年的正式职工，同父亲、母亲、配偶都不住在一起而又不能够利用公共休假日团聚；或者双方虽在工作地点都有父母同住，但夫妇双方在两地工作，而不能利用公休日团聚；或一方虽与父母同在一地工作，而配偶在外地工作而不能利用公休日团聚。

探亲对象：配偶与父母(包括抚养其长大、现在仍由其供养的亲属)。

探亲假期：原则上每年给假一次，假期根据路程的远近，规定为2周至3周(包括公休日在内，下同)。如因工作需要，行政方面对于某些职工当年不能给予假期，应取得工会组织的同意，在下一年度合并给假4周至5周。某些职工工作地点离家太远，旅途往返所需的时间在10日以上的，可每两年给假1次，假期5周至6周。上述假期包括旅途往返时间，不另给路程假。

探亲待遇：按照本人工资标准发给工资；往返车船费，原则上自理。本人自理确有困难时，由所在单位酌予补助(1962年财政部决定，探亲路费改由单位发给本人火车硬座和轮船统舱票价；而软席卧铺、途中伙食、旅馆费、市内交通费、行李费以及其他运费等仍由本人自理)。

1981年3月14日，国务院决定废止1957年的暂行规定，重新发布了《关于职工探亲待遇的规定》。其基本内容为：

享受探亲待遇的条件：在国家机关、人民团体和全民所有制企业、事业单位工作满1年的固定职工，与配偶不住在一起，又不能在公休日团聚；或者与父亲、母亲不住在一起，又不能在公休日团聚。

探亲对象:配偶与父母(包括自幼抚养其长大、现在仍由其供养的亲属)。此规定与以前暂行规定的变化是:原来探望父母只限于未婚职工,而该规定扩大到已婚职工。

探亲假期:探望配偶,每年给假(限一方)1次,假期30天;未婚职工探望父母,原则上每年给假1次,假期10天,如因工作需要,本单位当年不能给假,或职工自愿两年探亲一次的,可两年给假1次,假期45天;已婚职工探望父母,每4年给假1次,假期20天。上述假期,均不包括路途往返时间,路程假另给。

探亲待遇:探亲假期和路程假期内,按本人标准工资发给工资;往返路费由所在单位负担,但已婚职工探望父母往返路费在本人月标准工资30%以内的,由本人自理,超过部分由所在单位负担。

(四)婚丧假

1959年6月1日,劳动部规定,职工结婚,可请婚假;直系亲属死亡,可请丧葬假。假期均为3天,不另给路程假。婚丧假假期工资照发。这个规定,在执行中遇到了一些问题:有些职工结婚时双方不在一地工作;有些职工的直系亲属死亡时需要职工本人到外地料理丧事,不给路程假出现了许多实际困难。考虑到这些情况,国家劳动总局、财政部于1980年2月20日补充规定了路程假:职工结婚或直系亲属死亡,除可酌情给予1~3天的婚丧假外,职工结婚双方不在一地工作的,职工在外地的直系亲属死亡时需要职工本人去外地料理丧事的,另可根据路程远近给予路程假。婚丧假和路程假期间,工资照发。途中的车船费全部由职工自理。

(五)事假

国家工作人员因本人或家庭有紧急事务需要处理,可以请事假。1956年12月,国务院人事局在给中华全国总工会工资部的复函中规定,国家机关工作人员请事假,不扣工资。1959年6月1日,劳动部在关于企业职工加班工资问题的指示中规定,行政管理人员和工程技术人员,每一季度请事假在2天以内的,工资照发。

四、集体福利和困难补助

集体福利是国家工作人员福利的重要组成部分。它包括为减轻工作人员生活负担和家务劳动，为他们提供各种便利条件而举办的各种事业，如食堂、托儿所、幼儿园、浴室等。也包括为活跃工作人员文化娱乐生活而建立的各种设施，如阅览室、俱乐部、球场等；还包括前文已经述及的某些福利项目，如单位配备上下班交通车，发给职工上下班交通费补助等。

1957 年，国务院在《关于国家机关工作人员福利费掌管使用的暂行规定》中指出，福利费在解决了工作人员各项困难后还有结余时，可以适当补助集体福利所需费用。1965 年，内务部在《关于国家机关和事业单位工作人员福利费掌管使用问题的通知》中规定了下列可以以福利费补助的集体福利事业项目：(1)工作人员家属的统筹医疗费用；(2)机关、单位的哺乳室、托儿所、幼儿园、少年之家、理发室、浴室；(3)慰问住院的患病工作人员所需慰问品开支。

1981 年，财政部在《关于中央级事业单位、行政机关从预算包干结余中提取的集体福利费开支范围的暂行规定》中规定了下列可用集体福利费开支的项目：(1)本单位举办的哺乳室、托儿所、幼儿园；(2)本单位举办的少年之家、校外辅导站；(3)职工家属统筹医疗费超支补助；(4)本单位举办的理发室、浴室；(5)职工业余文体活动；(6)其他必要的集体福利项目。除了补助集体福利事业所需费用，机关单位每年提取的福利费最主要是用于对工作人员及其家属生活困难补助。

1954 年，中央人民政府政务院在《关于各级人民政府工作人员福利费掌管使用办法的通知》中规定，为了更适当地和便利地解决工作人员及其家属的生活困难等问题，使工作人员安心工作，提高工作效率，国家建立福利费制度（“福利费”由原实行的“家属生活补助费”“家属医药补助费”“多子女补助费”等项经费构成，统称为“福利费”）。福利费用于解决：(1)工作人员的家属生活困难（包括多子女困难在内）；(2)工作人员的家属患病治疗医药费困难；(3)工作人员子女教育费困难；(4)工作人员的家属来机关探望返家路费困难；(5)工作人员家属因生育而发生的经济困难；(6)工作人员本人之特殊困难。

福利费补助的对象限于：(1)工作人员之直系亲属（父、母、夫、妻、子、女）；(2)工作人员必须抚养的未满 16 周岁的弟妹；(3)工作人员自幼曾依靠其抚养长大，现又必须由工作人员负担其生活之其他亲属；(4)工作人员本身有特殊困难者。

该通知还规定了福利费补助的原则和标准:工作人员及其家属的各项困难,如本人确无力解决时,应根据困难大者多补助,困难小者少补助的原则,给予补助。所谓困难,指工作人员所得津贴、工资和其他经济收入,不能维持其家属在居住地之一般群众生活水平或发生临时性的困难(如家属医药费、家属返家路费、工作人员家属生育而引起的经济困难以及工作人员本人之特殊困难等),其所在机关应酌情给予定期的或临时的补助。定期的补助,中央各机关、各地区可根据具体情况酌定;至于临时性的困难,可根据其实际情况酌予补助。

1957 年,国务院制定的《关于国家机关工作人员福利费掌管使用的暂行规定》指出:"工作人员的工资收入和其他经济收入,负担本人生活费(职务不同,生活费用应有所区别)和他(她)们家属生活费(一般根据家属居住地的人民生活水平确定)有困难的,或者因家属治病医药费、家属死亡埋葬费有困难的,以及有其他特殊困难的,都应该根据'困难大的多补助,困难小的少补助'的原则,酌予定期或临时补助。"与这一原则相适应,福利费的使用范围规定为:(1)解决工作人员的家属生活费困难;(2)解决工作人员家属患病医药费困难;(3)解决工作人员的家属死亡埋葬费困难;(4)解决工作人员的其他特殊困难;(5)补助集体福利事业费用。

关于国家工作人员及其家属的生活困难补助问题以及福利费的使用原则和使用范围,国务院在以后数年中又作了不少新的规定,但其基本精神和内容均与 1957 年的暂行规定相同,只是在补助方法上,以后的规定更强调对工作人员的困难补助要与加强政治思想教育相结合,使之发扬艰苦朴素的优良作风,树立勤俭持家的思想;提倡生活上的困难应尽量由自己设法解决,反对单纯依赖国家补助的思想。

工作人员困难补助和集体福利事业的经费来源,主要是各机关、单位按其工资总额的一定比例或按每个工作人员的一定绝对数提取的福利费。福利费提取的标准,自福利费制建立以来有过若干次变化。

1954 年,福利费按每个工作人员的一定绝对数提取。其标准是:中央、大区、中央直辖市各机关,每人每月 1 角;行署、专署(市)人民政府之各机关,每人每月 8 分;县(市)、区人民政府,每人每月 6 分。

1958 年,福利费改按工资总额一定比例提取。其标准是:中央各机关、团体为工资总额的 1%;地方标准自定;中央各机关、团体分驻在外地的机构,执行所在地标准。

这一福利费提取方式一直到 1978 年都未变,即按工资总额一定比例提取,只是标准有若干次变化:1964 年,中央级机关(包括科学院、广播事业局等事业费开支的单位)提取工资总额的 2%;省级以下机关提取工资总额的 2.5%;中央各机关分驻在外地的机构,执行所在地标准;事业单位(医院、学校、剧团等)提取工资总额的 2.5%。1965 年,规定省级人事机关可按人数往下分配福利费,并适当照顾基层单位。1966 年,事业单位标准改为工资总额的 2%;福利费使用改按每人 1.5 元往下分配,剩余额集中统一调剂使用。

1979 年,福利费提取方式重新改为按每个工作人员的一定绝对数提取。其标准为:中央级国家机关和事业单位,每人每月 1.5 元;中央驻地方的机关单位按所在地规定执行。1979 年年底,福利费标准提高为每人每月 1.67 元,但按 1.5 元往下分配,所余 0.17 元由民政部政府机关人事局集中掌握,统一调剂使用。

国家工作人员困难补助和集体福利经费的来源,除了按工资额一定比例或每个工作人员一定绝对数提取的福利费,机关、单位的行政费、事业费中也有一部分可用于此项开支。另外,根据财政部 1979 年颁布的《关于文教科学卫生事业单位、行政机关“预算包干”试行办法》《中央级工、交、商事业单位预算包干和收入超收分成试行办法》以及《中央级农业事业单位试行预算包干若干规定》的规定,从 1980 年起,各机关、单位可以从其增收节支的款项中,提取一部分集体福利事业经费。

我国国家工作人员退休制度研究*

我党在民主革命时期，干部队伍比较年轻，党政机关和公营企业的工作人员，在生活待遇上基本实行供给制。因此，在解放区没有专门制定干部或职工退休的制度。只是在中华人民共和国成立前夕，1948 年 12 月 27 日，东北行政委员会颁布的《东北公营企业战时暂行劳动保险条例》中，对公营企业实行薪金制职工的退休作了若干规定。这个《条例》规定的退休条件是：男年满 60 岁、工龄满 25 年，女年满 50 岁、工龄满 20 年；或下井矿工、有害身体健康之化学工人，满 55 岁、工龄满 20 年。退休待遇是按职工在所在企业工龄的长短，每月发给本人工资的 30%~60%的退休费。

中华人民共和国成立以来，党和政府对年老和丧失劳动能力的工作人员的安置一直十分重视，先后颁布了许多有关规定。1982 年，党的十二大通过的《中国共产党章程》第 37 条第 2 款规定："年龄和健康状况不适宜于继续担任工作的干部，应当按照国家的规定，或者离职休养，或者退休。"1982 年第五届全国人大第五次会议通过的《中华人民共和国宪法》（以下简称"八二宪法"）第 44 条规定："国家依照法律规定实行企业事业组织的职工和国家机关工作人员的退休制度。退休人员的生活受到国家和社会的保障。"退休、离休被列入了党和国家的根本大法。我国已经在党政机关、人民团体和全民所有制的企业、事业单位初步建立了退休制度。这个制度，有以下几个特点。

---

* 本文选自曹志主编：《中华人民共和国人事制度概要》，北京大学出版社 1985 年版，第 378-413 页。本书其他作者写作部分和笔者写作部分（本书第十二部分）所基于的资料和数据绝大部分源于中组部政策研究室向我们"国家工作人员法立法小组"提供的近 20 本《人事工作文件》（从 1949 年至 1983 年，除"文化大革命"时期外，大多每年 1 本）。故本文如无特别需要说明的问题，文中不再对所引用的资料和数据加注。

第一，按照“八二宪法”关于公民在年老、疾病或者丧失劳动能力的情况下，有从国家和社会获得物质帮助权利的规定，让退休人员定期领取至少能维持本人生活的退休金，享受物价补贴、公费医疗等福利待遇，做到老有所养，病有所医，生活得到保障。

第二，根据退休人员退休前的工龄长短和贡献大小，确定退休、离休待遇：对新中国成立前参加革命工作的老干部，在生活待遇上给予略为从优的照顾。在新民主主义革命的四个时期参加革命的老干部是党和国家的宝贵财富。无论是在为推翻“三座大山”、创建新中国而英勇奋斗的年代里，还是在长期艰苦的社会主义革命和社会主义建设中，他们都作出了巨大的贡献。全国人民对于老干部的不可磨灭的历史功勋，永志不忘。他们在年老退休、离休以后，理应受到尊重和照顾。退休制度中的若干规定，比较充分地反映了我国的这种历史特点。

第三，鉴于我国实行低工资制的实际情况，对于退休、离休所需的经费，全部由国家支付，没有采用许多资本主义国家规定的由职工缴纳一部分退休储金的办法。

第四，国家和社会在物质上和精神上关心退休、离休人员的生活。尽可能地提供一些条件，使他们享受国家、社会和家庭的温暖，不受到冷落，不感到孤独，生活丰富多彩，愉快地安度晚年。

总的来说，我国干部的退休制度体现了社会主义制度的优越性和中华民族敬老尊贤的美德；对于妥善安排年老和丧失劳动能力的职工，顺利实现国家工作人员队伍的新老交替起了良好的作用。下面将我国国家工作人员的退休制度，作一概要阐述。

一、退休规定的名称和适用范围

中华人民共和国成立以后最早的退休办法是1950年3月15日中央人民政府政务院财政经济委员会发布的《关于退休人员处理办法的通知》（以下简称《退休人员处理办法》）。适用的范围包括过去有退休金之机关、铁路、海关、邮局等单位的职工。当时正处于新中国成立初期，百业待举，财政经济状况还没有根本好转，要在全国职工中普遍实行退休养老的办法，条件尚不具备。因此，只能在经济条件较好、过去有退休金的一些单位先实行。1951年2

月26日，中央人民政府政务院根据《中国人民政治协商会议共同纲领》(以下简称《共同纲领》)关于逐步实行劳动保险制度的规定，颁布了《中华人民共和国劳动保险条例》(以下简称《劳动保险条例》)。《劳动保险条例》规定了有关职工养老待遇的相关问题，其实施范围包括铁路、邮电、航运及有职工100人以上的工厂、矿场。1953年1月2日，随着全国财政经济状况的根本好转，政务院修正公布的《劳动保险条例》，又把实施范围扩大到工、矿、交通事业的基建企业单位和国营建筑公司。1955年12月29日，国务院颁布了《国家机关工作人员退休处理暂行办法》(以下简称《退休处理暂行办法》)。《退休处理暂行办法》适用于国家机关及所属事业费开支的单位的工作人员。这个规定是与《劳动保险条例》平行的。从此，企业单位、国家机关和事业单位普遍实行了退休(养老)制度。1958年2月6日，经全国人大常委会批准，国务院颁布了《关于工人、职员退休处理的暂行规定》(以下简称《退休暂行规定》)。《退休暂行规定》把企业单位实行的《劳动保险条例》中有关养老待遇的规定，与国家机关、事业单位实行的退休办法统一为一个规定，普遍适用于国营、公私合营的企业事业单位和国家机关、人民团体的工作人员。1978年6月2日，经全国人大常委会批准，国务院颁布了《国务院关于安置老弱病残干部的暂行办法》和《国务院关于工人退休、退职的暂行办法》。前者适用于党政机关、群众团体和全民所有制企业事业单位的干部，以及因工作需要由组织委派到集体所有制企业事业单位的国家干部；后者适用于全民所有制企业、事业单位和党政机关、群众团体的工人。这两个文件把原来干部、工人实行的同一个退休办法改为干部、工人分别实行两个办法。因为在干部中，有一部分参加革命工作时间较长的老干部，他们对革命作出了宝贵的贡献，积累了丰富的经验。对于他们的退休，通常还采取安排他们担任顾问、荣誉职务等办法进行优待。这些办法，对于一般干部和工人自然是不适用的。至于干部和工人退休的其他待遇，仍基本上保持一致。

二、离休的名称、条件和离休规定的适用范围

"离休"(离职休养)，这个名称是逐步形成的。开始叫"长期供养"，后来叫"免职休养""离职休养"。对"离"的含义，先后又有不同的解释。1958年6月4日，中共中央《关于安排一部分老干部担任各种荣誉职务的通知》中规

定:“第二次国内革命战争期间及以前参加革命工作的老同志,因年老体衰、担负实际工作确有困难的,可以调离现任工作,工资照发,长期供养。”

1963 年 12 月 27 日,中央书记处会议决定:中央级机关正副部长和省委书记、候补书记一级领导干部,凡是年老体衰或长期患病而不能担任实际领导工作的,应当调离现职,采取离职休养、退休、担任荣誉职务等办法安排。离职后,原来一切政治、生活待遇不变。这批干部离职后腾出的空额,应当破格吸收一些比较年轻的(40 岁左右)优秀干部替补,以利于培养、锻炼这一级的接班人。全国县委书记以上的其他领导干部,凡是年老或长期患病的,均由中组部参照上述原则,研究处理办法。

1965 年 8 月 11 日,中组部根据中央书记处决定的精神,起草并向中央、国家机关各部委下发了《关于安排年老体衰、长期患病的相当于地委副书记、副专员以上干部的暂行规定(草案)》[以下简称《暂行规定(草案)》]。草案规定:中央机关副部长、省候补书记、副省长以上干部,1942 年底以前参加革命工作的县委副书记、县长以上干部,1937 年 6 月底以前参加革命工作的其他干部,凡年老体衰或因病基本丧失了工作能力的,可以退休,也可以调离现职,另列编制,长期供养或免(离)职休养。免职休养的,在疾病痊愈可恢复工作时,另行分配工作;如果病情恶化,或基本丧失了工作能力,按退休、长期供养等办法安排。这个草案,只在少数部委进行了试点,没有普遍实行。

根据 1978 年 6 月颁布的国发〔1978〕104 号文件(《国务院关于安置老弱病残干部的暂行办法》和《国务院关于工人退休、退职的暂行办法》)规定,1949 年 9 月底以前参加革命工作的地委正副书记、行政公署正副专员及相当职务以上的干部,1942 年底以前参加革命工作的县委正副书记、革命委员会正副主任及相当职务的干部,1937 年 7 月 7 日以前参加革命工作的干部,可以离职休养,工资照发。这个文件,把离休规定为与退休并行的安排老干部的一种办法,没有规定干部离休后还需视情况再采取别的办法进行安排。因此,从离开工作岗位去养老这个意义来说,离休与退休是相同的,只是待遇有所区别。关于离休的对象,这个文件与 1965 年中组部下发的《暂行规定(草案)》相比,增加了“1949 年 9 月底以前参加革命工作的地委正副书记、行政公署正副专员及相当职务以上的干部”,主要是考虑到这一时期参加革命工作的地专级干部,已有相当一部分同志年老体衰,需要离休了。这个文件中,有关离休规定的适用范围,与退休规定的适用范围相同。

1980年8月18日,邓小平同志在《党和国家领导制度的改革》的报告中指出:"干部领导职务终身制现象的形成,同封建主义的影响有一定关系,同我们党一直没有妥善的退休解职办法也有关系。革命战争时期大家年纪都还轻,五十年代正值年富力强,不存在退休问题,但是后来没有及时解决,是一个失策。应当承认,在当时的具体历史条件下,这个问题也无法解决或无法完全解决。五中全会讨论的党章草案,提出废除干部领导职务终身制,现在看来,还需要进一步修改、补充。关键是要健全干部的选举、招考、任免、考核、弹劾、轮换制度,对各级各类领导干部(包括选举产生、委任和聘用的)职务的任期,以及离休、退休,要按照不同情况,作出适当的、明确的规定。任何领导干部的任职都不能是无限期的。"①之后,党中央明确提出,要有秩序有步骤地实行新老干部交替的战略任务。为了妥善安排老干部,适当加快离休的进度,顺利实现党中央提出的战略任务,1980年以后颁布的离休规定,根据形势的发展,逐步放宽了离休的条件。

1980年10月7日,经全国人大常委会批准,国务院颁布了《关于老干部离职休养的暂行规定》(国发〔1980〕253号文件)。这个规定把离休的对象扩大为"第一、二次国内革命战争时期参加革命工作的干部,抗日战争时期参加革命工作的副县长及相当职务或行政十八级以上的干部,建国以前参加革命工作的行政公署副专员及相当职务或行政十四级以上的干部"。

1982年4月10日,根据中共中央《关于建立老干部退休制度的决定》,国务院颁布了《关于老干部离职休养制度的几项规定》(国发〔1982〕62号文件),把离休对象进一步扩大为"建国前参加中国共产党所领导的革命战争的、脱产享受供给制待遇的和从事地下革命工作的老干部"。

1982年12月10日和1983年5月16日,劳动人事部先后颁发《贯彻国务院关于老干部离职休养规定中具体问题的处理意见》及《关于〈贯彻国务院关于老干部离职休养规定中具体问题的处理意见〉的问题解答》,两个文件把可以享受离休待遇的老干部具体解释为:1949年9月30日前,参加中国共产党所领导的革命军队的,在解放区参加革命工作并脱产享受供给制待遇的;在

① 《邓小平文选》人民出版社1994年版,第331-332页。

敌占区从事地下革命工作的;1948 年底以前在解放区享受当地人民政府制定的薪金制待遇的干部。这样,除了 1949 年 1 月至 9 月参加革命工作并享受薪金制待遇的干部,新中国成立前参加革命工作的老干部都被列为离休的对象。国发〔1980〕253 号文件、国发〔1982〕62 号文件的适用范围与国发〔1978〕104 号文件中离休规定的适用范围相同。

1985 年 1 月 7 日,中组部、中央统战部《关于确定建国前民主党派成员参加革命工作时间和享受离休待遇的有关规定》规定,在中国人民政治协商会议第一届全体会议召开之前,加入各民主党派的成员,一直拥护中国共产党,坚持革命工作的,其参加革命工作时间可从 1949 年 9 月 21 日算起,并可享受离休待遇。

上述 5 个文件所列的离休条件中,都规定了参加革命工作时间必须是新中国成立以前,没有规定工龄条件。

关于离休的年龄,1982 年以前没有规定。1982 年,根据干部制度改革和新老干部交替的需要以及当时干部的实际状况和接替条件,国发〔1982〕62 号文件把老干部的离休年龄规定为:中央、国家机关的部长、副部长,省、自治区、直辖市党委第一书记、书记、副书记和省、直辖市、自治区人民政府省(市)长、正副主席及相当职务的干部正职 65 周岁、副职 60 周岁。中央、国家机关的正副司局长,省、直辖市、自治区党委、人民政府的正副部、厅、局长,地委正副书记、正副专员及相当职务的干部,60 周岁;其他干部,男 60 周岁、女 55 周岁。同时规定:身体不能坚持正常工作的,可提前离休;确因工作需要,身体又能坚持正常工作的,经任免机关批准,可适当推迟。

三、退休的条件

我国干部退休制度中的退休条件主要依据干部的年龄、工龄而定,有的还要考虑身体条件和劳动条件等因素。1951 年以后有关退休的立法都作了因公(工)致残丧失劳动能力的即可以退休的规定。规定的内容基本相同。各个时期的退休办法都规定了退休的年龄和工龄条件的具体要求,前后有些变化。关于退休年龄的规定,往往因身体条件、劳动条件的不同而有所区别。

1950 年的《退休人员处理办法》规定,男女职工年龄在 50 岁以上,工龄满 10 年者退休。1951 年的《劳动保险条例》规定,职工符合下列条件之一者,可以退休养老:(1)男职工年满60岁,一般工龄满25年,本企业工龄满10年的;(2)女职工年满50岁,一般工龄满20年,本企业工龄满10年的;(3)井下矿工或固定在华氏32度以下的低温或华氏100度以上的高温工作场所工作者,男年满55岁,女年满45岁,工龄符合第1项规定的(其工龄1年作1年3个月计算);(4)在提炼或制造铅、汞、砒、磷、酸及其他化学、兵工工业中直接从事有害身体健康工作者,男年满55岁,女年满45岁,工龄符合第1项规定的(其工龄1年作1年6个月计算)。

1953年修正公布的《劳动保险条例》,将"本企业工龄"改为5年。主要是为了让一部分一般工龄长而本企业工龄短的老职工也能够退休养老。

1955年的《退休处理暂行办法》规定,机关工作人员符合下列条件之一的都可退休:(1)男年满60岁,女年满55岁,工作年限满5年,加上参加工作前主要靠工资生活的劳动年限,男共满25年,女共满20年的;(2)男年满60岁、女年满55岁,工作年限满15年的;(3)工作年限满10年,因劳致疾丧失工作能力的。这个规定的第1项,与《劳动保险条例》的规定基本一样,"主要靠工资生活的劳动年限"与"一般工龄"的含义是相同的;第2、3两项与《劳动保险条例》的规定不同,没有规定一般工龄,只分别规定了较长的工作年限。主要是考虑到机关干部中有相当一部分老同志,一般工龄不长,但参加革命工作时间较早;这样规定,让他们也能享受退休待遇。1958年的《退休暂行规定》规定了下列情况之一都符合退休条件:(1)男职工年满60周岁、连续工龄满5年、一般工龄满20年的;女工人年满50周岁、女职员年满55周岁,连续工龄满5年、一般工龄满15年的;(2)从事井下、高空、高温、特别繁重体力劳动或其他有损身体健康工作的职工,男年满55周岁,女年满45周岁,工龄又达到第1项条件的;(3)男年满50周岁、女年满45周岁的职工,连续工龄满5年,一般工龄满15年,身体衰弱丧失劳动能力,经鉴定或证明不能继续工作的;(4)连续工龄满5年,一般工龄满25年的职工,身体衰弱丧失劳动能力,经鉴定或证明不能继续工作的;(5)专职从事革命工作满20年的工作人员,因身体衰弱不能继续工作而自愿退休的。

《退休暂行规定》所规定的退休条件,与《劳动保险条例》《退休处理暂行办法》相比,总的说来是放宽了。《退休暂行规定》第1、2两项中"一般工龄"的年限,都比《劳动保险条例》《退休处理暂行办法》的规定少5年。《退休暂行规定》的第 3、4、5 项是《劳动保险条例》所没有的，其中第 4、5 两项也是《退休处理暂行办法》所没有的。有了这些规定，就可以使一批工龄较长，但由于尚未达到《劳动保险条例》或《退休处理暂行办法》所规定的退休年龄而不能处理的身体衰弱、丧失劳动能力的职工也能够退休。这对于国家和他们本人都是有利的。另外，《退休暂行规定》第 3 项退休条件，与《退休处理暂行办法》的第 3 项退休条件相比，工龄从 10 年提高为 15 年。这是考虑到退休养老是要由国家供养退休人员整个晚年，规定工龄 10 年显得短了一些。《退休暂行规定》第 1 项退休条件中女职员的退休年龄，由《劳动保险条例》规定的 50 岁改为 55 周岁，女工人仍为 50 周岁。理由是：依据女性的生理特点以及女工人与女职员的劳动条件不同，规定她们的退休年龄略有差别，是必要的。

根据国发〔1978〕104 号文件的规定，干部、工人符合下列三种条件之一的，都可以退休：(1)男年满 60 周岁，女干部年满 55 周岁，女工人年满 50 周岁，工作年限或连续工龄满 10 年的；(2)男年满 50 周岁，女年满 45 周岁，工龄达到第 1 项条件，经证明并鉴定已完全丧失劳动(工作)能力的；(3)从事井下、高空、高温、特别繁重体力劳动或其他有害身体健康的工作，男年满 55 周岁，女年满 45 周岁，工龄达到第 1 项条件的。这个文件规定的退休条件，较之《退休暂行规定》，工龄条件减少了 5 年；去掉了有关工龄 20 年以上，男 50 岁以下，女 45 岁以下，但已丧失工作能力者可以退休的规定。另外，还取消了关于一般工龄的规定。这主要是因为，当时新中国成立已近 30 年，老职工都有了一定的连续工龄或工作年限，不需要再把一般工龄作为退休条件了。

为了充分发挥高级专家的作用，为社会主义建设事业多作贡献，1983 年 9 月 12 日国务院颁发的《关于高级专家离休退休若干问题的暂行规定》规定，高级专家离休退休的年龄，一般应按国家统一规定执行。对其中少数确因工作需要，身体能够坚持正常工作，征得本人同意的，副教授、副研究员及相当这一职称的高级专家，经所在单位报请上一级主管机关批准，可以适当延长离休退休年龄，但最长不超过 65 周岁；教授、研究员及相当这一职称的高级专家，经所在单位报请省、自治区、直辖市人民政府或中央、国家机关的部委批准，可以延长离休退休年龄，但最长不超过 70 周岁；学术造诣高深，在国内外有重大影响的杰出高级专家，经国务院批准，可以暂缓离休退休。

为了充分发挥现有骨干专业技术人员的作用，促进教育、卫生、科学技术事业的发展,1983年9月12日国务院颁发的《关于延长部分骨干教师、医生、科技人员退休年龄的通知》规定:在1990年前,对在前述单位工作的讲师、主治医师、工程师、农艺师、助理研究员以及具有高等院校、中等专业学校(含中等师范学校)和高中毕业学历或同等学力的中、小学教师中,确因工作需要,身体能坚持正常工作、有较强的业务能力、本人又愿继续工作的,经所在单位报请县一级以上主管机关批准,可将他们的退休年龄延长1岁至5岁;延长后的退休年龄,女最多不超过60周岁,男最多不超过65周岁。1983年12月3日,劳动人事部颁发的《关于贯彻执行〈国务院关于延长部分骨干教师、医生、科技人员退休年龄的通知〉的说明》确定:这个通知,也适用于符合离休条件的中小学骨干教师、医生和科技人员。

四、退休离休待遇

(一)退休费和离休费

总的来说,退休费标准是随着国民经济的发展而逐步有所提高的。从1951年起,退休费都是按月发给,发至退休人员本人去世为止。1978年以前,退休费标准,主要是按退休人员工龄(指连续工龄、本企业工龄、工作年限,下同)长短计发,工龄越长,退休费占原工资的比例越高。因工残疾或对社会有特殊贡献的,另酌量提高。从1978年6月起,退休费标准改为按参加革命工作时间和工龄两个因素来确定。

1950年的《退休人员处理办法》规定:退休费是一次性发给,其发放标准:每工作1年给退休前1月薪资的1/3,最高不得超过本人6个月的薪资数。

1951年的《劳动保险条例》及实施细则规定:企业职工退休费(亦称养老补助费),按其本企业工龄的长短,发给本人工资的35%~60%。本企业工龄满10年者,退休费为本人工资的35%,本企业工龄超过10年者,每超过1年加发2%,至本人工资60%止。未加入工会者,只能发给上列规定额的半数。因工残疾退休费(亦称因工残疾抚恤费),饮食起居需人扶助者,为本人工资的75%;不需人扶助的,为本人工资的60%。

1953年修正公布的《劳动保险条例》及实施细则修正草案规定:退休费提高为本人工资的50%~70%(因工残疾退休费未改)。本企业工龄未满10年者,退休费发给本人工资的50%;已满10年不满15年者,发给本人工资的

60%;已满 15 年及 15 年以上者,发给本人工资的 70%。战斗英雄、劳动模范的退休费为本人工资的 60%~80%;本企业工龄未满 10 年者,为 60%,已满 10 年未满 15 年者,为 70%,已满 15 年或 15 年以上者,为 80%;其中因工残疾的退休费为本人工资的 100%。

1955 年的《退休处理暂行办法》规定:国家机关工作人员的退休费,发给本人工资的 50%~80%。退休人员工作年限不满 10 年的,发给本人工资的 50%;满 10 年不满 15 年的,发给本人工资的 60%;工作年限满 15 年的,或工作年限满 10 年因劳致疾丧失工作能力的,或因公残疾丧失工作能力的,发给本人工资的 70%;因劳致疾或因公残疾(《残疾人保障法》立法要求将“残废”改为“残疾”以维护残疾人尊严,故本书将原文“残废”均改为“残疾”)丧失工作能力,工作年限在 15 年以上的,发给本人工资的 80%。对革命事业有重大功绩,或工作前长期从事科学、技术、文化、教育等事业,并对社会有特殊贡献的工作人员的退休费,经省(自治区、直辖市)人民委员会或国务院批准,可以酌量提高。

这个规定,与 1953 年修正公布的《劳动保险条例》及实施细则修正草案规定的企业职工退休费标准,基本上是一致的。只是工作年限 10 年、因劳致疾丧失工作能力的人员退休费比例比《劳动保险条例》规定高 10%;因公残疾退休费的标准比《劳动保险条例》规定高 5%~10%,计发办法也有所不同。

1958 年的《退休暂行规定》及实施细则,将国营、公私合营的企业、事业单位和国家机关、人民团体的职工的退休费,作了统一规定。这些规定与过去的规定对比的情况是:(1)一般年老退休人员的退休费,为本人工资的 50%至 70%。此项退休费的标准及计发办法与 1953 年修正公布的《劳动保险条例》、1955 年的《退休处理暂行办法》的规定均相同。(2)年龄在男满 50 周岁,女满 45 周岁,连续工龄 5 年以上,一般工龄 15 年以上,身体衰弱丧失劳动能力的退休人员的退休费,为本人工资的 40%~60%:连续工龄不满 10 年的,为本人工资的 40%,10 年以上不满 15 年的,为本人工资的 50%,15 年以上的,为本人工资的 60%。此项规定是《劳动保险条例》所没有的,较之机关《退休处理暂行办法》的规定,退休费比例降低了 20%。考虑到此项规定扩大了当时企业职工享受退休待遇的范围,因此,退休费标准不宜再高。为了和企业单位的待遇取得一致,只能将机关的原退休费标准加以调整。(3)专职从事革命工作满20年的退休人员的退休费为本人工资的70%。此项规定,在《劳动保险条例》和《退休处理暂行办法》中都没有,目的是照顾老干部。(4)因工残疾退休人员的退休费,为本人工资的60%~75%,与《劳动保险条例》的规定基本相同。但《退休暂行规定》规定,《劳动保险条例》关于战斗英雄、劳动模范因工残疾退休费为本人工资100%的规定,只能在实行劳动保险的企业执行。(5)对社会有特殊贡献的职工(包括专职从事革命工作满20年的人员)的退休费,可比上述四项规定的标准(不包括战斗英雄、劳动模范因工残疾退休费的标准)酌情提高,提高的幅度,最高不超过本人工资的15%。此项规定,比《劳动保险条例》的规定高了5%,比之《退休处理暂行办法》的规定(只规定"酌量提高",未规定提高幅度)则更加明确了。

国发〔1978〕104号文件,把原来按工龄规定退休待遇的办法,改为建国以前参加革命工作的,按革命时期规定退休费;建国后参加革命工作的,按工龄规定退休费,退休费分别为本人标准工资的60%~90%:抗日战争时期参加革命工作的,退休费为本人标准工资的90%;解放战争时期参加革命工作的,退休费为本人标准工资的80%;建国后参加革命工作,工龄满20年的,退休费为本人标准工资的75%;工龄满15年不满20年的,退休费为本人标准工资的70%;工龄满10年不满15年的,退休费为本人标准工资的60%。退休费低于25元的,按25元发给。因工残疾退休人员的退休费,饮食起居需要人扶助的,按本人标准工资的90%发给,并发给不超过一个普通工人工资的护理费;饮食起居不需要人扶助的,按本人标准工资的80%发给;退休费低于35元的,按35元发给。这个文件,在对社会有特殊贡献的人员可再提高5%~15%退休费比例的规定中,没有包括专职从事革命工作20年以上的退休人员。

这些规定与1958年的《退休暂行规定》相比,因残疾的退休人员,退休费比例提高了15%或20%以上;抗日战争时期参加革命工作的退休人员,退休费比例提高了5%;建国后参加革命工作,工龄满10年不满20年的退休人员,退休费比例不增不减;解放战争时期和建国初期参加革命工作,专职从事革命工作20年以上的退休人员,退休费比例降低了5%和10%。

国发〔1978〕104号文件颁布以后到现在,总的来说,退休费标准没有提高,但少数职工的退休费有所提高:(1)1983年1月15日,劳动人事部发出的《关于建国前参加工作的老工人退休待遇的通知》规定:从文件下达之月起，建国前参加工作的工人的退休费，比照国发〔1982〕62 号文件及有关规定，按本人原标准工资的 100%发给，即比国发〔1978〕104 号文件规定的比例提高 10%～20%。（2）1983 年 6 月 28 日，劳动人事部、财政部颁发的《关于提高职工退休费、退职生活费的最低保证数的通知》规定，从 1983 年 8 月起，职工退休费的最低保证数，每月提高 5 元。（3）1984 年 6 月 11 日，国发〔1984〕76 号文件《国务院、中央军委批转国防科工委等部门关于解决三线艰苦地区国防科技工业离休退休人员安置和职工夫妻长期两地分居问题的报告的通知》规定，从 1984 年 7 月起，在三线艰苦地区工作累计满 20 年的职工，其退休费可比国发〔1978〕104 号文件规定的标准提高 5%～10%。

关于离休费（也称离休工资），从有离休规定起到现在，离休费都按本人离休前工资的 100%发给。

（二）其他待遇

除退休费、因工致残护理费外，退休人员还可按规定享受以下几项待遇。

1. 政治待遇。1963 年 3 月 27 日，《中共中央关于国家机关和企业事业单位精减干部的安置处理办法的补充规定》规定：对退休的干部，可以按照个人的具体情况和条件，吸收他们听必要的报告，阅读一定的文件。国发〔1978〕104 号文件规定：退休干部可按照规定看文件，听报告。

2. 公费医疗。除 1950 年的《退休人员处理办法》外，《劳动保险条例》和各个时期的退休办法都规定，退休职工享受公费医疗待遇，有关费用的报销，按公费医疗的规定办理。

3. 车旅费。1955 年的《退休处理暂行办法》、1958 年的《退休暂行规定》和国发〔1978〕104 号文件都规定，退休人员本人和供养直系亲属前往居住地点途中所需的车旅费，按有关经费开支的规定报销。

4. 安家补助费。1956 年 11 月 12 日国务院颁发的《关于国家机关工作人员退休和工作年限计算等几个问题的补充通知》（以下简称《退休补充通知》）规定：国家机关工作人员退休后易地安家的，由原工作机关发给本人 2 个月工资的安家补助费。国发〔1978〕104 号文件规定：原单位发给的安家补助费为 150 元至 300 元。

5. 住房补助。国发〔1978〕104 号文件规定：退休干部的住房，就地安置的，由原单位负责解决；到中小城镇安置的，其住房由接受安置的地区尽量从公房中调剂解决；确实不能调剂解决，需要修缮、扩建和新建住房的，由接受安置的地区列入基建计划统一解决；回农村安置，住房确有困难的，可以由原单位给予适当补助。

6. 取暖补贴。1980 年 1 月 4 日，国家劳动总局、民政部、财政部联合发布的《关于给退休职工发放宿舍取暖补贴问题的通知》规定：从 1979 年起，对退休职工与在职职工一样，按居住地的标准发给宿舍取暖补贴。所需经费由各省、自治区、直辖市人民政府自行调剂解决。

7. 丧葬补助费。《劳动保险条例》规定：因工致残退休人员去世后，一次发给本企业 3 个月的平均工资额，其他退休人员去世后，一次发给 2 个月的平均工资额。1955 年的《退休处理暂行办法》规定：国家机关退休人员去世后，一次发给本人 3 个月的退休金。1958 年的《退休暂行规定》统一改为发给 50 元至 100 元。国发〔1978〕104 号文件规定：退休人员的丧葬补助费与在职去世的工作人员一样。

8. 供养直系亲属抚恤费。《劳动保险条例》、1958 年的《退休暂行规定》、国发〔1978〕104 号文件都规定：退休人员去世后的供养直系亲属抚恤费，与机关或企业在职去世的工作人员一样。

9. 生活补贴费。鉴于已经离休、退休人员的生活受物价上涨的影响，1985 年 1 月 10 日国务院颁布的《关于发给离休退休人员生活补贴费的通知》（国发〔1985〕6 号文件）第 1 条规定："国家机关、事业单位的离休、退休人员，除按国发〔1982〕62 号文件和国发〔1978〕104 号文件规定享受的待遇和副食品价格补贴外，从一九八五年五月一日起，每人每月发给十七元生活补贴费。"

离休干部，除享受上述各项待遇外，依据党中央、国务院关于老干部离休后"基本政治待遇不变，生活待遇略为从优"的政策，以及国发〔1980〕253 号文件、国发〔1982〕62 号文件、劳动人事部《贯彻国务院关于老干部离职退养规定中具体问题的处理意见》（劳人老〔1982〕10 号）等有关文件的规定，还享受以下待遇：（1）发给老干部离休荣誉证。举行重大的庆祝会、纪念会时，离休干部的代表被邀请上主席台或荣誉席就座。（2）抗日战争胜利以前参加革命工作的离休干部，按规定的不同时期，每年加发本人一个月、一个半月或两个月的标准工资作为生活补贴。（3）非生产性福利待遇不变，在住房、医疗、用车、生活品供应方面，适当优先照顾。易地安置没有住房的，由原单位拨给一定数额的建房费,由接受地区负责解决。(4)由于瘫痪等原因,生活长期完全不能自理的,可领取一定数额的护理补助费,需购置病残工具而本人有困难的,可酌情得到补助。(5)离休后继续享受国家规定的探亲待遇,并可报销一次探视父母、子女或回原籍的往返车船费。

1982 年 11 月 27 日中组部颁发的《关于行政十四级、十八级以上干部离休后分别按司局级和处级待遇的通知》和 1984 年 10 月 8 日中组部、劳动人事部颁发的《关于国营企业非国家机关行政级干部离休后分别享受司局级、处级待遇的通知》规定:未担任司局级和处级职务的行政十四级、十八级以上的干部以及标准工资额高于当地行政十八级的工资额的非国家机关行政级干部离休后,经过批准,可分别享受司局级和处级的政治、生活待遇。

(三)经费来源

退休、离休的各项经费,都由国家支付。在前面所述有关待遇的规定中,已经明确了某些费用从哪里开支。这里还需要列出的是关于退休费、生活补贴费、丧葬补助费、亲属抚恤费以及离休干部所需各项经费来源的具体规定。

《劳动保险条例》规定:企业职工的退休等经费,在劳动保险基金中支付。1955 年的《退休处理暂行办法》规定:退休费和退休人员去世后的丧葬补助费,由退休人员居住地点的县人民委员会在优抚费项下开支。1958 年的《退休暂行规定》规定:各项费用,在实行劳动保险的企业,退休费、丧葬补助费和亲属抚恤费,在劳动保险基金中支付;如本单位的劳动保险基金不敷开支,可以在本省、自治区、直辖市或本产业系统内进行调剂;仍然不足的时候,差额部分由本单位行政支付。在没有实行劳动保险的企业单位,上述各项费用,全部由企业行政支付;在事业单位、国家机关和人民团体,全部由退休人员居住地方的县级民政部门另列预算支付。

国发〔1978〕104 号文件规定,退休费、退职生活费,企业单位,由企业行政支付;党政机关、群众团体和事业单位,就地安置的,由原工作单位负责;易地安置的,分别由负责管理的组织、人事和县级民政部门另列预算支付。

1981 年 10 月 13 日,国务院、中央军委《关于军队干部退休的暂行规定》第 10 条规定:移交地方安置的军队退休干部,退休当年的退休生活费,由军队一次拨交安置地区的民政部门,从下一年起,其退休生活费由安置地区的民政部门列入预算支付。

国发〔1980〕253 号文件和劳人老〔1982〕10 号文件均规定，离休干部的各项经费，由原单位支付。跨省安置的，由原单位拨交接受地区的干部、人事部门掌握支付，医疗费用由原单位负责报销。1980 年 10 月以前已由接受地区负责支付的退休改离休干部的经费，仍由接受地区的干部、人事部门列入预算支付。

1984 年 12 月 3 日，《国务院、中央军委批转民政部、总政治部〈关于做好移交地方的军队离休退休干部安置管理工作的报告〉的通知》（国发〔1984〕171 号）规定：军队离休干部移交地方所需的各项费用，当年剩余月份的由军队一次拨交地方的安置部门；从移交后的第 2 年起，由各省、自治区、直辖市财政和民政部门，根据当年实际接收人数，编列经费预算，于下年初分别上报财政部和民政部核批下达，并列入地方预算。

国发〔1985〕6 号文件规定：对离休退休人员发给生活补贴费所需增加的经费，国家机关、事业单位由财政拨专款解决。属于中央单位的，由中央财政开支，属于地方单位的，由地方财政开支。由民政部门管理的离休退休人员所需增加的经费，由同级财政部门增加预算解决。

五、安置去向

在相当长的时期内，对退休人员的安置去向本着有利于控制大中城市人口和提倡“告老还乡”的精神，作出了一些规定。1956 年颁发的《退休补充通知》规定：国家机关工作人员退休以后，有家可归的，一般的应该动员回家；无家可归的，由处理机关商请适宜退休人员安家地点的县、市人民委员会予以安置。1958 年的《退休暂行规定》的实施细则，重申了上述规定。

国发〔1978〕104 号文件规定：离休、退休、退职干部的安置，要面向农村和中小城镇。在大城市工作的，要尽量安置到中小城镇和农村，也可以根据具体情况，到本人或爱人的原籍地安置。在中小城镇和农村工作的，可以就地或回原籍中小城镇和农村安置。易地安置有实际困难的，也可以就地安置。

为了减少易地安置的困难，妥善解决边远、高原等艰苦地区离休退休人员的安置问题，适当照顾离休退休人员与亲属的团聚，1980 年以来，在安置去向上，又作了一些新的补充规定。

国发〔1980〕253号文件规定：离休干部一般可就地分散安置；在青藏等高原地区工作的内地干部离休后要求回内地安置的，有关省、自治区、直辖市应当予以安置。1983年5月3日，国务院办公厅《批转劳动人事部关于落实西藏离休退休人员跨省安置问题的请示的通知》确定：西藏离休退休人员回内地安置的去向，凡单身在藏的，允许到配偶所在地安置；夫妇同时离休退休，或一方留藏继续工作，另一方确定离休退休的，对其要求到夫妇任何一方原籍、子女工作居住地或原调出单位所在地区的，可允许任选一方安置。

1983年12月15日，《国务院办公厅转发劳动人事部、公安部、商业部、国家计委、城乡建设环保部〈关于离休干部跨省安置的补充规定〉的通知》确定：离休干部夫妇身边无子女的，可到子女工作的中小城镇安置。在高原、沙漠、边远地区（西藏除外）工作的内地干部离休后，一般可在离休时所在省的省会或自治区的首府或交通、物质条件较好的其他城镇安置。对身体确实不适应或就地分散安置有困难，需到内地安置的，可以到本人或配偶的原籍、子女工作地或原调出单位所在地区安置。对要求到北京、天津、上海安置的，如配偶、子女都在那个城市，可以予以安置。

根据国发〔1984〕76号文件的规定：对从一、二线和大中城市到三线艰苦地区工作的离休、退休干部和在这些地区工作满20年的退休工人，可在所在地区交通、医疗等条件比较方便的中小城市安置。对于在高寒、高原、沙漠戈壁、深山峡谷地区工作的离休退休人员，就地就近安置确有困难的，还可以到配偶或子女工作所在地安置。

六、发挥退休离休人员作用

许多退休离休人员，在长期的革命、生产建设和科学实验中，积累了丰富的经验和知识。他们中一部分人身体尚好，又具有为社会主义事业继续作出贡献的愿望。因此，让退休离休人员在力所能及的范围内，从事一些社会工作，发挥他们在两个文明建设中的作用，是我国干部退休制度的一项重要内容。过去一段时间，对这个问题重视不够，在1978年以前，对于发挥退休离休人员作用及有关报酬问题，基本没有明确规定。近几年来，党中央、国务院和有关部门，十分重视这项工作，先后颁发了一些规定。

国发〔1978〕104号文件规定：工人退休后，城镇街道、农村社队要注意发挥他们的积极作用。街道、社队集体所有制单位如果需要退休、退职工人从事力所能及的工作,可以付给一定的报酬,但连同本人退休费在内,不能超过本人在职时的标准工资。

国发〔1980〕253 号文件规定:注意发挥离休干部的作用。凡是能写革命回忆录的,要为他们口述或撰写提供必要的条件。鼓励他们发扬革命传统,关心国家大事和人民生活,反映情况,提出建议,做些力所能及的工作。

1981 年 11 月 7 日,《国务院关于严格执行工人退休、退职暂行办法的通知》(国发〔1981〕164 号)规定:必须加强对于退休、退职工人的聘用管理。工人退休后一般不要留在原单位继续工作,其他单位如果确实需要聘用有技术和业务专长的退休工人作技术和业务指导的,必须由原发退休费的单位、聘用单位和退休工人三方签订合同,并报当地劳动部门批准后,方能聘用。参加社会公益活动,领少量报酬的退休、退职工人,不应视为受聘工作。退休、退职工人受聘后,聘用单位除了发给"补差"(退休费或退职生活费与本人原标准工资的差额),还可视其工作成绩适当发给奖金。退休、退职工人在受聘期间,因工伤残、因工死亡时,其保险待遇由聘用单位负担。

1982 年 8 月 2 日,劳动人事部《关于严格掌握干部退休、退职条件及加强干部退休、退职后的管理工作的通知》规定:干部退休以后的聘用和聘用待遇的管理,应该按照国发〔1981〕164 号文件的规定办理。

1982 年 2 月 20 日,《中共中央关于建立老干部退休制度的决定》指出,注意很好地发挥离休退休老干部的作用,是我们党和国家坚定不移的政策原则之一。老干部离休退休以后,要继续关心国家和人民的命运,并在力所能及的范围内,为党为人民作出新的贡献。党的报刊要经常地宣传报道离休退休老同志热心于社会主义物质文明和精神文明建设的事业,利用一切适合于自己情况的方式,参加各种社会活动,写作有益于人民的著作,切切实实地为人民做好事的事迹。

1982 年 10 月 11 日,中共中央办公厅转发中组部《关于发挥中央、国家机关离休老干部的作用的意见》,1983 年 4 月 25 日中组部《关于印发〈九省市老干部工作座谈会纪要〉的通知》。两份文件对根据党中央、国务院的指示精神,如何鼓励离休干部从事有益的社会工作,作了一些具体规定。

关于退休离休人员从事力所能及工作的报酬和纪律等问题,1984 年 12

月 3 日,中共中央、国务院《关于严禁党政机关和党政干部经商、办企业的决定》中明确规定:“党政机关离休、退休的干部,应该发扬党的全心全意为人民服务、密切联系群众的优良传统,在为社会公益事业服务等方面多作贡献。具有一定科技知识和专业特长的离休、退休干部,经有关部门批准,可以从事技术性、知识性咨询活动,可以举办培训班、补习学校、医疗所等,并取得合理的经济收入;也可以应聘于本地或外地企事业单位从事咨询或讲学活动,依照合同领取应得的劳动报酬。应聘迁居外地的,可以保持原地户籍,允许随时迁回。离休、退休干部可以从事家庭养殖业、种植业。出售自己的劳动产品。从事上述活动的离休、退休干部,按照有关规定继续领取应领的工资和享受的生活待遇。离休、退休干部经商或办企业,其经营收入如不低于自己应领取或享受的工资、生活待遇,应停发其应领的工资和酌情改变其他生活待遇;如收入低于自己应领取的工资和享受生活待遇,可酌量发给一部分,保证不低于原待遇。他们经营的企业必须严格按照国家工商行政管理部门的规定,申报批准,并依法经营,照章纳税。决不允许离休、退休干部利用老战友、老部下的关系和曾经担任过领导职务的影响,套购或倒卖国家的紧缺物资,严禁走私贩私、偷税漏税和买空卖空,牟取高利,以及从事‘皮包公司’性质的经营体,也不得为自己的亲友提供从事这类活动的条件。”

七、退休人员的子女招工

在 1978 年以前,职工退休后招收其 1 名子女参加工作的办法,只在某种特殊情况下和少数几个行业的企业中实行过。根据 1953 年公布试行的《中华人民共和国劳动保险条例实施细则修正草案》第 24 条的规定,工人职员因工死亡或因工残疾完全丧失劳动能力而退休,其供养的直系亲属具有工作能力而该企业需人工作时,行政方面应尽先录用。

1956 年 1 月 14 日,劳动部《关于年老体衰职工以其子女代替工作问题复轻工业部的函》提出,关于解决企业年老体衰退休职工以其子女代替工作问题,同意在该企业劳力不足,经按规定手续批准从社会招收工人和职员时,可适当吸收退休后生活仍有困难的职工的子女参加工作,但不作为一个制度加以规定。

1964 年 3 月 29 日,中共中央、国务院批转下发劳动部、内务部、财政部、全国总工会《关于老、弱、残职工暂列编外以及安置处理工作的报告》提出，现在在安置处理办法上，可以适当地放宽老、弱、残职工退休退职以后子女顶替工作的条件。即完全或大部分丧失劳动能力需要做退休退职处理的老、弱、残职工，不论暂列编外与否，凡是他们家居城镇合乎条件的子女和其他赡养亲属，都可以顶替；矿山井下、森林采伐、地质勘探、盐场的工人和其他能迁回农村居住的职工，在退休退职以后，他们家居农村的合乎条件的子女和其他赡养亲属，也可以顶替。顶替时，必须先行或者同时办理顶替职工的退休退职手续。

1973 年 8 月 4 日，《中共中央转发国务院关于全国知识青年上山下乡工作会议的报告》（中发〔1973〕30 号文件）附件一《关于知识青年上山下乡若干问题的试行规定草案》，以及 1974 年 7 月 29 日《国家计划委员会关于盐业生产工人子女顶替问题的复函》，都重申了矿山井下、野外勘探、森林采伐和盐业生产等行业职工退休后，其子女可顶替参加工作的规定。

1978 年 6 月以后，各地普遍实行了工人退休退职后可以招收其 1 名符合招工条件的子女参加工作的办法。至于退休退职职员的子女招工，则只在少数几个特殊行业中实行。

国发〔1978〕104 号文件明确规定："工人退休、退职后，家庭生活确实困难的，或多子女上山下乡、子女就业少的，原则上可以招收其一名符合招工条件的子女参加工作。招收的子女，可以是按政策规定留城的知识青年，可以是上山下乡知识青年，也可以是城镇应届中学毕业生。"退休退职工人"本人户口迁回农村的，也可以招收他们在农村的一名符合招工条件的子女参加工作"。

1979 年 7 月 28 日，《国家劳动总局关于贯彻执行中发〔1979〕43 号文件中若干问题的意见的通知》规定，矿山井下、森林采伐、野外勘探、盐业生产等工作岗位增加职工需要招收本单位职工在农村的子女时，仍按中发〔1973〕30 号文件的规定办理，但每个职工只招收 1 名农村子女；已经招收过 1 名的，不得再招收。被招收的子女，必须经德智体全面考核，符合招工条件。

不少地区在贯彻执行国发〔1978〕104 号文件关于退休退职职工子女招工的规定中，条件掌握偏宽，产生了许多弊病。例如，相当一部分生产工作骨干不到退休年龄也不符合退职条件，但为了子女就业，提前退休退职；不少单位将一些不符合招工条件的人招收进来,降低了招工质量;等等。针对这些问题,1983 年 9 月 3 日,国务院颁发的《关于认真整顿招收退休、退职职工子女工作的通知》规定:对因病提前退休的工人(指在一般劳动条件下,男不满 60 周岁,女不满 50 周岁,因病完全丧失劳动能力而退休的工人),或不具备退休条件而退职的工人,其退休退职时不再实行招收其子女参加工作的办法。对正常退休的工人男年满 60 周岁,女年满 50 周岁,连续工龄满 10 年的;或从事井下、高空、高温、特别繁重体力劳动、其他有害身体健康的工作,男年满 50 周岁,女年满 45 周岁,连续工龄满 10 年的;或因工致残,完全丧失劳动能力而退休的工人,家庭生活确有困难或子女就业少的,仍实行原则上可以招取其 1 名符合招工条件的子女参加工作的办法。但均须严格按条件录取,不合条件的,不得招收。招工时应由当地劳动人事部门或主管部门负责统一组织全面考核,统筹安排工作,并实行 3~6 个月的试用期。对不服从分配或在试用期表现不好和发现不符合招工条件的,应予辞退。

八、退休离休人员的管理

1978 年以前,对退休离休人员的管理没有明确的规定,有关事宜实际是由发给退休费、离休费的部门办理的。1978 年 6 月以后,国家对离休、退休干部,退休工人以及军队移交地方安置的离休、退休干部的管理,分别作出了规定。

国发〔1978〕104 号文件规定:离休、退休干部,就地安置的,由原工作单位管理;易地安置的,分别由接受地区的组织、人事和民政部门管理。退休工人由所在的街道组织、农村社队负责管理。

国发〔1980〕253 号文件规定:对离休干部的管理,就业安置的,由原单位负责;易地安置的,由接受地区的干部、人事部门负责,必要时可建立小型干部休养所管理。县以上的干部、人事部门和其他有离休干部的单位,应根据情况,配备专职或兼职干部。

国发〔1981〕39 号文件规定:各级民政部门负责军队退休干部的思想政治工作和管理工作。劳人老〔1982〕10 号文件规定:退休改离休的干部就地安置的,由原工作单位负责改办并管理;原单位已撤(包括军队已经安置在地方的退休干部)以及易地安置的,由发给退休费的单位负责会同有关部门办理,然后移交接受安置地区的干部、人事部门管理。

1983 年 7 月 9 日,国务院办公厅颁发的《关于军队离休干部移交地方管理问题的通知》规定:经党中央、国务院批准,军队离休干部移交地方后,由民政部门管理。

国发〔1984〕171 号文件规定:当前移交地方的军队离休干部,是指解放战争时期参加革命工作的团职或行政十五级以下和相当职务(职称)、级别的离休干部,以及抗日战时期参加革命工作的营职或行政十九级以下和相当职务(职称)、级别的离休干部。民政部门负责移交地方的军队离休、退休干部的安置审批和接收管理工作(过去已经移交地方安置的军队退休干部改为离休的,继续执行劳人老〔1982〕10 号文件的规定,仍由当地干部、人事部门管理)。为了做好管理和服务工作,要建立健全各级民政部门管理军队离休、退休干部的机构,增加工作人员。全国所需工作人员与移交地方安置军队离休、退休干部人数的比例为 1∶5。

为了发扬我们党和国家关心爱护老干部的光荣传统和中华民族敬老尊贤的美德,使退休、离休人员的生活不仅在物质上得到保障,而且在精神上感到愉快,更好地安度晚年,国务院和中央有关部门,对于从精神上、物质上关心退休、离休人员的生活,做好管理服务工作方面,作出了一些规定。

国发〔1978〕104 号文件规定:负责管理离休、退休人员的单位,要做好离休、退休人员的思想政治工作和管理工作,注意安排他们学习,关心他们的身体健康和物质、文化生活,及时研究解决其实际困难,表彰他们中的好人好事。

国发〔1980〕253 号文件规定:干部、人事部门应注意与有关部门密切配合,做好离休干部工作,使他们感受到党和国家的温暖。要在干部和群众中形成尊重和关心离休干部的良好风气。

国发〔1982〕62 号文件规定:离休干部所在单位,要根据需要建立健全老干部工作机构或确定专人负责,做好为老干部服务的工作。劳人老〔1982〕10 号文件规定:各地区各系统和离休干部的所在单位,可因地制宜地为离休干部开展政治、文体活动,因陋就简地设立活动场所。离休干部身边无子女的,由当地人事、劳动部门负责调 1 名在外地工作的子女(包括其配偶和未成年子女),到离休干部安置居住地工作。

1980 年 12 月 25 日,中组部发出的《关于在春节期间开展慰问老干部活动的通知》规定:要开展多种形式的慰问活动,重点慰问那些已经退居二、三线(三线即退休、离休)和正在养病治疗的老干部,以及老干部遗属。党政主要领导干部,要亲自参加走访慰问和召开座谈会,各组织部门,要协同有关部门做好慰问的组织工作。要主动征求、虚心听取老干部的意见,及时帮助解决实际困难。这种慰问,要作为一项制度,年年坚持下去。

1983 年 9 月 6 日,中组部发出的《关于妥善安排退到二、三线的老干部几个问题的通知》规定:在新老交替中,各级党委和组织部门,要及时了解每个退到二、三线的老干部参加党的组织生活、阅读文件、用车、医疗等情况,要检查重要的报告会、庆祝会和其他重要政治活动以及文娱活动是否按规定邀请他们参加。发现问题,抓紧解决。应定期或不定期的去看望退到二、三线的老干部。

1985 年 1 月 20 日,中组部、劳动人事部、民政部联合颁发的《关于慰问由街道管理的离休、退休干部通知》规定:在开展慰问老干部的活动中,各级组织、人事、民政部门还要同时慰问过去交由街道管理的离休、退休老知识分子、科技干部及其他离休、退休干部,尽可能帮助他们解决一些实际问题,表达党和政府对他们的关怀。

上述三个文件都规定,各级领导和有关部门的同志要慰问、看望退休、离休干部,其目的是通过这种办法和制度,改变那种只走有职有权的“热门”,不走退休、离休人员的“冷门”的旧习气;教育干部群众关心退休、离休老人,热情为他们服务,逐步形成一种新风尚。

第五编

苏联、东欧国家公法研究

保加利亚行政法学概述*

[保]Ⅱ.斯泰诺夫　A.安格洛夫

我们的行政法,或者确切地说,我们的行政法学,它的对象是研究调整保加利亚人民共和国国家行政管理活动的法律规范。

行政法学同时也研究这些法律规范调整的行政关系,即国家行政机关在组织社会主义建设,进行执行—指挥活动过程中发生的关系。严格地说,对"行政法"和"行政法学"应该加以区别:行政法是一个统一的法律部门,是调整保加利亚人民共和国国家行政管理活动的法律规范的总和。而行政法学是一门法律学科,它研究行政法律规范,对之进行科学的分析和得出科学的结论。"行政法"这一术语常常在第二种意义上被使用。

保加利亚人民共和国行政法和旧时代保加利亚行政法的根本区别在于:我们现在的行政法是社会主义的行政法。我们的行政法学研究的是在为进行社会主义建设而组织国家政治、经济和文化生活的过程中发生的社会关系以及反映共产党领导下的劳动人民群众意志的法律和规则。我们的行政法学还研究调整国防组织和保护社会主义制度的规范。

据此,社会主义国家"行政活动"的定义应当确定为:国家行政机关根据法律和为了执行法律,创造性地实现社会主义国家任务而进行的组织、领导、监督的具体法律活动以及相应的业务技术活动。在必要的情况下,这些活动

---

* 本文原载1984年北京大学法律学系教学参考用书《行政法》第163-209页,其中部分内容曾载于《国外法学》1982年第5期,由姜明安摘译自[保]Ⅱ.斯泰诺夫、A.安格洛夫:《保加利亚人民共和国行政法》。

可以强制的方法保证。国家行政机关所进行的行政活动最应注意的特征是其权力性、从属法律性和创造性。

一、行政活动的概念和内容

(一)“行政”术语的含义

“行政”这个词起源拉丁语(administer),后来由拉丁语译为法语,继而译为所有其他欧洲语。“行政”这个词有“下级的、从属的服务”“管辖下的服务”的意思,亦即领导之下的活动。这个词在保加利亚语被翻译成“管理”。

俄语也和保加利亚语一样,“行政活动”这一术语最经常和“国家管理”通用。俄语之所以在“管理”前加“国家”一词,是为了和经济上的管理相区别。经济企业管理虽然也是行政活动,即经理或经理办公室及编制内的管理人员的行政活动,但它不是行政法意义上的国家行政活动。经济企业的“行政机关”或“管理机关”是相对于它的生产机关的称呼。

经典作家特别是列宁,使用的是“行政”“国家行政活动”“行政机关”的表述,而没有使用“国家管理”、“管理机关”或“国家管理机关”这些词。现在,特别是在俄语中,大都使用“国家管理”这一术语。我们将同时使用这两种表述。

(二)行政机关和行政活动

在社会主义国家,“行政活动”(“国家行政活动”)的概念与“国家管理”的概念是一致的(不过后者是从前者转译而来)。

但是“行政”作为一个法律用语却有着双重的意义:

其一,组织的意义。指一定国家机关的相应系统,即具有下述职能——依据法律对国家实行管理;对社会主义建设和国防实行国家领导;进行具体的创造性的执行和指挥活动——的国家机关的总和。

其二,实质职能的意义。即指根据法律和为执行法律实现相应职能的执行和指挥活动。

我们在下面将会看到,在社会主义国家,这两种意义有着紧密的联系,它们是互相依存的:国家行政机关所执行的正是创造性的执行和指挥职能,国家的社会主义建设作用正是通过国家行政机关的执行和指挥活动得以实现。

但是我们在这里不是在机关(国家机关)的意义上,而是在它们所进行的活动的意义上使用“行政”这一概念。在这种场合下,社会主义国家的“行政”(国家管理)概念将等同于国家的“执行和指挥活动”的概念。

因此,“行政活动”和“执行指挥活动”两个术语可以通用。试图对二者进行区分或试图在它们和“国家管理”的概念之间寻求分界线只会使问题过于复杂化和导致不必要的概念游戏。

(三)“执行——指挥活动”的概念

执行和指挥活动表示相应的国家机关根据法律和为执行法律所进行的权力的和法律的活动,它首先是行于法律之下的活动。不应该把“执行和指挥活动”理解为由两种机关进行:一种机关进行“执行”活动,另一种机关进行“指挥”活动。也不应该把它们理解为完全不同的、相互截然分开的两种活动。事实上这是行使同一种职权,进行一种统一的活动。两个方面在实际过程中表现出一定的相互依赖性。这种活动虽然既是执行的又是指挥的,但整体来说,它是行于法律之下的,是从属于法律的活动。

二、行政活动的从属法律性

(一)执行活动和指挥活动

行政活动(国家管理)不同于立法活动——颁布基础性(非派生的)规范的活动,它总是行于法律之下的活动,在这个意义上,它是第二性的活动。从这一观点出发,由此产生一个基本原则:行政活动总是根据法律和为了执行法律而进行的。行政活动从属法律性特别是社会主义国家的特征。

由于行政活动的这种从属法律性,由于社会主义法制,社会主义社会的政治和经济基础的保护和发展能获得更充分的保障,全民所有制更加巩固,法律规定的,首先是宪法规定的公民自由能获得更有效的保护。

根据这个基本原理,在社会主义国家的条件下,“国家行政活动”(国家管理)的概念即等同于“执行—指挥活动”的概念。至于这一概念的两个要素,我们再分别予以阐述。

1. 执行。《宪法》第 38 条对国家政权的执行和指挥机关作了规定,这些机关的职能是执行法律,实现国家权力。在相应国家权力机关——国民议会监督下的部长会议即进行这种职能的活动。国民议会监督下的执行委员会,在执行法律的限度内也在行使和实现国家权力的职能。它们的整个活动都是行于法律之下的,故谓之执行的也就是执行法律的。

根据以上分析,我们可以说,执行—指挥机关的执行活动是为完成国家任务,在法律范围内,执行相应国家权力机关的命令。因此,执行—指挥机关是从属于相应的国家权力机关的,当然亦要服从其上级国家管理机关。从而,管理机关的行为不仅受规定的国家权力机关的监督,而且国家权力机关可以撤销管理机关的行为(参见《宪法》第7章)。

2. 指挥。执行—指挥机关在自己的活动过程中不仅在执行,而且在指挥。这意味着,它们不是简单地起执行上级机关意志的被动作用。它们不仅应当将上级国家权力机关和国家管理机关的意志贯彻到相对人,而且根据宪法,在它们执行上级机关意志首先是执行法令时,可以采取具有一定创造性的行为,这种行为就是指挥。

指挥的可能性还意味着国家行政机关在必要的时候可运用权力来实现自己的指挥职能,在某些情况下可以实行行政强制。所以,行政机关根据法律授予它的指挥权,在一定情况下,由于实现国家任务的要求,可以单方面的意思表示而使另一方负担义务。

但是,所有这些都必须根据法律,不超越法律的界限,符合法律规定的目的。也正是在这个范围内,行政活动是最具创造性的活动,是将立法者或上级国家权力机关或国家管理机关的一般意志创造性地适用于各种具体场合。由于行政活动的从属法律性在实际中表现出双重性(执行和指挥),从而导致了管理和司法的分界问题。司法也是行于法律之下的活动,但是它具有另外的性质和目的。

(二)行政和司法

行政活动和司法活动最根本的区别(虽然二者都是行于法律之下的活动)在于:司法机关(如法院)总是在权利争议发生以后,并将之提交于它们时,它们才开始行动。司法的任务是在解决争议时将法律规范适用于具体的场合。而行政机关的任务却不只是将法律适用于既成事实。对于行政机关(部长会议、各部、各执行委员会)来说,适用法律只是为建设社会主义,为更充分地保证满足人民群众的需要和保卫国家独立而进行必需的、创造性的职能活动。所以,国家机关进行行政活动不同于执行司法职能,它完全保持实际活动的自主性,即具有行政的主动性,使自己的行动与情况的变化相适应。

由于这涉及行政裁量,故以法律规定其范围,国家行政管理机关在法律规定的范围以内,按照法律规定的目的行动,行使自己的执行和指挥职能。因此,很显然,前文指出的指挥可能性不是源于该法律的某一具体条款,而是源于立法赋予行政机关在进行实际执行活动中的一般权限。不过,这种权限的行使必须在法律规定的限度以内,与法律规定的目的相符合。“业务活动的自主性”就是这样,它是适用于行政活动领域的规则,而非适用于司法领域。

(三)业务活动的自主性

可以给“业务活动的自主性”的概念下一个这样的定义:这种自主性是法律赋予行政机关在为完成国家任务而实现自己的执行—指挥职能的过程中自由评价情况,根据法律规定的目的和范围选择行使具体职权的手段的权力(行政裁量权)。因此,在说到某一行政机关具有“业务活动的自主性”时,即在说该机关可以自己考虑具体情况,在法律规定的限度内,决定是否应当行动、应当怎样行动和在何时行动,以保证更有效地完成法律规定的任务。

对于行政活动的创造性职能的行使的许多具体表现形式,均要以法律作事前的规定是不可能的。所以,在大多数情况下,必须赋予行政机关有适应情况的主动性,以自由地考虑各种具体条件,有分别地进行领导和管理。但是,所有行政的职能活动都必须有基本的法律根据,不超越规范法令规定其实行自主评价和创造性的界限。

不应该把这种自由评价和行政裁量与所谓“自由裁量”混为一谈。后者是资产阶级学说中的主张,它是和法律相对抗的,其旨意是在维护行政机关的专横、反复无常和个人裁量。而在社会主义行政关系条件下,行政行为的自主性却总是和遵守法律紧密相连的,它是行于法律之下的活动,《宪法》第5条即对此作了规定。

在马克思列宁主义的观点看来,国家行政管理的对象是活的、发展着的现实,不能够和不允许以机械的、官僚主义的、公式化的态度去对待,而应该随时充分地考虑时间、地点(场情)和人,应该是具体地、有分别地对待。换句话说,行政机关应经常地根据实际情况,实行机动灵活的领导和管理,行政法规没有包括一切,它也不应该包括一切或作过死的规定,否则它就会使执行变成教条式的。而执行的根本要求在于灵活地、有分别地适用法律规范和遵守法律规范,法律规范主要提供行政活动的根据和界限。

不能把行政的形象理解为中国清代官吏那副唯唯诺诺的样子。行政机关不是传递指示的邮政信箱。列宁曾经指出,不能为所有情况规定一个共通的方案或确定一个适用各种场合的共通的规则。所以,行政机关的活动应当是创造性的,应当实行有区别的、机动灵活的领导和管理,以保证更好地执行国家职能。现在,人们都承认行政活动是“根据法律实行的执行行为”。这里的“根据法律”乃是前面提到的实行有区别的、机动灵活的领导和管理的自主性的前提。

因此,业务活动的自主性必须以法律为根据,必须符合社会主义法制,不超越法律的界限。它不是不受限制的权利;相反,它是处在社会主义法制的范围以内,它必须以法律规定的任务和目的为前提。

当规范法令涉及下述问题时,执行行为可以有业务活动的自主性:

1. 国家安全问题(如是否发给某人以出国护照、是否允许某人访问边境地区、批准外国公民留居本国的期限)。

2. 交通安全和社会秩序的保护问题(如是否允许某组织在某时某地举行公开集会、是否允许运输工具通过狭窄的街道、是否允许某一影片公开上演)。

3. 满足国家和社会需要问题(如是否有必要建立新的学校、医院等,如果有必要,则在何时何地建立)。

4. 选拔干部问题(从具有同样资格的候选人中选择最适合担任某项职务的人,特别是对外交干部、人民警察这些工作人员的政治条件审查把握问题);另外,这方面还有一个根据竞争结果任命公职人员的问题。在这种情况下,须有有关行政法规的根据。行政首长可以在不违法的情况下,在竞选合格者中选择任命公职人员。

5. 对不确定法律用语的解释问题(例如,法律规定,在确定因“重大社会利益”“重大国家利益”“保护善良风俗”“国家安全”等需要而必须采取某项行动时,由行政机关决定采取行动。这就意味着赋予行政机关以业务活动的主动权。对于这种情况,法律常常如此规定,行政机关“可以”采取某项行动。这样,行政机关就被赋予了决定是否采取行动的一般自由,亦即业务活动的自主权。如财政部和国家监察部在一定情况下可以决定相对人延期交付某种税款)。

(四)“羁束行政”的概念和司法

所谓“羁束行政”,即法律直接规定行政机关只能采取某种唯一可行的行动,而没有规定可适应情况行为的一定范围和界限——行政机关可以在这种规定的范围和界限内,从几种可能性的决定中选择一种。“羁束行政”不具有这种适应情况的自主性。例如,税务行为就是这样。税务机关在确定税额如所得税税额时,不能以任何理由自行裁定改变依其个人收益应缴纳的所得税税额。根据法律,税务机关不能在几种可能性的决定中选择,而只能适用法律规定的那种固定税率。在这种情况下,行政机关的公职人员不能作什么评价和选择,其职责只是计算。而且,其不只是无权决定征收某人多少税额,还无权决定是否应征某人的税。只要某人具有收入,行政机关的责任就是课他的税,并且按照法律规定的税率收取之。确定抚恤金和多子女母亲补助金的情况以及征召青年入伍的工作也是这样。在后一个例子中,只要被征召者达到规定的年龄,具有规定的身高、规定大小胸腔和无规定的疾病,征召委员会就有责任征召其入伍。但是军事机关可以根据行使业务活动自主权的程序决定被征召者将在哪个部队服役,什么时候到达兵营,他将接受何种训练。相应管理机关可以决定被征召者提前退役的问题。

在“羁束行政”的场合,行政法规范是建立在对各种情况完全确定的推论的基础上的。但是对于行政法规范来说,其一般特征恰恰是情况和假设分离,因为法律规范通常只规定行政主动权的范围,而一般不能规定行政机关采取行动和运用行政法规范中具体、明确规定的行为规则的具体事实。所以,在行政领域,“行动灵活的主动性”是通则,而“羁束行政”则是例外。

考虑到行政活动的特殊性,立法者给行政机关所固有的决策权和行动主动权留下了一定广阔的余地,赋予它们以颁布有关问题的行政法令的权利。对于像人民警察局这些管理部门,立法者赋予它们行使行政主动权的十分广泛的自由:“如果必要”“如果不得不”“如果维护秩序和安宁需要”等。相反的情况是:立法者只给行政机关规定极狭窄的范围,以致它们只能作出唯一的决定。因此,这里存在各种不同的领域。然而,行政机关作出的决定尽管是相当严格地根据法律的授权,也不同于法院的决议有“已决事件”(res judicate)的效力。行政决定的实质不是解决权利争议,而是实行管理行为,实现执行—指挥职能。因为行政管理机关的决策和行政主动性不属于合法性而属于适当性(有用、适时、合理)的范围。因此,法院监督不能够和不应该涉及行政主管部门的内部程序,对行政主管部门内部程序的监督只能由其上级行政机关行使之。当然,在法律规定的场合,对于行政机关超越权限(超越法律规定的界限)或不正确地行使职权(追求非法律规定的目的,规避法律)的事实,相应的司法机关可以对其重要的法律问题作出评价。

当然,行政机关如果是利用其评价自由和业务活动的主动权作出《刑法典》相应条款规定的具有社会危害性而非只是越权或不正确行使职权的问题,那么,案件就应该转由刑事法院处理,以适用刑事处罚,而不属于撤销违法行政行为的范围。

三、社会主义行政管理的三个基本方面

社会主义国家的执行—指挥活动的实行过程表现为三个最重要方面,具有三个基本的职能因素:领导、组织和对执行的监督检查。

当然,从形式的观点看来,这些方面在资产阶级的国家活动中也同样存在,但是它们具有完全不同的阶级内容。以后我们将会看到,它们是处在完全不同的相互关系中,有着截然不同的目的。

(一)领导经济、文化、政治生活方面的行政活动

1.“领导”的定义

领导,即领导活动,是最具有社会主义管理特征的活动。这在宪法中反映了出来。但是,不应当把“领导”看作一种本身独立的、不同于行政活动的特殊的活动,不能认为“领导”只是由上级国家管理机关——部长会议和各部委——实行的。这种观点是对行政活动概念的误解。把行政活动看成服从绝对指挥和执行粗暴命令主义的简单工具。其实这是与社会主义国家行政活动的性质完全不相符合的。我们已经指出,在社会主义国家,行政活动乃是创造性的执行—指挥活动。

我们这里所说的“领导”,即社会主义管理条件下的领导,这种领导既是经济的也是政治的,具有完全确定的阶级内容,它是在社会主义组织的所有环节中实行的。领导是这样一种形式的活动:一个人(或一个机关)施加影响于另一个人或若干人(另一个机关或若干机关)。

为了使这种活动能够在行政领域进行，应该根据法律或法律规范确立一定的从属关系。某一国家机关对其他机关或公职人员、组织，一般地还对各种自然人和法人实施管辖。所以，在这种场合下，一个上级机关对于相应的其他机关或个人，依据法律即处于领导的地位，其他机关或个人必须服从其领导。因而，领导总是和权力联系在一起，同时和服从的义务联系在一起。

2. 领导的内容

上级机关的领导表现于它发布强制性的命令。这种命令是它依照法律、为了政治和经济的需要而责成其从属的机关或有服从义务的个人作出某种行为。领导不是机械地、死板地传递立法者的意思。法律往往具有普遍和一般的性质，它只是确定行政机关行为的权限。作为领导者的行政人员，除了做其他一切应该做的工作，他还应该把握社会主义建设的政治时机，制定一定时期的具体方针，给予从属的机关、企业或个人以指示。这些就是领导。领导充满着政治的内容，这也意味着，下级行政机关活动的这一方面（其中的行政领导方面）所追求的亦是确定的政治目的，它总是具有阶级的内容。

社会主义国家的领导不是“一般的命令”，不是高高在上的官僚给他的下属发布一般的训令，不是脱离现实生活的活动，而是国家管理机关（既包括上级的，也包括下级的机关）所进行的生动的、具体的、实际的活动。作为社会主义的行政管理系统，它包括经济管理（国家经济企业、经济计划）。其中，民选的地方机关——人民议会的执行委员会担负着许多重要的和各种各样的管理任务。特别值得注意的是，所有行政管理法规都尽量适应技术的要求和计划的要求以及尽量适应因地制宜的要求（民主集中制的原则是实现这些要求的条件之一）。所以，国家行政管理机关所应执行的领导任务在社会主义国家行政法中有着重大的意义。这种形式和范围，这样任务的领导职能在资本主义国家是不可能有的。

3. 领导与计划

在社会主义国家，经济计划是领导的基本形式之一。经济计划是计划行政机关根据行政程序制订的，计划行政机关还负责把计划交付实际执行者——企业或农场，或者给后者下达计划任务。实行计划即执行—指挥活动，是行政活动中领导的体现。在社会主义国家，由于所有行政机关都具有这种计划的领导职能，上级和下级机关不再是旧式的权力和指挥机关，而首先是作为领导的(同时也是组织的)机关。

因此,从马克思列宁主义学说法律观点看来,考察社会主义国家“行政活动”概念的内容,如果要指出它区别资本主义国家“行政活动”的主要的根本性的特征,那么应该认为这种特征即“领导”。

4. 领导的权力性质

领导总是和执行法律的职能联系在一起。换句话说,领导是权力的意思表示,它体现为部长会议,各部、各主管部门的首长及人民议会、执行委员会、部门负责人发布命令的行为(国家管理中的权力要素的意义如前文所述)。

(二)政府和管理

探讨各种国家管理机关的活动问题,必须弄明白这一领域中我们经常与之打交道的两个概念——“政府”和“管理”。

政府活动,这是国家最高行政机关——部长会议——进行的最高领导的行政活动。部长会议是国家经济、文化和社会生活领域所有管理部门的中央的、总的领导。因此,它的职能首先表现为“决策”。此外,直接执行和组织也是它的职能,因为各种规范、法令责成部长会议履行某些具体行为。

所以,作为国家管理机关的部长会议所进行的活动按其法律性质是行政的。但是由于部长会议称为“政府”,因此可能产生这样的印象:似乎它的活动不是行政的,而是某种另外的法律性质不同的活动,即所谓“政府活动”。实质上,政府活动就是行政活动。我们之所以有时称“政府活动”,只是因为它是由最高国家管理机关进行的。“领导”的要素被提到首要的地位,但这完全不意味着部长会议——政府——的活动不具备行政活动的其他要素——“组织”和“监督”。

因此,无论是部长会议实行的领导,还是所谓“政府活动”,按其实质都不是某种独立于其他国家管理机关活动的特殊活动。所以,我们的法律,根据这些活动的法律性质,在客观上没有对它们进行区分。当然,区别实际上还是存在的,不过它们不是法律性质上的区别,而是其他方面的区别。例如,因为政府是最高管理机关,因此它特别受国民议会的监督;部长会议的活动范围是全国的;等等。所以,“政府”和“政府活动”的术语还是应该承认的,它们在行政法上被通用。不过这些术语并不表示某种特别的独立职能,也不表示它们是不同于其他执行—指挥活动的某种特殊活动。相反,它正是属于这些活动的范畴。因此,这里的区别不是法律上的,而是政治上的。此外,这里还存在着主体的区别,即进行行政活动的机关的区别。

(三)行政活动过程中的组织

"组织"是社会主义国家行政活动的第二个职能要素。

1. 组织的定义

从马克思列宁主义的观点看来,行政法中的"组织"是指国家管理机关依据法律和为了执行法律,按照国家规定的程序和专门方式,为了解决社会主义建设和社会主义国防的一定的国家任务而设置机关和保证各个机关协调地工作的具体活动。

这种组织活动的目的性赋予它以相应的政治性,即和社会主义关系相联系的阶级性。这种政治性(阶级性)又决定着达到目的的手段。领导和组织的职能在实践中常常互相转化,因为它们所表现的行政活动性质是非常接近的。在某些场合下,还可能要求行政活动的某一方面必须发生在另一方面之前,因为领导职能的实现有时可能要以相应的组织工作的完成为前提,要以一定的企业、机关和组织设置的存在为前提,在这种前提存在的条件下,方能发布关于其活动的方针和责成其必须执行的命令,如国家经济计划指令等。

从严格的法律观点看来,这些种类的行政活动毕竟有着理论上的区别,只要加以注意,我们就能发现这些区别。领导主要是和决策相联系,而组织则主要是和机构设置以及统一和协调行动相联系。因此,领导是作为纯粹法律上的活动,并且通常发生在组织以前;而组织由于保证协调的要求,则不仅包括法律活动的要求,还包括与法律活动过程中建立和组织机关、企业、合作社等相联系的业务技术活动。

所以,组织是国家机关行于法律之下的活动,即行政活动的重要的和决定性的因素。马克思指出,行政是国家的组织活动。列宁也强调组织活动在社会主义国家管理中的重要意义。但是,"组织"的概念不只是用于国家管理的范围,在生产部门、各种国营企业和合作企业以及社会组织等领域中亦有组织活动。企业经理、工程师、合作社主席、班组长也执行着组织职能,但是它们不是行政的。为了使"组织"的概念具有规定整个社会主义行政概念的基本要素的意义,应该使它和"领导"的概念以及"单方命令和权力"的概念结合起来。因为,不能把"领导"理解为个人的活动或某种团体、联盟和通常的经济企业内部的活动,而应把它看作一种单方面的、权力和服从的、上级机关发布强制性命令和指示的关系的反映。所以“组织”的概念在行政法中和“领导”的概念密切相关,它也是一种权力的单方命令关系的反映,只是这种权力和单方命令关系的内容是有关机构的设置和活动的协调,是有关组织的。只有在这个意义上,在“组织”是与权力和服从的关系相联系时,它才是行政活动的基本的决定性的要素。

2. 组织活动与权力的关系

组织活动以进行这种活动的机关具有指挥权力为前提。协调作为组织的要素,也作为有权的指挥的工具,构成组织活动的法律方面。但是,一般国家管理机关特别是下级机关在进行组织和完成自己的任务时,都必然地转化为直接的、实际的、业务技术的和执行的行为。

因此,权力实现和“领导”概念的结合明显地表现出政治的即阶级的因素,“组织”概念也具有鲜明的阶级色彩。这反映了列宁主义的一个著名观点:国家机关从属于政治。所以,组织不是某种脱离现实生活的纯技术的活动。组织从属于政治,追求确定的阶级目的。

3. 社会主义国家组织活动的意义

在资产阶级行政法中,“组织”这种渗透着政治和阶级内容的活动不可能作为主要的和决定性的要素。这只有在社会主义国家才是可能的。资产阶级行政法学不将组织经济的任务作为管理机关的任务(资本主义社会不存在国家机关管理经济的条件),而是把维护作为统治阶级的资本家阶级的秩序和安宁作为管理机关的基本任务。社会主义行政的组织职能是以基本生产工具和生产资料的公有化——掌握在国家手中——为前提的。这个前提决定了管理机关进行真正的组织活动——实行组织经济的职能(如制订全国经济计划、建立经济核算的企业等)——的可能。

在我们国家,进一步向社会主义的过渡不能自发实现,而是要通过组织来实现,即通过国家机关在党的领导下根据政府决议所实施的组织活动来实现。这是新型的社会主义的管理,与之相联系的是新型的社会主义的行政法。这种管理组织具有特别的活力,因为它建立在马列主义的无产阶级专政学说的基础上,共产党的领导保证着整个国家机关组织活动的统一。

“组织”的概念包括相应的国家机关根据法律建立机构,确定机构的组织,改组各种国家机关和企业,补充机关的行政干部,在企业创立时和其后分配它们以物资和财产,对机关和企业的财产和设备进行再分配,考核国家机关的工作,实行奖励措施,科处行政处罚等。国家通过建立机关和企业,通过这些机关和企业的组织和协调活动,保证最大限度地满足劳动者不断增长的物质和文化的需要。

(四)对执行的监督和检查

这里不是从全面保障社会主义的观点整体地研究监督检查问题,我们只是要确定,社会主义管理除了领导和组织,还包括作为行政活动表现形式的"对执行的监督和检查",即法律中称为"主管部门的内部和外部监督"。这些都是行政活动的范畴。

社会主义国家不同于资本主义国家,行政执行监督受到极大的重视。我们这里所说的行政执行监督是指上级机关对下级机关执行公务上的监督,或者专门的行政机关对公职人员或在其他部门供职的人员的监督。这种监督的目的是保证行政管理机关正确地、确切地执行法律、政府的决议、上级机关的命令,消除执行过程中的违法和错误。而国家行政管理机关的作用在于动员人民群众更好地、迅速地实现国家建设社会主义的任务。

根据这一定义,监督可分为下述两种情形:在和"领导"相结合的条件下,监督是作为社会主义管理的一部分,它体现行政活动的权力性质。在另一种场合,它则是对企业、社会组织的一种监督形式。这种监督也可由法院和检察机关实施。因此,作为行政活动表现形式的监督包括两个方面:一是指这个词本身的意义;二是指对执行的检查。但是它们之间彼此密切地联系着。

如此巨大的国家机构——社会主义的行政机关和从属于它的种类和数目繁多的经济企业——的工作以及对这些工作的计划和协调。如果没有机关内部本身的与执行、检查相结合的有效的、实际的、具体的监督乃是不可想象的。这种监督也是执行—指挥活动的表现,是领导和组织活动的必然的延续。单是下达执行命令、制定决议、发布指示,从办公室里往下摊派计划是不够的,还必须保证这些命令、决议、指示、计划的执行。首先应该保证发出这些文件的机关的执行。这种保证就是行政监督。

四、行政法规范和行政法关系

（一）行政法规范的内容

行政法规范属于法律规范，即国家规定的人人必须遵守的行为规则。它调整着旨在建设社会主义、保卫国家安全和独立的国家执行—指挥活动过程中，国家和社会组织（机关和企业）及公民个人之间发生的社会关系。这些规范包括在法律、命令、条例、规程、执行决定、部长会议的决议和调整相应关系的其他规范性文件之中。

从上述行政法规范的定义中可以推导出下述若干结论：

1. 行政法规范作为人们行为的一般规则，它有着使公民、社会组织和企业等享有各种权利和承担各种义务的一般的和抽象的可能性。这意味着，行政法规范调整着因国家管理机关的设置、组织和活动而发生的关系以及国家管理机关之间、国家管理机关和社会组织、公民之间因国家管理机关发布单方执行文件而发生的关系。

2. 行政法规范作为规则具有命令性。它调整现存的或首次出现的社会关系，包含着人们必须遵守的行为规范，即规定人们可以或应当做什么、不应当做什么（一般禁止）。因此，行政法规范调整的法律关系总是和权力及其行使联系在一起的。行政机关可以对不执行法律规范中的命令性规范者给予行政处罚。

3. 行政法规范确定的权利和义务，在以后适用于因国家机关根据法律规范规定的条件发布单方行政命令而发生的各种相应法律关系时而获得进一步的具体化和个别化。法律规范正是在这些法律关系中实现的。因此，人们之间的特定法律关系应该通过法律确定。进入法律关系中的个人，因法律规范而具有了权利和义务，这些法律规范决定着法律关系在一定条件下发生的可能性。没有国家颁布的法律规范确认这些关系，就谈不上法律关系（而只是社会关系），当然也就同样谈不上行政法关系。可以作为这些法律规范的例子有：关于服义务兵役的规范，关于纳税的规范，关于执行国家供应的规范，关于支付抚恤金的规范，等等。

4. 规定国家机构的设置和活动程序的规范（如“人民议会法”），规定国家机关、企业的设置和活动程序的规范（如关于政府部门的组织和工作、监督、检查的条例和命令，关于国家企业营运的命令、国家仲裁法等）也是行政法规范。这些规范规定着所设机构（机关、主管部门、部内组织、企业）的权限，并且规定着它们进行执行—指挥责任。调整各种管理领域内国家行政机关机构的设置和活动程序的规范（如调整文化建设组织的规范，调整计划机关工作的规范，调整对国家机关进行监督和检查工作的规范）都是属于这种类型的规范。

5. 为执行和遵守行政法规范，在必要的情况下，行政管理机关可采取强制措施以保证之。

6. 行政法规范既调整因国家机关的执行—指挥活动而发生的人身关系，也调整与之相联系的财产关系。人身关系如服兵役的义务，受教育的权利，免费医疗的权利等。财产关系如征收征用、国有化、住宅关系、土地利用合理化、国家义务供应、计划等。

因此，在说到公民和一定国家机关非在该机关进行执行—指挥活动过程中发生的关系时，调整这种关系的规范就不是行政法规范，而是民法规范，如调整有国家组织参与的合同关系的规范就是这种规范。

行政规范深深地渗透着政治的内容。在社会主义国家，占统治地位的、和劳动农民结成联盟的、在共产党领导下的工人阶级即运用这些规范，作为建设社会主义的手段之一。必须指出，行政法规范的发展要比所有其他规范的发展迅速，这是由国家发展的一般规律性所决定的。在社会主义国家，行政法规范极大的变动性是因为社会关系的不断进步以及按照社会主义基本经济规律的要求，在不断完善技术的基础上满足整个社会需要的手段在不断增加。所有这些都要求法律规范，首先是调整国家对社会主义建设的领导和管理的法律规范，依社会需要随之进行相应的变化。

作为上层建筑组成部分的行政法规范是建立在社会主义经济基础之上的，然而它又反过来作用于经济基础，促进社会沿着社会主义的道路向前发展。

（二）行政法关系

1. 行政法规范和行政法关系的相互关系

法律规范调整实际生活中发生的经济的和其他社会关系并从而赋予这些关系以法律关系的性质。但是必须指出，法律规范本身并不直接创立法律关系。在大多数情况下，它并不直接引起法律关系的发生、改变和终止，因为它具有一般的和抽象的性质。法律规范只有在其规定的一定条件到来时,其规定的一定法律事实具备时,才是一定的法律关系以及与之相适应的一定人们的权利和义务发生或终止的根据。在行政法中,法律关系的发生(或终止)、权利和义务的发生都与法律事实直接相联系。这种法律事实常常表现为有权的国家机关颁布的行政文件。

综上所述,可以给行政法关系定义如下:行政法关系是指国家行政管理机关根据行政法规范进行执行—指挥活动过程中发生的,亦即由于颁发行政文件或由于存在其他相应的法律事实而发生的与公民、社会组织或者公职人员之间的社会关系。引起行政法关系发生的法律事实可以是事件或者行为。行政法规范(法律、命令或部长会议的决议等)确认它们的一定的法律效力,使它们能够直接引起一定人们的具体的权利和义务的发生和确定这些人们之间由行政法规范规定的法律关系。

作为有权的行政机关单方意思表示的行政文件:命令、指示,是行政领域中最普遍的法律事实。行政法规范依此法律事实使相应当事人承担责任。因此,行政文件被作为行政法关系发生的具体渊源。行政文件是这样一种法律事实:由于它的发生而使一定的法律关系随之发生,如使公民纳税、服兵役、交付国家供应的产品、转让征用的财产等义务。

直接因法律规范产生行政法关系的情况是比较少的。这种情况如:根据《水经营法》第1条,所有的水都属于全民的财产;根据有关行政法规范,小孩出生公民即产生依法登记的义务;根据税法,纳税人有了合法收入,就必须在所得税法规定的期限内提交收入申报。在所有这些情况下,其义务都直接依法律规范产生,而不要求再发布具体行政文件。这些情况均取决于法律关系的内容。

下面的情况可以作为源于行政法关系的权利或义务的例子:公民依照所得税法(行政法规范)从年收入中拿出规定百分比的钱款纳税——这是纳税人的义务;农民或者劳动者合作集体农庄根据国家义务供应制向国家交付一定数量的农产品的义务;多子女母亲向国家领取规定的子女补助金的权利;非农民的居民具有300平方米以上土地有向国家交出多余土地的义务;等等。

2. 行政法关系的特征

根据行政法关系的定义,行政法关系具有下述特征。

(1)国家(或确切地说,国家机关)总是作为行政关系的一方。而在民法关系中,双方可以都是个人。所以,在双方都是公民、合作社或其他社会组织的情况下不可能发生行政关系。

(2)在行政法关系中,作为关系一方的国家机关总是处在行使权力即指挥的地位。如果在某种法律关系中,国家不是作为权力者行动,不是进行指挥,不是采取行政行为的方式,那它就不是在进行执行—指挥活动,而是在进行经营活动,并且是根据和对方平等的原则进行的(如在合同关系中就是这样)。在这种情况下,相应关系就不是行政法关系,而是民法关系、合同关系。

某一种法律关系究竟是由于行政机关的主动性而发生还是应公民的请求而发生,这对于该关系能否作为行政法关系没有意义。某一法律关系之所以能够归入行政法关系的范畴,重要的是取决于其因直接的单方的权力的法律命令而发生。

上述两个特征是行政法关系的主要特征,其他特征则都是派生的。

(3)根据行政法规范,行政法关系不仅可以在国家机关和公民之间发生,而且可以在两个国家机关之间发生。例如,在上级执行委员会撤销其下级的决议时,在卫生和社会安全部给予各国家机关发布关于执行有关卫生规则的指示时,即发生这种关系。此外,各主管部门给予其所主管的企业以必须遵循的指示时(如关于计划问题的指示)亦发生行政法关系。行政法关系还可以在国家机关和社会组织之间发生(例如,区人民议会执行委员会和劳动者合作集体农庄因后者开除庄员而发生的关系)。

(4)在行政法关系中,一方是国家机关,这是因为国家机关是作为国家权力的代表,按照国家的授权,受国家和国家规定的权限范围约束而行动的。作为关系一方的国家机关的行动由行政法规范规定,该关系的另一方(个人、社会组织、公职人员)可以要求国家机关依法行政,依法办事。例如,如果行政规范责成国家机关完成一定行为,国家机关应当确切地按照规范的规定作出此种行为。如发给按规定应享受抚恤金者以抚恤金,批准建设项目,保证公民得到免费医疗帮助。国家机关进行执行—指挥活动不是根据某种主观权力的程序进行,不能以自己意愿为转移,而是要根据履行国家职能的形式,根据法律,在法律的范围内,为实现国家的任务而行使法律规定的权限。当然这并不排除国家管理机关的创造性、评价情况的独立性、业务活动的主动性。但是所有这些都不应超越法律的范围,都应当与法律的目的相符合。

(5)行政法关系的成立不以存在关系的另一方——个人的同意作为其决定要素。虽然行政法关系确实可能由于个人的主动性而引起,但是这种关系本身的发生只能是行政机关基于相应的法律规范而作出行政行为。

(6)为了使法律关系得以实现,在必要的情况下,行政机关可以强制对方履行行政责任,行政机关可以采取直接的行政行为,即行政强制。如果对方当事人是公职人员或其他服务人员,还可以对其适用行政处罚或刑事制裁。

(7)在行政法关系进行过程中,如果对国家机关行为的合法性和适当性发生争议,争议的解决通常不是通过普通法院,而是通过其上级机关,即以行政程序解决。例外只是:如果法律对此有直接规定,相对人申诉可以向法院或其他法律机关提出。我们在这里不是讨论民法争议的问题,而是讨论整个社会主义法制的保障和遵守调整执行—指挥活动的行政法规范所确定的职权界限和其他要求。

(三)行政法规范的效力

行政法规范包括部长会议的各种规范命令、条例、规则、决议等。所有这些文件由相应的(按其性质)国家机关颁发,并且按照所有其他法律部门的所有其他法律文件生效和适用的同样的根据生效和适用。这里仅强调如下几点。

(1)关于法律的生效

《宪法》第24条规定:"国民议会通过的法律,如果该法没有规定另外的生效期,则在其公布后过3天生效。"(《国民议会主席团公报》)其他法律文件的生效则根据相应法律规定的期限。

(2)关于行政法规范的地域效力

必须指出,部长会议的条例、命令、决议和政府各部的文件,如果这些法规文件本身没有直接作出另外的规定,它们在地域上的效力通常及于全国。而人民议会和它们的执行委员会所颁布的规范性文件的效力仅限于相应的人民议会所辖地域范围内(如根据《人民议会法》第53条的程序所颁布的决议)。

(3)法律面前平等的原则

根据《宪法》第71条的规定,行政法规范也和其他所有法律规范一样,不分民族、出身、宗教信仰和财产状况,适用于保加利亚一切公民。这些规定构成在法律面前平等的原则。这里必须指出,在1944年9月9日以后,我们立即规定了妇女在我们国家生活的各个领域与男子平等的权利。

(4)行政法规范对外国人的效力

行政法规范的效力及于和外国人发生的关系。外国公民不能免除遵守我国行政法规范的义务。外国人遵守行政法规范有时是根据法律的直接规定(如《私人工矿企业国有化法》),有时是根据通行的互惠的国际法原则(如外国人免服兵役、财产豁免权等)。但是根据一般原则,我们国家也可以对外国人规定某些行政限制,如不能从事某种职业(如医生),不能访问某些地区等。这些限制并不与国际法的原则相矛盾。

(5)行政法规范在时间上的效力

行政法规范在时间上的效力也适用一般原则,包括对于实体法规范规定的不溯及既往的原则。作为例外,行政法规范有时也可以具有溯及力和设定关于过去的责任,但是这应当以法律明确规定。这种情况在实践中通常只是发生在行政法规范调整的具有非常重大政治意义的问题的时候。例如,关于私有工矿企业国有化的法律明确规定废除在该法颁布以前签订的某些转让财产的契约(1947年12月27日),这种规定是为了防止规避法律和粉碎破坏改革的试图。废除旧法的总法律(1951年10月20日)没有任何关于溯及力的规定,即欲改变因被该法废除的旧规范而发生的具体法律关系的规定。但是在所有情况下,都不排除可以适用社会主义共同生活规则的原则(这个问题同样将在国家和法的一般理论中讨论)。

至于程序规范,它们可适用于这些规范颁布以前发生但规范颁布时其过程尚未结束而在继续着的行政法关系。不过这种情况不意味着程序规范具有溯及既往力。在这种场合,新的程序是在实体法规定的该法律关系的实质不变的情况下发生的。

关于调整行政处罚的规范,《刑法典》第64条确定的一般规则为现行适用的规范。该法关于违法行为处理的规则,原则上应该执行;但是,如果新法生效以前的某种处罚较新法规定的为轻,则仍可适用旧法处罚。

五、社会主义行政法的特点

在作了以上分析以后,我们可以开始讨论和研究社会主义行政法法律科学的特点。同时,我们应当研究它的历史以及它与其他法律部门的区别。

关于社会主义行政法的特点,首先应该指出,我们这里不是研究某种包括任何时期、任何国家的一般的行政法,而只是研究特定的社会主义类型的保加利亚人民共和国行政法。它作为社会主义法的一个部门,是在保加利亚《宪法》通过(1947 年 12 月 6 日)后和 1951 年 11 月 20 日法律颁布后最终确定的。按照 1951 年 11 月 20 日的法律,保加利亚完全废除 1944 年 9 月 9 日以前的所有法律,而不只是废除该法颁布以前已经废除的法律。在这个总废除法颁布以后,规则就完全明确了:任何法律,如果是 1944 年 9 月 9 日以前颁布的,即为无效。因此,我们完全可以断言,现行的所有法律都是 1944 年 9 月 9 日以后在我国建立的人民民主政权制定的。

同时,我们的整个行政机关无论在它的组成方面,还是在它的活动宗旨和规范方面都已经发生了根本改变,整个国家管理都已经根本改变了,现在它建立在新的法律的基础之上。因此,作为我们整个法律组成部分的行政法也相应地改变了,它具有了作为保加利亚人民民主共和国行政法亦即社会主义行政法的新的形式、新的性质。

谈到社会主义行政法的特别内容和性质,我们必须首先指出,社会主义国家实行着不同于资本主义国家的原则:公民不再是旧法意义上的"私人"——和国家对立的个人。在资产阶级国家,私有制是国家的基础,对法律关系,自然首先是从私有制的观点进行研究。因此,法律被分成私法和公法,公法包括调整个人与国家对立的那些法律关系的法律部门。我们所研究的行政法即属于公法,它的规范调整作为私人的个人和作为权力组织的国家处于对立的那些关系。

社会主义社会的基础已经不是私有制,而是社会主义的所有制。正如《保加利亚宪法》第 8 条所指出的,"全民所有制是国家发展国民经济的主要支柱",国家的作用根本上改变了,它的职能范围变得非常广泛。私有制只是在全民所有制受到"特别保护"(《宪法》第 8 条第 1 款)的前提下才"被承认"(《宪法》第 10 条第 1 款),并且"任何人都不能通过损害社会公共利益去实现所有权"(《宪法》第 10 条第 3 款)。

所有这些都使我们对列宁的下述著名论断有了更深刻的理解:"我们不承认什么私法,对于我们来说,经济领域的所有法律都是公法,而不是私法。"

我们不接受旧的公、私法的区分。今天在社会主义国家实行的只有一种法,即社会主义的法。因此,行政法只是社会主义法的一个部门,行政法学是研究整个社会主义法的法律学的一个分支。由于社会主义所有制是社会主义国家的基础,私有财产是由它派生的。所以,在我们的各法律部门之间不存在截然区分的界限,不存在鸿沟。

作为一门法律学科的保加利亚行政法学,它是以辩证的方法研究各种国家管理机关的组织和工作,研究它领导的、组织的和监督的活动。它是依据马克思列宁主义的国家学说,研究作为以工人阶级为领导的劳动者意志所反映的行政规范。在这方面,它和资产阶级行政法学表现出鲜明的区别。资产阶级行政法学通常以形式的、教案主义的和规范的方法研究法律现象本身。它们的研究脱离现实生活,脱离经济基础。

与之相反,社会主义行政法学总是研究与产生行政法物质条件相联系的社会关系。它力求通过这种方法来发现一定法律制度的规律性和它们的阶级内容。因此,行政法学像任何其他法律学科一样,不能是不问政治的,它是为我国统治阶级——和劳动农民结成联盟的工人阶级——服务的。作为经济基础的上层建筑,行政法本身又对经济基础产生影响,加速我们的发展速度,促进我国社会主义建设的迅速发展,保证国家的安全和独立。

行政违法行为立法纲要*

[苏联]B. M. 拉扎列夫　A. E. 卢涅夫

一、新时期行政责任立法的发展

行政责任立法是长期以来大量的联盟和各加盟共和国的立法及规范性政府文件的总和(总计500件左右)。1961年6月21日苏联最高苏维埃主席团《关于进一步限制适用行政罚款》的命令和各共和国地方苏维埃执行委员会下设行政委员会制定的实施条例在这一立法领域内起了一定的系统化的作用。对于这一法令和条例中确定的程序规则,不仅应为行政委员会所遵守,而且其他有权处理行政违法案件的机关及其公务员亦必须遵循(除某些例外)。但不能因此就认为苏联行政责任立法已经法典化甚至是已经系统化了。广大公民和公职人员现在对行政责任立法并不完全了解,难以运用,从而增加了人们和行政违法行为作斗争的困难。

行政违法行为当然不像犯罪行为那样严重,但由于数量之多,它们对社会造成总的损害相当大。例如,每年违反交通规则的案件就有数百万起。最普遍的是轻微的流氓行为、小偷小摸,轻微的投机倒把以及违反有关禁止酗酒和酒精中毒的规则和许多违反保护自然规则的行为。1979年,被科处罚款和剥夺狩猎权者达到6.5万多人,约30万人因违反捕鱼规则而受到行政处

---

* 本文原载1984年北京大学法律学系教学参考用书《行政法》第227-241页,由姜明安译自[苏联]《苏维埃国家和法》1981年第4期。苏联《行政违法行为立法纲要》和苏联各加盟共和国的《行政违法行为处罚法典》相当于我国的《行政处罚法》。

罚,对违反保健卫生规则的食品工业、商业和社会饮食业罚款约40万卢布。

行政责任立法的任务在于:建立起有一个较为稳固的内部协调的法律基础的统一体系,以便提高同行政违法行为作斗争的工作效率,以及加强从事这种斗争的国家机关和社会组织在其活动领域中的法制。1980年10月23日,苏联最高苏维埃通过的《苏联和各加盟共和国行政违法行为立法纲要》(以下简称《行政违法行为立法纲要》)以及与此相适应的各共和国即将制定的关于行政违法行为的法典,乃是解决这一任务的重要途径。

这些法令在苏维埃国家的历史上是从未有过的,它们是首次制定的。它们不仅将现有行政责任法规系统化,而且对一系列现行法规进行了修改,并创制了诸多新的法律制度和规范。加强行政责任立法这个任务是根据1977年的宪法提出的,已是我国在社会发展新时期所要进行的巨大的立法工作的一个重要的组成部分,它将作为现阶段苏维埃国家的一项刑事政策:对不具有严重社会危害性的违法行为不适用刑事处罚;在确定违法者的责任和确定其行为本身的性质时,充分考虑违法者的个人情况(如在故意行为中是否存在确定的目标)。很显然,许多现在被认为是犯罪的行为将被归入行政违法行为。与此同时,由于对一些过去既不追究刑事责任也不追究行政责任的行为现在规定了行政责任,从而行政违法行为的种类增多了(对于违反更广泛的自然保护规则,保存和利用放射性物品的规则等,显然都将被规定为行政责任)。国家强制和社会感化措施被确定了更灵活的配合。审理行政违法行为案件的程序规定得更为明确,加强了对被追究行政责任的公民的权利的保障。同时进一步重视对行政违法行为的预防,要求对促成产生行政违法行为的原因和条件进行预先的分析。另外,地方苏维埃在协调国家机关和社会组织与行政违法行为作斗争的活动方面的作用也得到了加强。《行政违法行为立法纲要》吸收了行政法学(特别是有关研究行政违法行为的部分)、刑法学及诉讼法学的研究成果。同时,它也发展了一系列具有重要的理论和实践意义的新原理。

二、《行政违法行为立法纲要》调整的范围

《行政违法行为立法纲要》许多条款的内容直接或间接地说明,立法者没有接受关于制定苏联刑事违法行为法典的意见。大家知道,一些刑法学家和

犯罪学家在几年以前就提出要制定这种法典,把那些现在虽未为刑法典所规定但却是有严重社会危害性的行为列入该法典中。这种意见的目的在于把那些认为是刑事违法的行为列入刑事法典,以使审理这种案件的程序更简单和更迅速,被告人对判决不能提起异议。但是不制定刑事违法行为法典,而把上述行为从犯罪行为的范畴转入行政违法行为的范畴,对于这类案件按照行政程序法规范进行审理也许是实现这种意图的更简便的途径。并且,通过联盟刑事违法行为法典会导致缩小各加盟共和国的权限。因为我们知道,刑事立法和行政违法行为的立法皆是加盟共和国而不是联盟的权限。《行政违法行为立法纲要》没有提到刑事违法行为,也不以其存在为前提。

根据《行政违法行为立法纲要》的规定,在起草加盟共和国的行政违法行为的法典时,应该:第一,把刑法典中许多规则移转到行政违法法典。法学界正在讨论这个问题。例如,有人提出这样的意见,把现在刑法规定处以一年剥夺人身自由或其他处较轻刑的所有行为都列入行政违法行为范畴。但是,我们认为,这种机械的观点是不能接受的。我们不能不考虑到认定行为是犯罪的事实本身,甚至是在对行为人处以轻微刑罚的情况下也可能给行为人的行为以压抑的影响。而且这类行为刑事责任不大,但按其本身的性质又不能列入行政违法行为的范畴。例如,未必应把诸如出卖明显为盗品的物品、擅自占用土地和重婚这类行为从犯罪中排除。第二,应该更明确地规定,行政违法与其邻近的犯罪行为相区别的具体特征(现在往往对此缺乏确切的规定)。这些任务的解决要求加强行政法学者和刑法方面的专家在业务上的协作。

在行政法学中,关于这一部门法规汇编问题的讨论早已开始。一些学者建议立即进行总的编纂;而另一些学者主张按各种行政法制度的类别分类编纂。与此同时,还有一些学者提出将行政实体法规和行政程序法规分开编纂;而另一些学者则赞成此二者统一编纂。《行政违法行为立法纲要》的通过和之后各共和国相应法典的起草,证明立法者是按制度的类别来编纂行政法规范的,并且是把实体规范和程序规范结合在一个统一的法典里,将其规范列入相应的各个制度的类别。这并非随意确定的,行政法的各种实体规范极不相同,而程序规范决定于实体规范,因而从属于实体规范。

在划分苏联和各加盟共和国之间行政违法立法的权限方面现已发生了

变化。长期以来,只有1961年6月21日苏联最高苏维埃主席团的命令中载有这方面的法律规范。但它仅涉及与命令标题相适应的罚款处罚。关于这方面的权限划分,命令包括下述内容的规则:第一,由苏联法律、苏联最高苏维埃主席团的命令和苏联部长会议决议规定科处罚款的违规种类;第二,关于违反属于苏联批准的其他规则的规范,只能由联盟法律和命令规定罚款;第三,加盟共和国的最高权力机关和最高管理机关有权规定的科处罚款的违规种类;第四,关于违反苏联和加盟共和国均有权制定的其他规则的一般原则,可以由各共和国根据苏联立法以法律和命令规定罚款。

《行政违法行为立法纲要》不同于过去的立法,它首先确定了苏联和加盟共和国关于行政违法行为在立法方面的权限划分,规定苏联和各加盟共和国关于行政违法行为的立法原则和一般规则由联盟制定。该纲要本身就包括这种原则和一般规则。[①] 此外,它还规定了由联盟机关规定行政责任的违规种类。这些规则比起1961年6月21日的命令中规定的种类有所增加,此旨在保障制定规则者和违反这些规则的责任管辖之间更加一致。例如,现在规定违反公路交通规则的行政责任是属于联邦的权限。大家知道,这种责任在全苏联内是统一的。

《行政违法行为立法纲要》不同于1961年6月21日的命令,没有列举由共和国最高权力机关规定行政责任的违规种类。而只是指出,"不属于苏联管辖的有关行政违法行为问题的立法"由加盟共和国制定,这样就扩大了加盟共和国在规定行政责任方面的权限。此外,《行政违法行为立法纲要》对规定某些行政处罚加以限制。在这方面,该纲要保留了过去的下述规范:对因实施某种行政违法行为而适用的行政拘留只能由苏联立法文件规定。[②] 另外,该纲要还补充规定:对于犯有严重违反苏联法律秩序的行政违法行为的外国公民和无国籍人,苏联立法可以规定予以行政性的驱逐出苏联国境。因此,苏联和加盟共和国在规定行政责任的权限划分首先是根据应追究行政责任的违规行为的种类进行的,有时则依行政处罚的种类确定。《行政违法行为立法纲要》在这方面所进行的整个权限划分为制定各加盟共和国的行政违

① 苏联《行政违法行为立法纲要》第3条。

② 苏联《行政违法行为立法纲要》第12条。

法行为法典创造了有利条件。

苏联宪法确定了一个极为重要的司法原则:“非经法院判决和根据法律,任何人都不能被认为是犯罪和受到刑事惩罚。”①《行政违法行为立法纲要》看来是继承这一原则,它作了下述规定:“除非依照立法规定的依据和程序,任何人都不因行政违法行为受到行政处罚。”②按照该纲要的规定,被授权适用行政处罚的机关和公务员应在他们的权限范围内适用处罚,而对行政违法案件的审判应在严格遵守社会主义法制的基础上进行。因此,社会主义法制原则是作为提出行政违法行为的实体责任和程序责任的必需的要求固定在纲要中的。

《行政违法行为立法纲要》首次给行政违法行为下了一个正式的定义,并且在确定它的特征时,把其社会特征(“侵害……的”行为)放在首要的位置。进而指出,这是法律对其规定有行政责任的故意或过失的行为。这也就确定了行政违法行为的法律形式上的特征。大家知道,关于行政违法行为是否具有社会危害性的问题,在刑法学和行政法学界正进行争论。一些学者认为,所有行政违法行为都具有社会危害性,但是它们的社会危害性较犯罪的为小;而另一些学者则认为,只有某些行政违法行为具有社会危害性,而其余的则不具有;还有人认为,行政违法行为完全不具有社会危害性,因为社会危害性只是犯罪的特征。在制定《行政违法行为立法纲要》时,立法者并没有称这些行为是具有社会危害性的,但是它们的危害性——侵犯社会秩序和国家秩序,侵犯社会主义所有制,侵犯公民的权利和自由——被强调指出。

在法学著述中广泛流行着这样一种意见,认为行政违法行为是在管理领域发生的,是指对管理秩序的侵犯。但是,事实通常并非如此,行政违法行为常常不是发生在管理领域,而是发生在社会生活的其他领域(生产、商品流转领域和日常生活中等);并且它们主要不在于侵害管理秩序,而是具有别的侵害客体。例如,小偷小摸多发生在生产和流通领域,其侵犯的是社会主义财产;小型投机倒把则发生在流通领域,侵犯的是社会主义的经营原则;违反个体手工业法则所侵犯的亦是经营原则;小流氓侵害公民的休息,损害人格(恶

---

① 苏联《宪法》第160条。
② 苏联《行政违法行为立法纲要》第5条。

骂、斗殴等)；许多违反有关宗教法律的行为侵犯的是信仰自由。行政违法行为所侵害的具体客体的种类还可以举出很多。

考虑到这一切,《行政违法行为立法纲要》对行政违法行为侵害的社会关系的范围规定得很广泛。如该纲要第 1 条指出,行政违法行为立法有如下任务:维护苏联的社会制度、社会主义所有制、公民的社会经济权利、政治权利、个人权利和自由以及企业、机关、组织的权利和合法利益,维护法律规定的管理秩序、国家秩序和社会秩序。根据该纲要第 7 条的规定,侵害国家秩序和社会秩序、社会主义所有制、公民的权利和自由、法律规定的管理秩序的作为或不作为皆认为属于行政违法行为。这样,加盟共和国的立法就不再把行政违法行为的客体局限于管理秩序,而是将之扩大到更广泛的范围。在起草每一个共和国的行政违法行为法典的分则部分时,重要的任务是将所有这些行为按照不同的侵害客体进行分类,就像各加盟共和国的刑法典是按照不同的犯罪行为所制定的那样。

《行政违法行为立法纲要》保持和扩大了效力范围——公务员不仅要对自己本身违反规则的作为(包括发布违法的指示的行为)承担行政责任,而且还要对不采取措施保证其他人遵守规则(如果这采取措施的行为是其职责范围之内的事的话)的不作为行为承担行政责任。例如,该纲要第 8 条中规定,公务员对有关不遵守法定规则的行政违法行为——在保证执行这些规则是其职责时——应承担行政责任。

《行政违法行为立法纲要》第一次对犯有行政违法行为的外国人和无国籍人规定了一般的责任规范。根据该纲要的规定,居住在苏联境内的外国人和无国籍人应负行政责任的根据与苏联公民相同,享有苏联行政管辖豁免权的外国公民的责任问题通过外交途径解决。

《行政违法行为立法纲要》将行政处罚规范系统化,列出了处罚的种类,虽然不完全限于某些种类(在之后的立法中还可以规定另外的处罚种类)。该纲要简要地描述了每一种处罚的特征,并且更为重要的是,规定了确定这些处罚的限度和有权适用这些处罚的机关的范围以及可以对之适用处罚的对象的范围(如对不满 18 岁的人、孕妇、有不满 12 岁孩子的妇女及一、二级残疾人不得适用行政拘留)。该纲要体现了灵活对待行政违法行为的思想:首先,不是所有行政违法行为都必须追究责任。当这种行为轻微时,处理案件的主管机关(公务员)可以对违法者免予行政责任和只限于口头训诫(纲要第 11 条),而口头训诫不是行政处罚(这是行政机关或公务员采用的道义上的感化措施)。其次,该纲要还规定了可以采用的第二种办法:如果考虑到所犯行政违法行为的性质和违法者个人的情况,认为适宜对其采取社会感化措施时,可以对犯有行政违法行为的人免予行政责任,而将其材料移交同志审判会、社会组织或劳动集体。如果需要对违法者适用行政处罚,那么在适用处罚时,应考虑所实施的违法行为的性质、违法者的个人情况及其过错程度和财产状况,减轻和加重情节等。[①]

《行政违法行为立法纲要》根据刑法的先例,确定这样的规则:对行政违法行为减轻或免除责任的文件具有追溯既往力,而规定加重责任的文件则不具溯及力。同时,该纲要还确立了这样的规范:对在极端必要的情况下实施的必要防卫或处在无责任能力情况下实施的行为不追究行政责任。比照刑事立法和刑事诉讼立法,考虑到适用行政责任的实践,该纲要确认了这一原则:对实施了行政违法行为的人,要根据行为实施地和行为实施时的法律追究责任。对行政违法案件的审判,要适用审判地和审判时的现行法律。

不能把对行政违法行为作斗争仅归结为对违法者科以处罚。《行政违法行为立法纲要》强调与可能发生的违法行为作斗争的必要性:国家机关、社会组织、劳动集体组织应制定并实施各种措施,预防行政违法行为,查明和消除促成行政违法行为发生的原因和条件,以高度的自觉性、纪律性和严格遵守苏维埃法律的精神教育公民。[②] 对行政违法行为采取这种态度,有助于推动行政法学研究促成行政违法行为发生的原因和条件,从而提出消除它的实际建议。这同样必须以加强行政法学者与犯罪学学者的联系为前提。这是因为:第一,行政法学者中的一些人已经超出了自己学科的范围,创立了合法行为和违法行为的一般理论;第二,行政法学者在许多情况下可以采用类似犯罪学学者所采用的研究方法;第三,许多促成行政违法行为发生的原因和条件相似于或极端相似于促成犯罪行为发生的原因和条件。

---

① 苏联《行政违法行为立法纲要》第 22 条。

② 苏联《行政违法行为立法纲要》第 4 条。

三、行政违法行为的审理机关与裁决程序

《行政违法行为立法纲要》规定了有权审理、裁决行政违法行为案件以及科处行政处罚的机关的一般范围。这个范围是根据1961年6月21日的命令和为执行该命令而在当时通过并在以后经过修改的加盟共和国立法而确定的。属于这个范围的包括苏维埃执行委员会的行政委员会、镇和村苏维埃的执行委员会、地区和城市的未成年人事务委员会、人民法院(人民审判员)、内务机关、国家检察机关和其他机关(公务员)。这些机关的种类应当根据《行政违法行为立法纲要》确定。在今后则要根据苏维埃立法文件确定,以防止过分地扩大这些机关的范围。

1961年6月21日的命令公布以后,国家曾试图减少有权科处行政处罚的机关的数量。但是没有取得实际的结果。差不多所有在1961年以前有权科处罚款的国家监管机关在后来都恢复了这种权力,并且还新建了有权对一定种类的违法行为科处罚款的机关。造成这种情况的原因是多方面的,但主要还在于行政委员会开会很少,没有能及时处理呈送它们处理的所有案件,常常错过法律规定的关于对行政违法行为科处处罚的期限。并且在行政委员会内大多未设专职的责任秘书,因而对于他们自己作出的关于科处罚款的裁决的执行缺乏很好的监督。监管机关则借口行政委员会不懂处理违法行为行政责任的有关技术和其他的专门规则,而提出把科处行政处罚的权力重新确定为它们"自己的权力",以对行政违法行为作出更灵活有效的处置。

《行政违法行为立法纲要》体现了这样的意图:提高行政委员会的作用,提高它们在各种处理行政违法案件机关中的地位。立法者确定,行政委员会有权处理除直接属于其他机关管辖的一切行政违法行为的案件。该纲要规定在行政委员会内设置作为编制内的脱离一切其他工作的责任秘书。依据该纲要的规范,在行政委员会的发展运作中,将力求使集体合议制机关成为处理行政违法行为案件的主要机关。为此,应当为它们配备受过法律训练的、懂得违法行为立法和行政程序立法的专家,对这些委员会的主席、委员和秘书要进行行政法的培训。

根据《行政违法行为立法纲要》的规定,未成年人事务委员会是处理不满18岁的人所犯行政违法行为案件的主要机关。这种作为集体合议制机关处

理案件的委员会由人民代表、社会组织的代表、教师、医生组成。实践证明,这些委员会能够较好地考虑少年的心理,更好地掌握这种案件的案情,从而针对这些违法者的行为采取更适宜的教育感化措施。

为了保护因最严重的行政违法行为而被追究行政责任的公民的权利,《行政违法行为立法纲要》规定,像劳动改造、行政拘留这类行政处罚,只能由人民法院(人民审判员)裁决。同时,纲要的这一规定还使在现行法律制度下可以将某些行政违法行为案件归于作为合议制审判机关的人民法院管辖。

在《行政违法行为立法纲要》中,有关调整审理行政违法行为案件广泛关系的行政程序规范占有重要的地位。始终不渝遵守这些规范对于加强社会主义法制,维护法律秩序,保护个人权利有着重大的意义。该纲要指出,审理行政违法行为案件的任务在于及时、充分和客观地查明行政违法行为的案情,正确地审查和处理案件,保证就每一个案件所作出的裁决得到执行。同时,查明促成行政违法行为发生的原因,以遵守社会主义法制的精神教育公民也是这种程序的任务。

《行政违法行为立法纲要》明确规定了这种程序的阶段和步骤。制作关于行政违法行为实施情况的案卷是这种程序第一项重要内容。对于案件的每一个细小要件,案卷都要加以记载。行政违法行为案件通常应按照苏联和加盟共和国法律明确规定的期限和在违法行为实施地进行审理,这一规则已为法律所确认。审理行政违法行为案件必须查明:相对人是否实施了行政违法行为,其在实施行政违法行为过程中是否有主观过错,是否应当承担行政责任以及其有无减轻情节或加重情节。该纲要的下述规定对于保障被追究行政责任人的合法利益具有重大意义:被追究行政责任的人有权了解案件的材料,作出解释、提供证据、提出声明以及获得律师的法律帮助(这一规定是行政立法的重要的新发展)。在审理行政违法行为案件时,被追究行政责任的人有权使用民族语言和利用翻译进行帮助。为了加强法制,法律确定了这样的规则:案件的审理必须在违法者出席的情况下进行,违法者可以对案件的裁决表示不服和提出上诉。

《行政违法行为立法纲要》规定,对于行政处罚裁决机关的裁决,被处罚人可以向其相应的上级机关提出上诉。例如,对行政委员会和未成年人事务委员会的裁决可向相应的地方苏维埃执行委员会或区(市)人民法院上诉,它们的裁定是终局裁定。对于其他机关(公务员)科处罚款的裁决,可向上级行政机关或人民法院上诉。对关于科处其他处罚的裁决,首先向上级机关上诉,还可以再向人民法院提出上诉。按照一般规则,对于区人民法院(人民审判员)作出的科处行政处罚的裁决不能提起上诉。以前就是这样规定的,但是《行政违法行为立法纲要》允许苏联和各加盟共和国立法可以规定这种一般规则的例外。[①] 因此,总的来说,该纲要扩大了该领域的司法保障,但是并没有排除上诉的行政渠道。这在许多情况下决定于公民自己采用这上诉途径中的哪一种。在实践中,公民通常愿意保留上诉的行政渠道,而不愿强行循单一的渠道只能向法院上诉。

四、行政违法行为处罚法典的体系结构

《行政违法行为立法纲要》规定各加盟共和国要制定关于行政违法处罚的法典。现在摆在各加盟共和国立法机关和法学家面前的任务是:确定这些法典及其规范的内容和结构。在确定违法行为的种类时,必须根据苏联和加盟共和国最高国家权力机关和最高管理机关颁布的现行法律文件。同时,应该考虑各种理论著作中提出的有道理的建议。不能忽视现行立法的实践,忽视各政府部门、主管机构、法院、检察机关、仲裁机关、行政委员会在其报告或材料中对各种实践问题的分析。

我们认为,各加盟共和国所要制定的行政违法行为处罚法典要更好地发挥效用,应该包括联盟立法规定的所有行政违法行为,即转载联盟立法的相应规范。同时,它应该包括本共和国立法中所规定的相应规范。根据《行政违法行为立法纲要》的规定,关于行政违法行为的联盟立法包括苏联部长会议的决议,这方面的规范也应当载入共和国的法典。以后,在苏联部长会议对这些决议进行修改和补充的情况下,加盟共和国最高苏维埃主席团应以自己的命令将相应的修改和补充载入共和国法典。

为了进行讨论,关于法典的结构,我们提出以下设想:虽然应该要有一个"总则部分",这个"总则部分"应包括《行政违法行为立法纲要》的"总则"及"行政违法行为和行政责任"两章中所载的规范。同样很明显的是,它们应有

---

① 苏联《行政违法行为立法纲要》第 39 条。

一个“分则部分”,这种“分则部分”首先要包括“应科处行政处罚的行政违法行为的种类”,其次相应地列入“有权处理行相应违法行为案件的机关”一章,最后以“行政违法行为案件处理的程序”一章结束整个法典。

对于“分则部分”的结构,现正参照各理论刊物提出的建议,参照有些加盟共和国已有的行政法典草案以及根据编纂刑法典的经验研究确定。作为各种方案之一,“分则部分”的结构可以采取下面的体系。

第一章,侵犯社会主义所有制和个人所有制的行政违法行为(盗窃国家、社会或个人的财产;通过欺骗或滥用信任的手段造成财产的损失;故意损害和毁灭国家、社会或个人的财产;占有拾得物等)。

第二章,经济上的行政违法行为(出售不合标准的、不合格的、质量低劣的商品;浪费电能和热能;非法收购;少量地出售或交换外国通货和有价证券;从事禁止的狩猎;为了个人的利益而使用社会的运输工具等)。

第三章,违反自然保护规则的行政违法行为(违反保护和合理利用土地、矿藏、水、森林、大气空气、鱼类和其他水产资源的规则;违反狩猎、保护国家规定动、植物的规则;违反禁区、国家公园和临时禁猎区的规则等)。

第四章,侵犯国家和社会安全及社会秩序的行政违法行为(违反国境规则,违反向苏联进口和从苏联出口书籍、摄影、电影、档案文件、艺术品的规则;违反保存和使用爆炸物的规则;违反取得和保存火器、狩猎和运输工具及使用它们的规则;小型投机倒把;破坏住房、街道和劳动者休息的地方的安静;对所养犬只和动物不加看等)。

第五章,侵犯公民生命和健康的行政违法行为(违反有关生产、运输、建筑物以及城市住房的技术安全规则;违反卫生规则;造成未损害健康的身体上的轻微伤害等)。

第六章,侵犯管理秩序的行政违法行为(恶意地不服从民警和消防队工作者指挥;不履行飞行器或海船船长的要求;无身份证居住;无正当理由而不出席法定会议等)。

当然,上述意见只是初步的。随着对这一问题的更深入的讨论,这一问题将变得明确化。这样的讨论是必要的,因为我国在以前没有制定过这样的法典。

向法院控告公职人员行为的控告人的法律地位*

[苏联]A. N. 库德里亚沙瓦

苏联《宪法》确定了公民向法院控告公职人员违法、越权、侵犯公民权利行为的权利。① 这一宪法权利说明了苏联对于公民权利和自由的保护的进一步加强。它是完善有关公民向法院控告公职人员行为的立法,扩大法院审理这类案件的权限的理论和实践的基础。据此,控告权成为苏维埃公民的基本权利之一。

对苏联《宪法》第 58 条的分析表明,该条第 1 款的规定是想要保持预先向上级机关申诉的行政程序。苏联和各加盟共和国《行政违法行为立法纲要》规定,对行政违法案件的裁决,可以向上级行政管理机关或者人民法院提出上诉。

对许多种类的公民申诉案件,由法院审理与由上级行政管理机关及公职人员审理有着重大的区别。公民和行政管理机关(公职人员)作为具有同等诉讼权利和义务的当事人参加诉讼,可以为保护公民的权利和合法利益创造最有利的条件。司法保护是公民权利最可靠的法律保障。法院审理案件遵循的是明确严格的程序规则,依据公开、审判独立和只服从法律的原则。法院对案件的公开审判有助于加强社会主义法制,防止违法行为,培养社会主

---

* 本文原载 1984 年北京大学法律学系教学参考用书《行政法》第 220-226 页,由姜明安译自[苏联]《苏维埃国家和法》1981 年第 3 期。

① 苏联《宪法》第 58 条。

义的法律意识,尊重法律和苏维埃公民个人。

一、行政法律关系案件诉讼的法律性质

《苏联和各加盟共和国民事诉讼纲要》将选民登记错误、行政机关罚款不合理的申诉案件以及其他法律规定应为法院管辖的行政法律关系的案件列入法院管辖的范围。法院根据法律规定的条件和程序审理对公职人员违法、越权和侵犯公民权利行为的申诉案件。不久以前通过的苏联和各加盟共和国《行政违法行为立法纲要》规定了法院管辖的行政案件的标准以及相对人向法院提起不服行政处罚决定等申诉的程序和根据。

由于这些案件是根据行政法律关系诉讼程序进行审理,因此,要明确这些案件参加者的法律地位,很重要的就是要确定这种诉讼的法律性质。因为诉讼的性质和目的在很大程度上决定它的参加者的诉讼权利和义务。

常常有人在文章中提出这种意见,认为法院对行政法律关系案件的审理是遵循行政程序,而规定审理这些案件的诉讼程序的规范是行政诉讼程序规范。个别作者,包括一些土地法专家,只是稍加修改地接受这种意见,提出法院在解决土地争议时适用土地诉讼程序规范的问题。但是,如果认为法院在解决土地争议时适用土地诉讼程序规范,那么很显然将得出如下结论:法院审理和解决集体农庄法律关系争议就应适用集体农庄诉讼程序规范,法院还将适用住宅诉讼程序规范、家庭诉讼程序规范、劳动诉讼程序规范和其他诉讼程序规范。这样一来,人们不禁要问:民事诉讼程序规范的命运将会如何呢?在回答这个问题时,应当从案件的实体权利出发,而不应以它相应的诉讼形式为前提和因此而改变民事诉讼规范的实质。当然,案件的实体权利性质必然对所审理的争议诉讼形式产生一定的影响,此即导致对各种不同案件的审理须规定特殊的诉讼程序的必要性。但是这既不能改变整个诉讼程序的性质,也不能改变诉讼规范的民事诉讼性质。审理行政法律关系案件,除加盟共和国民法典规定的少数例外情形外,皆根据一般民事诉讼规则进行。有权适用民事诉讼规范的唯一机关是法院。同样,民事诉讼规范是法院进行诉讼活动的唯一根据。正如D. M. 切绰特教授所正确指出的:“法院在司法过程中,除了适用民事诉讼规范(或者在审理刑事案件中适用刑事诉讼规范),不得适用任何其他诉讼规范。”由此不能不得出如下结论:调整行政法律

关系案件审理的诉讼法规范是民事诉讼规范，属于民事诉讼法。这类案件的审理本身具有民事诉讼的性质，是民事诉讼的一种。

在行政活动领域扩大对公民权利的审判保护给苏维埃民事诉讼法学提出了一系列迫切的理论和实践的任务。其中之一就是需要对行政法律关系案件参加者的法律地位问题进行探讨，拟制完善此种案件参加者的诉讼权利和义务的法案，以使公民在法院审理其申诉时能积极地保护自己的权利。要探讨这个问题，必须对下述问题进行研究：行政案件诉讼程序的参与者哪些人属于案件参加人，案件参加人具有哪些权利能力和行为能力，公民向法院提出申诉遵循什么程序和须具有什么条件，案件参加人具有哪些诉讼权利和义务，这些问题均需要法律对之作出更详细的规定。

二、行政法律关系案件的参加人

探讨行政案件诉讼程序的参与者哪些人属于案件参加人的问题有着极大的实践意义。法院判决合法有据的条件之一就是对案件所有诉讼主体法律地位的正确认定，因为各种诉讼主体在案件中有着不同的目的，执行着各种不同的任务，因而与之相适应有着各种不同的诉讼权利和义务。对《民事立法纲要》第 24 条和《俄罗斯苏维埃联邦社会主义共和国民法典》第 29 条的分析表明，现行法律没有明确规定这类诉讼过程的参与者哪些人属于案件参加人。我们认为，下述人员应该列入其范围：在案件过程中与争议有实体上或程序上的利害关系，案件由其引起，或者在诉讼过程中为了保护自己权利或合法利益而参加（或牵连）到案件中的人；为了保护他人权利而提起案件、参加（或牵连进）案件的人，或者为了履行自己的职责而对案件作出鉴定的人；以自己的诉讼行为（提起诉讼、变更诉讼、中止诉讼）而影响诉讼进行的人。正是这些标志使我们能够从诉讼过程的所有参与者中分辨出案件参加人来。在行政法律关系案件诉讼中，他们包括：当事人、申请人（控诉者）和被控诉的公职人员、国家机关及其代表、检察官、在有法律规定的情况下为保护他人权利而提起申诉的个别公民。

作为案件参加人必须具有民事诉讼的权利能力和行为能力，即有能力在民事诉讼中行使权利和履行义务，有能力在法院行使自己的权利或委托代理人进行诉讼。[①] 这些诉讼法规则在适用于行政案件参加人方面具有一定特殊性。按照一般规则，如果国家机关不具有法人资格，即不具有民事诉讼权利能力。[②] 但是在审理这类行政案件时，这一规则就不总是适用的。很显然，许多这类诉讼案件的发生，根本原因是行政机关即享有职权的主体的行为违法。因此，问题不在于它们是不是法人，这对它们参加诉讼没有意义。不是所有参加这类案件的国家机关都是法人，但虽然如此，它们却都具有各种诉讼权利和义务，并能在诉讼过程中行使权利和履行义务，因而有诉讼权利能力和诉讼行为能力。由此可以得出结论，国家机关诉讼权利能力的实质并不在诉讼程序中起作用，它仅对于实体法领域的权利能力具有意义。苏俄《民法典》第 31 条应对此作出适当的准确的规定，使之成为一般规范而具有普遍适用性。为此，就应该从中撤销关于组织和机关的民事诉讼权利能力须以其具有法人资格为前提条件的规定。

三、法律对行政法律关系案件参加者诉讼权利和义务的规定

有关著述集中探讨了向法院请求保护权的前提条件问题。但是，这种探讨主要限于一般诉讼案件方面。对有关控诉行政机关和公职人员违法侵权案件的这方面问题的研究则显得不够。而在保护公民权利方面，法律对行政机关的司法监督权限扩大后，公民向法院提起的申诉案的数量必将随之增加，故申诉权的前提条件问题有着特别迫切的实践意义。

我们认为，关于公民请求法院保护其权利和合法利益的法律规定属于民事诉讼法制度。它在每一种类民事诉讼中的实际实施有着极大的特殊性：在一般诉讼案件中称原告的起诉权利；在行政法关系的案件中称公民控诉（申请）的权利；在特别程序中是向法院提出请求的权利。诉诸法院的权利必须以构成这一权利的一系列情况为前提。应以法律规定这种前提和以法律规定法官拒绝受理控诉的具体根据，以有利于防止法官无理拒绝公民向法院提起审理其申诉的请求，从而加强民事诉讼中的社会主义法制。

苏联《宪法》确定了向法院提起申诉的实体法根据是公职人员违法、越

---

① 《俄罗斯苏维埃联邦社会主义共和国民法典》第 31 条、第 32 条。

② 参见《俄罗斯苏维埃联邦社会主义共和国民法典》（以下简称苏俄《民法典》）第 31 条。

权、侵犯公民权利。我们认为,这个一般的宪法原则需要加以具体化。向法院提起申诉,被诉行政机关或公职人员须具有下述行为(作为或不作为):(1)阻碍公民根据一定的法律规范和法律事实而具有的权利的实现(如果公民某种利益仅是根据相应行政机关的裁量而享有,如付给某一个人补助金,则不能向法院提起请求);(2)侵犯公民所享有的权利或者违法地和无根据地加诸公民某种义务;(3)违法地和无根据地采取某种行政措施(如罚款)。

有关著述中提出了这么一种意见,认为确立下述规则是合适的:某些案件(如对于社会保卫机关的裁决的上诉,对于拒绝注册申请的民警机关的申诉等)只有在公民向上级机关提出申诉并遭其拒绝后方可诉诸法院。此外,还有人认为,向法院提出申诉的一般前提条件应规定为:申诉者必须提交所诉行政机关对其本人所作的裁决书,法院只有在行政机关已就案件作出过裁决的情况下才受理申诉。我们认为,这些意见对于解决公民向法院控告行政机关违法行为的实体权利和诉讼程序问题都是有益的。

在制定拒绝受理申诉的法律条件规范时,应适当运用法律对一般诉讼案件规定有关这些问题的经验。我们认为,确定下述情况作为法官拒绝受理申诉的根据是重要的:(1)相应申诉案件是不应由法院审理的;(2)控告人未预先向上级行政机关提出申诉(当法律规定必须以此为前置程序时);(3)就法院已作出并已生效的裁决所涉及的同一机关、同一问题和同一个人进行申诉的案件;(4)就法院正在审理中的同一案件提起申诉;(5)相应申诉案件完全适宜于上级机关审理;(6)不属于该法院管辖的案件;(7)无权在法院进行诉讼的人代表申诉人向法院提出申诉。此外,法律还应该规定被法院拒绝接受的申诉案件的诉讼后果。

因此,以法律规定申诉权的前提条件对于公民实际行使自己向法院控告行政机关和公职人员违法行为的权利有着极为重要的意义。

最后,我们还需要探讨另外一个问题。众所周知,现行法律规定了诉讼案件参加人(当事人、第三人等)的权利和义务。这在实践中出现了一定的困难,有时是审判错误导致。例如,在审理行政案件时,最普遍的错误是:法官把控告人作为案件的原告,把行政机关的代理人作为案件的被告,要求其支付申诉费(诉讼费)作为国家税收。为了更充分、更全面地规定控告公职人员、国家机关和社会机关行为的申诉案件的参加者的权利和义务,有必要对这些权利和义务进行调整。第一,应使申诉案件参加者的权利和义务置于总则条款,《俄罗斯苏维埃联邦社会主义共和国民法典》第 22 条的规定适用于该种诉讼的所有参加人。第二,如果这种案件的诉讼参加人的法律地位具有某种特殊性,则适用专门规定这些案件特殊种类的条款。

在上诉制度中,解决对这种案件的判决的上诉(不服判决)问题是很重要的。有关文章多次提到,目前法律中有着互相矛盾的规定。《民事诉讼纲要》中规定对除苏联最高法院和加盟共和国最高法院以外的所有法院的判决皆可以上诉,而许多加盟共和国的民法典则限制对于行政案件判决的上诉。例如,许多加盟共和国规定,对于选民登记错误的申诉及对于行政机关和公职人员行为的申诉的判决皆不能上诉。限制对这类案件判决的上诉权有着一系列的不良后果。由于缺乏上诉审的固定监督,法院对这类案件的审理准备和审理本身往往不严格细致,而这必然导致一些判决的违法或不合理。实践经验说明,法院工作中最严重的缺点往往是在审理有关行政处罚裁决的申诉案件时持马虎态度。而通过上诉程序改正错误判决,正是使判决符合法律要求的必要诉讼程序。所以,必须废除对于就行政法律关系案件判决上诉权所设置的一切限制。

因此,完善对于行政案件参加者诉讼地位的立法将与社会主义民主化的一般趋势相适应。

行政责任立法的发展*

[苏联]H. 萨莉舍娃　B. 瓦西莉娃

加强国家纪律和社会主义法制是进一步发展苏维埃民主,完善全民国家的必不可少的要素,是胜利完成共产主义建设计划的最重要的条件,为此必须始终不渝地加强国家纪律和社会主义法制。在与解决这些战略任务密切相关的一系列问题中,不断完善和加强苏维埃立法,建立与社会主义经济发展水平相适应的法律规范有着极为重要的意义。同时,立法对于促进社会关系的发展,以共产主义原则的精神教育个人亦有极大的作用。

首先我们以这些观点评价涉及公民权利和利益的每一个新的法令,1980年10月23日苏联最高苏维埃通过的《苏联和各加盟共和国行政违法行为立法纲要》(以下简称《纲要》)就属于这种法令。《纲要》旨在防止违法行为和加强与侵犯苏维埃法制作斗争方面发挥重要的作用。这一新的法律是苏维埃立法的重要里程碑,是苏维埃国家历史上第一个与行政违法行为作斗争方面的全联盟的法令。

国家对这一社会关系予以明确的法律调整,其意义是难以估价的。我们首先必须注意到,我国目前行政违法行为的数量还是很大的。如仅就适用行政责任措施的一个领域——违反交通规则来说,其数量就足够大。侵犯社会秩序的情况亦不少,其中包括“一般”违法现象,如酗酒、小流氓、深夜喧哗等,而小偷、小型投机倒把则属于对社会较大的侵害。

---

* 本文原载1984年北京大学法律学系教学参考用书《行政法》第242-252页,由姜明安译自苏联《法学》杂志1981年第3期。

苏联最高苏维埃民族院法律起草委员会主席 M. 亚尔科瓦伊在苏联最高苏维埃会议上所作的《关于〈纲要〉草案的报告》中引用了下述资料:1979 年因违反狩猎规则而被罚款者达 6 万人以上,其中 5 千多人被剥夺狩猎权;因违反捕鱼规则而被追究行政责任者约 30 万人;对于违反卫生规则的商业、公共饮食业和食品工业企业,国家卫生监督机关对之罚款约 40 万卢布。

新法令的特征在于它的综合性。该法规定了国家机关预防行政违法行为的主要方针和责任的规范,规定了确立行政违法行为责任的原则、处罚的种类和适用处罚的程序的规范。这些均有机地结合于《纲要》中。

《纲要》还有一个重要的特征——实体的规范和程序的规范结合在一个统一的法律里,《纲要》第四章就是关于行政违法案件审理程序的规范。在刑事和民事立法里,实体的和程序的规范通常分别相应独立地制定苏联或加盟共和国法——原则规范或法典。显然,行政立法也是有划分实体法和程序法前景的。但是在目前,作为独立法律制度,审理行政管理领域内个别案件的行政程序制度建立的时间还不太长,因而把实体规范和程序规范结合在一个统一的法律(关于行政违法行为的纲要或法典)里乃是合适的。

根据上述观点从客观现实出发,我们看来不能同意 B. A. 洛里亚关于制定全苏和各共和国独立的行政程序法典的建议。我们认为,完善行政违法立法的首要任务之一是制定各加盟共和国的相应具体的法典。对于这些法典的结构和内容,现在立法机关正在积极地展开讨论。我们认为,它们应该既包括实体的规范,也包括程序的规范。各共和国法典的结构虽然无疑地应该有自己的特征,但它们在很大程度上要受《纲要》结构的制约。因而这些行政违法行为法典亦将同样具有综合性。这种综合性从而又将保证这些法典具有从属《纲要》和其他规范法令的性质。

《纲要》明确规定了苏维埃社会主义共和国联盟在确定违反各种规则的行政责任方面的权限,①这些规则按类别列于《纲要》之中。②《纲要》同时规定不属于联盟管辖的行政违法问题由各加盟共和国负责立法。这实际上赋

---

① 《纲要》第 3 条。

② 如关税规则、交通规则、身份证制度规则以及关于铁路运输、空运、海运和管道输送工具使用的规则等。

予了加盟共和国确立行政责任的广泛的权限。此外,《纲要》还附带说明,地方人民代表苏维埃(除镇、村以外)有权作出行政制裁决议的问题的种类亦由加盟共和国规定。这样,立法者就解决了两个任务:第一,在解决有关适用行政感化措施的问题上获得了一定的集中处理;第二,限制了有权作出行政制裁决议的地方国家政权机关的种类。如果回顾一下 1961 年 6 月 21 日苏联最高苏维埃主席团《关于进一步限制行政罚款》的命令的规范,那么新法律的下述倾向就很明显:它力求保持这样的原则,使地方国家政权机关作出确定适用行政责任裁决的问题的范围受到限制,这些问题的种类应由加盟共和国以法令规定。

这也是一个与苏维埃行政责任立法的原则相联系的复杂的问题。《纲要》和以前的苏维埃行政违法立法均规定,行政违法行为责任的主体可以是自然人——包括公务员和公民。关于这一点,只要引证一下《纲要》第 8 条和第 9 条以及苏联最高苏维埃主席团 1961 年 6 月 21 日的命令的第 6 条就足够明了。不过,这里应该考虑此处所说的是行政违法行为的责任,而不是违反这种或那种法律规则(民法的、国际法的、劳动立法的等)的责任,虽然在这种或那种场合下,处罚的措施都可以适用于行政方面,例如,按照苏联最高苏维埃主席团 1976 年 12 月 10 日《关于保护生物资源和调整苏联海城捕鱼业的临时措施》的法令,规定对违反这一法令的规则或者违反为执行这一法令而颁布的实施细则者适用罚款处罚。按行政程序所科罚款规定在 1 万卢布以内。同时,受这种财产处罚者可以是自然人,亦可以是法人。① 在其他法令里亦有这种规则,如有关执行苏联国际条约的法令规定,可以将没收个别目的物这类措施适用于法人(如海事法庭没收在沿海非法捕鱼的工具等)。

这些法令不能认为是规定行政违法行为责任的。故此,苏联最高苏维埃主席团在 1981 年 2 月 19 日《关于实施苏联和各加盟共和国行政违法行为立法纲要的程序》的命令中专门说明,《纲要》生效不影响关于依行政程序追究法人责任的现行法令的效力。

至于公民的行政责任,《纲要》采行现行立法规定的自违法时达到 16 岁的公民可使其负责的规则。在立法发展过程中,《纲要》规定,对犯有行政违

---

① 《关于保护生物资源和调整苏联海城捕鱼业的临时措施》第 3 条。

法行为的公务员,应当追究其行政责任。这种行政违法行为指不遵守在维护管理秩序、国家秩序和社会秩序,保护自然和保护居民健康方面规定的规则和其他规则,且保证执行这些规则是其职责。例如,现行立法对于公务员浪费电能、热能,违反防火、劳动保护、技术安全、医药卫生和流行病预防规则及其他许多规则,均规定了他们的行政责任。

考虑到未成年人事务委员会在教育少年方面的特殊作用,《纲要》规定,对于16~18岁的行政违法者适用有关这些委员会的条例规定的措施。只有在苏维埃社会主义共和国联盟法令直接规定的情况下,他们才负一般行政责任。在实践中,这类情况如内务部的首长或人民法院对于小流氓科处的行政罚款以及有关政府部门对严重违反交通规则者剥夺其车辆驾驶权等。

值得注意的是,在行政违法立法中,《纲要》只是先规定了一些极端必要的制度和必要的预防措施。很显然,有待于各加盟共和国以后在各自的行政违法法典中加以具体化。

《纲要》规定了可追究行政责任的人的范围以及对这些人的各不同类别适用行政处罚措施。《纲要》首先确立了作为行政责任唯一根据的行政违法行为的概念,这一点非重要。《纲要》第7条规定"侵犯国家秩序和社会秩序,侵犯社会主义所有制,侵犯公民的权利和自由,侵犯规定的管理秩序的,法律规定应负行政责任的故意的或过失的(蓄意的或疏忽的)作为或不作为",皆属于"行政违法行为"之范畴。

这一规定有着极大的实践意义,它对于进一步发展行政责任立法和保证其机构更有效率地工作来说是一条重要的原则性的规范。在这个规范中,相应行为的故意和过失作为行政违法行为的要素被固定下来,同时列举了作为违法侵害行为的类别。

在关于行政违法行为的规定中,没有指出具有各种社会危害性的违法行为的特征是适当的。在有关法律论著中早就存在并且一直进行关于以什么标准区分犯罪行为和行政违法行为的争论。一些作者认为,行政违法行为属于有社会危害性的行为,它与犯罪的区别是社会危害性的程度。而另外的作者认为,行政违法行为一般不具有社会危害性,它类似公民的不法行为即纪律上的过错行为,它是有害的和违法的行为,但不具有社会危害性的特征,以此与犯罪相区别。如果不考察上述争论的实质,我们会发现,现在的新法律在它的规则背后亦存在这一问题,它对于行政违法行为的实质和它的构成要素都留下了进一步解释的广阔空间。

反映和确立苏维埃立法的民主原则是新的行政违法行为立法的重要组成部分之一。应该指出,《纲要》明确的旨意在于进一步巩固社会关系这一领域的社会主义法制,加强对个人权利的保护和保障。让我们首先看一看《纲要》第5条的规范,在这一条款里,为适用行政责任立法,它宣布,除非依照立法规定的根据和程序,任何人都不因行政违法行为受到行政处罚。这一规则与《纲要》第7条规定的仅为过失行为的违法行为概念相联系,从而使人们有充分的根据认为:在这种场合下,无罪推定的原则被始终不渝地执行着。

《纲要》规定了在审理行政违法行为案件时和适用行政处罚措施时对公民的保障。《纲要》第5条的意图在这个重要法律的许多规范里得到了具体的表达。并且,它也将在各加盟共和国的行政违法行为法典中得到体现和进一步的发展。

苏维埃立法的人道原则在《纲要》的一系列规则中再次得到证实。例如,该法规定,在两种情况下可以免除行为者的行政责任:其一,考虑到所实施的违法行为的性质和违法者个人的情况,认为适宜对其采取社会感化措施时;其二,行为者实施的违法行为轻微时。[①]

为了保障法制,联盟法律规定了行政处罚的基本种类,它们作为主要处罚和附加处罚的相互关系,确定了各种处罚的限制。例如,作为处罚措施的行政拘留只能由联盟法律规定。根据《纲要》第12条的规定,作为一般规则,直接对于公民个人或者实际涉及公民个人财产权的处罚,只能以法律规定。因此,《纲要》第12条第1款新规定的处罚措施,能为国家政权最高执行和管理机关法令所规定者仅有两种:警告和罚款。

该法没有确定详尽的处罚措施种类,苏联和各加盟共和国的法令可以根据《纲要》的一般原理原则规定其他的行政处罚措施。《纲要》对那些可以作为附加处罚适用的措施规定了重要的限制。现在这种附加处罚只有没收或征收违法者实施行政违法行为的工具或直接目的物两种类型。据此,《关于实施〈纲要〉的程序的命令》规定了关于对违反运输工具管理规则适用处罚措

① 《纲要》第10条和第11条。

施的过渡原则:如果在以前,行政罚款不仅作为主要处罚措施也可作为附加措施适用时,那么现在就只能作为主要措施适用。这样就排除了对违法者同时科以两种处罚——既剥夺运输工具驾驶权又科以罚款的情况。

《纲要》对于适用具体处罚的人的范围的限制较过去实行的法律原则有了一些新的规定。例如,剥夺运输工具的驾驶权现在不能适用于享有这种权利的残疾人(除在酒醉中驾驶的情况外)。作为行政处罚措施的劳动改造只能确定在行政违法行为人的固定工作单位进行。对于孕妇、未满 18 岁的人、有 12 岁以下孩子的妇女以及一、二级残疾人不得适用行政拘留。

在行政责任立法中,《纲要》首次规定了减轻和加重行政责任的情节的种类。这使行政机关可以更灵活地运用行政处罚,从而毫无疑义地将加强行政感化措施的教育和预防作用。

法制原则在《纲要》的规范里得到了体现。《纲要》规定了授权以国家名义审理行政违法行为案件和作出相应裁决的机关的种类。特别应该强调指出的是,地方人民代表苏维埃执行委员会的行政委员会和未成年人事务委员会这些合议制机关被《纲要》首先列为审理上述案件的机关。为改善行政委员会的工作,法律规定在市、区人民代表苏维埃的执行委员会的上述委员会设置专职的责任秘书。鉴于《纲要》第 27 条的这一规定,苏联最高苏维埃主席团委托苏联部长会议解决设立这一职位的程序问题,使之具有财政编制机构的形式。

《纲要》保留了以前的法令关于直接适用行政处罚的机关和公务员范围的规定,解决关于授予这种适用处罚权的问题的特别权限,它们由联盟法令调整。苏联最高苏维埃主席团 1961 年 6 月 21 日命令的第 13 条原则上仍然有效,这一条规定了有权适用行政罚款的机关和公务员的种类。联盟法令中有关规定适用没收各种物品、剥夺驾驶交通工具权等处罚措施的机关和公务员的权限的规范在原则上也仍然有效。同时,考虑到合议制行政裁判机关(行政委员会、未成年人事务委员会等)作用的增长,以及由于法院对于行政违法行为的各类案件审判权的扩大,适用行政处罚措施的机关和公务员的数量将减少,这一发展前景乃是很显然的。A. A. 美廉策夫代表在苏联最高苏维埃代表大会上的发言讲到了这个前景,H. T. 科兹洛夫代表在其文章中也提到了这个前景。

适用关于行政违法行为的新的法令的实践向我们预示了解决有关进一步加强法制、巩固法律秩序、保证公民权利义务的一系列问题的最合适和最民主的形式。

社会主义法制的原则在《关于行政违法行为案件审判原则》的规范里得到了最明确的和具体的反映。我们在上面已经提到了《纲要》第 5 条,它集中反映了对行政违法行为适用处罚措施时的法制要求。《纲要》第 22 条、第 31 条和其他许多规则具体体现了这些要求。根据《纲要》的精神,审理和裁决活动的目的在于保证"及时、全面、充分和客观地查明每个案件的情况,严格按照法律处理案件"。对行政违法行为的处罚应"严格根据本纲要、各加盟共和国关于行政违法行为的法典和其他文件,在相应的规范性文件规定的范围内进行"。

《纲要》极为重视像行政违法行为的案卷这类重要的程序性文件,对于案卷的内容和编制的要求均作了详细的规定。[①] 这就使各加盟共和国关于行政违法行为的法典和其他有关行政责任的立法在这个基础上详细确立相应的程序规范。案卷应当记载有关当事人责任的原始材料、违法行为的事实,固定证据。立法者把保障公民在案件审理和进行行政裁决时的权利与上述法制要求联系起来。

案件审理阶段的规则在《纲要》中作了详细的规定,作为一般规则,行政违法案件要求在违法行为实施地审理。考虑到审理各种类型案件的性质,《纲要》规定这些案件的审理期限由苏联和各加盟共和国法律确定。其用意是以各加盟共和国关于行政违法行为的法典来调整这些期限。

从宪法对个人权利的保护和保障的观点看来,《纲要》第 35 条有着特别的意义。《纲要》的这一条款规定了被追究行政责任的人的权利。其有权了解案件的材料,就其行为作出解释,提供证据,提出辩解,在审理案件时获得律师的法律帮助。最后,其还有权对案件裁决提出上诉,包括向法院起诉。

法律关于行政违法行为案件在其行为地审理的规定对于进一步加强被追究行政责任的人的权利保护有着重要意义。在行为人缺席时,案件非有下述情况则不能被审理:案件审理的时间和地点已及时通知了行为人,而行为

① 《纲要》第 32 条。

人又未提出延迟审理的申请。

由于行政案件的审理和作出相应裁决的阶段在处理行政违法行为案件中有决定性的作用,因而立法者规定了这一程序性活动的基本原则:审理公开,裁决公开等。《纲要》规定,对行政违法案件公开审理,审理机关(公务员)应查明行为者在违法行为中所犯过错或过失的事实。

《纲要》还对行政违法案件裁决的内容和作出裁决的程序以及向所犯过错者宣布裁决的程序作出了规定。[①] 对行政违法案件裁决的上诉和抗诉问题在《纲要》中亦作出了详细规定。《纲要》的特点是,相对人对依行政裁判程序作出的裁决不服,可进一步起诉到法院。对由行政裁判机关或公务员作出的关于适用处罚措施的裁决最后可以由受处罚人或受害人向市、区的法院上诉。对于行政管理机关或专门裁判机关(如监督遵守消防、卫生等规则的机关)的公务员作出的科以处罚措施(除罚款外)的裁决可依程序先上诉至其上级机关,然后可再上诉至法院。对行政违法案件裁决的上诉期限规定为10日,此期限自裁决作出之日起算。如因正当原因(生病等)错过这一期限时,有权审理上诉的机关可恢复这一期限。《纲要》规定,作为一般规则,在实际审理上诉以前,停止执行裁决。这一规定是重要的。这一规定只有在适用于行政拘留的裁决时为例外,根据现行法律,对于行政拘留的裁决,只要检察长不提出抗议,它就必须立即付诸执行。

《纲要》对执行裁决的程序和执行的时效期间也作了规定。这样,行政违法案件审理阶段的所有重要问题都在联盟法律里都有相应规定。与之有关的细节问题则在随后的各加盟共和国关于行政违法行为的法典中规定。现在学界和各方面都正在对这些法令的内容和结构展开讨论。有人提出,应把有关对行政违法案件审理、裁决(包括对相应裁决的上诉)的规范作为单独一章列入加盟共和国的法典;有人要求对共和国民事诉讼法典的一系列规范重新进行研究分析。因为规定审理行政违法行为案件的程序属于民事诉讼法规则。我们认为,各加盟共和国行政违法法典的诉讼程序部分应当吸收这些规范。

最后,应当强调指出,《纲要》的通过和施行对于进一步完善关于对各种

---

① 《纲要》第37条。

行政违法行为责任的苏联立法奠定了牢固的法律基础。《纲要》对于制定各共和国相应法典的意义前文已经论述。现在,重要的任务摆在各人民代表苏维埃、各部、各主管机关、公职人员及所有维护法律的机关面前。这些机关和人员应该切实执行《纲要》,加强对行政违法行为的预防。在这方面,《纲要》第 4 条具有重大的实践意义。这一条款规定,国家机关、社会组织和劳动集体都有责任制定和实施预防行政违法行为的措施,查明和消除促成行政违法行为发生的原因和条件,教育全体公民严格遵守苏维埃的法律。

再论完善经济立法*

[苏联]B. C. 塔吉沃祥

一、经济立法以及它和其他法律部门的区别

在1936年的《苏联宪法》里没有“经济法”的术语。由此或许可以得出结论说苏联没有经济法，而只有民法、劳动法、土地法、家庭法等。但是根据党和政府的决议，经济立法是存在的，而且在发展着，它非常复杂，非常广泛，并且应当完善。我们认为，在实践中广泛使用的“经济的”这一概念是十分确定的。在党和国家最重要的文件里，提及社会主义经济中各种经济组织、企业之间发生的合同关系调整及争议解决时就涉及经济立法、经济关系、经济合同和经济争议等概念。

尽管社会主义经济有着复杂性和范围广泛性，但是依然不难确定“经济的”概念，使之区别“国家的”“苏维埃的”“行政的”“民事的”等概念。这些概念中有许多与“经济的”概念有着密切的联系，正像同一切与经济有关的事物有着密切的联系一样。但是，在确定与“国家的”“文化的”“行政的”机关和关系不同的“经济的”机关、“经济的”关系时，无疑前者是指苏维埃国家的行政机关和社会文化管理机关，在社会文化、政治生活中即经济外发生的关系，后者是指从事经济，即从事经营、生产、产品交换或商品交换或领导管理经济的关系，以及经济组织（企业、组织或机关）之间的关系。1977年10月3

* 本文原载《国外法学》1980年第1期，由姜明安摘译自[苏联]《苏维埃国家与法》1978年第1期，李志敏审校。

日苏联共产党中央委员会全体会议关于苏联宪法(根本法)草案全民讨论的总结决议中提到国家的、“经济的”和文化的建设。同样,在苏联最高苏维埃的会议上也提到国家的、“经济的”、社会文化的关系。因此,在实践中如同在党和国家的文件中一样,对同经济活动有联系的各种概念与其他概念是有明确区分的。

法律调整的社会关系是按照调整的对象,即经济、政治、文化以及相应的关系来划分的。这是经济政策在立法中得到了反映。正如列宁关于新经济政策所指出的那样,经济政策应该在立法上最大限度地予以确立,以消灭一切偏离它的可能性。

根据以上分析可以得出如下结论:要完善经济立法,必须首先建立严格的经济制度和体系,编纂调整社会生产、分配、交换以及组织消费的最一般的原则性的规则的经济法规。在解决社会主义计划经济的法律调整的问题时,最高苏维埃的法律应当给管理机关的实际执行活动留有广阔的余地。在颁布社会主义经济法律时,这一点是极为重要的,因为国家经济的复杂性和范围的广泛性要求政府机关管理经济的灵活性。对我国经济管理的成效在很大程度上取决于规定经济生活领导者行为的法律规范的机动性。应当根据这样的法律规范并且为执行这些法律规范来规范和调整有关经济活动的政府决议等。

经济立法的调整范围包括整个经济的领导管理活动:工业、建设事业、运输业、农业、供应、销售、商业、公用事业等各领域、各部门中的经济关系以及这些领域、部门的领导管理关系。经济立法如同社会主义经济本身一样,是复杂的和范围广泛的。

苏联的经济活动,即社会主义的经营管理,既包括为经济法所调整的关系,又包括其他一些法律部门所调整的关系。例如,没有劳动关系就没有并且不可能有社会主义经济。但是,这些关系虽然在广义上也是经济的关系,但为劳动法所调整。又如,没有向居民销售商品、没有向居民出售住宅和其他财产、没有生活服务等,就没有社会主义经济。但是这些与公民发生的关系为民法所调整。同样,集体农庄的活动,集体农庄和自己庄员的关系也是经济关系,但是它们为农庄法所调整。上述所有法律部门都早已是独立的了,并且这些广义上的经济立法形式(包括土地的、水利的、森林的、山陵的、行政的)已经基本完善了。同时应该指出,苏联共产党中央委员会给党的第二十五次代表大会的总结报告提出了进一步完善劳动法、行政法和某些其他法律的任务，与此同时，报告也提出了改善经济活动法律调整的任务。

当然，人们也可以认为，上述所有法律部门和立法都可以归入广义的经济法，据此把它们整合成一个大体系，形成一个几乎包括全部苏联法律的一半的庞大的法典。但是这样一来，我们法律和立法体系无论在理论上还是在实践中反而都失去意义了。因为对于法律科学和实务来说，最重要的应是区分各种不同的法现象，划分出苏联立法体系的不同部门，以研究各种不同法规范的特殊性。

我们从民法中分出了劳动法、农庄法和其他法律部门（以前是不加区别的），这些法律部门后来获得迅速发展，它们对于理论和实践都是有益处的。因此，我们不同意有些学者的意见，他们否认狭义经济法的存在，认为所有调整国民经济关系的规范都可以列入民法和行政法之中。

我们认为，下述学者的观点比较正确，他们主张：经济机关和经济组织之间的经济关系是经济法调整的独立范围，经济法调整的上述关系是“经济的”，这种“经济的”是专门（狭窄）意义的。他们否定广义的经济法而主张狭义的经济法，他们认为不可能从整个法律体系中分出所有涉经济的法将其划为一个独立部门。N. H. 彼得洛夫提出：经济法调整经济管理机关和企业、组织在它们进行经济活动的过程中的社会关系，并由此推论，经济法不调整公民之间的关系。但是，N. H. 彼得洛夫仍然坚持某些广义经济法的观点，他把那些虽然与经济有关系但基本上已经成为独立的苏联法律（如作为经济立法的主要部门之一的财政法、土地法、水利法、森林法、矿产法以及其他调整经济活动的法律）也都纳入经济法。这种把已经独立的法律部门纳入经济法，扩大经济法的概念和对象的观点是不正确的。

二、完善经济立法的途径

我们这里所讲的“完善经济立法”是指完善那些尚未进行法典编纂或者尚未纳入其他法律部门的经济法律规范。狭义的经济法就是如此，它是调整社会主义经济组织之间在计划程序中主要以经济核算的经济方法实现的社会主义经济关系，即工业、建设、运输业、商业等领域中的财产关系和组织、管理关系的规范。

在所有社会主义经济部门中,既有调整它们内部和外部活动(如生产、建设等的计划,设备保障、原材料供应,产品和商品的销售等)的一般问题,又有每一个社会主义经济部门(仅在工业、建设、运输、商业等某一个部门)中所具有的需要专门调整的特殊性问题。因此,将属于社会主义经济企业、组织的活动的一般问题和特殊问题的规范加以划分,从立法上加以区分是必要的和适当的。换句话说,要把整个社会生产普遍存在的计划、基本建设、供应和销售、信贷和拨款等法律调整的问题适当地整合在一个法律——苏联经济立法通则或苏联经济法典里。把关于社会主义经济的一般的原则性规范从立法上集中规定在一个统一的综合性法律里,必然为国民经济中所有经济管理机关及其负责人的经济管理活动提供便利。

根据苏联宪法的规范、原则或有关法典以及其他法律规定,苏联政府(各加盟共和国政府亦然)可以颁布为实际管理国民经济所必需的具体明细的法令,如关于计划、供应和销售的相关规则等。这些政府规范法令(以及各部和各主管机关依法令的授权颁布的法律规范性文件)可以根据各地的经验总结、具体条件的变化、社会生产的特殊性、消费者的要求以及经济的日益发展而灵活地及时地予以修改和不断地加以完善。

而关于社会主义经济的法律,则与政府法令和决议等不同,它是比较稳定的,不能经常改变,因为它主要涉及所调整的关系的原则性方面。法律则赋予政府以必要的、当然是在宪法和其他法律规范的范围内的领导、管理社会主义经济的主动性和自由。

至于有关国民经济个别部门的特殊性规范和调整经济活动的政府规范法令,则应该分别按国民经济部门使之系统化,并不断更新、简化、予以完善。对调整经济关系的规范法令如果按照经济部门加以汇集和系统化,就更便于为这些部门的工作人员所理解、掌握,从而为他们更好地适用、执行提供便利。这当然有利于促进和改善国民经济中的法律工作,有助加强国民经济中的法制和国家纪律。

应该指出,不仅是从事经济法理论研究的法学家主张编纂和颁布经济法典,而且许多其他方面的理论工作者和实际工作者也同意这样做。经济部门的实务工作者早就期望颁布一部完善的社会主义经济法,他们支持编纂经济法典或者经济法通则。

苏联、东欧国家公职人员的工资制度研究*

20 世纪 90 年代以前的苏联、东欧各国，大多把国家机关和企事业单位工作人员的工资福利问题纳入劳动法统一调整，在劳动法中作出明确规定。但也有些国家就公职人员的工资福利同时制定单项法规或条例。苏联、东欧各国关于公职人员工资福利法律规定的具体内容虽然各不相同，但共性方面都包括劳动报酬、工作时间和休假、社会保险或福利待遇等基本内容。本文专门介绍这些国家公职人员的工资制度（在这些国家的法律、法规中，工资制度一般称“劳动报酬制度”）。

一、确定劳动报酬的原则

按劳分配是苏联、东欧各国确定公职人员和其他劳动者劳动报酬普遍遵循的总原则。在这个总的原则下，各国法律、法规通常都会规定一些比较具体的执行和实施规则。

苏联规定，按照劳动的数量和质量发给劳动报酬，禁止因性别、年龄、种族和民族的不同而对劳动报酬的数额作任何区别性对待。职工每月工资不应低于国家规定的最低数额。职员的劳动报酬根据中央批准的职务薪金等

---

* 本文选自曹志主编：《苏联、东欧国家人事制度概要》，北京大学出版社 1985 年版，第 128－169 页。本书其他作者写作部分和笔者写作部分（本书第九部分第一节）所引用的有关苏联、东欧国家的工资、福利和退休制度的资料、数据，均由中组部政策研究室提供。在“国家工作人员法立法小组”研究和起草“国家工作人员法草案”期间，中组部向中国驻世界各国大使馆或领事馆发文，要求它们收集各驻在国有关公务员制度的法律、法规、规章和规范性文件，并寄回中组部政策研究室供立法小组参考使用。故本文如无特别需要说明的问题，文中不再对所引用的资料和数据加注。本文写作于 1984—1985 年，故所介绍和阐释的苏联、东欧国家人事制度均为 20 世纪 90 年代以前的制度。

级表发给。确定劳动报酬,一定要考虑社会、集体和个人利益的有机联系,有利于把个人利益同社会利益更好地结合起来,保证包括公职人员在内的所有劳动者从物质利益上关心个人和集体的劳动成果,乐于从事社会所需要的各种劳动。劳动报酬必须成为促进社会经济发展和劳动生产率提高的最重要的刺激因素。劳动生产率的增长始终要保持领先地位;劳动报酬的增长绝不能超过劳动生产率的增长。

罗马尼亚《劳动法典》规定,干部和职工的报酬以及整个人民生产水平要随着社会主义物质技术基础的发展和国民收入的增长而稳步提高;公职人员报酬的确定,应保证国民收入合理分配以及国家经济和社会发展基金与消费基金之间最适当的关系;法律规定劳动报酬制度,要使每个人与整个社会的利益协调一致,并保证每个劳动者的收入与其对经济和社会文化活动所作的具体贡献成比例;实行同工同酬和社会主义公平的原则;保证公职人员最低工资与最高工资之间有一个适当比例。法律规定的最低工资必须根据经济发展、劳动生产率和国民收入水平确定,以能满足公职人员及其家属生活水平稳定增长的需求。

保加利亚、匈牙利、捷克斯洛伐克、德意志民主共和国关于确定公职人员劳动报酬所强调的基本原则,同苏联、罗马尼亚大体上是一致的。不过,上述各国在具体制度的实施上均存在不少弊端,同它们法律法规所规定的基本原则并不完全一致。其最主要的问题有:平均主义盛行;工资级别种类过于繁杂;奖金指标千篇一律,实际上成了附加工资,失去了奖金的本来意义。这些弊端影响了广大干部、职工积极性的发挥。

南斯拉夫的情况与上述国家有很大不同。南斯拉夫用“个人收入”一词代替了“劳动报酬”或“工资”的概念。这种“个人收入”所坚持的基本原则及其所要达到的目的与上述国家并无本质区别。但是,南斯拉夫的收入分配制度是建立在联合劳动和工人、职员自治基础之上的,那里的劳动者集体对职工个人收入的确定有很大的自主权,不受国家干涉。劳动者既是直接生产者又是管理者,也是分配者,不需要中间环节。劳动者集体对用作分配的纯收入可以自行决定其个人收入基金和企业基金;可以自行决定提留经营基金和共同消费基金。南斯拉夫职工个人收入基本上是由市场进行调节的。至于行政机关干部的个人收入也要本此精神办理,这就是要根据全社会用社会契约的形式共同确定的基数和标准来决定。例如,在联邦,要由党政机关及其他社会政治组织和群众团体共同签订联邦工作人员个人收入的基数和标准的社会契约,然后根据联邦预算用于个人收入的拨款,由各系统分别协商签订个人收入分配的自治协议。地方各级行政组织基本上也是这样。

阿尔巴尼亚的情况有所不同。它尽管同样强调按劳分配,但从 20 世纪 60 年代初期开始,其所进行的一些工资制度改革主要是拉平工资差距,降低高工资,调整职工工资之间的差距比例。

二、决定个人工资数额的主要依据

苏联、东欧各国职工个人工资数额的多少,总的来说取决于每个人劳动的复杂性、责任大小、努力程度以及所需训练的水平、年资,最终归结为劳动的数量和质量。具体来说,主要有以下几个因素。

(一)职务

职务高低是确定基本工资等级的主要依据。凡是职务高的,列入较高的工资等级,取得较多的报酬;职务低的,则与此相反。这也正是苏联、罗马尼亚、波兰、匈牙利等国所实行的职务等级工资制的主要内容。

(二)业务技能和工作成绩

业务技能是确定工资等级的又一个重要因素。确认业务技能水平的高低要经过考核,其主要标志是完成工作任务如何。这在上述各国几乎都有明确规定,凡是业务技能高,在工作中取得优秀成绩,对一个部门和单位作出突出贡献的,都能取得较多的报酬;而完不成工作任务或造成损失的,则要削减或扣发一部分工资,严重的还要追究行政、法律责任。

(三)学历

苏联、东欧各国普遍重视干部、职工受教育的程度,许多国家对各类职务必须具备的学历都有明确规定。在一些国家中,学历越高,则所定工资级别也就越高。如捷克斯洛伐克,只有基础教育(初中)水平的工资定为一至二级;受中等技术教育的定为三至九级;受完整普通中等教育的定为五至九级;受中等专业教育的定为七至十三级;受高等教育的定为十一至十七级。在匈牙利,同是副主任科员,工龄长短也一样,但高等文化程度的最高工资额比中等文化程度的最高工资额多 2500 福林。在波兰,担任同等职务时,中学毕业的要和大学毕业的拿同等数量的工资,就必须多 3~4 年工龄。在苏联,科研、学校工资表中,虽然担任同样行政职务,但有无学位以及是博士还是副博士学位,工资数额都有差别。特别是无学位者同有学位者相比,几乎相差 1/2。

(四)工龄

苏联、东欧的一些国家,有的设有工龄补贴制度,有的不设这一制度。有的规定将工龄长短作为决定工资数额的依据之一。这体现在基本工资等级表中:工龄越长,则所得工资报酬就越多。

三、基本工资

(一)国家机关党政人员的基本工资

1. 苏联党政人员的基本工资根据其工作部门的级别而有所区别。例如,党中央各部、外交部、国防部和国家安全委员为一级部,中央其他各部委为二级部。一级部公职人员的职务工资高于二级部。如外交部副部长的月职务工资为 800 卢布,司长为 500 卢布;而外贸部副部长的月职务工资则为 500 卢布,司局长为 350 卢布。

2. 罗马尼亚大国民议会 1980 年制定的《按劳动的数量和质量付酬法》规定,国家干部、教师、医生和工程技术人员统一实行 41 级职务工资制。各级别职务工资表中最高一级工资额相当于最低一级工资额的 4.5 倍。各级之间的级差,级别越高则级差越大,最少的是 25 列伊,最多的是 280 列伊。

3. 波兰部长会议 1982 年颁布了《国家机关工作人员报酬原则的指令》,并附有基本报酬等级表和各种国家机关工作人员工资等级表。工资表对于各种公职人员的工资等级和数额都作了具体的规定。表中最高等级的工资相当于最低等级工资的 3 倍多一点。第一至十九级工资级差为 400 兹罗提;第二十至二十五级工资级差为 500 兹罗提。司局长的最高工资等级额为 14,500 兹罗提,科员的最高工资等级额为 8000 兹罗提,二者相差 1.8 倍;市长的最高工资额相当于科员的最高工资额的 1.8 倍;乡长的最高工资额相当于办事员的最高工资额的 1.9 倍。

4. 匈牙利政府 1983 年颁布的各部和全国性权力机构各级公职人员的工资数额表中,司局长的最高等级额工资相当于最低一级科员的最高工资额的 4.6 倍;相当于最高一级科员的最高工资额的 1.7 倍。

5. 南斯拉夫国家行政机关的领导干部与一般干部没有固定的级别设置,个人收入不断发生变化。领导干部个人收入基数,由选举任命他的机关根据社会共同确定的基数和标准来制定。议会选举产生的领导人和政府机关的第一把手及常务副职的工资和其他补贴,由机关特殊用途费开支。其他领导干部的个人收入则在机关劳动共同体的收入中统一分配。领导干部的个人收入的基数也不是完全不变的。例如,联邦政府各机关领导干部的个人收入,每年要根据联邦执委会对各机关劳动共同体在实现其职能、完成工作任务情况的评价来考虑是否增减。一般说来,联邦官员的最高收入与职工最低收入的比例是6∶1。机关其他工作人员的个人收入方式同其他企事业单位的工人和干部大体相同,是从劳动共同体的收入中进行再分配而取得的。工作人员个人收入多少同劳动共同体收入多少有直接关系。劳动共同体的收入分为个人消费资金和共同消费资金,机关工作人员的个人收入是从个人消费资金中分配而来的。

(二)经济、技术人员的基本工资

1. 苏联对不同领域不同行业的经济、技术人员规定了不同的基本工资标准。例如,根据黑色冶金企业领导人员和工程技术人员职务工资表,这一领域的企业领导人员和工程技术人员职务工资共设9等,每等又分4级。第一等:经理,一级经理的职务工资为350~400卢布/月,二级为310~360卢布/月,三级为250~300卢布/月,四级为200~250卢布/月。第二等:总工程师,一级总工程的职务工资为320~370卢布/月,二级为280~330卢布/月,三级为220~270卢布/月,四级为190~220卢布/月。第九等:技术员,一级技术员的职务工资为75~90卢布/月,二级同样为75~90卢布/月,三级为70~85卢布/月,四级同样为70~85卢布/月。

2. 捷克斯洛伐克按照各种要素确定经济、技术人员的工资标准。对于企业经理及相当级别的人员,按企业职工人数定级:一级企业1500~4000人,工资为4600~6000克朗/月;二级企业4001~9000人,工资为5000~6700克朗/月;三级企业9001~18000人,工资为5500~7500克朗/月;四级企业18001人以上,工资另定(高于5500~7500克朗/月)。

捷克斯洛伐克对经济、技术干部的工资定级、升级,采取分项考核,综合核定,按照下述八项考核指标计分,确定工资等级。

(1)学历分:受基础教育的计25分;受中技教育的计50分;受完整普通中等教育的计85分;受完全中等专业教育的计105分;受高等教育的计160分;对获得副博士学位者,另加40分;博士另加100分。

(2)专业工龄年限分:如受过高等教育的,专业工龄1年为50分;3年为65分;6年为80分;9年为95分;12年为110分;12年以上为125分。

(3)物质责任和道义责任分:最高计85分。

(4)领导水平分:最多可计35分。

(5)从事劳动的复杂性和劳动强度分:最多可计85分。

(6)工作联系配合分:最多计45分。

(7)道德品质分:指自觉性、牺牲精神、模范作用、原则性、坚定性、公正态度,最多计45分。

(8)特殊表现分:如善于总结工作,推广先进经验,有创造能力,最多计45分。

可见,捷克斯洛伐克对技术、经济干部工资等级的评定,主要是根据受教育的程度(学历)和专业实践年限工作时间长短、水平高低和成果多少两项标准。

(三)科研、高校和卫生保健人员的基本工资

1. 苏联研究机关领导人员和科研工作者的职务工资。领导人员的工资分3类,另加学历情况确定工资标准。例如,具有博士学位的研究所所长的一类工资为600卢布/月;二类工资为550卢布/月;三类工资为480卢布/月。具有副博士学位的研究所所长的一类工资为500卢布/月;二类工资为450卢布/月;三类工资为400卢布/月。无学位的研究所所长的一类工资为270~300卢布/月;二类工资为230~270卢布/月;三类工资为200~230卢布/月。

科研工作者的工资亦分3类,另加学历情况和科研教学工龄确定工资标准。例如,具有博士学位的高级科研人员,5年以下工龄的一类工资为350卢布/月,5~10年工龄的一类工资为370卢布/月,10年以上工龄的一类工资为400卢布/月;5年以下工龄的二类工资为310卢布/月,5~10年工龄的二类工资为330卢布/月,10年以上工龄的二类工资为350卢布/月;5年以下工龄的三类工资为240卢布/月,5~10年工龄的三类工资为260卢布/月,10年以上工龄的三类工资为280卢布/月。具有副博士学位的高级科研人员,5年以下

工龄的一类工资为 250 卢布/月,5~10 年工龄的一类工资为 280 卢布/月,10 年以上工龄的一类工资为 300 卢布/月;5 年以下工龄的二类工资为 210 卢布/月,5~10 年工龄的二类工资为 230 卢布/月,10 年以上工龄的二类工资为 250 卢布/月;5 年以下工龄的三类工资为 190 卢布/月,5~10 年工龄的三类工资为 200 卢布/月,10 年以上工龄的三类工资为 220 卢布/月。无学位的高级科研人员的工资不分类,在国民经济主要部门研究所工作的工资均为 145~160 卢布/月;在国民经济其他部门研究所工作的工资均为 130~145 卢布/月。

2. 苏联高等学校领导人员、教授和教员的职务工资。领导人员的工资分 3 级,另加学位学衔情况确定工资标准。例如,具有博士学位或教授职称的校长,一级工资为 600 卢布/月,二级为 550 卢布/月,三级为 500 卢布/月;具有副博士学位或教授职称的校长,一级工资为 500 卢布/月,二级为 450 卢布/月,三级为 400 卢布/月;无学位或职称的校长,一级工资为 300 卢布/月,二级为 280 卢布/月,三级为 250 卢布/月。教授和教员的工资主要根据有无博士学位和教学科研的工龄确定。例如,有博士学位的教授,5 年以下工龄的工资为 350 卢布/月,5~10 年工龄的工资为 400 卢布/月,10 年以上工龄的工资为 450 卢布/月;无博士学位的教授,5 年以下工龄的工资为 280 卢布/月,5~10 年工龄的工资为 350 卢布/月,10 年以上工龄的工资为 400 卢布/月。

四、各种津贴

苏联、东欧各国在工资之外主要有以下 4 种津贴。

(一)职务津贴

波兰职务津贴共分 10 个等级:第一级 500 兹罗提,第十级为 5000 兹罗提,每高 1 级增加 500 兹罗提。各级别职务对应相应的津贴等级:司局级对应的津贴等级为 4~9 级;副司局级对应的津贴等级为 3~8 级;主任巡视员对应的津贴等级为 3~8 级;独立处处长、副主任巡视员、主任法律顾问对应的津贴等级为 2~7 级;巡视员对应的津贴等级为 2~6 级;法律顾问对应的津贴等级为 1~7 级;处长对应的津贴等级为 1~5 级;30 万人以上城市的市长对应的津贴等级为 5~9 级,副市长为 4~8 级;省政府厅长和相当这一级的职务对应的津贴等级为 1~6 级;等等。

(二)工龄津贴

罗马尼亚规定,公职人员按照在同一单位连续工作时间计算工龄,按工龄长短领取工龄津贴:连续工龄 5~10 年者,领取其工资额 3%的工龄津贴;连续工龄 10~15 年者,领取其工资额 5%的工龄津贴;连续工龄 15~20 年者,领取其工资额 7%的工龄津贴;连续工龄 20 年以上者,领取其工资额 10%的工龄津贴。因从事反法西斯和民主革命被关进监狱或集中营者,每 1 年算作 1 年半工龄。

波兰规定,公职人员在国家机关工作 5 年以上者,可领取当月基本工资 5%的工龄津贴。5 年后每过 1 年工龄津贴增加 1%,最高工龄津贴可增至月基本工资的 20%。公职人员以前在企业工作的年限也可计算在国家机关工作的年限之内。

(三)加班津贴

苏联规定,公职人员在正常工作时间之外加班,头两个小时加班津贴为基本工资的 50%,以后每小时加班津贴为基本工资的 100%。星期日或法定节假日加班,津贴为基本工资的 100%。

罗马尼亚规定,由于工作的特点,工作时间经常超过正常上班时间者,根据其月平均超出的时间,可增发工资的 5%~25%作为加班津贴,不再另给加班津贴。夜班工作时间为 7 小时,工资按 8 小时发给。如夜班工作时间为 8 小时,夜班班次又占本人班次一半以上者,发给等于本人工资 15%~25%的加班津贴。

保加亚规定,节假日工作增加工资 100%,周末休息时间加班,一律按小时计算,增加工资的 50%。

(四)困难劳动条件津贴

罗马尼亚规定,在劳动条件困难的地方工作者,增发其工资 15%的津贴。在有毒和危险劳动条件下工作者,其津贴标准由部长会议按劳动岗位的毒性和危险程度分确定。

保加利亚规定,对于民航乘务员,潜水员,远洋海员,内河乘务员,矿井、隧道、巷道作业人员,高空作业人员,与易燃品有关的工作人员,在有离子射线环境工作的人员,在边远、高寒、生活劳动条件艰苦地区或对国民经济有特殊意义的组织和单位中工作的人员,在人们不愿意从事的岗位(如屠宰、污水井、下水道、殡仪馆)工作的人员,以及要求有高度责任感、准确性和高度质量的工作者等,都应发给相应的困难劳动条件津贴。具体津贴数额由政府规定。

五、奖金

苏联、东欧各国普遍设有奖金制度。苏、匈、罗等国,在经济体制改革前,职工奖金都按工资总额的固定比率提取,不与企业盈利情况挂钩。经济体制改革以后,都改为从企业利润中提取。

苏联设有“经济刺激基金”。到 1977 年,“经济刺激基金”占利润总额的 18%,相当于 1965 年的 3 倍。在这 18%中,企业发展基金占 9.1%,物质鼓励基金占 8.9%。而物质鼓励基金就是职工的奖金,包括经常性奖励、一次性奖励、年终成果奖及优秀人员奖等。奖金的分配主要依据贡献和工龄的长短,企业领导干部和工程技术人员的奖金数额远远超过工人。

捷克斯洛伐克国家工作人员的基本工资占工资收入的 80%(职工占 75%),其余为奖金收入。干部的奖金分为多种,例如,顺利地创造性地完成工作任务奖;顺利地完成特殊的或一次可完成的工作任务的特殊奖;获得荣誉称号时的个人奖金和集体奖金;按特殊规定的奖金(工作 25 周年,50 岁生日,当结束工作获得养老金或残疾金时发给的奖金)等。企业职工的基本工资和调整后的自身产值挂钩,奖励工资和生产基金盈利率挂钩,取消分配上平均主义,扩大工资收入的档次。

匈牙利实行分红基金制度。具体办法是:企业当年利润扣除各种税收、贷款、社会福利基金后,所余部分完全由企业支配,分别用于企业发展基金和职工分红基金。用于企业发展基金的部分国家免税,用于分红基金部分超过工资总额 4%的部分,依照一定比例纳税以调节企业之间的分配水平。分红基金主要用于优秀集体和个人的奖金以及全体职工的年终分红。

罗马尼亚的奖励基金从每个经济单位所获得的总利润中扣交。奖励基金的 25%可在 1 年的过程中分发,用以表彰获得优异成绩的职工;75%作为集体年终奖金,按基本工资比例和全年劳动时间发给所有职工。对没有完成任务、出现差错或违反纪律者,要减少或取消奖金。

1978 年罗马尼亚又实行一种“劳动人民分红制度”。领导干部、技术人员和一般职工都可以享受年终分红基金。本单位分红基金总额按单位完成计划利润和超计划利润的情况确定,没有限额。“劳动人民分红基金”的85%发给本单位的干部和职工,一年中未完成任务或旷工3天以上者扣减或不发分红奖金。15%发给有特殊贡献的人和作为社会福利基金。

苏联、东欧国家公职人员的福利待遇和社会保险制度研究*

苏联、东欧各国的福利待遇和社会保险，主要是解决干部、职工的生、老、病、残、死、休假以及各种公共福利设施等问题。

一、生育待遇

苏联女职工生育时，产前产后共给假 112 天(其中产前 56 天)，难产或患并发症，产后假可延长至 70 天。产假期间的津贴，按本人工资的 100%发给。

保加利亚女职工生育第一胎，产假 120 天；第二胎 150 天；第三胎 180 天，第四胎及以后 120 天，其中 45 天为产前使用。如婴儿未入幼儿园，根据母亲请求，可批准补充休假，第一个婴儿为 6 个月，第二个婴儿为 7 个月，第三个婴儿为 8 个月，第四个婴儿及以后均为 6 个月。女职员亲自哺乳的，在 8 个月内每天可享受 2 小时休假，分两次使用。婴儿 8 个月以后直至断奶，每天 1 小时休假。

罗马尼亚女职工产假 112 天，其中 52 天是产前假。给婴儿喂奶时间每天不超过 2 小时，一直到婴 9 个月；如果是早产婴儿，可延长到 12 个月。

---

* 本文选自曹志主编：《苏联、东欧国家人事制度概要》，北京大学出版社 1985 年版，第 169-177 页。本书其他作者写作部分和笔者写作部分(本书第九部分第二、三节)所引用的有关苏联、东欧国家的工资、福利和退休制度的资料、数据，均由中组部政策研究室提供。在“国家工作人员法立法小组”研究和起草“国家工作人员法草案”期间，中组部向中国驻世界各国大使馆或领事馆发文，要求它们收集各驻在国有关公务员制度的法律、法规、规章和规范性文件，并寄回中组部政策研究室供立法小组参考使用。故本文如无特别需要说明的问题，文中不再对所引用的资料和数据加注。本文写作于1984—1985 年，故所介绍和阐释的苏联、东欧国家人事制度均为 20 世纪 90 年代以前的制度。

波兰女职工生育第一胎产假为16周,以后的为18周。一胎超过1个孩子的产假为26周,在预产期之前至少给2周假期。给孩子哺乳的女职工,每天给两次哺乳时间,每次半小时;超过一个孩子的,每次45分钟。

南斯拉夫女职工生育时,产前产后共给假180天。产假期间,按每年平均收入的100%发给工资。产假满后,照顾婴儿,每天工作4小时,工资照发,直至婴儿满8个月为止。经医生证明,婴儿需特殊照顾的,可延长到婴儿满3周岁。

二、疾病和非因工负伤待遇

苏联职工在患病或非因工负伤时,住院治疗医药费有免费,门诊每一处方,职工自理0.3卢布。病假期间的生活费标准为:连续工龄不满3年的,为本人工资的50%;满3年不满5年的为60%;满5年不满8年的为70%;满8年不满12年的为80%;满12年和12年以上的为90%。不满18岁的,一律为本人工资的60%。此项生活费的最低保证额为27卢布。

南斯拉夫职工疾病待遇包括疾病补助和医疗补助两部分。按规定,职工在最近2年内连续保险9个月或总计保险18个月的,即可享受疾病补助。职工患病不超过1个月的,由企业发给本人原工资;超过1个月的,改由健康保护共同体发给本人上1年平均收入的60%;2年后仍未痊愈的,则移交老年与残疾保险共同体,改发残疾年金。

三、残疾待遇

苏联残疾金额也按照计算养老金的同样的工资比例计算。因工或职业病致残者,一等残疾金额为养老金的110%;二等残疾金额为养老金的100%;三等残疾金额为月工资40卢布的65%和其余工资(月工资减去40卢布)的10%。非因工致残的,一等残疾金额为养老金的100%;二等残疾金额为养老金的90%;三等残疾金额为月工资40卢布的45%和其余工资的10%。残废金的最低保证额为21~70卢布,最高限额为60~120卢布。

南斯拉夫因工残疾按残疾前10年(或任何连续10年)月平均收入的85%发给;残疾者丧失独立生活能力而需人扶助的护理费由保险共同体确定,通常为保证基本生活需要的最低年金数。非因工残疾,在达到退休年龄之前致残的,男职工的残疾金不少于残前10年月平均收入的45%,女职工不少于55%;符合退休年龄之后致残的,男职工不少于35%,女职工不少于40%。同时,大多数保险共同体规定有增补办法,依工龄长短,一般增补10%~30%。因此,残疾金实际上最高可达原收入的75%~85%。

四、休假制度和工作时间

(一)工作时间

1.标准工作时间

苏联规定:公职人员每周工作不得超过41小时,一般情况下实行5日工作周。在生产性质和工作条件方面不宜实行5日工作周的,则实行6日工作周,但每天工时要减少。夜班一般比白班缩减1小时。

罗马尼亚规定:公职人员每周工作不得超过48小时,一天不得超过8小时。夜间工作的工时要短于白天的工作时间。2个工作日之间的空隙至少应该有连续的12小时。在换班时可以短些,但不得少于8小时。

匈牙利规定:公职人员每周工作时间为44小时,在特殊情况下可超过48小时。

保加利亚的法定工作日,白天为8小时,夜间为6小时,周末休息前一天和节假日前一天的劳动日为6小时;每周工作时间为46小时。

波兰《劳动法》规定:职工每周工作时间不得超过46小时,每天不得超过8小时。《国家机关工作人员法》规定:公职人员的工作时间每周不超过40小时,每天不超过8小时。

2.缩短工作时间

苏联《劳动法》规定:16~18岁职工,每周工作36小时;15~16岁职工,每周工作24小时;在有害的劳动条件下工作的职工,每周工作时间不得多于36小时;对某些职业的工作人员,如教师、医生等,应缩短工作时间。

罗马尼亚、匈牙利、波兰、阿尔巴尼亚在其《劳动法》中都明确提出,在劳动条件有害健康、繁重或危险的工作场所劳动的人员,哪一种人员缩短多少工作时间,由部长会议颁布命令详细规定。

3.加班

苏联《劳动法》规定,一般不允许加班。行政部门只有在加盟共和国法律所规定的特殊情况下,才可以要求公职人员加班工作。企业只有经过工厂工会委员会、地方工会委员会许可,才能要求职工加班工作。每个职工加班,在连续2天中不应超过4小时,1年不应超过120小时。

罗马尼亚《劳动法典》规定,超过正常工时的工作,可以在有利于生产或工作的其他非常情况下进行。这种额外工作,每人每年不得超过120小时,并须经中央组织、部其他中央机关、县人民委员会执行委员会或布加勒斯特市政府取得产业部门工会同意后的事先批准。在极例外的情况下,根据上述机关在同劳动者集体协商后提出建议,部长会议在工会总联合会的同意后,可发布命令,批准某些单位1年加班超过120小时的最高限额,但无论如何一年不得超过360小时。超过正常工作的工时应作为加班,并给予相当的补休时间。

保加利亚《劳动法》禁止额外劳动,但符合下列情况的,可允许额外劳动:第一,为完成国际事务的有关工作;第二,为防止公害和险情的行动;第三,为及时恢复供水、照明、管道、运输和通信联系的工作;第四,为完成已经开始、但由于生产技术条件发生偶然性推迟,而法定时间又不能结束,如果中断可能在以后导致物资和机器损坏的工作;第五,避免可能招致更多的工作中断而必须完成的任务;第六,季节性强和限期的工作。保加利亚《劳动法》规定,额外劳动只有在事先得到相应的劳动监察机关的批准才被允许。但上述第二、三、四、五款规定的额外劳动,无须事先批准,不过应在工作开始48小时以内向相应的劳动监察机关通告。在1年中每个人的额外劳动时间累计不得超过150小时。

阿尔巴尼亚《劳动法》规定,在必须完成重要工作或生产需要的特殊情况下,经职工同意,可超过正常工作时间,但1年内加班不得超过180小时。

(二)休假制度

苏联、东欧各国工作人员的休息和休假一般有以下三种。

1. 一般公休日

除苏联实行五日工作周,一周休息两天以外,东欧绝大多数国家一周内都只在星期日休息一天;如不休星期日,则可在一周内的另外一天休息。

2. 节假日

苏联、东欧各国都有自己的法定节日,每一个节日有的休息1天,有的休息 2 天。苏联法定节日有 6 个,假期 8 天;保加利亚法定节日有 6 个,假期 7 天。

3. 年休假

苏联公职人员休假,每年年休假不少于 15 天,18 岁以下职工享有 1 个月年休假。下列人员还可享有补充年休假:第一,有害条件下工作的职工;第二,在一个部门、单位有长期工龄的职工;第三,从事非标准工作日工作的人员;第四,在极北地区与极北地区相似地区工作的人员;第五,法定的其他情况。

罗马尼亚公职人员按年资每年享有 15~24 个工作日的年休假。

匈牙利公职人员从事工作 1 年者有 12 天假期,以后根据工龄增加假期。年轻人和多子女的母亲,可享受额外假期。由于有害于健康的劳动环境以及出于职工的分工和工作性质方面的原因,部长会议也可允许有额外休假。模范工作者,除正常休假外,还有奖励假期。

保加利亚工龄 10 年的公职人员休假 14 天;工龄 11~15 年的休假 16 天;工龄在 15 年以上的休假 18 天。从事特别有害和危险工作的人员,每年再增加 22 天休假。社会主义竞赛中最著名的先进人物,增加 15 天休假。在中等或高等函授学院学习的,增加休假 30 天;在夜校学习的,增加休假 1~12 天。

波兰公职人员工作 1 年之后,每年休假 14 天;工作 3 年之后,休假 17 天;工作 6 年之后,休假 20 天;工作 10 年之后,休假 26 天。

阿尔巴尼亚公职人员每年享受 12 天休假;16 岁以下青年休假期为 24 天。对某些种类的职工,除年休假外,还给予补充休假。

五、死亡待遇

苏联公职人员及其家属死亡后,都发给丧葬费。公职人员死亡后,其抚养的无劳动能力的家属,有权领取一定数额的抚恤金。因工或职业病死亡的,无论工龄长短,抚恤金按下列数额发给:供养 1 人的,为死者工资 40 卢布的 100%和其余工资部分的 10%;供养 2 人的,可按死者工资比例计算的养老金的 100%;供养 3 人和 3 人以上的,可按死者工资比例计算的养老金的 110%。非因工死亡的抚恤金,按下列数额计发:供养 1 人的为死者生前月工资 40 卢布的 45%和其余工资(月工资减去 40 卢布)部分的 10%;供养 2 人的,可按死者工资比例计算的养老金的90%;供养3人和3人以上的,可按死者工资比例计算的养老金的100%。因工或非因工死亡抚恤金的最低保证额为每月60卢布,最高限额为每月120卢布。

南斯拉夫公职人员死亡后,除发给丧葬费和相当1个月的收入外,其受赡养者有权领取遗属年金。但这必须具备一定条件,如年满45岁的寡妇或年满60岁的鳏夫;或者虽未满上述年龄但不能参加工作或需照料孩子;子女未满15岁或已满15岁但在校学习的;父亲年满60岁、母亲年满45岁或不能自谋生活的。此项年金,根据职工死亡时的收入和赡养人数确定:赡养1人的为70%,赡养2人的为80%,赡养3人的为90%,赡养4人或4人以上的为100%。

六、公共福利

苏联、东欧各国的《劳动法》对职工(包括公职人员)的劳动卫生、保健和安全,都有专章详细规定。对于职工食堂、浴室、幼儿园、托儿所、俱乐部、体育场、夜班休息室、疾病隔离室以及其他各项公共福利设施,各国都很重视,并且采取各种措施,尽力加以完善。

苏联、东欧国家公职人员的退休制度研究*

苏联、东欧各国的退休制度，都是在反法西斯战争取得胜利后建立起来的，具有各自的特点：其一，退休条件是以年龄和工龄为标准，同时区分工种的繁重程度和对身体健康的影响，工作繁重和对身体健康有不利影响的工种，分别降低退休的年龄和工龄。其二，退休对于公职人员来说，是一项权利，而不是义务。其三，有些国家退休金的比例与工资高低成反比。其四，对建国前参加革命和对革命有特殊贡献的公职人员，退休后在物质上和精神上均享受优等待遇。其五，国家和地方各级均设有退休人员管理机构，多数都由工会主管或工会参与其事。其六，干部退休已经实现制度化。

一、退休方式

苏联、东欧各国公职人员退休方式大体上有两种：一是自愿退休，即具备法定退休条件的人，自动申请退休；二是强制退休，亦称命令退休，即对具备法定退休条件的人，由政府或其工作的机关命令其退休。由于苏联、东欧国家大多在有关法律中把退休当作公民的一项权利，在条文中规定工作人员到达退休年龄"可以"退休，而不是"必须"退休。从法理上讲，退休既然是个人

---

* 本文选自曹志主编：《苏联、东欧国家人事制度概要》，北京大学出版社 1985 年版，第 192-214 页。本书其他作者写作部分和笔者写作部分（本书第十一部分）所引用的有关苏联、东欧国家的工资、福利和退休制度的资料、数据，均由中组部政策研究室提供。在"国家工作人员法立法小组"研究和起草"国家工作人员法草案"期间，中组部向中国驻世界各国大使馆或领事馆发文，要求它们收集各驻在国有关公务员制度的法律、法规、规章和规范性文件，并寄回中组部政策研究室供立法小组参考使用。故本文如无特别需要说明的问题，文中不再对所引用的资料和数据加注。本文写作于 1984—1985 年，故所介绍和阐释的苏联、东欧国家人事制度均为 20 世纪 90 年代以前的制度。

的一项权利,那么,享受退休权利的职工,可以享受,也可以放弃,就不能强迫其退休。但从苏联、东欧各国劳动法终止劳动关系、废除劳动合同、辞退职工的情况来看,不少国家还是规定了职工到了退休年龄、享受退休金待遇时,其工作机关可以对其解职。这实质上就包含强制退休的意思。苏联规定,职工到达退休年龄时,由工会及时办理退休手续。在捷克斯洛伐克和南斯拉夫,职工到了退休年龄自动退休被认为是很光荣的事情。罗马尼亚规定,符合法定退休年龄、工龄条件的,都可退休,但如到了退休年龄,本人申请继续工作,上级机关不同意时,即由该机关命令其退休。捷克斯洛伐克规定,对少数领导干部,到退休年龄是否留用,由组织部门安排,个人无权决定。

以上说明,苏联、东欧国家在退休方式上,把自愿退休与强制退休结合起来,也就是把退休权利与退休义务结合起来。

二、退休年龄和工龄

(一)一般退休年龄

苏联、南斯拉夫、保加利亚、匈牙利、阿尔巴尼亚等国都规定,公职人员的退休年龄为男 60 岁,女 55 岁。

波兰、民主德国规定,公职人员的退休年龄为男 65 岁,女 60 岁。

罗马尼亚规定,公职人员的退休年龄为男 62 岁,女 57 岁(男 60 岁、女 50 岁,如本人申请,也可以退休)。

捷克斯洛伐克规定,公职人员的退休年龄为男 60 岁,女按照养育孩子的多少,分别为 53 岁至 57 岁:无子女的妇女退休年龄为 57 岁,1 个孩子的母亲为 56 岁,有 2 个孩子的母亲为 55 岁,有 3 个或 4 个孩子的母亲为 54 岁,有 5 个或 5 个以上孩子的母亲为 53 岁。

(二)一般退休工龄

苏联、阿尔巴尼亚、保加利亚等国对公职人员退休的工龄要求是:男 25 年、女 20 年。

南斯拉夫对公职人员退休的工龄要求是:男女均为 20 年。

匈牙利对公职人员退休的工龄要求是:男女均为 10 年。

罗马尼亚对公职人员退休的工龄要求是:男 30 年、女 25 年。

波兰的相应规定是:男 25 年、女 15 年。

捷克斯洛伐克的相应规定是：男 25 年、女 20 年。但根据养育孩子多少，捷克斯洛伐克对女职工的退休年龄分别规定为 53 岁至 57 岁。

（三）特殊退休年龄和工龄要求

在退休年龄和工龄方面，除以上一般的规定外，苏联、东欧各国还作了一些特殊规定。

苏联规定：特殊工种，如从事井下、高温、有害健康和特别繁重工作的职工，年龄可低 5 岁至 10 岁，工龄可低 5 年。卫国战争残疾者、劳动强度较大的纺织女工、长期在边远北部地区工作的职工，有 5 个孩子的母亲以及盲人，可提前 5 年退休。

南斯拉夫规定：男年满 65 岁、女年满 60 岁，参加保险 15 年；或者男年满 55 岁、女年满 50 岁，参加保险 30 年；或者男参加保险 35 年、女参加保险 30 年，退休不受年龄限制。[①] 联邦政府部长级以上干部，退休年龄可推迟 5 年。1943 年 9 月 9 日前参加革命的老战士，退休年龄可提早 5 年，工龄条件减少 5 年，退休工龄可以 15 年为最低限度。对国家有特殊贡献或有重大创造发明者，退休可不受年龄和工龄的限制，可提前退休并享受国家退休金。

保加利亚规定：从事艰苦工作或有害健康工作的，工作 15 年以上，男年满 50 岁、女年满 45 岁，可以退休。建国前参加过反法西斯和反资本主义斗争的人，男 55 岁、女 50 岁，并有 15 年工龄的可以退休。工人、职员、农民社员、劳动生产合作社社员、文化工作者和律师，在具备了一定工龄和年龄后，按下列劳动种类，有权获得服务年限和老年退休金：

第一类劳动：15 年工龄，男年满 50 岁、女年满 45 岁；

第二类劳动：20 年工龄，男年满 55 岁、女年满 50 岁；

第三类劳动：男年满 60 岁，25 年工龄；女年满 55 岁，20 年工龄。

凡其工龄超过某类工龄的 2/3 时，就有按该类条件获得退休金的权利。凡生育和抚养了 5 个或 5 个以上不满 8 岁子女的妇女，只要有 15 年工龄，属第一类劳动者，年满 40 岁即可退休；属第二类、第三类劳动者，年满 45 岁即可退休。先天失明和残疾者或在参加工作之前即残疾者，按第一类劳动规定的

---

① 另有材料介绍：男有 30 年工龄、女有 25 年工龄，退休年龄不受限制；亦有文件规定男有 40 年工龄、女有 30 年工龄者，退休年龄不受限制的。

工龄和年龄退休。

匈牙利规定,从事有害健康工作的退休年龄要低于一般退休年龄。有真才实学的领导人,身体健康能坚持正常工作,经组织上挽留而本人愿意者,经党中央政治局批准,可以推迟退休,但不得超过65岁。凡经体检证明因病不能继续工作者,允许提前退休。至于有成就的科技人员和文学艺术工作者,他们的退休年龄则另有规定。

罗马尼亚规定,公职人员到了退休年龄,本人愿继续工作,经单位批准的,最多可再工作3年。大学教授、副教授及一、二级科研人员,男满工龄30年的,可在65岁退休;女满工龄25年的,可在60岁退休。如本人要求推迟并经批准者,可再工作5年,最迟到70岁。内务部干部55岁退休。女满工龄25年,生有3个孩子的,提早1年退休;生有4个孩子的,提早2年退休;生有4个以上孩子的,提早3年退休。但年龄不得低于50岁。第一类工种工作1年可按1年半计算;第二类工种工作1年可按1.25年计算。因此,可提前退休。如本人申请,第一类男、女公职人员满50岁,第二类男55岁、女50岁,也可批准退休。

计算工龄时,下列时期也应计入:

(1)因反法西斯或从事民主革命活动而被关在集中营或监狱的时间,每1年按1年半计算工龄;

(2)因反法西斯或在1944年8月23日前从事民主革命政治活动,或在1938年1月至1945年12月作为受种族或民族迫害的对象而被解雇的年限;

(3)从事革命活动,经法律承认应计入工龄的时间;

(4)服兵役、服后备役、接到动员令或被俘阶段;

(5)非法被中止工作或被终止劳动合同时期;

(6)在职干部参加集训或进修的时间。

捷克斯洛伐克对从事特殊工作的干部的退休年龄作了特殊规定,可提前退休。对部级以上领导干部,退休年龄没有明文规定,但从实际情况看,现任部长暂时没有超过65周岁的。对高级领导干部,到退休年龄时因工作需要离不开者,须继续工作。对有专长的人,如高级科技人员、研究人员和教学人员等,一律推迟退休年龄,对他们没有退休年龄的限制,一般都是由于他们身体不佳才让他们退休的。领导干部因病不能胜任工作时,可根据情况另行安排工作,或作为残废人员离职。

三、退休金的种类和计发标准

苏联、东欧各国公职人员的退休金种类和计发标准不完全相同,但普遍都是按年或按月领取退休金。退休金的计发都是按照退休人员的工龄和退休前的工资两个因素确定的。

苏联规定:退休金种类和计发标准分职工、集体农庄庄员、科学工作者和有特殊贡献者四类。职工退休金的数额,按其退休前月工资的比例计算,从50%~100%。工资越高,退休金占工资的比例越小;反之,工资越低,比例越高。例如,月收入100卢布以上者,按最后12个月(或按最后10年中连续收入最好的5年)平均收入的50%发给;月收入80~100卢布者,按55%发给;月收入61~80卢布者,按65%发给;月收入51~60卢布者,按75%发给;月收入35~50卢布者,按85%发给;月收入低于35卢布者,按100%发给。

从事危险工作、井下、高温、有害健康和特别繁重工作的,其退休金比一般职工的比例高5%。这类退休人员的退休金,月最高限度为140~160卢布。附加养老金:连续工龄15年以上,一般工龄35年以上的男职工,或一般工龄30年以上的女职工,养老金加发10%。如退休职工需要扶养无劳动能力家属1人者,每月加发10%;扶养2人以上者,每月加发15%。在职退休人员的工资加退休金不能超过300卢布/月。

科学工作者的退休金,规定为本人职务工资的40%。如科学院院士、通信院士,职务工资为600卢布/月,其退休金为240卢布/月。超过退休年龄继续工作者,可领取全额退休金和部分职务工资,但两者总和不得超过350卢布/月。

在革命工作、国家工作、社会工作、经济工作中对国家有特殊功绩的人,或者在文化、科学和技术上有突出贡献者,男年满60岁、女年满55岁,可以颁发特种退休金。特种退休金分全苏级、共和国级和地方级,由所在各级党政机关、社会团体提出申请,经上级批准。这种退休金的标准是:全苏级每月200卢布,共和国级每月120卢布,地方级每月60卢布。享受全苏级特种退休金者为苏联英雄、社会主义劳动英雄和光荣勋章荣获者。在职的特种退休金领取者其退休金加工资不得超过350卢布/月,本人死后,家属继承。

有50年党龄的退休者,每年补贴2个月的退休金;有30~35年党龄者,每年补贴一个半月的退休金。

为普通学校、幼儿园教师、图书管理员、医生、护士、兽医、农艺师、演员、军官以及其他具有特殊专业技能的工作人员设立的积年劳绩退休金,不受年龄限制,按不同行业规定,须有20~30年连续专业工龄。退休金额一般为工资的40%~50%,最多为120卢布/月。领取这项退休金者退休后,可在其他地区工作,退休金加工资不得超过300卢布/月。

罗马尼亚规定:根据退休工作人员的工作性质、年龄和工龄计算退休金。退休金一般为原工资的54%~85%,同原工资的高低成反比。依照工作条件、工作的复杂性和重要性,把工种分为第一类、第二类和第三类。

第一类工种主要从事井下、采矿的职工及潜水员、海上钻探平台上的人员、飞行员、制造和运输危险物品的人员、烧制耐火砖的工人、护理麻风病的人员。

第二类工种包括盐矿职工、飞行时数不满的飞行员、电焊工、远洋轮上的机械工、冷库职工、文艺界的芭蕾舞演员和杂技演员。

第三类工种包括国家机关工作人员以及在其他岗位工作的职工。

第一类工种退休金为原工资的58%~85%;第二类工种的退休金为原工资的56%~80%;第三类工种的退休金为原工资的54%~75%。

超过规定退休工龄者的退休金,凡超过规定工龄5年以内者,每超过1年加退休金的1%;超过5年以上者,从第6年开始,每超过1年加0.5%。

退休金的百分比以工作人员退休前10年内连续5年的最高月平均工资为基础进行计算,这5年可由工作人员自己选定。工作人员如希望拿到更多退休金,可在工作期间每月交出工资的2%或4%,由单位存入银行,退休时,将按交款年限在基本工资上增加5%~18%,并以此为基数来计算退休金的百分比。

未满规定的退休工龄,但已工作15年以上者,男年满62岁、女年满57岁,可领一种与其工龄成比例的退休金。工龄满10年者,有权领取月退休金350列伊;10~14年(包括满14年)者,每多1年加25列伊/月。

南斯拉夫规定:国家工作人员在退休时,由机关发给一笔离休费,以后则按规定领取退休金。凡在1941年参加革命工作的第一批老战士、人民英雄和参加过西班牙内战的老战士,其退休金应为退休时现职工资的100%。

其他机关工作人员与各部门职工退休金的计算方式基本相同。工资基数,根据退休前10年的月平均收入计算。工龄满15年的,每月领取个人收入基数的35%;工龄满20年的,男性工作人员每月领取45%,女性工作人员每月领取55%。以后每增加1年工龄,退休金增加2%。工龄满40年(男)或35年(女)的工作人员,每月可领取的退休金为个人收入基数的85%。提前退休的,每提前1年减额1.33%。

国家规定有最低限额的保证退休金。如按其现职工资比例领取的退休金,低于保证退休金的数额时,则按保证退休金领。最低限额保证退休金的计算方法是:全国当时平均工资的数额加上这个数额的6%,作为计算保证退休金的基础,以此基础乘以85%,即等于最低保证退休金的数额。

凡享受退休金者如再度就业,或被选到某一工作岗位任职,其退休金减半领取,但其收入不能超过社会协议所规定的最高工资数额。如在外国就业,则停发退休金。凡年满60岁并有40年工龄者,除被选到某工作岗位任职者外,原则上都应退休。退休后如再被选上任职,则仍领取退休金,外加一些工作补贴费。退休者死亡后,其配偶、子女可领取死者退休金的一部分。

捷克斯洛伐克规定:退休金由两部分组成。一部分是固定的,即基本退休金;另一部分是不固定的,如规定刚满35年工龄的,月退休金为原工资的50%~60%。一般按最后5年或10年期间平均收入的50%,加上26~35年工作期间每年收入的1%、1.5%、2%(参加工作时间越早,增加比例越大)发给。最低每月500克朗,最高每月2010克朗。延期退休的,每延长1年增发7%,另发给受赡养者补贴:妻子年满65岁或病残的,按月发给100~350克朗;在校儿童按90~450克朗发给。一些有专长的人和领导干部到了退休年龄,因工作需要留在原岗位工作时,其物质待遇有两种办法,可任选其一。一是拿原工资,又拿退休金。二是只拿原工资,不拿退休金;每多工作1年,将来的退休金增加7%。但退休者在交纳个人所得税后,所得退休金总额不得超过原工资的90%。

1945年5月9日前参加过革命斗争的反法西斯的战士和1948年2月前参加革命工作的干部以及对社会有特殊贡献的人,退休后,除按规定领取退休金外,政府还按月发给他们额外的补贴。

保加利亚规定：发放退休金有以下 4 种：(1)服务年限和老年退休金；(2)残疾退休金；(3)特殊贡献退休金和人民退休金；(4)继承退休金。

服务年限和老年退休金的数额，按其工龄占有关种类劳动退休工龄的比例计算，退休金占毛工资的百分比与工资高低成反比，原工资越高，退休金比例越低；原工资越低，退休金比例越高，比例为 55%～80%。本人的服务年限和老年退休金月最低额是 50 列弗，获“社会主义劳动英雄”称号者，每月退休金最低额为 80 列弗。工龄超过有关种类劳动所规定的退休工龄时，每超过 1 年退休金增加 2%，但总增加额不得超过 12%。

教学人员的教龄，男超过 31 年、女超过 26 年，分别年满 55 岁和 50 岁继续任教者，此后每增加 1 年工龄即增加退休金 3%。本人服务年限和老年退休金数额，根据最后 15 年工龄中连续 3 年的月平均工资计算，选用哪 3 年由退休人员自定。

在争取人民政权斗争中的卓越战士，在国家、社会、文化、科学、技术、经济事业中以及军事方面表现突出、对国家有特殊贡献者，由部长会议发给特殊贡献退休金。

人民退休金按级别给予反法西斯和反资本主义的积极战士，其级别按斗争情况分一级至五级，最高数 150 列弗，最低数 45 列弗。

生活不能自理的一级残疾者及一级反法西斯和反本主义积极战士，每月除领退休金外，另外可得到 30 列弗的补贴。领取残疾军人退休金的卫国战争一、二级伤疾者，或领取工伤事故退休金者，每月另加 15 列弗补贴。卫国战争牺牲者的继承退休金领取者也有权得到同样的补贴。在任何情况下，退休金不得高于退休者工龄的最后 10 年中的最高月工资。

阿尔巴尼亚规定：退休金按最后 1 年或 3 年或 10 年中收入最高 3 年平均收入的 70%发给。最低数额为 50 列克/月，最高数额为 900 列克/月。另发给受赡养者补贴：连续工作 12 年的，有 1 个受赡养者，加发 20%的退休金。

德意志民主共和国规定：退休金按 110 马克，加上过去 20 年的月平均收入的 1%(矿工为 2%)乘 1946 年以后的保险年数发给；1946 年以前的按 0.7%乘保险年数发给。年金最低数额每月 230 马克(保险 45 年的为 300 马克)。另发给受赡养者补贴：对年满 60 岁的配偶、病残者，以及照料 3 岁以下的孩子或 8 岁以下 2 个孩子的，每月发给 100 马克补贴；年龄在 16 岁以下学生，每人每月发给 45 马克。另发给长期护理津贴:根据劳动能力丧失程度,每月发给 20~240 马克。

匈牙利规定:退休金额的多寡取决于工龄和月收入两个因素。以男性为例,凡工龄在 42 年以上者,其退休金为本人月收入的 75%。这是所有退休者的最高比例。凡工龄刚 10 年者,其退休金只为本人月收入的 33%。介于 10 年至 42 年之间者,按比例推算。工龄在 10 年以下者,没有退休金,每月只能领取 1680 福林的社会津贴。所谓"月收入",系指退休者最后 5 年工作收入最高的 3 年的平均月收入,包括国家和企业发给的奖金和年底分红,但个人的业余收入(如稿费)不得计算在内。月收入 10,000 福林以下者,100%算为底数,超过者则降低底数。如月收入为 12,000 福林者,则须扣除 10%,其底数只有 10,800 福林,高出部分则累进多扣除 10%,这样,一个退休者的月退休金额,即为月收入底数乘以工龄应得的百分比。延期退休的,每延长 1 年增发一定比例:体力劳动者增发 7%,其他人员增发 3%。

波兰规定:退休金按最后 1 年(或前 12 年中收入最高的 2 年)月平均收入中 2000 兹罗提(作为基本年金)的 80%,加上超过基本年金部分的 45%发给,最高不得超过收入的 95%。工作超过 20 年的,每超过 1 年增发基本年金的 1%,最高不高于 10%。从事航空和海事工作的,增发基本年金的 15%。长期护理津贴:每月 500 兹罗提(盲人为 800 兹罗提)。

四、退休金的增长办法和退休金的来源

(一)退休金的增长办法

苏联、东欧各国退休金的增长,大体有两种办法。

其一,根据物价指数的增长,提高退休金额。例如,匈牙利最近几年,每年物价上涨 5%,国家因此每年增长公职人员退休金 2%。

其二,随着职工工资水平的提高,相应提高退休金数额。例如,罗马尼亚依照国家经济和社会发展统一计划,逐年提高职工工资的比例,退休金额也相应增加。保加利亚规定,随着生产的发展,每次提高工资时,也得同时提高退休金。南斯拉夫根据每年生活费用上涨的幅度,向退休人员增加一定比例的物价补贴,同时随社会平均工资水平增长的情况,退休金数额每年年初调整一次。

(二)退休金的来源

苏联、东欧各国的退休金,不像西方国家主要由职工在退休前交纳退休储金的办法解决,而主要由国家负担,但在具体分担上,又各有不同。

苏联规定:职工(受保人)本人不交纳保险金;企业根据产业不同,交纳工资总额的4.4%~9%;政府负担超支部分,此数约为整个费用的50%。

南斯拉夫规定:职工(受保人)本人交纳的保险金额根据共和国和自治区而不同,平均约为职工收入的13%。企业,如为私营企业,则支付职工保险金额的全部费用;如为公营企业,则不负担,而由政府提供一定补贴。

罗马尼亚规定:职工只有在本人希望拿到更多的退休金时,允许在工作期间每月交纳工资的2%或4%;企业按产业不同,交纳工资总额的7%~25%;政府负担与企业同样的比例,并负担补充亏空数额。

德意志民主共和国规定:职工(受保人)交纳本人收入的10%(合作社工人、学生和家庭劳动者另有比例);企业交纳工资总额的12.5%(矿业为22.5%);政府负担亏空额。

匈牙利规定:职工(受保人)的月收入在1800福林以下的按3%交纳;1801~2300福林的按4%交纳;2301~3000福林的按5%交纳。月收入每加1000福林,增加1%,直至10%(最高限额)。企业交纳工资总额的22%;政府负担工资总额的10%。

波兰规定:职工(受保人)不交纳保险金;企事业单位,如为私营的非农业企事业,负担工资总额的22%~30%;如为私营的农业企事业,负担工资总额的20%;如为国营非农业企事业,负担工资总额的18%;如为国有化农业企事业,负担工资总额的14%;政府负担与企业相同比例。

保加利亚、捷克斯洛伐克、阿尔巴尼亚均规定:职工(受保人)不交纳保险金;企业负担工资总额的20%;政府负担与企业相同比例,并负担亏空额。

五、退休人员的其他待遇和退休人员继续发挥作用

(一)退休人员的其他待遇

南斯拉夫、保加利亚、捷克斯洛伐克等国的退休人员,实行全部免费医疗。

苏联特种退休金领取者还享受房租等生活费用减半优惠,免费乘坐市内公共交通工具;每年免费乘火车、轮船、飞机或城市间的汽车往返一次;疗养

一次。文化生活、公用事业方面享受特殊照顾。苏联卫国战争参加者,每年乘火车、飞机或汽车往返一次的路费给予50%的优待;有权获得无息贷款建造私人住房;有权在自己方便的时间使用一年一度的休假,并享受不超过2周的无工资补充假期;优先获得疗养、休养证。此外,各加盟共和国还有许多优待规定。

南斯拉夫规定:1941年参加革命的、参加过西班牙内战的人民英雄,享受乘坐全国交通工具免费待遇;每年免费住疗养院21~42天;如果再度参加工作,因公可以用车。1943年9月9日前参加革命工作的,可分配住房1人1间,面积25平方米,2人40平方米,3人45平方米,收入低的可享受房租补贴。

罗马尼亚规定:给曾对革命事业作出重大贡献的退休老干部颁发勋章或奖章。

保加利亚规定:参加过反法西斯斗争的老干部,除同其他职工一样按工资比例领取退休金外,还享受人民退休金等。反法西斯战士50岁以后逢五逢十生日,一般都被授予勋章或称号。节日还组织领导人同他们会见,让他们参加国宴、游行观礼等。

波兰规定:国家职员及其配偶在职员退休或养老时,乘坐火车和国营汽车运输部门的汽车,可享受票价50%的优惠。

匈牙利规定:部长级以上干部退休后居住条件不变,但不再享受部配备的工作用专车。

捷克斯洛伐克规定:退休后的干部仍与原工作单位保持密切联系,原单位负责安排他们的生活。要定期组织他们旅游、休养、娱乐和开会,每逢节日还要对退休干部进行慰问。对退休干部的个人私事(庆祝生日、生病、医疗等),原工作单位要大力协助和照顾,使退休干部能过上幸福而有意义的生活。原工作单位组织他们参加各种政治活动,对长期担任领导工作、有丰富知识和工作经验的干部,政府还为他们从事学术性活动、研究问题、撰写文章和书籍,提供各种条件和方便。

对生活完全或部分不能自理的退休者,地方政府负责采取各种方式照顾他们的生活,如单项护理服务、洗衣送饭等。从20世纪70年代起,设立了专门为老年人服务的"卫生中心",退休老人的洗澡、理发等均由卫生中心负责接送。另外,还为退休干部专设"退休者俱乐部",退休老人可以在俱乐部阅读报纸、杂志、书籍,欣赏音乐,看小型电影,组织钓鱼,学习园艺等。1981 年全国设有这种俱乐部 900 多个。

捷克斯洛伐克在经济上给予退休人员优惠待遇。退休人员如在生活上有困难,政府可给予一次性或多次性补助;还可享受集体食堂优惠待遇以及可以得到交通费的补助。有些城市规定,65 岁以上的退休人员可凭身份证免费乘车。对收入较少的退休人员还规定了看戏、看体育比赛、参加展览会、听音乐会票价减半。为退休老人放映电影的价格,只相当于普通票价的 1/4。

(二)退休人员继续发挥作用

苏联、东欧各国都比较重视采取措施让退休人员继续发挥作用,具体办法有三种:第一种是对学有专长的人,适当放宽退休年龄,如苏联对一些教授、研究员采取了延长退休年龄的办法;第二种是安排退休人员重新担任某些工作;第三种是安排退休人员从事义务性或有偿性的社会活动。

南斯拉夫同样重视继续发挥退休人员作用,联邦和地方各级普遍设有"退休人员协会",专门负责组织退休人员的学习和参加社会活动。主要采取三种方式:其一,退休人员根据自己的爱好和专长,从事学术研究、文化教育、撰写书籍、帮助政府调解纠纷、美化环境等活动。其二,退休人员参加无报酬的社会活动,到群众团体中为人民、为社会服务。其三,退休人员参加有报酬的顾问工作,但工作时间每月不得超过 70 小时。如再度就业领取工资,则退休金减半。

另外,对参加过解放战争的老战士,组织他们建立专门的"老战士协会",吸收他们参加地方共同体工作。在南斯拉夫,区以下不设立权力机关,建立相当于街道办事处的地方共同体,其主要领导工作人员绝大多数由地方共同体的劳动者和公民选举退休干部和退役军官担任,他们只尽义务,而不领取报酬。1963 年建立了联邦会议,各共和国也有类似组织。联邦会议是一个政治地位很高的荣誉性咨询机构,现有成员 135 人,都是在革命和建设中作出重大贡献的老干部。他们可以向总统和联邦主席团提出各种建议,也可受托从事某项政治工作,或者总结自己的丰富经验撰写回忆录等。另外,老战士还经常对青少年进行革命传统教育。

罗马尼亚专门为老干部设立了"反法西斯老战士委员会",除在本国组织活动外,还派他们出国参加外国同类组织的活动。有不少领导人员在快到或刚到退休年龄时,即退出第一线,担任一些较轻松的工作或荣誉性职务。大量的干部退休后,都做一些义务性的社会工作,例如,协助中央和地方党组织做信访工作,担任宣传员或报告员,到基层单位讲党课或辅导政治学习,参加街道工作等。

捷克斯洛伐克各级领导干部和一般干部退休后,一般会选择从事某种活动。如有的在自愿原则下,应邀到单位帮助解决疑难问题;一些担任过领导工作的干部,退休后从学术性活动,研究问题,撰写文章和书籍,政府为他们提供各种方便和条件,让其查阅有关的材料和文件。由于捷克斯洛伐克劳动力缺乏,退休的职工,如果为增加收入想继续工作,只要身体条件允许,通常会被允许。有的上全班,有的上半班,有的一年只干几个月。1980 年,捷克斯洛伐克退休人员继续工作的有 84 万人,占退休人员的 1/3。

保加利亚注意组织退休职工从事力所能及的社会工作,如街道工作,对学生进行校外辅导,从事各种社会活动,写回忆录,对青少年进行革命传统教育等。近年来,为了充分利用各种潜在劳动力增加农副产品的生产,政府有计划地组织城里的一些有劳动能力的退休工作人员、工人到城市郊区从事农牧业工作,政府为他们提供土地和生产工具、种子、树苗等。他们所生产的蔬菜、水果、畜产品等,除了满足自己生活需要外,可以低价卖给收购单位,取得一部分额外报酬。在发挥老干部作用方面,“反法西斯和反资本主义战士委员会”起了重要的组织作用。

匈牙利认为,退休只是工作关系的中止,而不是工作的结束。因此,退休人员中的绝大多数人以各种不同形式,参加社会活动和从事生产劳动,仍同社会生活保持着密切联系。他们的活动主要有三个方面:其一,从事无报酬的社会活动。按照匈牙利的习惯,许多机构的领导人和领导成员均被认为是社会工作者,甚至像工会全国理事会的正、副主席和党的中央委员,只要被选上,也作为社会工作担任。凡有声望和有能力的党政领导人退休后,都普遍参加这些社会工作,无报酬地为社会作出自己的贡献。其二,从事有报酬的顾问工作。退休干部参加这类工作的全年劳动时间规定为 840 小时,每月 70 小时,全年的报酬不得超过 3 万福林。但从事体力劳动的工农退休者不受工时和报酬的限制。其三,根据自己的爱好和专长从事某种小生产劳动。

六、退休人员的管理

苏联、东欧各国对退休人员的管理,从中央到地方均设有专门机构。

苏联退休人员的管理机构为全苏工会中央理事会和各加盟共和国社会保险部。地方各级工会负责办理退休人员的登记与管理事宜。

南斯拉夫退休人员的管理机构是老年与残疾保险自治利益共同体。共同体代表由受保职工投票选举产生。共同体最高权力机构是共同体全体大会。各级还建立了退休人员协会,由各行政区域内的退休人员或他们选举产生的代表民主选出领导机构,负责组织学习、参加社会活动、维护合法权益。参加过解放战争(1941 年 4 月 6 日至 1945 年 5 月 15 日)的老战士还建立了老战士协会。

罗马尼亚退休人员的管理机构,从中央到地方,各级都设立了退休金和社会保险专门委员会,按照 1982 年 1 月 27 日颁布的《企业法》规定,企业将原来的"退休金和社会保险委员会"改为"社会问题委员会"。中央退休金和社会保险专门委员会设在劳动部内,共 11 人。主席由劳动部 1 名副部长兼任,副主席由总工 1 名书记兼任,其他成员由财政部、卫生部、司法部等有关单位各 1 名代表担任。各县和基层单位的退休金和社会保险专门委员会均由 3~7 人组成。各单位都建立了职工退休档案,均十分重视对从事革命工作多年的老干部的工龄计算,及时答复和处理有关退休金问题的争议。

德意志民主共和国退休人员的管理机构是全国工会和地方工会。

匈牙利退休人员由工会主管。工会全国理事会的社会保险理事会主要管理退休工作。退休人员中党员组织转到基层街道党的组织,并在相应街道参加政治和社会活动。但一些高级干部的党的关系仍在原单位,他们不定期地回原单位听报告、看文件。

波兰退休人员的管理机构在全国是社会保险协会及其分支机构,全国劳动、工资和社会事务部对之进行监督。社会保险协会及其分支机构的管理方案要受由 2/5 的政府代表和 3/5 受保人代表组成的委员会监督。

保加利亚退休人员的管理机构,在全国为国民议会年金和社会福利部。中央工会参与相关立法工作。为安排好退休人员的福利,财政部增设"退休局",卫生部增设"社会关怀局",专门处理退休人员的福利与医疗事务。对于生活上不能自理的退休干部,安排他们进养老院,或由专门的福利机构派人定时前往治疗和照顾生活。

捷克斯洛伐克退休人员的全国管理机构是国家社会保障总局。退休人员中的学员组织关系转到街道,参加街道的政治与社会活动。原单位组织退休人员定期旅游、休养、娱乐、开会,关心帮助解决其个人生活上的一些问题。每逢节日还组织对退休干部的慰问。

阿尔巴尼亚退休人员的管理机构是国家社会保险局。

第六编

西方国家公法研究

美国行政诉讼的若干问题*

[美]S. G. 布鲁耶　R. B. 斯图尔特

一个律师要代理当事人向法院起诉政府当局或管理机构的行为,控告行政机关的行为违法,他怎么向法院提起诉讼呢？这样的案件属于哪个法院管辖呢？他所控告的行政行为是否属于法院的审查对象？当事人具有诉讼资格吗？对该行政行为起诉的诉讼时机是否已经"成熟"(ripeness)？当事人是否已穷尽了行政救济途径(exhaustion of administrative remedies)？本文将分别讨论这些问题。

一、管辖和主权豁免

联邦法院的管辖权是有限制的。根据《美国宪法》第3条的规定,联邦法院只能管辖国会授权它管辖的案件。因此,若要在联邦地区法院起诉一个行政行为,就必须找到一个授权法院管辖此种案件的法律。如果直接起诉联邦政府,还必须证明联邦政府在此领域已放弃"主权豁免权";可起诉的行政行为是"可受司法审查的";法院对此种案件的管辖权没有为法律所明示或暗示排除。

不过,管辖和主权豁免两个问题基本上是历史问题,现在通常并不成为当事人控告联邦政府的障碍。下面我们首先简略考察一下历史。

在历史上,原告对行政行为提起诉讼,通常通过下述途径:(1)提起对政

---

* 本文原载《国外法学》1988年第4期,由姜明安编译自[美]S·G·Breyer,R·B·Stewart, *Administrative Law and Regulatory Policy*。

府当局的一个侵权诉讼或财产诉讼;(2)请求发布一个特权令状(普通法院在长期的司法过程中发展起来的控制和审查政府当局行为的各种令状);(3)以政府行为违法作为抗辩,使之免受政府刑事控告或民事强制执行行为的侵害。

(一)私法侵权行为诉讼

杰费教授在“邦汉姆案”中发现了现代司法审查的根源。邦汉姆是 17 世纪的一个医生,他因未取得许可证行医而被一个监察委员会罚款和拘留。他以罚款和拘留不当为由提起侵权诉讼。柯克爵士(大法官)主张法院享有审查监察委员会决定的权力。他认为,该委员会对邦汉姆无证行医的罚款裁决行为是无效的,因为该委员会自己将罚金保留一半,这样它实际上是在审理和裁决一个自己有利益在其中的案件。这是违反普通法原则的,普通法应对此加以控制。他补充说,监察委员会可以对治疗失当的渎职医生予以拘留(不过,邦汉姆并非一个外行,他是剑桥大学的毕业生),但应允许他向法院起诉。否则,他将得不到司法救济,监察委员会并非法官组成。

“邦汉姆案”提供了一个途径:当事人对于行政行为的合法性,可以请求法院审查。他可以在普通法院提起侵权之诉。当然,为了胜诉,他需要证明侵权事实成立。原告也可以请求一个衡平法上的禁止令,禁止政府当局有侵权危险的行为,为此,他需要说明此行政行为将引起不可挽回的损失,以后的损害赔偿将难以提供适当的救济。

对于原告请求损害赔偿或申请禁止令之诉,行政机关都可以自己的行为是法律授权所为而辩护。然后,法院将考虑这个辩护,审查行政行为的合法性,确定该行政行为是否已超越法律的授权或是否应为当事人提供损害赔偿。这种私法诉讼形式现在已成为联邦行政法的重要历史渊源。

(二)特权令状(prerogative writ)

特权令状主要包括调卷令(certiorari)、执行令(mandamus)、制止令(prohibition)、追查令(quo warrant)和人身保护状(habeas corpus)。

1. 调卷令。调卷令首先出现在 1275—1280 年的案例中。在柯克时代以前,它并非用于审查行政行为的目的,而主要用于某一法院为审理案件的需要而从另一个法院调取某一份记录或某一个案卷。

可是,在“邦汉姆案”以后,法官开始使用调卷令审查下水道委员会的决定。下水道委员会设立于 13 世纪,它负责管理沟渠的修建,沼泽地带的排水以及废水的处理。对于这些事业的经费,由受益人支付。该委员会被首先认为是适用《土地所有人责任法》的司法性机关,但到15世纪后期,它获得了立法和司法两种职能。被授权制定有关海滨和邻近地区安全方面的条例和规章,以及为修建和治理阴沟水渠等而从土地所有人那里筹集款项。此后,它开始从事大型公共工程建设,而英国的法律和惯例没有规定由谁来负担这些工程的费用。于是,该委员会行使自由裁量权。1599年,法院开始审查委员会的违法决定。1616年,国王枢密院和检察总长发布一项命令,禁止司法对委员会的干预,委员会的行为改为由国王的特权法院管辖。但到1641年,特权法院被废除。1643年,高等法院开始运用调卷令审查下水道委员会的决定。1647年,调卷令被用于审查下级法庭发布的命令。1673年,调卷令被用于审查市长征收外商税的命令。到1700年,调卷令被用于审查医疗监察专员的罚款行为。

在19世纪的美国,因缺少规定司法审查的法律,法官即运用调卷令审查行政行为。进行审查的法院可以要求行政机关提供和证明自己的行政行为记录。不过,根据传统规则,行政机关的"立法性行为"不受调卷令审查,调卷令只能审查行政机关的"准司法行为"。

国会从来没有授权联邦地区法院发布调卷令。自19世纪末以来,联邦法院已不使用调卷令审查行政行为。而在州法院,调卷令仍被广泛使用。其限制大多为法律确定或由法官决定。

2. 执行令。执行令用于强制行政官员执行其法律规定的职责。与调卷令不同,法律授权联邦法院使用执行令。因此,在控制非法行政行为方面,执行令是法院日常使用的工具,尽管它在很多情况下能为禁止令的一般救济所取代。在法律作出规定以前,最高法院认为,联邦法院不拥有发布执行令的权力。1962年以后,国会制定法①规定,联邦地区法院对于任何(属于执行性的)行政行为都享有最初管辖权,可发布执行令强制美国联邦政府官员或雇员或者他们从属的机构履行他们对于原告应履行的职责。

在原则上,执行令都只能强制履行其法律明确规定职责,而不能用于行政自由裁量行为。但这个区别引起了大量的矛盾。有时尽管原告提出官员

① 《美国联邦法典》第28编第1361条。

已超出自由裁量的范围,但法官仍认定是自由裁量行为,拒绝予以救济。因此,一些学者极力主张废除这个区别,以控制行政方面滥用自由裁量权的行为。

在运用执行令方面也有一些限制,例如,它要受公平原则的制约。如果当事人某种合法权利的行使可能损害公共利益,法院可以拒绝发布执行令,以保护公共利益。此外,如果当事人要求的救济是否定的而不是肯定的,法院也不发布执行令。

许多州规定运用执行令作为审查行政行为的一种方法。不过,其运用有着复杂的程序技术方面的问题。由于各州的历史发展不同,各州的制度也有着较大的差别。

3. 制止令。制止令用于制止司法性或准司法性机关行使某种管辖权,以避免不必要和不适当的行政行为。制止令不同于禁止行政当局实施某项行为的禁止令,它主要在各州使用而很少用于联邦程序。

4. 追查令。追查令用于查验行政当局是否拥有它所行使的权力。此令状同样主要用于州的程序。

5. 人身保护状。人身保护状用于审查非法拘禁。这是人们很熟悉的一个令状,它被特别用于涉及驱逐出境和其他移民事项的联邦行政程序。

二、现在的联邦实践、管辖

除了人身保护状和执行令,普通法令状现在几乎很难用于对联邦行政行为的审查。事实上,美国《联邦行政程序法》第 703 条规定得很明确[①],原告提起权利请求之诉无须采取这些令状的形式,一般可以根据特定法律,即授权联邦法院管辖该事项的法律起诉,或者以该事项属于一般"联邦问题"为理由起诉。他们还可以提出他们已被或将被行政机关某项违法行为损害为理由

① 美国《联邦行政程序法》第 703 条规定:"司法审查的诉讼形式是法律特别规定的诉讼。这种诉讼应与法律专门规定审理的事项有关。如果没有相应的法律规定或相应规定不适用,则可适用任何其他法律诉讼形式,包括向有管辖权的法院请求作出宣告性判决,发布禁止令、执行令或人身保护状。如果法律专门规定的审查形式不适用,那么,诉讼可以以美利坚合众国或某个行政机关的正式名称或有关官员为被告,除非法律预先规定了相应的专门的司法审查形式,行政行为所应接受的司法审查与民、刑案件请求法院强制执行的诉讼所应接受的司法审查相同。"

而请求一项禁止令或违法宣告令或者请求损害赔偿。他们可以引用一项特别的联邦管辖法规,如民事权利法规,以取得法院对相应请求的审理。

(一)特定法律审查

司法审查有时由行政组织法授权。行政组织法在规定相应机构权限职责的同时规定对该机构的行为怎样请求法院审查。行政组织法不仅一般地提供管辖,还排除最高豁免和列出可受审查的行政行为。审查可由上诉法院或地区法院实施,在无须取得进一步证据时,上诉法院可以根据行政机关的原行为记录进行审查。可是,如果仅凭记录审查是不适当的,或者发现该行政机构在进行听证时未对相应事实材料进行质证,在这些情形下,上诉法院可将案件移交地区法院审理。

特定法律规定地区法院对行政行为进行审查的情况是不多的,通常一般管辖法规则授权地区法院管辖。原告有时会发现,一个具有几个不同问题的案子,法律规定有些问题是由地区法院管辖,有些问题则由上诉法院管辖。在这种情况下,其中任一个法院可以"附属问题统一管辖"理论为据统一管辖该案。原告有时也会发现,他所指控的行政行为不完全符合特定法律授权上诉法院管辖的"最终命令"。在这种情况下,他可以根据一般管辖权法律请求地区法院审查。

(二)依一般或特别管辖权法律进行的审查

在相应组织法没有规定专门的司法审查时,原告可以根据行政法的一般原则——公民可以抵制政府的违法行为,在因违法行为受到损害时,可以请求救济——要求审查。作为"汤普金斯案"的结果,联邦法院对于政府当局的侵权行为不再实施一般普通法救济,但是它通过发展联邦救济途径作为行政法的特别形式而继续进行普通法的侵权救济。此种救济仍必须取得法律根据,最明显的根据是联邦法典第 28 编第 1331 条。该条款规定,联邦地区法院对所有根据宪法、联邦法律或美国联邦法规提起的民事诉讼进行一般初审管辖。法律也可能同时提供特别管辖,如原告可根据联邦法典第 42 编第 1343 条提起对州行政当局的民事权利诉讼(以取得损害赔偿和律师费用赔偿)和根据第 28 编第 2241~2255 条请求人身保护状,根据第 28 编第 1361 条请求执行令;原告也可以根据有关商业和贸易管制的管辖特别法(第 28 编第 1336 条)或有关邮政服务的管辖特别法(第 28 编第 1339 条)或其他特别管辖法规起诉。尽管有许多不同的管辖法规，但原告在请求最普遍的救济形式——禁止令或宣告性判决——时，总是根据一般联邦问题规则起诉。在请求对于一个联邦官员造成的损害赔偿时，原告可以提起对于该官员的侵权诉讼，也可以依联邦侵权法[第 28 编第 1346(b)条]直接起诉政府。

1976 年以前，美国联邦法典第 1331 条(一般管辖规则)以外的其他特别管辖法规的地位比今天重要，第 1331 条仅适用于诉讼标的超过 1 万美元价值的诉讼。1976 年和 1980 年，第 1331 条被修改，原告起诉联邦政府和州政府的行为不再要求其标的价值超过 1 万美元。涉及联邦机构行为审查的管辖问题实际已经解决了。

(三)避免刑事控告和民事强制执行的抗辩

即使组织法没有任何特别规定，对于政府的刑事起诉或民事强制执行行为，通常仍可以提起对政府行为合法性的异议。例如，政府以当事人违反行政管理而提起刑事诉讼或民事强制执行，当事人通常可以行政管理违法和无效作为抗辩。

三、现在的联邦实践、主权豁免

直到现在，原告起诉联邦政府，请求禁止令或损害赔偿，还必须考虑这种诉讼是否为"主权豁免"原则所禁止。主权豁免原则确定，美利坚合众国没有自己的同意不能被起诉。

在大多数情况下，原告是通过起诉联邦官员或雇员而不是直接起诉合众国而避开主权豁免原则的障碍。起诉官员或雇员，请求取得一个禁止令是一种私法形式的救济。行政当局的行为超出合法授权可以被指控为违反普通法，但是针对官员提出的禁止令之诉——特别是在涉及政府财产处置时——有时法院会以诉讼实际上是起诉合众国，或合众国必然是当事人为理由而驳回原告的起诉。

主权豁免原则的适用因 1976 年通过的美国《联邦行政程序法》第 702 条修正案而受到限制。该修正案规定：因行政行为而致使其法定权利受到不法侵害的人，或受到有关法律规定之行政行为的不利影响或损害的人，均有权请求司法审查。如向美国法院提起诉讼，要求获得非金钱赔偿的救济，并且说明它控告的是行政机关或某个官员或公务人员以官方身份或打着有法律根据的旗号的作为和不作为。法院不得以此诉讼是起诉美利坚合众国为理由,也不得以合众国是不可替代的当事人为理由不予受理或拒绝给予救济。美利坚合众国在此类诉讼中都可以作为被告,法院可以作出追究合众国法律责任的判决,但任何强制性的、禁止性的判决必须指定联邦官员(注明姓名和职务)及他们工作的继任者个人负责执行。但本条款规定并不影响对司法审查的其他限制:不影响法院根据其他正当的法律理由或衡平法上的理由驳回任何起诉或拒绝赔偿的权力和职责。同时,本条款规定并不授权法院一律给予救济,如果其他允许起诉的法律明示或默示禁止给予这种救济的话。

该法并不适用对联邦政府提起金钱赔偿的行为,主权豁免的规则在这里仍然适用。它也不改变和影响可能限制司法审查的任何其他原则。然而,在禁止令或宣告令救济的诉讼方面,主权豁免已不再成为障碍。原告可直接起诉政府,而无须起诉相关官员。

在起诉州政府违反联邦法律方面,主权豁免原则通常也不成为障碍。杨格先生根据私法模式,片面地认为原告为制止州政府官员实施一个违宪的条例可以请求发布一项禁止令,因为该诉讼是起诉官员个人,从而不会发生困难(根据民事权利法案的管辖规则,诉讼可以起诉州负责相关事项的官员和请求取得对于他们行为的禁止令)。可是,在某些情况下,诉讼可以具有起诉州政府的司法性质(联邦法院不能命令州官员发给其违法拒绝发给当事人的福利金,主权豁免原则排除联邦法院提供对于州官员违反州法的禁止令)。

四、现在的联邦实践、审判地和诉讼服务

在 1962 年以前,联邦法典第 28 编关于审判地和诉讼服务的基本规则要求根据一般管辖规定对政府行为提起诉讼。例如,第 28 编第 1331 条将诉讼划入华盛顿特区管辖,许多当事人发现这样很不方便,诉讼花费太高。1962 年,政府放宽了要求,制定了现行的规定[第 28 编第 1391(e)条]:原告起诉联邦官员或雇员,或起诉一个政府机构,或起诉合众国本身,除非其他法律有相反的规定,审判地可确定为下列适当的司法区:

(1)被告住所地;

(2)被诉行为发生地;

(3)与被诉行为有关联的任何不动产所在地;

(4)如果被诉行为不涉及不动产,则可为原告的居住地。

另外,第1391(e)条还规定,诉讼服务受联邦民事诉讼程序规则调整,除非原告所在地是在邮政服务所及地区之外,可以免除对行政机构及其官员起诉和传唤的送达。这样,审判地和诉讼服务通常不会成为提起对行政行为诉讼的障碍。

对于一个行政行为,如果几个原告向不同的法院起诉,法律要求行政机构向首先立案的法院提供行政案卷材料。之后,所有其他上诉法院必须将它们收到的上诉状转交已立案的法院。这个机械的"首先立案原则"导致了当事人选择不同法院的竞争。

根据1962年审判地规则修正案,尽管有广泛的选择,过多的案件还是被诉至哥伦比亚地区法院,也许因为许多这种案件涉及公共事业。但批评者认为,该法院与许多行政决定影响所及案件的地区相隔甚远,不利于案件的处理。他们提出了下述立法建议:

(1)请求审查行政行为的诉讼应向受行为实际影响的居民所在司法地区的法院提起;

(2)其他巡回法院或地区法院应将案件转交(或应要求转交)行政行为有实际重要影响地区的巡回法院或地区法院审理,但为保障公正需要,也可保留在原法院审理。

英国的行政裁判所*

[英]Z. M. 列吉梯　J. E. 劝斯

一、行政裁判所的种类

在英国，大量的福利国家职能，如卫生服务、工业保险、国家援助等，导致了各种行政裁判所的激增。

行政裁判所是由各种不同的法律创设的，它们处理各种争议和请求。在许多情况下，这些争议发生在个人和国家机关之间，如退休金上诉裁判所处理的争议就是这样。但是它们也可以处理个人之间但国家与之有利害关系的争议，如租金裁判所处理的争议。

人们最好把行政裁判所视为普通法院系统的补充。《弗兰克斯报告》①提出，应适当地把行政裁判所看作议会建立的司法机构，而不应看作行政机构的一部分。普通法院对于处理由行政裁判所处理的所有争议是难以胜任的。《弗兰克斯报告》提出，行政裁判所一般具有下述优于普通法院的特征：廉价；公民易接近；手续简便；快捷和对于特定领域具有的专门知识。J. F. 加纳教授在其所著《行政法》一书中提出了依裁判所处理的不同事项对裁判所进行下述分类：(1) 土地使用管理类；(2) 个人福利类；(3) 运输类；(4) 工业与就业

---

* 本文原载 1984 年北京大学法律学系教学参考用书《行政法》第 264－267 页，由姜明安编译自[英] Zaim M. Nedjiati, J. E. Trice, *English and Continental Systems of Administrative Law*（编译自该书第二章第四节）。

① 《弗兰克斯报告》是指弗兰克斯委员会向英国议会提出的调研报告。弗兰克斯委员会成立于 1955 年，它是英国政府为专门调查和研究行政裁判所问题而设立的机构。——译者注

类；(5)移民类。

以下所列裁判所是上述类型裁判所的例子。这些例子并不是详尽无遗的，但它们可以反映各类裁判所执行的各种不同职能。

(一)土地使用管理类裁判所的例子

1. 土地裁判所；

2. 地方估价法庭；

3. 农用土地裁判所；

4. 租金裁判所；

5. 租金评价委员会。

(二)个人福利类裁判所的例子

1. 国家保险裁判所；

2. 工业伤害裁判所；

3. 医疗上诉裁判所；

4. 补贴利益上诉裁判所；

5. 自治学校裁判所；

6. 精神健康检查裁判所；

7. 国民卫生服务裁判所。

(三)运输类裁判所的例子

1. 交通监督专员；

2. 运输裁判所。

(四)工业和就业裁判所的例子

工业和就业裁判所。

(五)移民裁判所的例子

移民上诉裁判所。

在上述种类行政裁判所范围之外，还存在一些混杂的裁判所，这些裁判所主要包括：

1. 专利上诉裁判所；

2. 商标上诉裁判所；

3. 企业权利裁判所；

4. 执行纠纷裁判所；

5. 博彩税上诉裁判所;

6. 物价税上诉裁判所。

对于适用于普通法院的法律援助是否应扩大适用于行政裁判所的问题,现在存在争论。《弗兰克斯报告》提出,将法律援助扩大到那些正式的和费用昂贵的裁判所理由充足。法律援助过去曾扩大到土地裁判所。但也有人提出异议,他们认为,如果法律援助扩大到裁判当事人双方,裁判所的程序会变得正式,费用会相应提高,处理问题会变得缓慢。从事这一问题研究的纽卡斯尔大学 K. 贝尔教授指出,在裁判所处理上诉案件中,社会工作者和工会的援助比律师更加成功。

二、1958 年的裁判所和调查庭法(the tribunals and inquiries act 1958)

1958 年的裁判所和调查庭法使弗兰克斯委员会的大多数建议付诸实现。该法确定设立裁判所理事会,作为一个咨询机构,具有对裁判所和调查庭的一般监督职能。该法还规定了有关裁判所本身运作的一些规则。例如,它规定数量众多的特别裁判所,包括租金裁判所和裁决有关儿童、就业、学校、护士、矿工和其他争议事项的裁判所,当事人有权对这些裁判所的裁决所涉及的法律问题向高等法院上诉。对于其他裁判所的裁决,当事人的这种上诉权原已存在。该法确保通过一定的救济手段(调卷令和执行令)对裁判所的裁决进行司法监督。该法特别规定,对于大多数裁判所,它们对自己的裁决必须向当事人当面或在裁决书上说明理由。法院要求,裁决说明理由必须是适当的、充分的、明白的和针对所裁决的问题的。说明理由可以是书面的也可以是口头的。但对于有关国家安全的案件和说明理由会损害比请求者更直接有关的他人利益的案件,可以例外(可以不说明理由)。

现行的裁判所和调查庭法是 1971 年修订的,它是在 1958 年法律和 1968 年修订法律的基础上的发展。

三、内部争议裁判所(domestic tribunals)①

内部争议裁判所有的是通过法律设立的,有的是有关社会组织自发设立

① 这里的英语原文是“domestic tribunals”。“domestic”可译为:家庭的、家务的、国内的、本地的。根据上下文意思,这里译为“组织或单位内部的”似乎比较确切,故译者将 domestic tribunals 译为“内部争议裁判所”。

的，其目的是调整特别团体的内部事务和裁决内部争议。如各种私人社团设立的裁判所，即是为了解决其社团内部的一般的或特别的争议。工会可能是各种自发团体中最重要的。工会开除自己的某一成员可能使该成员丧失获得就业的机会。如果工会规定的开除程序规则是违反自然正义原则的，法院可予以干预。在“利丽诉车辆制造工人全国联合会”一案中，该联合会的行为被认为是违反自然正义规则的，因此，对利丽的开除决定当然是无效的。

职业人员如辩护律师、出庭律师、医师和建筑师与其执业单位的争议，长期以来一直受内部争议裁判所管辖。在某些情况下，议会对裁判所依法办事会进行干预。法律团体的惩戒委员会的惩戒决定和医疗总会的裁决行为现在都受法律调整。

法国的行政法院*

[英] Z. M. 列吉梯　J. E. 劝斯

一、法国的法律和法院

在法国,有两种法律和分别适用两种法律的两套不同的法院:一是民事法律(普通法律)和审理刑事犯罪案件以及裁决非刑事案件的私人争议的民事法院(普通法院);二是行政法和审理行政当局为一方当事人的诉讼的行政法院。

法国建立独立行政司法的原因是当时存在的对普通法院的不信任。在1789年革命前的制度时期(ancien regime),地方皇家法院(parlements)阻止行政改革,不适当地干涉政府行政,甚至采取与法国革命政府相对立的行动。故法国革命政府以新的法院取代了"parlements",新的法院实行不干涉行政的原则。该原则是由1790年4月16~24日的法律确立的,至今仍然有效。按照该法律第12条的规定,司法职能与行政职能分离,独立于行政职能。民事法院的法官不能再干预行政机关的工作。

在民事法院和行政法院发生管辖冲突或者出现权限不清的情况时,问题提交权限争议法庭(Tribunal des Conflits)解决。权限争议法庭由最高民事法

* 本文原载1984年北京大学法律学系教学参考用书《行政法》第278-288页,由姜明安编译自[英]Zaim M. Nedjiati, J. E. Trice, *English and Continental Systems of Administrative Law*(编译自该书第三章第二节)。

院(the Cour de Cassation)和最高行政法院(Conseil d'Etat①)委任相同人数的法官联合组成。

法国设有以 Conseil d'Etat 为领导的两级行政法院。Conseil d'Etat 这个特别法院可以溯源至 ancien regime 时期,它由 150 名经过精心挑选的专家组成,是一个享有盛名的法国国家机构。Conseil d'Etat 有两方面的职能:第一,就政府和有关行政机构提出的行政法规和普通法的适用及效力问题提供咨询;第二,通过它的诉讼庭(section du contentieux)审理国家或政府机关与公民个人之间发生的任何争议。法国基层行政法院系统由 24 个行政裁判所(tribunaux administratifs)组成,主要作为它们特定地区的行政法院行动。

另外,会计法庭(the Cour des comptes)对中央和地方政府使用公款的行为实施监督。

在法国,行政法(droit administratif)已发展成为一个独立的法律部门,它包括所有有关各种行政组织的法律和有关公务员的法律。任何个人或任何团体,对于影响自己利益的行政命令或行政行为,如果认为其违法或超越了行政权限,均可向 Conseil d'Etat 提起诉讼。Conseil d'Etat 接到诉状后,要将诉状所指控的内容通知被诉部门,并要求被诉部门提出答辩。如果该部门不作答辩,Conseil d'Etat 可以实施传唤,甚至可以根据自己的推定,判决原告胜诉。如果该部门作出答辩,Conseil d'Etat 则要审理答辩是否有理。在审查过程中,如果认为必要,Conseil d'Etat 可以要求该部门停止相应行为,或者撤销被诉行为或规则,或者责令加以修改。

二、行政法院受理的诉讼

在法国,公民和有关国家机关之间行政争讼案件由最高行政法院诉讼庭(Conseil d' Etat statuand au contentieux)审理。行政法院受理的诉讼包括下述四类:

(1)请求撤销之诉 (le contentieux d'annulation);

(2)请求"完全管辖权"之诉(le contentieux de pleine juridiction);

---

① 学者对"Conseil d'Etat"有不同译法,龚祥瑞先生在不同场合将之译为"国家行政法院"或"国政院"或者"国务院",王名扬先生在不同场合将之译为"最高行政法院"或者"国家参事院"。

(3)请求解释之诉(le contentieux de l'interpretation);

(4)刑事审判(le contentieux de la repression)。

行政法院的最大工作量是审理前两类诉讼,后两类诉讼量不大。

(一)请求撤销之诉

一般来说,原告以某一行政行为违法为由而请求撤销该行为时,他即可提出撤销之诉。在法国,请求撤销在广义上不仅包括申请撤销行政行为或决定,还包括申请审查下级行政法庭或裁判所就行政问题作出的裁决。前者称为"越权之诉"(recours poure exces de pouvoir),后者称为"请求撤销原判之诉"(recours en cassation)。到 19 世纪末,"越权之诉"和"请求撤销原判之诉"开始有了明确的区分,拉费里埃法官提出了指导这些诉讼程序的原则。第二次世界大战以后,下级行政裁判所激增,最高行政法院不信任这些裁判所,这种情况有助于发展同于"请求撤销之诉"而不同于民事诉讼的"请求撤销原判之诉"的原则。

在法国,Conseil d'Etat 对特别行政机构(如各种公共职业和教育职业的纪律惩戒机构,但对法律职业行使纪律监督的机构除外)实施监督。此种监督均采用"撤销原判"的程序,而不采用"请求撤销"的程序。这些特别机构构成行政机关的一部分,但是它制作决定要遵循准司法程序。Conseil d'Etat 根据其"撤销原判"的司法权,可以撤销这些特别机构违反程序或违法的"准司法"裁决。但是 Conseil d'Etat 不处理原告提出的滥用权力的问题。从理论上说,滥用权力的责任不适用于其裁决已被提起上诉的下级法庭或裁判所。应该指出,作为例外,在有着最古老的行政法制度的法国,虽然各种公共职业的纪律惩戒机构受行政裁判所监督,但是监督法律职业的机构却受民事法院管辖,而不受 Conseil d'Etat 或其任何下级裁判所管辖。对于请求撤销原判的诉讼,其中有关公共利益(moyen d'ordre public)的案件可以向 Conseil d'Etat 起诉,而不一定先向下级行政裁判所提出。Conseil d'Etat 还可以审查裁判所对事实的认定。

(二)请求"完全管辖权"之诉

法国行政法规定了调整行政责任的特别原则。在法国,公民的权利受到违法的行政行为侵犯时,适用向行政法院提起请求"完全管辖权"之诉,这种诉讼可包括申请赔偿金和撤销违法行政行为。行政法院在行使这种司法权时,仅不得撤销行政机关已经裁判给有利于公民的赔偿决定。

请求“完全管辖权”之诉由权利被行政行为侵犯的受害人提出。申请人除了可以请求法院撤销违法行政行为,还可以申请其他的救济。例如,取得损害赔偿金,确认请求人的权利以及要求对越权行为的预防等。由行政合同引起的诉讼,如因执行或强制执行这种合同条款以及因“缺乏预见”(imprevision)而引起的诉讼,亦属于请求“完全管辖权”之诉的诉讼范围。

在法国,法院审理请求“完全管辖权”之诉的程序不同于审理请求撤销之诉的程序。

请求人首先提起请求撤销之诉被行政法院拒绝受理的事实不妨碍其继而提起请求“完全管辖权”之诉。提起请求“完全管辖权”的诉讼不以首先提起请求撤销之诉和该诉胜诉为先决条件。

(三)请求解释之诉

行政法院在审理其受理的“申请撤销”之诉或者申请“完全管辖权”的诉讼中,必须解释与该诉讼有关的法律规则。民事法院在审理民事诉讼过程中,有时发生需要确定某一行政行为或决定的含意问题,可以请求行政法院给予解释。有利害关系的当事人也可以直接提请行政法院解释行政决定的法律意义和含义。但要直接提起此种诉讼,必须具有一定的前提条件。

“请求解释”的诉讼必须由利害关系当事人或有关行政机关提出。在法国,“请求解释”的诉讼在任何时候都可以提出,“请求撤销”诉讼的时限不适用于此种诉讼。

民事法院可以临时裁定向行政法院提起“请求解释”诉讼的一定期限。民事法院确定的“请求解释”诉讼的期限对请求人具有约束力,但行政法院可不受此限制,它可以不顾及期限的规定。

行政法院对“请求解释”诉讼作出的裁决是最终裁决。

(四)行政法院的刑事审判权

行政法院只对应属其审判而不属普通刑事法院管辖的一类刑事犯罪案件享有审判权。自从1926年有关公路犯罪的案件划出其管辖以后,行政法院对刑事犯罪的管辖就只剩下有关航道、机场、港口等犯罪案件了。

三、司法审查的根据

自"拉费里埃案"以后,法国对行政行为进行司法审查的根据一直确定为:"无权限"(incompetence)、"形式上的瑕疵"(vice de forme)、"滥用权力"(detournement de pouvoir)和"违法"(vilation de la loi)。

邦纳特教授根据行政行为要素论,提出了对审查根据的不同分类。他的不同分类实际上是传统观点的不同表述。按照要素论的观点,审查的根据可以是:事项管辖权、行为形式、行为动机、行为内容和行为目的。还有人试图作另外的分类。法国行政法学者,如奥特恩特、维堤尔和里韦罗采取传统的分类法,而其他著作家,如劳柏德里和沃莱思则坚持另外的分类法。

请求撤销行政行为必须提出特别的根据,仅提出一般的根据是不够的。

(一)无权限

"无权限"指行政机关作出了它无权作出的决定,对相应事项缺乏管辖权。"无权限"非常类似英国实质的"越权"(ultra vires)。无权限包括两种情况:一是行政当局对所决定的问题无权决定;二是权力为不适当的机关所行使。无权限的案件如涉及公共利益,法官可以依据职权提出警告。

"无权限"可能是由于行政当局超越了其地域管辖范围所引起的。一行政当局不能侵越另一行政当局管辖的区域。另外,管辖权的行使可能被法律限制在一定的期间。如属这种情况,行政当局在过了此种有效期限后再行使该权力就成为"无权限"。"无权限"也可能是由于行政行为的内容越权所引起的。例如,行政机关决定的问题在性质上属于立法机关立法权限的范围,或者是应由司法机关处理的,或者应属其他行政机关管辖的事项。

另外,不适当的授权是违法的。行政机关行使违法授予的权力因"无权限"而无效。

(二)形式的瑕疵

"形式的瑕疵"指违反了法律关于行政行为程序上的或形式上的要求。未履行重要的程序上的要求可以导致行政行为或决定的无效。但只有违反实质性的程序形式才足以引起所为行为的无效。违反实质性质的规则会影响行政行为的效力,而轻微的违反非重要规则不影响行政行为效力。例如,行政决定未予签署被认为是违反实质性的程序要求,而决定遗漏载明日期却不足以使该决定无效。同样,一个不合格的竞争者参加一次竞争考试和在考试中失败并不影响整个竞争考试的结果,因此它不构成作为撤销根据的形式瑕疵。行政机关作出某一行政决定时,虽然法律并未要求,但可能自觉遵循了某种程序。如属这种情况,行政机关在撤销该决定时不必遵守同样的程序。行政机关在作行政决定时,法律可能要求其遵守这样一种程序:必须进行某种协商和征求某一机关的意见。并且法律还可能规定,这种一定机关的意见对于该行政机关是具有约束力的。在这种情况下,行政决定如未征询该机关意见或者违背协商达成的意见即属撤销之列。从原则上讲,形式的瑕疵不能由行政机关自己在之后消除。可是如果这种瑕疵不影响决定本身的内容,则可由其自行纠正。例如,决定的底稿没有签名,可由作出决定的机关在该文件上补签。

(三)滥用权力

"滥用权力"又被译作"misuse of power",意指行政当局违反所授权力的目的而行使权力或自由裁量。滥用权力作为撤销的根据在欧洲共同体法院被当作公式(在那里,共同体各个机构的文件和决议都可以基于法国行政法的根据而被提起异议)。在比利时,一煤炭联合公司诉某高级行政当局一案中,该高级行政当局在其答辩中写到,"有一种'滥用权力',行政行为在客观上并不违反法律规则,但是由于该行政机关所追求的目的不当而使其行为在主观上有瑕疵"。这是一个主观的检验标准,因此,需要调查确认促使行政机构作出相应行政行为的动机。法院在认定所授权力的目的时,不仅要注意到有关的法律条文,而且要从立法机关当时的讨论审议中,或者从任何其他有关法律的准备工作中推论出它们的目的。可是法院在审理该案时没有注意到行政行为对公共利益的侵害,这种侵害应该明确地认定为滥用权力。

行政权必须为了公共利益而行使。当有人提出"滥用权力"的指控时,法院必须审查行政机关作出行为的动机,查明其行为是否为了非公益的目的。在所起诉的案件中,被指控的行政机关的行为可能是为了个人或出于某种私人目的。例如,下述案件就具有滥用权力的情形:新任市长出于过去的某种仇隙或厌恶而解雇某雇员的职务;行政机关故意使某人遭受物质损失而强制取得其不动产。这些均是滥用权力的例子。法国行政法院曾撤销了一项开办学校的行政决定,因为这个决定纯粹是为了某个人的利益而作出的,即为了任命某人为学校总监而开办这个学校。还有一个案例:某市长以有碍于控制卖淫为根据,拒绝一个旅馆老板申请在他的旅店开第二道门的申请。这个拒绝决定被判“滥用权力”而撤销。因为市长可以为了交通安全的目的而行使这种权力,但不能为了道德的目的而行使这种权力。

法国行政法学说反对把“滥用权力”的概念扩大到违反行政道德的主张。这意味着,行政机关的行为只要不违反基本的道德原则和构成社会基础的伦理信念,一般的违反道德规范不能构成“滥用权力”。

(四)违法

“违法”导致行政行为或决定的无效。在这里,“违法”的“法”这个词不能单纯理解为通常意义的成文法。这里的“法”既可以是宪法(最高的法律)的规则,也可以是立法机关通过的法律,还可以是行政法规。违反法院的司法裁决也被认为是“违法”。

“违法”是一个广泛的概念,它可以包括上述司法审查的其他根据。

四、请求救济的时限

在法国,原告请求救济必须从被诉行政决定公布或通知原告之日起两个月内提出。如果行政机关的决定不是明示的决定,期限则从行政机关拒绝原告请求之日起算。行政机关四个月内不答复原告请求,法律即推定行政机关拒绝原告的请求。

对请求超越时限的异议在诉讼的任何阶段都可以提出。法院本身可以依职权提出,因为这涉及公共利益。

行政机关对某个人作出行政行为必须告知该利害关系人,时限从告知时起算。如果这种行政行为涉及一个人以上,则必须书面通知到他们本人。如果不能通知到与行政决定有利害关系的第三人,则必须公布该行政决定,对他们的时限从公布之时起算。例如,在任命公职人员的案件中,对于被任命者,时限从给他下达任命书之日起算;而对于另外的利害关系人,时限则是从该任命公布之日起算。

对相对人的告知应是完全的告知,对被告知人仅告知行政决定与他有关的部分是不够的,而应该使他了解整个决定。告知必须使被告知人能够审查整个决定的内容,酌量有关他的决定是否合法。对利害关系人不仅应告知有关他的行政行为的结果,还应告知行政机关决定作出这种行为的理由。

1952 年以前,法国最高行政法院一直把行政机关在进行新的调查以后重新作出的行政决定看作一项新的决定。这样,时限即从新的决定通知时起算。可是自 1952 年以后,法国最高行政法院规定,行政机关的决定重复先前的决定不影响时限的进行,无论行政机关在此期间是否进行了新的调查,时限都从原行政决定作出之日起算。可是,免受违法行为保护的请求可以不受时限限制。不过这仅限于原告请求保护,而不能作为单独提起诉讼的理由。如果这种免受违法行为侵犯的保护的请求是成功的话,其法律后果不应该宣告被诉行政行为的全部违法,而只应宣告适用于原告的那部分违法。

五、撤销的结果

对于被撤销的行政决定,法国行政法一般以曾未有过这种决定,自始即不具有效力看待。例如,一项解雇某一公职人员的决定,如果被撤销,即视为这项决定不存在,即被解雇的公务员胜诉后,应重新任命担任原来的职位。不过这一规则在司法裁决的适用上并不是那么严格。就赔偿来说,请求者不一定得到他离任期间的全部薪水。例如,请求者如果在离任期间被另行雇用而又有收益,那么这种收益就要在计算赔偿额时予以扣减。此外,胜诉者如果回到他原来的工作岗位上有困难,完全可以分配另外相当的工作。

如果某一行政决定已被法院撤销,行政法院在其他诉讼中应予以注意,以使该决定涉及的其他人不必再提起有关同一问题的诉讼。

行政机关应该执行行政法院的裁决,然而在实践中也有不执行的情况。有时候行政法院的裁决还可能是不能执行的。有一个有趣的案例:一个请求者对某学校 1947 年的入学考试的有效性提起异议,行政法院在 1949 年宣告被指控的考试无效。行政法院的这个裁决如果要严格执行的话,那就意味着那些已升入该校并在该校已学习了两年和通过了相应考试的学生将失去作为该校学生的资格,他们将不得不离开该校。在这种情况下,立法机关提出了一项专门动议,才避免了行政法院的这一裁决可能导致的非正义。

英国刑事补偿方案实施指南*

英国《刑事伤害补偿方案》是英国议会于1964年6月24日制定的关于国家为暴力犯罪的受害人支付补偿金的一项法案。该法1964年8月1日正式生效成为法律,后经多次修改,现行的修正版为1990年的《刑事伤害补偿方案》(以下简称《方案》)。

为贯彻执行1990年《方案》,英国刑事伤害补偿委员会制定了《刑事伤害补偿方案实施指南》(以下简称《指南》)。《指南》概述了方案的一些较重要的内容,且简明、扼要、清晰。当然,《指南》不能代替《方案》,正式处理案件还应以《方案》为依据。

一、什么人可以提出申请?

申请条件:根据《方案》第4条的规定,受害人受到的人身伤害可直接归因于下述原因时,可以申请补偿:

(一)暴力犯罪(包括放火、投毒等);

(二)为阻止犯罪,或为抓获逃犯、疑犯,或为帮助警察抓捕;

(三)非法侵犯铁路的违法行为(这仅适于1990年1月以后发生的伤害,现在刑事伤害补偿委员会可受理因目睹车祸或卧轨自杀而受到精神伤害的人的补偿申请)。

"暴力犯罪"一词尚无法律定义。当然大多数暴力犯罪涉及对人施加暴力,如袭击和伤害等。当情况不明确时,刑事伤害补偿委员会将依犯罪的性

---

* 本文原载罗豪才、应松年主编:《行政程序法研究》,中国政法大学出版社1992年版,第156-170页。本文英文原稿由英国刑事伤害补偿委员会伦敦办公室提供,姜明安编译。

质而不是依犯罪的结果予以确定。

“人身伤害”可包括直接归因于暴力犯罪或暴力威胁的精神损害。直接因财产损失而引起的精神打击不在《方案》调整的范围。

“直接原因”指直接引起人身伤害的事件，即一个知道全部事实情况的人能合理地认为伤害是由该事件引起的。该事件是伤害的实质原因，而不要求必须是伤害的唯一原因。

死亡补偿。如果受害人因刑事伤害而死亡(《方案》第 15 条)，或者受到伤害但由于其他原因而死亡(《方案》第 16 条)，他们的亲属或受赡养人可以申请补偿金。如果申请人不是亲属或受赡养人，但其为刑事伤害的死者支付了或将支付丧葬费，其也可以申请合理的丧葬费补偿。

二、什么伤害可以获得补偿？

(一)《方案》规定的范围

伤害必须是在英国或《方案》第 4 条规定的地方发生的。在其他地方(如出国度假)受到的伤害不包括在内。在这种情况下，根据所在国类似方案可获得救济。

犯罪的豁免：即使伤害是由不负刑事责任的人(未成年人或精神病人等)造成的，受害人也可以申请损害补偿(《方案》第 4 条)。例如，10 岁以下的小孩(在苏格兰为 8 岁以下)被认为在法律上没有犯罪行为能力。如果这样的小孩实施了相当于一个成年人实施的暴力犯罪，受害人有权向刑事伤害补偿委员会申请补偿。

(二)补偿金的最低限度

根据《方案》第 5 条的规定，只有经刑事伤害补偿委员会确认，补偿数额在扣除社会保险福利金以后(但在《方案》规定的其他扣除以前)不少于 750 英镑，委员会才支付补偿金。

补偿金根据普通法损害赔偿原则(《方案》第 12 条)确定。这意味着，在遵守《方案》其他规则的基础上，刑事伤害补偿委员会作出的给付补偿金的决定将同于民事法院对同样伤害作出的损害赔偿判决。可是，刑事伤害补偿委员会不同于法院，它要受补偿金最低限度的制约，法院可判付 750 英镑以下的损害赔偿金。而且，赔偿金即使达到或超过 750 英镑，在扣除社会保险福利金后仍然可能得不到赔偿。根据《方案》第 19 条的规定,受害人因伤害所获得的所有福利补助金都要完全扣除。这样,在作了所有这些扣除以后,补偿金少于 750 英镑,刑事伤害补偿委员会将完全不支付补偿金。

最低限度补偿金通常适用于下述情况:受到的伤害具有轻微性质,即刺伤、碰伤、擦伤而无须大的医疗手术;没有留下明显的伤痕;或者误工(必需的)不超过 3~4 周。如果受害人是一个年岁较大的人,刑事伤害补偿委员会将更多地考虑他受到的精神打击和感情折磨。对于临时的惊恐、痛苦或精神烦扰,如果并非不幸遭遇的必然反映,则通常不给予补偿金。

(三)意外伤害

作为一般规则,《方案》不调整意外伤害。只有当受害人是在从事一项法律执行活动[《方案》46 条(二)规定的活动],且伤害是在特殊风险的情况[在所有场合都能证实特殊风险的情况,《方案》第 6 条(四)]下发生的,刑事伤害补偿委员会才对意外伤害支付补偿金。

刑事伤害补偿委员会是否承认你处于特殊风险取决于事实。某人在跑向一个事件发生地或去逮捕一个罪犯时跌倒不能认为是处于特殊风险的情境。某人因翻墙或跳越篱笆而受伤同样通常不视为处于特殊风险的情境;除非这个行为对于社会是很重要的,且他不知道或不可能会看到墙或篱笆对面的情形。一个在白天不能构成特殊风险的行为在夜间可能构成此种风险。

(四)道路交通犯罪

对在公路上的交通违章行为造成的伤害不依据《方案》支付补偿金是一般规则(《方案》第 11 条)。在这些案件中,受害人通过司机投保的保险公司获得救济;如果司机是没有保险的或者身份不明的,则通过汽车保险局申请救济。

如果受害人被司机故意撞伤,且司机逃跑不能找到,其身份不能查明,在这种情况下,受害人应根据《方案》第 11 条向刑事伤害补偿委员会申请补偿。

(五)动物造成的伤害

动物(通常是狗)导致伤害的补偿申请不受《方案》调整,除非这种伤害相当于人的袭击,如狗的所人故意让狗去咬伤某人。

(六)家庭暴力

根据《方案》第 8 条的规定,如果受害人和做出伤害的人在伤害事件发生

时生活在同一个家庭,受害人不能从刑事伤害补偿委员会取得补偿,除非:

(1)做出伤害的人已经被提起刑事指控(其有充分的理由不致被起诉除外);

(2)受害人和做出伤害的人已经永远地不生活在一起。

一个男人和一个女人作为夫妻生活在一起(即使他们没有办理结婚登记),视之为同一个家庭的成员。

如果受害人是一个小孩,上述条件(2)不适用于他,但是刑事伤害补偿委员会在判付补偿金时,必须确认不会损害小孩的利益。

《方案》第8条不适用于1979年10月1日以前家庭成员受到的伤害。对此,刑事伤害补偿委员会在任何情况下不判付补偿金。

三、提出各种补偿请求应符合哪些要求(条件)?

即使受害人受到直接归因于暴力犯罪的伤害,依据《方案》可获得补偿的人身伤害的事实是没有疑问的,但受害人要取得补偿金,还必须向刑事伤害补偿委员会表明,其补偿请求不应根据《方案》第6条规定的理由之一被拒绝或减少。受害人应该特别仔细地阅读第6条。下述注意事项可在刑事伤害补偿委员会可能作出决定之前提供帮助。

(一)通知警察

作出补偿决定并不必须要求法院已对罪犯作出有罪判决。某些罪犯是永远抓获不到的。但是刑事伤害补偿委员会特别强调,每一个暴力犯罪的受害人有责任及时将所有情况通知警察,回答他们的询问,与他们的调查、控告和起诉行为合作。

对伤害事件应予报告的条件是特别重要的,因为它是避免刑事伤害补偿委员会被欺诈的保障。对没有向警察报告伤害事件情况,且不能对此作出合理解释的受害人,刑事伤害补偿委员会将拒绝其任何补偿申请。受害人以害怕报复、不认识伤害人、不知道报告地点为由不通知警察是不能原谅的。只有报告伤害事件,才可以帮助警察防止伤害人继续对他人犯罪。

对伤害事件的报告应由受害人进行,除非他的伤害性质使他不能这样做。在这种情况下,他有责任尽快与警察取得联系和回答他们的询问。即使他人对事件已作了报告也是不够的,因为即使有人作了报告,报告人也可能不完全了解全部情况。仅有朋友、亲属或同事的报告或证据也是不够的，如果受害人没有充分的理由不通知警察的话。

受害人必须报告所有有关的情况。如果他故意遗漏任何重要信息或者提供错误信息，他的补偿申请通常将会被拒绝。

受害人应该尽可能早地报告伤害事件。不及时通知警察会不利于他们做进一步调查。不及时报告和只是为了从刑事伤害补偿委员会取得补偿金才事后报告的受害人的补偿申请也可能被拒绝。不知道《方案》的权利、责任或规则一般不能为刑事伤害补偿委员会所原谅，特别是在严重的刑事案件中，在大多数人都认为其应该报告警察而其没有报告的案件中，更是如此。

（二）例外情况

在迟延报告或完全没有向警察报告明显是因为年幼、年老或某种其他身体或精神的缺陷，使受害人报告有困难或不可能报告的情况下，刑事伤害补偿委员会将赋予同情心处理，分别对不同情况作不同的对待。如果申请人不知道对他的伤害行为属于一种暴力犯罪，或者行为只是在事后很久才暴露出与犯罪的联系，在这之前申请人尚不可能或很少可能向警察报告，刑事伤害补偿委员会可能放弃对他必须报告的要求。

（三）通知他人

暴力犯罪必须报告警察，仅向雇主、工会官员、社会工作者或其他人报告，刑事伤害补偿委员会通常认为是不够的。可是在有些案子中也可以有例外。例如，在精神病医院和监狱，及时向当局适当人员报告被认为是适当的，这表示相应问题可启动正式调查。在受伤害人是小孩的案件中，适当的报告人常常是小孩的父母，他们自己没有通知警察不构成小孩请求补偿的障碍。要求小孩做更多的事情是不合理的。

（四）帮助警察侦查和起诉

即使受害人将案情报告了警察，但如果他随后未与警察进一步合作，以便将罪犯送上法庭，刑事伤害补偿委员会仍然有拒绝或减少他的补偿金的自由裁量权。

刑事伤害补偿委员会对下述两种情况严加区别：

(1)申请人拒绝与警察合作。例如，拒绝说明情况、出示身份证明，拒绝告知致害人姓名，或拒绝出席法庭或作出类似行为。对于这种情况，刑事伤害补偿委员会将不判付补偿金。

(2)申请人愿意与警察合作,但是,在特定情况下,警察或检察官决定不采取进一步的行为或不对罪犯起诉。在这种情况下,委员会通常会判付补偿金。

受害人由于害怕报复不报案通常不会予以原谅。但他如果开始时拒绝与警察合作,而随后改变主意,在各个方面帮助警察,刑事伤害补偿委员会可以考虑给予他一个数额减少的补偿金。

(五)受害人的行为和身份

受害人必须使刑事伤害补偿委员会相信,其本身对于所受伤害的事件是没有任何责任的。否则,委员会可以拒绝或减少给付补偿金。受害人过去曾受到过刑事判决,委员会也可以拒绝或减少给付补偿金。在死亡案件中,委员会将考虑死者的行为和曾受过的任何有罪判决。

受害人的"行为"是指能直接表述为恶意行为或错误行为的情形,包括挑逗行为。可为刑事伤害补偿委员会考虑的行为没有限定,但对受害人自己的粗心行为不减少补偿金,除非能认为它已构成一种过错行为。

1. 殴斗

下述情形通常不给予补偿金:

(1)没有合理的理由,受害人先动手打人,不管报复程度结果如何。

(2)受害人的行为是挑衅性的或试图诱发暴力。

(3)如果伤害或死亡是在受害人自愿同意进行的殴斗中发生的。即使这种协议的结果超出受害人的预料亦然。邀请某人外出殴斗的人视为先动手者,他作为受害人通常不能获得补偿金,即使出现最严重的伤害。致害者进而使用武器的事实只有在例外的情况下可作出不同处理。

(4)如果某项暴力犯罪是受害人或申请人自愿参与的暴力殴斗的一部分,即在涉及受害人和致害人的殴斗历史上,受害以前曾作为致害人伤害过现在的致害人。

(5)受害人或申请人试图对致害人进行报复。

2. 挑逗的语言或行为

受害人的这种行为可以导致减少补偿金或被完全拒绝其补偿申请。在每个案件中,刑事伤害补偿委员会都要考虑致害行为是否是因受害人的挑逗行为所引起。

3. 与伤害事件有关的酒精或药物

刑事伤害补偿委员会收到的许多申请中,饮酒或药物是受害人发生不幸的重要原因。许多这些事件的发生本来是可以避免的,如果受害人有节制或不愿冒某种风险的话。在这种情况下,委员会将仔细审查各种情况,只有确认受害人在事件前、中、后的行为并无过错,为之支付政府资金并非不当时,委员会才会给付补偿金。

4. 暴力团伙和恐怖分子

暴力团伙的成员很少能获得补偿,即使其受到的伤害与其作为团伙成员并无关系。任何确定为恐怖分子的人,刑事伤害补偿委员会均会拒绝给予其补偿金,无论伤害事件属于什么情况。

5. 不道德行为

不道德行为本身不是拒绝或减少补偿金的理由。但是,在某些案子中,它可以相当于挑衅行为,作为其他理由拒绝或减少给予补偿金。

6. 违法犯罪行为

在实施违法犯罪行为过程中受到伤害的当事人通常不能获得补偿金。

7. 小孩进行危险游戏的行为

这些案件要获得补偿要解决两个前提问题:第一,申请人必须证明暴力犯罪的存在,仅有危险游戏的事实是不够的;第二,即使申请人能证明暴力犯罪的存在,但如果在小孩和受害人的行为之间找不出什么区别,委员会也不会给予补偿金。例如,在一个案子中,一些 11 岁和 12 岁的小孩用弹弓互射,一个小孩的眼睛严重受伤,这里虽然存在暴力伤害行为,而受害人没能获得补偿金。但如果小孩处于不同的年龄层,或游戏分成不平等的两方,刑事伤害补偿委员会可以根据受害人参与的程度或他们对伤害危险的理解程度判予全部或部分赔偿金。

8. 受过刑事判决的身份

《方案》第 6 条(三)规定,对于曾经(无论何时)有过刑事犯罪记录的申请人(或死者),刑事伤害补偿委员会有拒绝或减少给予其补偿金的自由裁量权。委员会可以考虑与申请人受伤完全无关的刑事判决,也会考虑他任何改过自新的情况。委员会可以完全拒绝下述申请:

(1)申请人有一个严重暴力犯罪(如故意杀人、过失杀人、强奸、重伤害等)的刑事判决记录;

(2)申请人有一个其他严重的犯罪(如大量走私药物)的刑事判决记录;

(3)申请人有一个以上的非严重犯罪(如殴打他人、盗窃或刑事伤害等)的近期刑事判决记录;

(4)申请人有多个严重欺诈行为的刑事判决记录。

每一个案件都根据具体情况处理,甚至某种严重暴力犯罪的刑事判决也不视为完全拒绝补偿的根据。例如,对于一个有严重犯罪记录,但为帮助警察维持法律秩序或为帮助受到暴力袭击的人而受伤的申请者,委员会可能会以同情的态度准予其申请。

9. 致害人可能受益的情况

根据《方案》第7条的规定,在任何案件中,如对引起伤害负有责任的人可能获得补偿,如受害人和致害人仍同处在一个家庭,则不能给付补偿金。

四、怎样申请补偿和在什么时候申请?

如果受害人直接因暴力犯罪受到伤害并决定申请补偿,其应该在事发后尽快填写伤害补偿申请表并寄给刑事伤害补偿委员会。如果受害人已死亡,则应填写死亡补偿申请表。

1. 申请时限

申请不得迟延,任何情况下都必须在致害事件发生后3年内提出。超过这个期限(除非有《方案》第4条规定的特殊情况),刑事伤害补偿委员会将不受理其申请。

3年期限与民事法院的时限要求是相同的。因为申请迟延将导致调查的困难。《方案》已经进行了多年广泛宣传,因此,不知道时限及其规则不能作为申请超出3年期限的可接受的理由。可是对于行为能力有缺陷或伤害事件发生时尚不满18岁的申请人,委员会可对其迟延申请予以同情的考虑。另外,对于伤害不是由致害行为立即引起,但在其一旦知道伤害的原因后则尽快提起申请的人,委员会对其迟延申请也将给予认真的考虑。

2. 代理小孩申请

18岁以下的人的申请必须由对小孩享有亲权的成年人代理。这是因为小孩在法律上不能自己决定是否接受委员会的裁决，如果申请不是由代理小孩权利的人提出，就可能造成不必要的迟延。代理小孩提出申请应在申请表后附一小孩出生证明的复印件。

为小孩提出申请的人通常应是小孩的父母。但有时这是不可能的，如小孩在家里受虐待。在小孩交由他人照管时，刑事伤害补偿委员会可让照管人提出申请。在这种情况下，申请通常要由社会事务负责人或代表该处的其他官员签署。在其他情况下，委员会可让能对孩子享有临时亲权的人提出和签署申请。在没有这种有法律资格的人时，将由官方律师为小孩提供帮助（在英格兰和威尔），在苏格兰，委员会将要求为小孩任命一个监护人或财产管理人（委员会自己不能担任）。无论在何种情况下，代理孩子的所有必要的手续应在申请提出前完成。

受法院监护的未成年人必须先离开法院才能向委员会提出申请。

3. 精神病人的申请

在法律上没有管理自己事务能力（无论是否为刑事伤害的结果）的成年人提出申请，必须由适当授权的人代理。在英格兰和威尔士，在提出申请前，通过请求法院指定一个财产保管人是必要的。法院将要求一个医疗证明，证明受害人因精神错乱而无行为能力（根据1983年的《精神健康法》）。在苏格兰，对精神病人的受害人指定一个监护人代理其行为是必须的。在这些案件中，受害人的家属和朋友在提出任何补偿申请前，应首先对受害人采取医疗措施和进行法律咨询。

五、刑事伤害补偿委员会怎样处理申请

（一）裁决前的处理程序

刑事伤害补偿委员会在收到申请后应尽快告知申请人，并给予申请人一个个人代码，申请人在以后与委员会联系时都必须使用这个代码。

刑事伤害补偿委员会有责任审查申请人提供的信息。申请人必须在委员会所给的申请表的一栏内签名，该表将允许申请人给警察、医院、医生、雇主或任何其他人写信，要求他们确认其在申请表中所说的关于其伤情和工资损失的情况。委员会可能要求其提供有关任何经济损失的详细情况，申请人有义务向委员会提供与其申请相联系的经济损失的详细情况，有义务向委员

会提供与其申请相联系的所有合理的帮助[《方案》第 14 条和第 16 条(二)],申请人对委员所有的询问都应予以诚实的回答。

在每一个案子中,必要的调查总可能包含一定的迟延,申请人不能期求对其申请及时作出决定。刑事伤害补偿委员会总是有成千上万的请求要处理,审查申请的人通常是很忙的。因此,申请人不要不断写信或电话询问申请的进展情况,因为这本身会引起迟延。申请人只要收到了申请的收据就可以相信案件已经开始调查,委员会将尽快与申请人取得联系。

刑事伤害补偿委员会通常首先集中审查申请人的资格条件,因为如果其不具备申请条件(如未向警察报案),申请将被拒绝,再进一步要求详细的医疗证明就没有意义。有时,对申请迟延作出决定以等待刑事诉讼的结果可能是必要的,但是只有委员会认为诉讼程序与受害人申请补偿有关时才这样做。

(二)临时裁决

在任何情况下,刑事伤害补偿委员会总是尽可能一次性处理申请人的补偿申请。对补偿金作一次性总支付(终局裁决)。但是委员会这样做需要一个明确的医疗诊断,而这样的医疗诊断在有些案子中需要很长时间才能获得。如果申请人是完全具备获得补偿金条件的,委员会对这种案件可以作出一个或几个临时裁定,但是这只有在申请人确有需要或确有严重困难时,或在下述情况下,才这样做:

(1)终局裁决可能是一个大数额的补偿;

(2)终局裁决作出将不可避免地需要很长的时间或者申请人的申请已提出了很长时间,终局裁决尚不能作出。

(三)提供照片和要求检查

刑事伤害补偿委员会在完成了调查,确认申请人具备补偿的资格条件以后,可能会给申请人寄出一张表格,询问其受的伤是否完全恢复。如果留下任何严重的疤痕,可能要求申请人提供一张特定形式的照片以帮助委员会确定适当的赔偿额。委员会如果没有提出要求,申请人不要寄照片。委员会没有要求但申请人寄了照片,委员会当然也会考虑,但费用将由上诉人自己承担,除非它们能使委员会确定其伤害已扩展(原曾认为已痊愈)。

如果根据照片确定申请人的伤害可能已扩展,申请人可能被要求去刑事伤害补偿委员会的地方听证中心进行一次检查,以便委员会的成员能在确定补偿前了解具体伤情。除非委员会已确定申请人有取得完全补偿或部分补偿的资格条件，否则不会让申请人去进行检查。不过，委员会在作出终局决定以前，可以考虑自申请人具有《方案》规定的申请资格条件之日起至通知其参加检查之日发生的任何新的情况（如法院进一步的刑事判决）。

六、赔偿金的确定

补偿金根据与普通法同样的原则确定（《方案》第 12 条）。这意味着，如果致害事件发生在英格兰和威尔士，补偿金将按英格兰和威尔士的法律规则确定；如果致害事件发生在苏格兰，补偿金将依苏格兰法律确定。但《方案》某些方面的规定不同于法院适用的法律。例如，根据《方案》第 19 条的规定，刑事伤害补偿委员会将扣除受害人因伤害获得的各种福利补助的全部价值；根据《方案》第 14 条的规定，委员会考虑受害人工资损失和挣工资能力的损失有一个限额。下面是委员会计算最后补偿金数额的规则。

（一）伤害案件补偿金数额计算类别

伤害案件补偿金根据两个类别计算：

1. 一般补偿金：这是对于伤害本身的补偿金，包括考虑受害人遭受的痛苦和任何能力的损失。如果刑事伤害补偿委员会确认你将失去或减少未来挣工资的能力，补偿金将计算这种损失。

2. 特殊补偿金：这是对于因伤害引起的经济损失的补偿。根据情况，这类补偿可能包括：

（1）不能工作期间的工资损失，通常依申请人的雇主提供的数据或账册计算；

（2）各种开支费用，如住院费、治疗费、手术费、牙医费等。委员会通常只赔偿能提供收据的费用。

根据 1990 年的《方案》的规定，委员会不赔偿受害人的衣服和其他财产的损失，除非某种财产是作为受害人身体的辅助物而为受害人所依赖的（《方案》第 17 条）。

委员会不赔偿私人医疗费用，除非委员会确认获得私人医疗治理是合理的。即使委员会确认合理，它也只赔偿一个适当的数额（《方案》第 18 条）。

（二）死亡案件补偿金数额计算

在受害人因刑事伤害死亡时，补偿金给予受害人的亲属或其所赡养的人。死亡发生在英格兰和威尔士时，补偿金按 1976 年《死亡事故法》计算；死亡发生在苏格兰时，补偿金按《苏格兰损害补偿法》计算。

无论哪种情况，补偿金都主要依据受害人的亲属或其所赡养的人员对受害人的财政依赖情况确定。在苏格兰法律中，这种要素称为"依赖损失"。除非有证据证明申请人在财政上依赖受害人，否则刑事伤害补偿委员会将不会给予补偿金。财政依赖不能根据社会保障福利金确定。

另外，委员会可以给予申请人下述项目的补偿金：

1. 丧亲补偿费：在英格兰和威尔士，根据《死亡事故法》的规定，失去亲人补偿金为 3500 英镑（1991 年 4 月 1 日后发生死亡为 7500 英镑），此项补偿金为下列人员支付：（1）死者的配偶；（2）死者为未结婚的未成年人时，如属婚生子女，为其父母（父母平分）；如属非婚生子女，则为其母亲。

在苏格兰，此项补偿金（称"安全损失补偿金"）可为死者直接家属的任何成员支付（依 1976 年《苏格兰损害赔偿法》第 10 条第 2 项）。委员会在决定支付时要求申请人出示与死者之间具有的亲属关系的证据。

2. 丧葬费：为死者支付了丧葬费的人可以从刑事伤害补偿委员会获得一笔合理的补偿金，即使其不是《方案》第 15 条规定的有资格申请补偿金的人。墓碑的开支费如果合理也可以补偿，但纪念碑、报纸讣告、花圈、花及其他项目的费用不予补偿。

根据《方案》第 6 条的规定，在死亡补偿案件中，要考虑死者和申请人的行为和以前是否有过刑事判决。

对于受害人的财产损失，除了丧葬费，不支付其他补偿费。但《方案》第 8 条规定的最低补偿限额（750 英镑）不影响丧葬费或《方案》第 16 条规定的补偿金支付，即使补偿额少于 750 英镑。

（三）刑事伤害补偿委员会赔偿决定的通知

刑事伤害补偿委员会如果决定给予申请人补偿，根据需要，它将给申请人寄去一份详细估价的细目表以及补偿金被扣除数额（因申请人已从其他途径获得补偿金，如其根据《方案》第 20 条的规定，其已从刑事法院获得了一笔赔偿金）的通知。如果申请人的申请被拒绝，委员会将告知申请人作出拒绝决定的理由。

（四）听证

如果申请人不服刑事伤害补偿委员会关于其补偿申请的最后决定，可以在收到决定通知后 3 个月内申请听证（有关听证的注意事项，《方案》第 23、24、25 条有具体规定，委员会将随决定通知寄给申请人），如听证申请获准，听证将由委员会两个以上的成员主持，原作出决定的委员会成员不得参加。

申请人提出申请并不等于已取得获取补偿金的权利，只有得到刑事伤害补偿委员会的书面通知后才能取得赔偿金。但申请人如对补偿定不服，申请口头听证并被批准，其尚不能依决定通知取得补偿金，其只有经口头听证并作出裁决后，才能获得补偿金。

刑事伤害补偿委员会不允许对任何听证进行录像、录音。其他公民出席旁听要事先获得许可。

法国的行政司法

——理论与实践*

[苏联]C. B. 巴巴托夫

法国的行政法律制度建立在18世纪古典自由主义思想的基础上:哪里的立法权和执行权集中在同一个人或同一个机关之手,那里的自由就不复存在。这个思想源于分权理论,它是针对封建贵族政治和执行权独裁一切的状况而提出来的。在孟德斯鸠的著作里,分权理论得到了最杰出的表述。根据孟德斯鸠的观点,审判权具有特殊的地位,它应当与立法权和执行权分开,使之处于政治之外,即摆脱和独立于立法者和政府的意志。在这种思想的影响下,法国在近两个世纪里形成了这样的审判组织形式:审判系统独立于其他国家机关,其基础由结构上分立的行使司法权的机关构成。但是,与不能夸大审判组织独立的意义一样,也不能夸大这一思想的意义。这一思想之所以流传,不仅因为它设计了国家政权的各个部门分立和互相制约以及保证审判系统真正独立的方案,还因为它正确反映了国家职能——对国家管理机关活动中遵守法制的监督就是这些职能之一——愈益专门化的客观要求。

一、行政司法系统及其管辖

从1789—1794年革命时期起,法国审判机构就分为两个独立的系统:以最高法院为首的普通审判系统和以最高行政法院为首的行政审判系统。审

---

* 本文原载1984年北京大学法律学系教学参考用书《行政法》第268-277页,由姜明安译自苏联《苏维埃国家和法》1981年第6期。

判组织分为两个系统的益处是双重的:一方面,普通法院摆脱了大量需要专门知识和特长审理的案件;另一方面,在公民和国家及国家机关复杂关系的范围内保证了审判政策的最大的统一。

法国革命以后,资产阶级自由主义法学家为了实现行政司法的思想,做了许多事情:创立了行政裁判系统,建立了最高行政法院,规定了行政司法机关的管辖对象,确立了行政司法机关的职权及办事机构等。最高行政法院在行政司法系统中占有特殊的地位。它开始是作为附设于政府的咨询机关建立的,直到 1872 年,它还无权对行政机关的行为作出最终裁决,虽然它一直保持着对国家管理活动和执法行为的监督职能。1872 年以后,它才开始执行直接的审判职能。不久以前,在 20 世纪 50 年代至 60 年代,这种职能的范围较过去更扩大了。

根据 1953 年 7 月 11 日的法律所实施的改革,法国行政法院的组织和权限都有了变化。其最主要变化是:在全国设立了 30 个行政法庭(基层行政法院),行政法庭有权裁决第一审行政争议。行政法庭不按相应的行政地域单位设立,而是作为地域之间的司法机构,从而它们不从属于某一地方管理机关。除此之外,法国还建立了许多专门行政审判机构,如会计纪律审查法庭、社会救济委员会以及各种职业纪律审查委员会,它们的职权是审理专属它们管辖的一审案件和终审案件。最高行政法院是行政法庭所审理的案件的上诉审级,是所有下级行政司法机关审理和裁决的案件的最高审级。最高行政法院除了有权对不服行政法庭裁决而提起的上诉作出终审,它还有权以一审程序审理请求撤销国家机关越权行为的案件。在法国的法律学说中,对行政诉讼的这些范畴有着确切的区分。

行政司法系统每年平均审理案件约 2.2 万件,其中 1/3 为最高行政法院审理的行政争议案件和实质性为第一审的行政案件以及根据监督程序审查的案件。这样,行政司法就执行着监督执行—指挥活动符合资产阶级法制要求的职能。虽然它负有此责,但是它的任务范围却不限于此。在国家的政治经济生活中,它发挥着不可小视的作用。例如,它保障资产阶级公民依法享有的自由,它裁决公务员行为违法的损害赔偿案件,它监督企业领导人进行经济活动的行为等。

二、保障公民权利和自由

著名法国法学家沙尔韦恩教授曾经正确地指出,对于行政管理机关行为的审判监督,如果只有一个系统,公民在政治生活中的权利和自由是不可能得到保障的。社会结构,普遍发展水平,经济进步和政治力量关系决定着公民的权利和自由,并保证维护这些权利和自由的审判形式的发展。这里还应补充一点,公民权利和自由的内容与保护这些权利和自由的方法渗透着资本主义制度的本质和利益。许多专著中谈到行政管理机关及其公务人员被赋予的自由裁量权问题,这种自由裁量权对于国家机关及其公务人员有效地履行国家委托给他们的任务是必要的。同时应该指出,职权的行使如果没有监督,会带来一系列危险的后果:违法地运用其权力或职位,为了实现个人私利制定有损于社会利益的、不合理的或者违反法律的决议以及行政专横等。据此,瓦林教授指出,行政司法的主要目的和关注应该是杜绝国家压制个人,这同根除行政活动中的无政府主义和官僚化是一致的。这一目的可以通过下述途径实现:建立强有力的法律机构,保证被管理者不受强权的压制。因此,他认为,行政诉讼的目的就是保护弱者不受强者的威胁。

在历史上的一定时期,法国行政司法机关曾经做到了对法制的尊重。因为这一点,法国最高行政法院在国家政治机构中曾获得了牢固的权威地位。特别突出的是,在公民与行政机关的工作人员打交道时,最高行政法院保护公民权利的作用尤其得到重视。到现在,关于这方面的法律规范已形成一部不同于普通法的专门调整对国家公务的管理活动的法典,它构成法国行政法的基础。

在资产阶级法制的早期,国家行政管理机关受法律制约,立法权掌握在民选的代议机关手里。当时的法律,根据其性质,根据其规范的非具体的普遍性特征,是从保护被管理者的利益的需要中产生的。正因如此,行政管理机关在其活动中尽可能地去做到尊重公民的权利。也就在那个时期,代表会议起了极其重要的作用,法律为国家行政机关规定了相当严格的界限。但是正如沙尔韦恩教授所指出的,“法律在任何时候都没有为所有公民提供过绝对的保障”。到第五共和国时期,代议机关衰落,结果是权力空前集中在政府及其部门的手里,它们自己制定调整自己活动和职权范围的规则。法律被一系列的非常法令所取代。这更加强了可作为法国行政机关特征的"技治主义"和官僚主义的倾向,它们拒绝向公民负责,或者极力拒绝和他们进行有效的合作。行政权的行使没有相应的责任,社会不能了解其所通过的决议的动机,这些促使了它们对被管理者利益的忽视。沙尔韦恩教授指出,今天被管理者成了行政行为的简单客体,成了国家行政机关的臣民。他认为,公民权利的保护在很大程度上取决于行政司法法官事后监督的保证。保护公民权利的规范所能实现的程度,为此所制定的规则及其所能具有的有效性程度,皆取决于行政司法法官的权威和胆量。

行政司法在保护公民权利和自由(如言论、信仰自由)方面的实践证明,一方面,公民没有什么能够抵御行政机关的自由裁量;另一方面,法院对公民权利的保障软弱无力。让我们举一个带有某种普遍性的例子:保护个人在行政职务关系上的独立性实际上是很虚幻的。例如,无论是按照法国国家职员缺额补充的古典方式——竞争的方式任用公务员,还是按照自由裁量的方式晋升公务员,都不能排除受其上级负责人有偏向性的意见的影响,对任用或晋升的对象是否适合相应岗位的评价通常包括对其思想观点的评价。行政司法法官在作这种争议的裁决时,常常容许对共产党人和其他进步人士的不平等待遇。

另外一个例子也是带有普遍性的。根据1958年宪法,行政司法保护集会自由的原则是:警察当局无权禁止公民集会,但当禁止是保障社会秩序的唯一手段时,则为例外。游行自由亦如此。在这种场合,"社会秩序"这个概念往往被警察当局和法官们作非常广泛的解释。这种解释在很大程度上取决于总的政治局势、当地的条件以及一定时期的政治力量关系。此外,对违法禁止措施的事后撤销并不是对已侵犯了的权利的适宜的恢复,因为集会游行已被破坏,而其后对它的组织者所作的可能的损害赔偿无论如何不能视为是对公民这一权利的保护措施。在出版方面,最高行政法院监督地方当局限制报纸发行的决定,其审查所加的限制有多大程度的合理性,它们是否是保证"公共秩序"的唯一措施均存在疑问。到1960年,这些案件的审判实践开始扩大,根据法国《刑事诉讼法》第30条关于取缔和禁止出版物的行为的合法性由行政司法机关作出评价的规定,地方当局根据法律取缔出版物属于行政行为,应置于行政司法的监督之下。然而甚至在行政司法机关撤销地方当局决定的情况下,它所判付受到经济损失的出版者的损害赔偿也不是完全的赔偿,更不是对该出版物订户已经减少的出版者的道义损失的赔偿。

第三个例子:在选举地方自治机关中,如果选民权利被侵犯,行政司法法官有权作出相应的裁决,而选举这些机关总是具有政治上的意义,这是很显然的。但是这方面的实践不具有稳定性,有时会发生随意解释诸如"滥用宣传"这样一些概念的情况,有时会不正确地作出"发表伪造材料导致损害"的结论。

三、判付损害赔偿的困难

行政法院有权给非法拘留的受害者判付损害赔偿。如果拘留这种限制个人自由的措施本身是合法的,但在实施这种措施的过程中对个人施行了暴力行为和体罚,那么也将发生损害赔偿的问题。但是,损害赔偿的判处有着严重的困难。例如,像侮辱这种情况,要计算损害程度就相当不易,如此等等。有时损害在法律上并不与违法的行政行为相联系。如果行政法院总的倾向是要使取得赔偿更有根据的话,那么在实践中,就只能对那种与违法行政行为有直接联系的损害判处赔偿。此外,审判实践说明,行政机关所实施的违法行为的严重程度在下述情况下不能认为是判付赔偿所应具有的程度:如果加于被害人的处罚措施是短时间的,或者如果"被害人没有充分的根据将该案向法院提起刑事诉讼"。

整体来说,审判损害赔偿的行政案件的实践有着很多矛盾,出现这些矛盾的原因之一是法律不完备和存在着缺陷、重复与矛盾的情况,其结果就是法官漫无边际地审理。热奥利教授指出,"在行政争议的审判实践中,诉讼裁决突然变化的情况是很多的。例如,对劳动合同中不合法的条款未及时地指出;有时允许依法不应满足的损害赔偿的诉讼得以进行;为无法律根据的人提供社会保障"等。他进一步指出,审判实践是易变的,是受法官主观意见左右的。在对选举争议的裁决中,法律赋予了法官以极大的自由裁量权。如果议会放弃了自己监督行政法官活动的职责,那么行政人员和执行权机关就会对行政法官的活动和行为施加影响,有时还会转为公开的压力。

四、行政司法作用于经济活动的形式

德腊加教授曾经指出:“将来,行政法官将变成审理经济争议的法官。”他对此有着有力的根据。在整个行政案件中,经济争议案件的比重已显现占优势的趋势(1974年占总案件的40%),这是国家干预经济的直接结果。国家关注经济联系和相应的法律关系的调节。行政司法是调整经济法律关系的有效工具之一,同时是政府制定经济指令的指导者。它具有几个方面的作用。法国最高行政法院和行政法庭对于经济争议的大量裁决形成了其意义日益增长的审判实践。这些实践的结果在经济领域内形成了一套“不成文的、很独特的公共经济法”,或者叫作“国家经济制度”,它的法律基础与其说是法律,不如说是行政司法判例。

法国行政司法既行使对于行政法制的特别监督职能,又执行对于企业行政组织所作经济问题决议的合理性的监督职能,这些经济问题不仅包括合同法行为方面的问题,也包括企业之间签订有关经济上相互交易的契约的形式问题。法官可以了解企业主经济活动的详细情况,调阅财政和会计文书审查所通过决议的事实的法律根据,以及以“保证公共利益”的观点对这些根据作出评价。德腊加教授指出,法官常常能够驳倒行政组织关于自己任务的本位主义说辞,强迫它们接受新的“更高一些层次的观念”。在某些情况下,法官的意见会和通常的实践尖锐对立,经济领导人长时间地拒不接受法院判决,因为执行这些判决将会给它们的经济利益带来损失。行政司法的官方理论认为,这种判决将逐步导致企业领导人自由裁量权的“收缩”。

第二次世界大战期间,行政案件的审判实践长期地建立在传统的经济自由主义原则的基础上。非法取缔财产的事实停止了,由地方政权机关建立的能够与私人企业竞争的公共企业被禁止了,国家行政机关和专家组织对私人的干预停止了。一句话,行政司法法官执行着保护私人财产的政策,遵循着个人自治权的原则。行政法院在自己的实践中把企业自由和公共利益混为一谈,反对早期对经济予以指导的尝试。

“二战”后,特别是在20世纪60年代至70年代,行政司法机关逐渐地放弃了他们过去坚持的上述原则,而管理中心的“全面深入的干涉主义”引起了“公共利益”概念本身的危机。作为资产阶级国家政治制度组成部分的行政司法有意或者无意地变成了政府经济改革政策的参与者,经济改革使经济单位平等这一基本原则陷入事实上的破产。例如,如果国家机关认为,“国家经济的公共利益需要鼓励某种企业的经济扩张”,那么行政司法法官即响应。完全放弃主体平等的原则,并加诸原告以对某一行政措施证明其无理性的责任。

国家政权的经济政策首先服务于垄断资本,特别是在第五共和国成立时期。它积极从事于工业、农业和商业部的结构改组;政府努力促进和全力加速生产集中,这些措施不可避免地危及诸如经济主体平等的上述古典原则的命运。里韦罗教授强调指出,国家行政机关在大多数情况下,把公共利益提到首位,不断地牺牲平等原则,以单方程序赋予自己以特权。一句话,实行有区别的不平等待遇。

如果说,在通常情况下,行政司法对经济领域的监督也只是具有有限的程度,那么,在出现“非常情况”时,这种监督就完全变成形式上的。在“非常情况”下,受害人为了胜诉,应该自己证明上述非常条件的缺乏。侵犯整体公民权利自由这类行政作用的范围的扩大,无疑导致对特定公民权利保护的削弱。

现代形式的行政司法也具有整个审判制度所具有的同样缺点:对公民请求裁判权的限制,司法程序的缓慢,诉讼费用高以及对待普通公民需求和咨询的官僚主义、形式主义的态度。判决执行难也是这些缺点的表现之一。如果大多数公民不知道自己的权利,不确切了解各社会机构或机关的职能,在一定程度上导致了他们对行政司法机关的不信任,那么运用法律上的技术和程序形式(尽管它们在这种过程中比普通司法多于运用说服的方法)都全然无助于司法机关与人民的接近。

法国行政司法尽管在国外享有很好的名声,但它却受到政府的有力影响和一系列有损于它在国家政权机关体系中独立地位的压力。已有文章指出,最高行政法院没有摆脱这种压力,在所有重大措施上陷入了可疑的政治勾连。

政府对法律界独立性的发展总是抱着嫉妒的态度,因为法律界对社会舆论有着极大的政治影响,特别是在危机时期,这种影响尤剧。目前司法部和最高法院之间存在极大的对抗。在行政司法裁判系统内所形成的观点区分只是国家政治力量关系的反映。刚毅的和原则性强的法官,特别是共产主义者和社会主义者的法官,总是利用一切可能来维护公民的权利和自由。

整体来说,法国行政司法仍然是资产阶级法律秩序和法制的屏障。它所作出的判决的效力取决于下述因素:什么样的社会政治集团影响政府政策,国家总的社会政治状况如何以及以什么样的方针指导立法和审判实践的发展。

行政法的内容及源流*

[英]D.幅尔克斯

行政法是关于公共行政的法。从法律的观点考察,它规定的是政府当局的形式和宪法地位,政府的权力和责任,行使权力和履行责任的程序,政府各部门之间相互法律关系以及政府和政府公职人员之间的法律关系。

对于法律学者、法律实务工作者、行政官员和政治学者来说,行政法均是一个日益重要的研究课题。之所以如此,原因是很显然的。国家传统的基本职能是保护社会不受外部侵略和避免内部冲突以及通过税收维持自身。除此之外,在上世纪中,随着公民权利的扩大和现代政党的出现,现代国家获得了许多新的职能。这些职能可以广泛地归为两类:制定规则和提供服务。前一类职能包括对土地的控制和使用,对工业过程和商业活动的管理,如社会保险、公共卫生、交通管理等。后一类职能包括提供物质的服务,如道路、铁路、煤气、电、电话、自来水和各种其他服务,如教育、卫生服务、社会服务、保险服务、培训服务和各种咨询服务。此外,对经济的一定程度的管理一般被认为是现代国家的必要职能。因此,现代国家不得不处理诸如失业、价格、工资水平及支付平衡等问题。

国家的这些现代职能当然是其传统职能所没有的,这些职能本身在规模上增加了和在范围上扩大了,例如,国防部和国内税收署的规模和重要性就

---

* 本文原载1984年北京大学法律学系教学参考用书《行政法》第253-263页,由姜明安编译自[英]Zaim M. Nedjiati, J. E. Trice, *English and Continental Systems of Administrative Law*(编译自该书第一章)。

说明了这一点。所有这些职能说明了国家介入了社会生活的最广泛的方面。现代公共行政这种发展即导致了行政法的发展。

行政法是关于政府的法律。政府的职能是各种各样的,从而调整它们的法律也是非常广泛的。无论是教授行政法的老师还是研究行政法的学者都不可能完全熟悉调整行政职能(如城乡规划、教育、住房、航空、公司监管、煤气供应、卫生服务管理等)的所有法律的所有细节。他们只能是教授和研究有关授予和行使这些权力的一般原则。仅有一个例外,这就是在考察特定问题时,他们通常必须涉及法律的细节,因为法律的抽象原则在适用到具体情况以前是没有实际意义的。行政法的重要原则常常是由于行政的具体问题而产生,之后又适用于这些具体问题的。那么,行政法是由一些什么样的问题引起的呢?行政法都规范和调整一些什么问题呢?

政府行使其职能必须获得必要的权力,因此,行政法规定的即政府当局取得权力的途径,它们从哪里取得权力?这些权力的性质是什么?权力的行使是否遵循任何特别的程序?其是否具有任何特别的形式?如果是,那么政府不这样做的后果又是什么?我们怎样保证政府权力仅用于它们被授予的目的,以及怎样使它们行使得更有力和更有效?

行政法不仅规定行政当局及其公职人员的权力,而且规定它们的责任。行政法规定行使权力的机关:一定的政府部门、各种国营公司、地方当局、混合企业等。另外,对于政府权力行使实行一定控制的法院的作用是与行政法密切相关的。在行政法的研究中,法律救济必然是研究的重点。不过,关于这个问题,我们一定不能把自己限制在狭窄的法律的范围内。我们至少还必须了解宪法的和政治的结构以及公共行政受制约的法律结构,了解法律救济和政治救济的关系,了解行政和有关政治机构的作用。

我们可以通过两种途径来考察行政法。第一种途径是把行政法作为控制行政权行使的工具。在这方面,主要应考察法院控制政府当局行为合法性的作用,虽然我们还应该考察其他重要机构的作用。但是行政法,实际上还有其他部门法,被作为控制的主要工具。这种控制是通过设置行政机构的法律程序和授予这些机构以权利和责任实现的。

第二种途径是行政官员受法律控制,但是法律又同时被视为用于达到目的的手段。在行政法的研究中,特别强调对行政权行使的控制以保障公民免受滥用权力的侵害,这也许是一种趋势。但是行政法还必须从有利于行政官员在政策指导下去办理它应该办理的事务的观点去考察,既适应保护公民免受滥用权力侵害的需要,也适应政府权力和有效行使这种权力的需要。

一、行政法的第一源流:议会立法至上原则

作为调整政府权力和公共行政活动的行政法,它的基础和根据应该认为是我们的宪法的安排和我们宪法的原则。行政法的第一源流是:“议会立法至上”(the legislative supremacy of parliament)。这一公认的准则是:议会能够制定任何法律和废除任何法律;对于议会立法规定的事项,没有什么大小之别;法律只有一件事情不能做,那就是阻止它本身在以后被废除,或者把自己置于另外的地位。议会不能限制自身,它能够在任何时候改变自己的意见。由执政党成员组成的政府,通常能够通过议会取得它想获得的立法。议会是我们宪法上最重要的法律的和政治的机关,它的突出地位在其与整个公共行政机构的关系上反映出来。“议会立法至上”的含义是:在国内没有任何其他机关、组织能够根据无论什么理由宣布任何一项议会立法无效。这一规则是上议院在“皮金诉不列颠铁路局”案中一致通过和确认的。在该案中,关于法院可以漠视法律某一部分的论点被坚决地摒弃。里德爵士指出,这种论点在任何一个有历史知识和有关于我们宪法的知识的人看来,都无疑是奇怪的和惊人的。

当然,法院常常被要求解释议会立法的含义。因为政府当局的权力和责任几乎整个地来自法律,因此,法律解释的问题在行政法中有着特殊的意义。议会法律的一个特征是:它们的制定有着很大的特殊性。法官最后依法进行审判,他们对法律的解释仅适用于这些被解释法律规则所包括的场合,这种解释是字面上的解释。如果被解释的法律规则在该法制定时没有包括当时不能预料的新情况,法官没有权力将这些规则适用于新情况。法院通常不能去寻求立法后面的东西以帮助自己作出裁决,它们不能通过阅看议会辩论报告去找例证。

二、行政法的第二源流:分权学说

行政法的第二个源流应该认为是“分权学说”(the doctrine of the

separation of power)。分权学说是与孟德斯鸠的名字特别联系在一起的。孟德斯鸠在他的《论法的精神》里提出,每一个政府都有三种权力:立法权、执行权(行政权)和司法权,为保障国民的自由,这三种权力应该掌握在不同的机关手里。因为"如果三种权力,即制定法律权、执行公共决议权和裁判私人争议权都由同一个人或同一个机关行使,则一切便都完了"。但是,我们即使能够容易地举出若干明确为立法、行政、司法三者的例子,也很难描绘出一条在理论上清晰区分它们的界限,很难在概念上完全把它们分开。在许多场合,要实际区分它们是很困难的。大臣权力委员会曾试图对行政和司法进行确切的区分,其指出,行政决定完全出自大臣的自由裁量,这种决定是根据政府政策的考虑作出的。而一个真正的司法裁决是以存在双方或多方当事人的争议为前提,而这种争议是通过审查争议的全部事实并"适用国家法律于所裁决的事实"予以解决的。因此,在大臣权力委员会看来,二者的实质区别是法律和政策的区别:一个真正的司法裁决不包括政策考虑,一个真正的行政决定没有司法的因素。对这种区别的适当性现在已发生了争议,罗布逊教授指出,就二者所包括的自由裁量的要素说来,司法和行政基本上没有大的区别。"司法行政……仅仅是一般行政分立的一种特殊形式。"此外,D. M. 戈登分析了司法与行政、立法的实质区别,指出司法是适应预先存在的法律规定的标准,而立法则不是根据法律而是创制法律,行政是根据政策和便利作出决定。立法机关是根据自己的意志制定法律的机关。

认为大臣权力委员会提出的分类是一种严格的划分是不正确的。大臣权力委员会是这样描述的:"对立法职能和纯粹行政职能进行明确的区分,在理论上确实是困难的,在实践上是不可能的。"在实际政治中……立法、行政、司法职能不可分割地交织在一起。在学术上试图找出理论上的分界线可能事与愿违。

我们在此还应该注意到"准司法"的概念,大臣权力委员会给"准司法"下的定义是"它只是一种行政裁决,不过在某种阶段或某种要素上具有司法的性质"。另外,"准立法"的概念也提出来了。这种使用"准"的提法使明确区分三种权力在理论上更困难和在实践中更近于不可能了。虽然如此,我们仍将探讨对分权可能有重要影响的诸多情况。

有些国家的宪法是建立在分权学说的基础上的。如美国联邦宪法明确授予国会以立法权,授予总统以执行权,授予最高法院以司法权。在这样的宪法中,构成权力的内涵常常缺乏考虑。例如,如果立法权仅授予立法机关,那行政机关能否行使一定的立法权呢?

人们把分权和权力划分相对照。联邦宪法,如美国和澳大利亚宪法规定联邦政府和州政府之间的权力划分,在划分的每一级别上也有分权的问题。在英国,我们看到权力在中央和地方政府之间的划分。这种划分的广泛政治需要为地方政府的存在提供了有力的根据。行政法把权力划分和分权等同看待,但是分权完全不存在于我们英国的宪法之中。诚然,司法独立在形式上被保障:最高法院的法官在职务上受到法律保障,免于被解雇的威胁。但是在我们的制度下,由于执行权源于下院中的多数党,从而执行权通常能够控制立法权。

三、行政法的第三源流:部长责任论

行政法的第三源流是“部长责任论”(the doctrine of ministerial responsibility)。所谓“部长责任”,是指中央政府各部部长就法律配置给他们各自部的权力和责任的行使向议会负责。这种政治责任的实现包括通过各种众所周知的议会程序,如接受和答复议会的询问、批评和质询(部内的文职人员不向议会负责,不能公开批评或声称支持部长的政策)。在这种意义上,部长不仅要对他自己的行为负责,而且要对他主管的部的每一个公职人员的行为负责。文职人员所作的每一个决定在法律上都认为是部长的决定(故文职人员不能公开把自己和所作决定相联系)。当然,部长不能过问他主管的部的每一个活动,不能对于所在部的每一个决定的每一个最小的细节都亲自定夺。这样说不是对部长责任论的质疑。部长只对部的适当的管理负责,部长负责只是将管理部的责任归于部长,文职人员作出的决定如果在部长应作决定的范围,这些决定即视为部长作出的。同样,他和高级文官必须注意他应该注意的问题,因为这些问题的结果是归属于他的,在实际上是应由他负责的。可是,部长的责任不意味着:因为文职人员的决定在法律上是作为部长的,部长就必须在所有情况下都承受文职人员的决定。在文职人员违反他的明确的指示时,他不需要对之负责。即使他有管理不当的过失,没有给予文职人员以明确的指示,或没有采取措施防止文职人员违反其指示事

件的发生，他也不需要对之负责。

部长责任论在我们的宪法制度中有关键的意义。它对于文官制度有深远的影响。所有文职人员的活动都自觉或不自觉地具有这样的性质：所有这些活动都由部长对议会负责。文职人员对政治首长的绝对服从被强调指出，同样，这种绝对服从是就文职人员在组织和管理方面，且对于政治首长有重要后果的、需要高度集中的事务而言。实践告诉我们，对决议制定的授权对于有效行政是必要的。部长责任和权力委授二者并不是对立的。部长负责和权力委授的成功的结合是最有益的，当然也是最困难的。部长责任论的另外的意义被认为是强调公平和避免错误。这需要认真制作供保存的记录案卷，以最高层的短期政治压力代替长期的计划。正是由于所有这些缘故，“分封”(hiving-off)显得很有吸引力。所谓“分封”，是指将某些特殊的行政职能分配给各相对独立的自治行政机关(相当于美国独立规制机构)行使，这些自治的行政机关对行使所授予的权力自己担负完全的责任。它们的日常活动不受部长控制，因而部长不为他们的行为向议会负责。最近这种机关的例子有邮电局和不列颠航空局等。

为因政府行为而使其权益受到损害的人申雪冤屈，通过政治途径予以救济是议会的一项职能，也许还是议会的一个重要职能。在行政法里，我们主要是讨论法律救济，但是在许多情况下，不考虑政治行动的可能性是完全不现实的。部长行使权力在受到法院非难时，对议会责任的存在与否能够影响法院对问题的看法。在“利维塞奇诉安德森”案中，上议院认为，法院对内务大臣作出的拘留原告而非对原告进行审判的命令不能提出异议。莫姆爵士说：“首先被授予这些最重要责任的人是一个大臣(部长)……他要对适当履行他的责任向议会负责……”在“地方政府委员会诉阿里基”案中，阿里基不服大臣关于他的财产的决定未能成功，大法官的判决在一定程度上是依据部长对议会负责的原则。戴雪认为，这样做“有些不幸”。在“某部大臣诉机车工程师和司炉工联合协会”一案中，德宁爵士指出，法院将警惕地审视大臣行动是否合法，“特别是对于那些不存在议会直接控制的场合”。

四、行政法的第四源流：法治或法律至上原则

现在我们来考察行政法的第四源流：“法治”(the rule of law)。戴雪

说,“法治”或“法律至上”是英国宪法的一个特征。它有三方面的含义。第一方面含义是:法律绝对至上或优越,是专制权力的对立物,它排斥专断……以致反对政府广泛自由裁量权的存在。

我们将可以看到许多称为广泛自由裁量权的例子,如建筑新城镇、修建新公路或者清除贫民窟。这些权力都源于立法中的普通法,其行使应受议会和司法的控制。但今天这样的控制是很少的,甚至有人断言,这些权力只能在各种形式的控制下行使是与法治相违背的。实际上它们的存有对于法治是必须的。这可以通过实践得到证明。可是戴雪的法治理论只注重个人权利,如个人自由的权利、公共集会的权利等。因为戴雪所阐述的“法治”的第一含义即是保护这些权利,而不是我们所述及的各种权力。轻视戴雪对于这些问题的偏见是错误的,因为只有那些权利和类似的基本权利能够得到保障,授予政府以广泛的自由裁量权才可能是安全的。

在戴雪看来,“法治”的第二方面含义是,“每一个人,无论他处于什么等级或有什么身份,都受国家普通法管辖,都要服从普通法院的裁判”。他指出,这种情况是和法国制度相反的,在法国最先出现了“行政法”(droit aministratif)的概念,政府和每一个政府官员拥有许多特殊权利和与公民相对抗的特权,这些权利所根据的原则不同于规定一个公民对于另一个公民的法律权利和责任的原则。私人和政府之间发生的争议,普通法院没有管辖权。戴雪把“droit administratif”翻译成“行政法”,说它是与法治不相容的。1915年,戴雪发表了《英国宪法的发展》一书。在该书中,他提出在当时是否有可能建立一个在精神实质上类似行政法但又不同于法国行政法的法律机制。他提出,授予行政以司法和准司法的权力是向建立某些类似法国行政法制度迈出的重要一步。但是,普通法院能够处理任何有关王国政府公务员实际和可能的违法行为这一事实仍然维系着他前面提出的“法治”概念,即不容许真正的“droit administratif”存在的“法治”概念。

政府公务员和行政当局对第三方当事人的责任一般由普通法院审理判决,适用普通法,这的确是英国行政法的基本事实。而在法国,对于行政机关的诉讼不是由普通法院管辖而是由国家行政法院(Conseil d'Etat)管辖。行政机关及其官吏的权利在许多情况下不是一般公民的权利,他们的权利是根据不同于确定一般公民权利的法律原则确定的。法国不同于英国的制度,对行政机关的错误给予很多的保护。事实上,政府有许多私人所没有的职能,如国防、城乡计划、铁路和公共卫生。因此,它们必须有执行这些职能的权力以及有调整这些权力行使的规则,而这些规则是不能够和调整私法关系的那些规则一样的。承认这一点并不必然会出现戴雪所担心的情况:政府成为专横的和超越于法律之上的存在,甚至致使"法治"不复存在,而情况可能正好相反。

戴雪赋予"法治"的第三方面含义是:我们不同于许多别的国家,在那些国家,个人权利,如不受非法逮捕的自由权利,是受对此确定一般原则的成文宪法保障的,而在我国,这些权利乃是法院裁决各种已经实际发生的个案的结果。戴雪指出,宪法不是我国个人权利的渊源,而是个人权利的结果。戴雪认为,如果权利被实际享有,也就不存在是否以这种或那种方法保障的问题。他提出,从救济手段上看,能够(通过法院)执行的权利比仅以一个别的权利更能得到保障,仅以法律文件宣告的权利更容易被中止或被取消。这就如同他赋予"法治"的前两个方面的含义一样,戴雪在这里同样是强调法院保障个人自由的作用。

现如今戴雪受到了尖锐的批评,但是他的影响仍是很广泛的。他的"法治"公式导致这样一种事实:直到现在,人们主要关注的是一种消极的目标,即保护个人免受专横权力的侵害。但是人们最近开始强调法治的另一方面,即"法治"积极的或促进方面的作用。这主要源于国际法学家委员会的一个会议报告,该报告强调,法治不仅取决于为防止政府滥用权力而为人们提供的充分的保障,还取决于政府有效地行使其职能,维护法律和秩序,改善和促进社会和经济发展,为广大公众的经济安全、社会福利和教育保障提供一个合理的标准。不应把完善经济计划和国有化看成与法治相对立的。因此,立法机关应有一种积极的作用,尽管对立法权应该有一定的限制。但委员会强调,法治应包括提供法律援助,以适应司法独立和法律职业独立的需要以及为罪犯提供适当保障的需要。戴雪强调法院在维护法治方面的作用,但是在今天,人们普遍认为,法治的存在是依赖广泛的各种组织的作用。

因此,维护法治的存在要求建立确定的原则和标准。这可以举两个现今的例子:1965 年的《战争赔偿法》追溯既往地改变过去的法律,剥夺伯玛石油公司 20 年前就政府在敌人逼近前故意毁坏它的机器设备而进行法律诉讼中从政府取得的赔款。这种剥夺被一些人看作和“法治”相冲突的，但是该法至今仍然有效，因为在我们国家不存在使追溯既往法律无效的强制执行的法律规则。第二个例子是：移民上诉委员会认为，把制定影响人们未来命运的决议的权力授予行政官员是根本不正当和违反“法治”的。因为人们对于这些决议不能提起上诉。

上面我们概要地考察和论述了议会立法至上原则、分权学说、部长责任论、法治或法律至上原则。这些理论学说的原则即构成行政法源流，即我们研究行政法的背景。

英国行政改革的经验

——大部制的理论与实践*

20 世纪 60 年代后期,英国政府中开始出现“大”部(giant department)的萌芽。到 20 世纪 70 年代,“大”部有了很大的发展。1970 年 6 月,希思政府上台后,即着手研究中央政府组织机构改革问题,同年 10 月 15 日发表白皮书,提出改革中央政府组织机构的方案,11 月对中央政府进行大改组。通过这次改组,进一步发展和完善了“大”部,将原 20 个规模较小的部合并成为 15 个规模较大的部,成立或完善了 5 个较标准的“大”部:外交和联邦事务部、贸易工业部、环境事务部、国防部、卫生和社会安全部。后来威尔逊、卡拉汉、撒切尔政府虽然分解了个别“大”部(贸易和工业部),以及将个别已合并到“大”部中的部又重新独立出来(运输部),但是从整体上看,他们还是坚持了“大”部的方针。例如,撒切尔政府仅设 17 个部,其中仍有 5 个“大”部(外交和联邦事务部、环境事务部、国防部、贸易、卫生和社会安全部)和几个类似“大”部的部(如农业、渔业和食品部、教育和科学部、内政部、就业部等)。

“大”部是英国政府在改善国家行政机关的组织和管理方面的一种尝试。下面简要地介绍一下有关的情况。

一、“大”部与效率

“大”部的特征包括以下方面。

(1)人多。例如,国防部现有职员 440,000 人(包括军职人员,不包括工

---

* 本文是笔者为中国社会科学院政治学所 1983 年举办的“政府体制改革学术讨论会”提交的论文。该文原载 1984 年北京大学法律学系教学参考用书《行政学》第 310-321 页。

业人员),卫生和社会安全部有职员 95,000 多人。但是,仅人多并不就是“大”部。如希思政府时的邮电部有职员 420,000 人,但它并不是“大”部(giant department),而只是大部(large department)。

(2)官多。“大”部除主管大臣外,至少还有 1 个相当于部门大臣地位的非阁员大臣,几个政务次官和几个常务副次官。例如,外交和联邦事务部除外交和联邦事务大臣外,还有 1 个非阁员大臣,3 个国务大臣,1 个政务次官,10 个常务副次官和十个助理次官。

(3)事多(各项事务具有一定联系)。“大”部一般都主管几个方面的事务,具有多方面的职能。这些事务和职能之间都有着较为密切的联系。例如,环境事务部主管地方政府、公共建筑、公共工程、环境保护等过去为好几个部所主管而又需要互相磋商交涉共同处理的事务。

(4)统一。“大”部虽然人多、官多、事多,但它们是一个统一的部。整个部由一个阁员大臣主管,该大臣对其所主管的部具有统一领导的全权,该部事务由他对议会统一负责。大臣之下设 1 名常务次官,管理整个部的日常事务。

1970 年 10 月希思政府发表的《中央政府的改组白皮书》举了“大”部的四大优点:其一,“大”部因其大,而能够自己确定战略目标和发展重点;其二,“大”部因是几个方面的工作从属于一个统一的部,从而使他们之间的问题和纠纷易于得到解决,而避免了过去部门分立时各部固执己见,使问题久久难以解决的弊端;其三,“大”部因其大,即能使部内的工作更加专门化;其四,“大”部有利于中央政府维持一个较明确的战略目标。尽管上述列举的优点在当时尚属预言性质,但在 20 世纪 60 年代后期英国已经开始了“大”部的实践。因此,可以认为 1970 年年底的“白皮书”中关于“大”部优点的论述是对“大”部实践的初步总结。

曾参加 20 世纪 70 年代初政府机构改革的原技术部常务次官理查德·克拉克(Richard Clacke)认为,“大”部除了以上四个方面的优势,还可以在以下方面给中央政府工作带来益处:一是“大”部制度有利于建立一个较为小型的内阁,这样,就能够提高中央政府核心决策机关的工作效率。二是由于对在事务上相互较密切联系的部合并,有利于减少它们之间可能的争执(即使发生争执,在统一的部内也较易于得到解决),而过去为解决这种争执曾耗费了内阁很多时间和精力。“大”部建立后,内阁就能够利用这个节约的时间和精力去做它需要做的主要工作,即履行它的真正职能的工作。三是因计划审查制度和政府支出审查制度在“大”部的建立和统一,有利于更合理地安排,配置人力、物力,确定更为实际的战略目标;同时也有利于建立政府核心组织(内阁)和部之间的新关系,以及确定财政部和文官事务部对其他部进行控制的新的形式。

但是,“大”部也存在一些问题,据认为,“大”部最大的风险是对主管大臣增添了过分的压力。在未建立“大”部以前,该大臣一般只主管一个方面的事务;在建立“大”部以后,他要对“大”部所有方面(常常是好几个方面)的事务负责。这样,他的政治敏感力和管理能力就成为至关重要的坎。另外,在一个“大”部里,好几个大臣在一道工作,如主管大臣能力不强,或者非主管大臣中有人缺乏良好的性格,或者部的组织方面存在缺陷,都可能使他们之间产生矛盾和冲突,在工作上互不配合,甚至互相拆台,这样势必导致各种风险。

对于“大”部制来说,除了上述潜在风险,还可能发生下述问题:其一,滥设“大”部。即不存在设“大”部的必要,而人为地、勉强地去设立;或者几个方面的事务全然缺乏联系,不具有“自然一致性”,而把它们硬凑合在一起。如果是这样建立的“大”部,不但不会产生上述各种的优势,而且可能使工作无法进行,使整个部的机器运转失灵。其二,变革频繁。“大”部的优势不是立竿见影的,即今天建立起“大”部,今天或者明天就能看到其优势,得到它的益处。“大”部优势的呈现和发挥需要时间。一般认为,建立和完善一个“大”部需要两年左右时间,而要使它的各个部分很好地协调运转,成为一个配合得很好的统一整体,充分地呈现它的优势,则需要五年左右时间。如对部的机构频繁地进行变动,那就可能导致前一变革的优势未充分发挥又随即失去;后一变革因其“早产”(未具备变革的条件或条件不成熟)不但不能显示其优越性,反而可能造成破坏和损失。很多改革家认为,“大”部优越性的发挥和效益产生必须有赖于部的机构的相对稳定。其三,制度的惰性。由于制度的惰性,在新事物刚出现时以致出现后一个较长时期,旧事物总是不能完全消失,而是不同程度地和新事物并存。这样,由新事物而产生的成果和效益往往实际难以在短期内为人们所认识和辨别,从而使人们看不到新事物的优势而对之怀疑动摇。“大”部这一新的制度亦是如此。

二、"大"部的内部结构

"大"部要有效地履行它的职能,必须建立一个良好的、部署得很合理、很适应于工作从而是强有力的内部机构。

在设有一个常务次官和两个常务副次官的"大"部里,通常将其主管的事务分为三个部分:两个大的部分和一个核心部分。两个大的部分分别由两个常务副次官主管,核心部分则由部的副大臣主管。核心部分包括为整个部服务的业务管理单位、资源和资金分配单位以及部的决策单位。各部分的自主权在很大程度上取决于其分管事务的性质。例如,在20世纪60年代后期的技术部,其分管航空事务的部分在日常业务方面享有的自主权就比较大。因为这种自主权并无损于它和部的其他部分的关系。

有人认为,把一个"大"部划分为这些"部分",并赋予这些"部分"与其工作性质相适应的自主权是不适当的。因为建立"大"部的目的正是为了对几个方面的事务进行统一指挥、统一部署,而把"大"部划分为各个部分,则自不利于这种统一。另外,把由常务次官领导的各个核心单位作为一个"部分",亦是不妥当的,这些单位乃是为整个部服务的,它们应该对整个部的工作进行指导,避免受各个单位制约和执行同部的总政策相抵触的政策。

另外,在"大"部,对下级大臣划分责任,使他们有一个较为稳定的活动范围是必要的,但是这种责任的划分不应该是绝对的。如果在这些大臣之下建立如同一个从属于部的等级结构,那么这将会有损于建立"大"部的目的实现和不利于它们的互相协作。

"大"部的常务次官担负着不同于传统部的职能。当然,在许多最重要的问题上,特别是在确定部的目标和策略方面,他们仍然是大臣的顾问和助手。但是,在"大"部,他大量的时间已经不是用于这种职责,而是花在部的高层管理方面了。他要负责部的资金及其他物质资源和人力资源的组织和分配,他要处理所在部与财政部及文官事务部的各种关系,他要执行对外代表所在部的全部工作。各种具体政策及行政工作应该由常务副次官和副大臣去做。

三、"大"部的机关事务管理

搞好机关事务管理对于减少部的人员或者使同样多的人能做更多的工

作和把工作做得更好有着重大的作用。

“组织与方法处”(O & M division)的设立对于改善“大”部的工作,提高“大”部的工作效率具有重要意义。“组织与方法处”是研究改进机关组织及其工作方法与程序,以达健全组织,提高工作效率,减少行政费用之目的的机构。它一般开展下述工作:(1)就现行组织与业务加以研究,以求改进;(2)就组织方法及工作程序发生的问题加以研究和予以改进;(3)协助业务主管人员,建立良好的报表、工作衡量、工作简化、业务检查、公文稽催等制度;(4)设计新的组织结构;(5)定期进行管理业务的视察;(6)与业务人员协商解决日常遇到的管理问题;(7)展开机关事务管理的专题研究;(8)撰写、编印书刊,沟通管理方面的情报信息;(9)执行计划,监督案卷、表格、报告、指令等的数量和质量;(10)鼓励各部门、单位展开改进组织与方法的研究。

20世纪70年代,一些“大”部由于设立这种“组织与方法处”,取得了明显的效果。据文官事务部统计,实行这一制度的部门,由于这种“组织与方法处”的工作,每年节约的经费达到它们本身执行职务所花费的经费的2.5~10倍。这就是说,这种投资的利润率是250%~1000%,即使把原来未列入计划但已进行的任务所花费的经费和实验工作的经费都计入这种单位的开支,对它们投资的利润也比工业投资可能取得的利润多得多。

四、“大”部“计划署”

传统部虽然也设置有计划单位,但长期的政策由内阁确定,它们只从事日常事务。1968年,富尔顿委员会(the Fulton Committee)提出在部内设置长期的“计划署”(planning units),以研究部的发展前景和政策。这在当时还只是一种设想。“大”部建立后,由于计划审查制度和政府支出审查制度的开展,开始出现这样的趋势:在“大”部设立与中央计划审查署和政府支出委员会相应的核心单位,进行这方面的相应工作,从而使富尔顿报告中的“计划署”开始在“大”部中变成了现实。

为了使“大”部更好地发挥自己的优势,克服盲目性和可能的混乱,每个“大”部都应该制订一个长期计划。对这种计划,“大”部自己应该具有审查的能力。审查分两步进行:第一步进行初步审查,看计划在确定的期限内(比如5年)有无实现的可能性;如认为具有这种可能性,接着进行第二步审查,即全面地审查,对各个项目进行详细的审查。

关于计划的期限,一般认为以 10 年为宜。计划署通过对目前各种发展趋势的研究和对各种信息资料的统计分析,确定 10 年内部的主要发展目标重点。例如,在技术部,对于民航工程、能源工程、原子能工程等的建设计划,其计划期都约为 10 年,即止于 20 世纪 80 年代初。当然,计划如果能设想得更长远些,那自然是好事。但是它必须建立在对各种有关发展前景趋势的资料、信息的分析和研究的基础之上,特别是要随时注意到科学技术的新发展以及对未来的预测。如果不是这样,那么计划将会因脱离实际而不能实现,甚至带来破坏性的后果。

建立长期的计划机构,要注意发现和吸收各种人才:科学家、经济学家和行政专家。这些人才应该具有远见,具有从事脚踏实地的工作者所必须具备的素质。

五、“大”部的核心管理单位

“大”部是由若干单位组成的联合体,在组织、人事、财务等方面都是统一管理的。统一管理整个部的组织、人事、财务的单位是“大”部的核心单位。它们对“大”部的各个组成部分起指导和监督的作用。

在“大”部,组织管理和人事管理通常是结合在一起的。“大”部正是因其“大”,因其“结合”(部门的结合、单位的结合、业务的结合)而能更好地部署人力资源,扩大专业基础,提供更好的管理服务。

20 世纪 60 年代末 70 年代初,在某些“大”部(如当时接发术部)曾设立了较大的核心管理单位:组织和事务管理署。该署由两个副大臣联合主管,以使这两方面的事务结合起来,使之完全融合在一个机构里,常务次官是单位署务负责人(拨款处还有两个常务次官负责)。

将“大”部统一的人事、组织、财务管理单位称为“核心管理单位”是具有一定意义的。一方面,这些单位的工作内容和性质有了很大的发展,继续沿用旧的名称就会使人混淆新旧事物之间的区别;另一方面,旧的组织和事务管理单位长期不被人们重视,认为它是一个无关紧要的单位。因此,为了反映这一单位的发展情况,亦为了改变人们对它的偏见,有必要改变它的名称,“核心管理单位”的称呼则是名副其实。

六、"大"部职员人数的控制

控制职员人数的总额以及对整个部的人力进行合理的部署,这对"大"部来说是一个非常重要的问题。通常的控制办法是由部统一分配职员,先由部将指标下达到各单位,然后由各单位再将它分配到新属的分支机构。各单位的职员人数在一定时期内保持一个限额。确定这种限额时,需要对各种有关情况进行全面细致的分析和判断,执行这种限额规定时,还需要有足够的灵活性。另外,在人员紧缺时,不应该削减"组织与方法"单位和研究单位的员额。

七、人力资源与人事管理

人力资源是一种最重要的资源。对于一个企业、一家公司来说是如此,对于担负国家管理职责的政府及各行政机构来说亦是如此。对于政府机构来说,所谓"人力资源"乃是指文职人员工作才能和技能的积累。这些才能和技能是人所特有的主观能动性的结晶,它只是在极有限的范围内才能被机器所代替。所谓"人事工作"或"人事管理工作"(management of personnel),就是工作人员的选任、培训和晋升的全过程。

获得大量的高质量的人力资源,需要进行这方面的投资。人们往往轻视这种投资,把它看作一种纯粹的"开销"或"支出"。实际上,对"人的投资"比对"物的投资"能取得更大的利润和效益。前面提到的"大"部对"组织与方法"机构的投资取得250%~1000%的利润就是最好的例证。

八、议会对行政的监督

议会对政府的监督主要是财政上的监督。监督的主要手段表现为拨款的整个程序和审计制度。这些程序和制度在过去主要是为了保证使议会通过的拨款能用于议会所确定的用途,防止行政机关滥用和浪费国家资金,特别是防止这些资金落入大臣和职员们的私囊。但是20世纪60年代以后,人们认为议会监督的目的不应该仅限制在这些方面,它应该是建设性的,它应该带来建设性的效果,而不应该把时间和力量主要用于去追究已经发生的不当事情。"大"部制以后相继设立的审计员和审计长尽可能地使自己进行建设性的工作。但是,在现行制度下,政府支出委员会决定着每一个部的总经费和使用这些经费的方法,议会通过拨款遵循的是传统的程序,政府预算由几十万个互相制约的个别项目构成,议会对这种细目不可能进行全面实际的了解,因而审查只能是形式上的。议会监督从而远离了政府工作的实际。

20 世纪 60 年代初期,议会曾大大简化过监督的程序,每个部只要提出自己需用人力和经费的简明数据,各种细目大为减少,从而使整个政府预算包括在一本仅为 850 页的卷册里。60 年代末,文官事务部成立后,要求这种预算卷册的页数增加 40%,各种细目、资料都大为增加,这使很多行政机构和工作人员陷于"纸张战"的苦境。而这对于监督的实际效果来说并没有加强多少,甚至反而削弱了。因为细目的增加常常使监督变成形式。要进行有效的监督,不在于取得多而详细的资料,而在于取得有意义的资料——通过它能够看到现实中正在发生什么的主要资料,烦琐的程序耗费很多的人力、物力,耽误很多的时间,其导致的经济耗费和损失是惊人的。因此,人们提出很多改革各种程序的方案,表决财政案的票数,拨款的细目、名称、特殊处理以及销账监督等程序都尽可能地进行简化。

拨款程序的根本改革将有助于改变某些传统的理论。这些理论认为,议会方面公共账目委员会和审计署在经费方面是部的监视人、批评者,而政府方面的公共账目委员会中的常务次官则是它的辩护人,二者是对立的。拨款程序改革以后,常务次官将把审计员看作帮助自己找出所在部的制度中存在的弱点和加强所在部的建设的助手,他欢迎审计员对部存在弱点的揭露,而不是致力于去为这些弱点辩护。审计员和常务次官二者之间由对立转为合作,根本原因就在于监督的建设性目的的确立。

如果监督、审查的性质和目标都遵循着建设性的途径发展,那么就必然要求政府支出委员会、财政部、公共账目委员会和审计署的机构和工作程序进行改革,部的相应机构和工作程序也应相应改革。在财政程序方面,由常务次官向监督审查机构提交关于所在部的财政程序和关于怎样最有效使用拨款的报告,财政部和审计署对报告进行全面的审查。审查中发现了应由常务次官个人负责的问题时,则追究常务次官个人的责任;发现了不应由常务次官个人负责的问题,常务次官有责任提出何人应对此负责。对重大的决定性的问题,常务次官要提出防止这类问题再度发生的措施。对于某些重要的领域,应该指定特别的高级职员负责。

新的制度并不取消或减少对部及其常务次官的考核,它比过去的制度更能够发现问题和揭露问题,它将避免部的高级职员为维护他们的常务次官而压制揭露部的问题的倾向,将使常务次官更好地履行他的职责,而不是成天地忙于应付一大堆的文件和报表(而这些文件和报表所列有关事项又并非在他的职责的合理范围内)。总之,新的程序制度将使议会的拨款使用得更为合理,带来更大的经济价值和效益。

很多政治学家认为,财政问题不仅是一种形式的程序问题,更是政策的核心问题,行政对于议会的关系上应该更强些,主动权应该更大些。议会对于政府的财政监督虽然不应该取消和削弱,但要改革某些旧的形式,简化烦琐的程序。这样,既能加强议会实质性的监督,又能使政府部门在财政管理上提高效率,从而取得更好的效果。

澳大利亚“新行政法”的产生及其主要内容*

澳大利亚法学界将澳大利亚自20世纪70年代以来制定的一系列调整现代行政关系,反映现代行政权力行使民主化、科学化趋势的法律及在实施中形成的相应法律机制称为“新行政法”(new admini-strative law)。澳大利亚“新行政法”的主要代表性法律有:1975年《行政上诉裁判所法》(AATA),1976年《督察专员法》(OA),1977年《行政决定司法审查法》(ADA),1982年《信息自由法》(FIA)以及1988年《隐私权法》(PA)等。这些法律的制定和实施对于澳大利亚建立在英国普通法基础上的旧行政法是一场具有重大历史意义的改革。这场改革历时近20年,它是逐步的、以渐进的形式进行的;它不是在打碎旧制度的基础上建立新制度,而是在改造旧制度的过程中形成新制度。该新制度不是完全以某一个国家的法制为模式,而是既以英国制度为基点并加以改进(如行政裁判制度),又引进美国行政法的许多新制度(如行政程序、信息自由、保护隐私权等),并借鉴了欧洲大陆国家行政法的某些制度或其制度中的某些内容(如督察专员制度、行政法院制度中的某些内容),甚至也从中国法律中吸收了某些精华(如行政程序中的调解、协商等)。澳大利亚“新行政法”反映了世界各法系、各法律制度互相接近、互相借鉴,互相取长补短,以适应现代经济发展和民主政治需要的趋势。当然,在这一总趋势中,各国的进展互有差别,甚至有很大的差别。

---

* 本文原载于《中外法学》1995年第2期。此文是笔者1994年在澳大利亚悉尼大学做访问学者期间撰写的。在写作过程中,笔者曾就澳大利亚“新行政法”的问题,多次与悉尼大学著名法理学教授A. E. S. Tay和行政法教授M. Alars以及亚太法中心副主任C. S. C. Leung讨论。本文采用了她们给笔者提供的有关资料,吸纳了她们的一些有价值的观点和看法。

一、澳大利亚“新行政法”的产生

澳“新行政法”是在下述社会背景情况下产生和形成的:(1)“行政国”(administrative state)的出现;(2)“福利国”(welfare state)的兴起;(3)“议会主权”(sovereign of parliament)的衰落;(4)“司法单轨制”(single track of justice)的危机;(5)公共行政理论(public administration)的发展。

(一)“行政国”的出现

第二次世界大战以后,特别是近二十年来,澳大利亚和其他主要西方国家一样,由于科学技术的进步和其他因素,社会经济有了很大的发展。社会经济的发展导致了社会经济关系的复杂化和各种利益的矛盾、冲突。为了保证社会经济的协调发展,调节各种领域、各个部门及各种企业、组织、个人间的利益关系,各种新的行政机构应运而生,行政人员不断增加,行政职能不断扩张,日益突破传统的立法、行政、司法三权的界限,行政权侵入传统的立法、司法领域,行政立法、行政司法(行政裁判)已成为行政权不可分割的重要组成部分。行政权已经渗透到社会生活的各个层面,人们从出生到死亡(从摇篮到坟墓),无时无刻不生活在行政权的保护或干预之下。这种现象即现代西方学者在其著述中所称的“行政国”。“行政国”的出现,使过去自由资本主义时代产生的并适应自由资本主义时代社会经济需要的旧的法制在调整新的社会关系方面遇到了种种难题。澳大利亚过去基本承袭英国的普通法制度,这种法律制度对于因“行政国”出现而产生的大量新问题更是难以应付,从而严重妨碍了社会经济的发展。正是在这种形势下,澳大利亚在20世纪70年代开始着手进行一系列重大的法律改革(在联邦和州均成立了法律改革委员会),其中最重要的内容就是制定“新行政法”,建立“新行政法”机制。

(二)“福利国”的兴起

西方国家社会经济发展导致了“行政国”的出现,同时,也促成了“福利国”的形成和兴起。所谓“福利国”,就是由国家向公民提供各种福利待遇,如养老金、失业救济、免费医疗、伤残抚恤以及各种补助、津贴等。为了实施这些福利项目,政府必须建立各种相应的机构和设施,制定各种标准和程序规则。而在这些机构、设施的运作过程中和这些标准、程序规则的适用过程中,不可避免地会产生各种争议、纠纷、矛盾,为此,必须建立相应的法律调整机制。“新行政法”的一个重要功能就是调整因“福利国”而产生的各种行政关系。

(三)“议会主权”的衰落

澳大利亚与英国一样,长期以来一直以“议会主权”作为宪法的基本原则。但是第二次世界大战以后,由于政党和内阁制度的进一步发展,“议会主权”开始名存实亡。虽然在宪法和法律上,议会与政府的关系仍然是:议会控制政府,政府向议会负责(“责任政府”制度),但在实际社会政治生活中,却是政府控制议会,议会听命于政府。在这种情况下,公民不再像过去时代那样迷信议会,他们不再指望议会能完全代表和保护他们的利益(因为事实上早已不可能)。于是他们要求以各种途径和形式直接参与政府决策和直接监督政府;要求政府活动公开和向公民提供政府活动的信息;当政府行为涉及他们的利益时,要事先征询他们的意见,向有关公民团体咨询或为有利害关系的公民提供听证机会等。澳大利亚“新行政法”中的委任立法法、行政决定司法审查法、信息自由法与美国的行政程序法、阳光下的政府法、信息自由法等立法一样,都反映了现代社会公众对议会制和责任政府制的信任危机而希望寻找另外的民主政治途径的要求。

(四)“司法单轨制”的危机

普通法国家的“法治”理论长期受英国权威宪法学家戴雪的影响,认为一个国家只能有一种法律和一种法院,即普通法和普通法院,在普通法院之外再设行政法院或其他法院(如法国等欧洲大陆国家实行的司法双轨制)就是对“法治”的践踏和破坏,就是专制和暴政。因此,普通法国家都不设行政法院,所有行政案件都由普通法院统一审理和裁决(实行所谓“司法单轨制”)。但是20世纪以来,这种司法单轨制日益走向危机:由于科技和经济的迅猛发展,行政案件日益具有技术性和复杂性,普通法院的法官没有相应管理领域的专门知识、专门技术和专门经验,难以及时和准确处理越来越多的行政争议案件和与行政管理有关的民事性案件,从而造成案件的大量积压和裁决错误(有时甚至是荒谬的错误),给相应企业、经济组织、社会团体和个人的利益造成了严重的损害。在这种情况下,社会广泛呼吁抛弃过时的“法治”理论,对司法单轨制进行改造。于是,各种准司法性质的行政裁判所相继成立,特别是20世纪70年代中期成立的行政上诉裁决所,受理多种行政上诉案件,有些行政裁判所类似于欧洲大陆国家的行政法院。行政裁判制度既吸收了普通司法独立、公正的优越性,又以其专门性、程序简便、处理案件快捷、收费低廉等特点避免了普通司法的相应弊端,因而很受公众欢迎。

(五)公共行政理论的发展

公共行政理论的发展和对政府行为的影响也是澳大利亚“新行政法”产生和形成的重要原因。特别是公共行政学说的决策理论和组织理论对“新行政法”的形成有着更直接的作用。根据决策理论,政府在制定某一政策、采取某一措施、实施某一行为前,要预先对各种不同方案进行研究和论证,权衡各种方案的利弊,测算各种方案的成本及社会经济效益,在此基础上选择和确定最佳方案。根据组织理论,政府实施行政管理,要明确各机构、各部门、各层级的相互关系及其职、权、责,同时要把握非法定的人际关系及各种群体的相互作用、相互影响和各群体的多方面的因素。这就吸收了现代公共行政理论的相应学说。例如,委任立法和行政决策程序、行政计划、规划中的咨询论证程序,行政裁决和某些行政行为中的调解协商程序等,都反映了现代公共行政理论对“新行政法”的影响。

二、澳大利亚“新行政法”的主要内容

澳大利亚“新行政法”包括很广泛的内容,其中较重要者可概括为下述诸项:(1)参与权——政务民主;(2)知情权——政府信息公开;(3)隐私权——保护私人信息;(4)救济权——多途径救济;(5)监督权——多形式监督。

(一)参与权——政务民主

传统的民主以议会为中心,公众通过议会参政、议政、督政。议会代表公众控制和监督政府,使政府的政策和行为反映公众的利益和要求。议会主权旁落以后,公众在很大程度上对议会失去了信任,转而要求直接民主,直接参政。“新行政法”正是根据公众的此种要求,为公众提供直接参与政府决策和参与具体行政决定的机会。例如,政府制定法规和规章,联邦和州的有关法律(如维多利亚州的委任立法法)要求必须征询公众意见,特别是要与有利害关系的个人或团体协商,有些法规、规章还要交民间的咨询委员会或技术机构予以论证。凡是法律对这些要求作了命令性规定的,法规、规章制定者如

不遵循这些要求,将导致相应法规、规章无效;相对人亦可请求法院确认违反法定参与要求的法规、规章无效。至于政府作出具体行政行为,相应行为如对相对人的权益产生影响,行政行为实施机构要事前通知相对人,听取相对人的意见,必要时还要举行公开听证;行政机构要告知相对人行为的根据、理由,相对人可提出怀疑或反对的意见,并提供相应的证据材料,双方可进行对质和辩论。对于行政决定涉及不同相对人的不同利益时(如劳资双方、生产者与消费者双方、致害人与受害人双方的不同利益;又如某种资源分配的多个接受者的不同利益:增加甲的份额,就可能减少乙、丙等的份额;某种许可证的多个申请者的不同利益:发给甲许可证,就可能使乙、丙等失去取得相应许可证的机会等),必须通知不同利益的相对人同时参加听证。当然,澳大利亚"新行政法"并不要求所有行政决策和行政行为都要有公众参与,对于涉及国家安全、国防、外交等需要保密或某些紧急性事项,法律有时会明确排除公众参与。对于某些特别事项,法律有时会限定公众参与的形式(如仅要求提供书面意见,而不举行听证和协商)。不过,政府机关在执行法律时,倾向于为公众提供参与机会。对于相应法律未规定公众参与,也未排除公众参与时,政府机关通常根据"新行政法"的精神,适度地接受公众参与,以便使公众增加对政府政策和行为的理解,在执行中配合,减少或避免在执行中可能发生的阻力。

(二)知情权——政府信息公开

在"新行政法"中,知情权(政府信息公开)有着重要的地位和作用。首先,它是公民参政和监督政府的前提。没有知情权,公民不知道政府的情况,不知道政府已经做了什么和正在做什么以及将要做什么,就谈不上参与政府决策和监督政府。其次,它是公民保护其权益不被政府错误行为侵害的条件。没有知情权,公民不知道政府作了什么影响自己权益的决定,其理由根据是什么,就难以防止和及时纠正政府根据错误信息或档案中的错误记录对自己作出错误的处理决定和损害其合法权益。根据"新行政法"的要求,有关政府机关和其他法定机构的组织、职权、责任、活动程序的文件,政府和政府部门制定的所有条例、规章和其他规范性文件,特别是其中涉及相对人权利义务的,都必须在政府公报中公布,并允许公众查阅、复制(收费或不收费);政府作出有关相对人事项的决定,都应送达相对人并说明决定的理由;

允许相对人复印有关证据材料,政府保存的有关个人的档案,允许相对人本人查阅,对其中虚假或错误的内容,相对人有权请求有关政府机关予以更正;对于需要保密、不允许公众查阅的政府信息,应由法律明确作出规定。作为政府信息公开的例外,根据有关法律的规定,其范围主要限于:(1)涉及国家安全的信息;(2)涉及内阁或内阁委员会审议事项的信息;(3)涉及有关企业、团体、个人商业秘密或个人隐私的信息。除了法定不公开的信息,其他所有政府信息,相对人申请查阅和提供的,政府无权拒绝。否则,相对人可申请法院发布相应命令,责令政府提供。政府如以相应信息需要保密为理由仍拒绝提供,法院有最后审查权。如法院经审查确认相应信息不属于法定保密范围,政府不得再拒绝提供。

(三)隐私权——保护私人信息

与政府信息公开的原则相对应,“新行政法”的另一个原则是保护企业、团体和个人的私人信息。澳大利亚《隐私权法》关于私人信息专门规定了以下规则:(1)有关个人信息的收集、存档和公开必须与法定目的直接有关,且为实现法定目的所必需,并采取正当的手段和通过正当的程序;(2)收集个人信息应事前(如事前不能,则应在收集后尽快地)告知相对人收集的目的,收集的法律根据,收集的信息将向何机关、团体或个人透露;(3)信息收集者应保证收集的信息是符合法定目的的,是最新的和完整的;(4)拥有或控制含有个人信息的档案的机构应保证相应信息不丢失,不为未经授权的人查阅、使用或更改,不得向未经授权的人透露;(5)档案保管机构应将信息的性质、目的、类别、保管期限、有权查阅的机构或个人以及查阅手续等事项登记于相应的书面文件,允许相对人查询,每年向国家信息专员提供一份副本;(6)除法定排除查阅者外,相对人有权查阅与之相关的档案;(7)为保证档案的准确性和与法定目的有关,档案保管者在信息保存期间可对相应信息进行适当的修正、删除或增加;(8)档案保管者在信息使用前,要审查相应使用的目的,并确定相应信息是最新的和完整的;(9)个人信息通常不得用于非预定的目的或向他人透露;(10)只有在相对人同意,或者法律授权,或者为防止或减少相对人或其他人生命、健康所受到的严重或急迫的威胁所必需,或者为执行刑罚、罚金或保证税收所必需的情况下,个人信息才能用于其他非预定的目的和向非相对人的其他个人、团体、机构透露。“新行政法”关于信息的上述原则体现了现代社会有关人权观念和人权保护制度的新发展,也反映了现代社会经济和科学技术发展对保护商业秘密、技术秘密,防止行政权侵犯企业、组织、私人信息权,损害或挫伤投资者、生产者、发明者积极性的需要。

(四)救济权——多途通救济

在普通法国家,传统的法律救济是司法救济,法院外的救济很少存在和仅有很小的作用,公众对法院有特别的信任但自20世纪初以来,这种情况开始改变。作为普通法主要代表性国家的英、美,走上了法院内和法院外救济并行的道路,在普通司法之外另辟行政裁判制度,作为法院救济的辅助和补充,如英国的行政裁判所(tribunal)、美国的行政法官(ALJ)。法院外救济制度的建立是司法单轨制危机的产物。澳大利亚与英、美同属普通法国家,社会经济的发展使司法单轨制愈益显现不相适应,新的法律救济形式亦随英、美之后而产生。其中最重要形式是1975年的《行政上诉裁判所法》创立的行政上诉裁判制度。澳大利亚的行政裁决制度与英、美的制度比较,有下述特点:(1)形式多样。澳大利亚既有受理不同领域、不同部门行政案件的普通行政裁判所,如行政上诉裁判所;又有仅受理某一领域、某一部门专门行政案件的特别裁判所,如福利裁判所、移民裁判所(限移民领域)等;还有受理专门民事性质案件的专业裁判所,如工业裁判所、贸易裁判所、医疗裁判所等。(2)裁判所独立性强,不受行政干预。例如,难民裁判所作出的有关外国人申请难民资格的决定,即使与移民部的特定政策不一致,移民部长对此不满,他也无权改变裁判所的相应裁决。他对此唯一可能做的事情只是以当事人的身份就裁决的法律问题向联邦法院提起司法审查之诉。(3)裁判所处理案件注重调解。例如,行政上诉裁判所处理案件通常的程序是:接到当事人的上诉后,首先通过电话对双方当事人进行调解;如电话调解不成或电话调解不方便,则随之召集双方当事人举行专门的调解会议进行调解;专门会议如仍调解不成,才正式开庭审理(听证);但正式开庭前若干天,还要组织双方当事人及其律师就开庭时间、地点、证人、证据等问题进行一次短时间的协商,亦具有某种调解性质。裁判所通过调解结案的案件占其受案数的60%以上。(4)程序简便、迅速、非正式化、收费低廉(某些案件,如申请养老金、救济金、抚恤金等案件,可免费受案)。当然,行政裁判由于律师的参与、开庭辩论等,其程序也具有一定的正式性,有些案件处理时间也比较长。当事人对裁判所的裁决不服,可就法律问题向联邦法院申请司法审查。对于某些超过法定期限或依法不能申请司法审查的案件,当事人还可以向联邦督察专员申诉、控告,请求其调查和促成其解决。行政裁判、司法审查、督察专员等都是“新行政法”为公民提供的有别于普通法救济的新的法律救济途径。

(五)监督权——多形式监督

根据“责任政府”理论,政府由议会负责,受议会监督。公民对政府的控制和监督是通过议会实现的。议会可以做它愿意做的任何事情,它不需要任何其他形式对政府进行监督。但自20世纪中期以后,“责任政府”理论逐渐发生动摇,从而“新行政法”创设了多种形式的监督机制,弥补因“行政国”出现而变得软弱无力的议会监督的不足。新的监督机制中最重要的环节是督察专员制度和司法审查制度。根据澳大利亚《督察专员法》,澳大利亚督察专员由总督任命,依法独立行使职权,不受政府干预。督察专员的职责主要是根据公民的申诉、控告或其他信息来源,对政府各部和其他法定机构及其公职人员的违法失职行为和其他不公正、不合理的行为进行调查;根据调查结论,向有关机构或公职人员提出纠正违法不当行为和给予受到违法不当行为侵害的相对人以救济的建议意见。督察专员可就发现的问题和对有关部门作出的建议意见向首相提交报告。每财政年度结束后,督察专员还要向议会提交年度报告,平时其可就特别问题向议会提交专门报告。督察专员的报告要以一定的形式向社会公布。督察专员虽然不能对政府部门及公职人员的违法不当行为进行直接处理,但其调查行为及其建议、报告有着特别的威慑力,这对于保证政府廉政、勤政具有特殊重要的作用。

司法审查是澳大利亚另一种重要的法律监督形式。根据澳大利亚《行政决定司法审查法》,澳大利亚公民认为行政决定或与行政决定有关的行为或不行为具有下述情形之一的,均可申请司法审查:(1)违反自然正义原则;(2)无管辖权;(3)超越权限;(4)不适当行使权力(包括行使权力考虑了不相关的因素或没有考虑相关因素;不符合法定目的;恶意行使自由裁量权;不合理行使权力;其他滥用权力的行为);(5)适用法律错误;(6)因欺诈而行为;(7)行为没有事实根据和证据;(8)违反法律规定;(9)不履行法定职责;(10)履行法定职责超过法定期限(不合理迟延)。法院通过司法审查,确定行政行为具有上述情形之一的,可以作出下述裁决:(1)撤销或部分撤销相应行政行为,或宣布其无效;(2)将相应行政决定退回行政机关,要求其按照法定的指示重新考虑和重新作出决定;(3)宣告或确认当事人在相应事项上的权利;(4)责成有关机构或个人作出或不作出某种行为。此外,澳大利亚法院在进行司法审查中,根据当事人的申请,可以责令行政机关向当事人提供作出相应行政决定或行为的根据、理由和有关证据材料。

除了督察专员制度和司法审查制度,在澳大利亚“新行政法”体系中,各种独立行使职权的行政裁判所也构成行政法制监督的重要环节(行政法的某些制度,从其某一方面考察,可以视为法律救济机制的环节;从另一方面考察,又可视为法律监督机制的环节。前述督察专员制度、行政裁判制度、司法审查制度、政府信息公开制度等均如此)。

澳大利亚委任立法制度的理论与实践*

委任立法(delegated legislation,又译授权立法)本是与民主政治不相容的,但为了解决现代社会所面临的各种复杂问题,委任立法在今天是不可或缺的。如何既利用委任立法来解决人类的诸多现实问题,又尽可能防止和避免它对民主和人民权利、自由可能的危害,这是摆在现代政治学家和法学家面前的一个重大理论问题。本文介绍澳大利亚在解决这个问题方面的某些经验,以为我国学者研究此问题提供一个借鉴。

在澳大利亚,委任立法是指联邦和各州的总督、政府部长、部、地方政府和各种公共机构根据议会的授权制定的条例、条令、法律细则、规则等规范性文件。20 世纪以来,特别是第二次世界大战以后,随着行政权的扩张,委任立法的数量已相当于乃至超过议会立法的数量,而且还有进一步发展的趋势。

委任立法由于是将议会的立法权转移到行政机关行使,因而受到种种批评。最激烈的批评是指斥其违背“议会主权”原则,是对现代民主和法治的反动和破坏。委任立法的维护者对此予以反驳,他们指出:其一,委任立法是议会将权力委托行政机关行使,这种权力本身是属于议会的。任何时候,议会认为行政机关行使不当或愿意自己行使,都可以将委托出去的权力收回。其二,委任立法的行使受议会授权法的限制,它不能超越授权的范围,亦不能滥用所授权力。否则,将导致委任立法无效。

---

* 本文原载《中国法学》1995 年第 1 期。此文是笔者 1994 年在澳大利亚悉尼大学做访问学者期间撰写的。在写作过程中,笔者曾就澳大利亚委任立法的问题,多次与悉尼大学著名法理学教授 A. E. S. Tay 和行政法教授 M. Alars 以及亚太法中心副主任 C. S. C. Leung 讨论。本文采用了她们给笔者提供的有关资料,吸纳了她们的一些有价值的观点和看法。

批评者继而提出,即使如此,议会也没有必要将自己的权力委托出去。议会的立法权是宪法赋予的,委托其他机构行使就是违宪。维护者答辩道,委任立法权是在议会规定的一定目的、一定界限、一定保障的前提下行使的,从而是合乎宪法的。而且,委任立法在现代社会有其特别的必要性,这表现在:第一,议会立法事项太多,不可能全部由其独立完成。委任立法可减轻议会的时间压力,通过把大量有关具体行政事务的立法委托出去,议会即可集中精力来解决重大问题。第二,议会对有关技术性事项没有专门知识和经验,相关立法委托具有专门知识和专门经验的机构制定,能保证立法更为迅速和更高质量。第三,为贯彻实施重大和复杂的改革计划,有必要委托行政机关就各种议会立法时难以预见的新问题补充立法,在这方面,行政机关有其优势。第四,委任立法具有灵活性,可避免议会立法过分"刚性"和程序缓慢带来的不便。第五,对某些试验性事项和措施不适于议会立法,委任立法则较为适应。第六,委任立法程序简便,适于解决紧急情况下必须迅速解决的有关问题。

批评者仍进一步质疑,委任立法即使合乎原则和需要,但在实践中要对之进行控制有相当难度。行政机关本来就具有强大的行政权,再将相关立法权委托其行使,如何保障其不滥用这种权力呢?议会将自己的权力委托出去,如何保证被委托者按照自己的意图,按照自己所授权力的范围和授权法规定的方式行使呢?维护者认为,这些问题可以通过多种途径解决。首先可建立一套程序制约控制机制,其次可完善议会监督和司法审查制度。如果各控制制约环节能有机地构成统一协调的保障机制,那么,滥用委任立法权的问题是可以得到较好解决的。当然,任何完善的制约保障机制也不可能保证完全不发生任何滥用权力的问题,但我们不能因为怕出问题而不去做我们应该做和必须做的事情。

那么,澳大利亚委任立法的现状究竟怎么样呢?其保障机制是否健全?如何运转?效率怎样?本文拟从委任立法本身和对委任立法的控制等不同方面来探讨这些问题。

一、澳大利亚委任立法的程序

澳大利亚委任立法有各种不同形式和名称,其中主要形式有两种:第一种是由总督、政府部长制定的条例，具有重要的地位，称为“次法律”；第二种是由政府部门、地方政府和其他公共机构制定的其他委任立法，其地位不及第一种重要。委任立法的名称有条例、规则、法律细则、命令、条令、公告、授权令（或译“委任状”）、方案。条例由总督、政府部长制定，规定有关重要事项；规则通常规定有关程序事项；法律细则是对法律的具体化和细化，规定某一领域或某一行业的有关事项（如《地方政府法细则》《大学法细则》《铁路法细则》等），法律细则与条例一样，也构成“次法律”；命令可用于规定各种行政手段和行政措施；条令则适用于联邦区域立法和地方委任立法；公告是总督发布某种文件使用的名称；授权令（委任状）和方案则用于规定城市和乡镇规划。

条例在澳大利亚各种委任立法中占有最重要的地位，这里研究的委任立法程序主要指制定条例的程序，主要包括先行公布、发布和公告。

（一）先行公布

澳大利亚联邦 1903 年《法律法规公布法》曾规定，条例应在制定前公布草案，以征求、听取和考虑有利害关系的公共团体和个人的意见。这一规定在 1916 年被取消，从而不存在统一的先行公布要求。但是，在具体的授权法中仍会规定这种要求。澳大利亚的做法基本与英国相同，与美国则不一样，美国在《行政程序法》中有关于规章草案条款或实质内容先行在政府公报上公布，听取利害关系人意见的普遍要求。

（二）协商与咨询

澳大利亚分别由具体授权法规定委任立法与有利害关系的团体、个人协商的要求。如相应授权法规定了这种要求，行政机关必须遵循。否则，将导致该委任立法无效。各州和地方政府在公布乡镇规划方案以前，均要求听取和考虑反对意见。为保证委任立法的科学性和广泛听取意见，某些法律还要求建立委任立法的专门咨询机构，政府制定相应委任立法时必须向其咨询。如新南威尔士州建立的食品管理咨询委员会、毒品规制咨询委员会、工厂和工业福利咨询委员会等均属这类机构。

（三）起草

委任立法的起草班子通常应由法律专家组成，其成员要求具有必要的专门知识。联邦的委任立法由司法部内的法律专家起草。在新南威尔士，委任立法由行政部的官员草拟,然后交一个专门委员会(该委员会实质是政府的法制机构)审查,委员会在必要时可重新起草;由总督制定或批准的委任立法,则先由一个常设机构草拟,然后就其合法性征求司法部长的意见,司法部副部长还应就其有效性提出证明。在维多利亚、昆士兰、塔斯马尼亚,委任立法首先由相应的部起草,然后交专门委员会(在昆士兰是交司法部副部长)审查其有效性。在塔斯马尼亚,条例在提交总督制定或批准前,必须由司法部长证明其"是按照法律制定的"。在南澳大利亚和西澳大利亚,条例分别由政府律师办公室起草,由专门委员会证明其有效性。

(四)发布或公告

澳大利亚联邦和州对委任立法的发布和公告有普遍的要求。联邦 1901 年《法律解释法》规定,除非授权法有相反的意图,所有条例都应在政府公报上公告,相应条例从其公布之日起生效。如条例规定了特别的生效日期,则从规定的日期生效。但在任何情况下,规定的日期不能在公告的日期之前。否则,个人的权利将可能因此而受到不公正的影响,甚至使相对人为此而不公正地承担法律责任。

澳大利亚联邦 1903 年《法规公布法》规定,所有法规[①]制定后均应立即送政府印刷所印刷、编号和向社会出售。在政府公报上要发布一个通知,告知相应法规已经制定,欲购者可从何时何地购买到该法规的复制件。如相对人在规定的时间内买不到该法规的复制件,行政事务部长应向议会作出解释。

二、澳大利亚议会对委任立法的监督

澳大利亚议会对委任立法的监督和控制主要有两个手段:其一,要求委任立法向议会备案;其二,由议会审查委员会对委任立法加以审查。如通过审查,认定相应委任立法越权,则向议会提出否决(撤销)该委任立法的建议。

(一)备案

在澳大利亚,所有联邦条例都应在制定后 15 日内(议会开会期间)同时向两院备案。否则,相应条例不能发生法律效力。向议会备案的条例,在备案后 15 日内,任何一院通过一项否决动议,该条例即停止生效。任何一项条

---

① 这里的"法规"指由总督、州际委员会或政府部依法制定的条例、规则和法律细则的统称。

例,如被否决或被确定无效,与该条例实质内容相同的委任立法草案不能在此后6个月内再制定。否则,制定后亦无效。

除了条例,其他委任立法是否要向议会备案、是否会为议会所否决,则取决于特定授权法的规定。至于议会对条例的否决,在联邦,法律规定只能全部否决,即否定整个条例的效力。而在新南威尔士、维多利亚和塔斯马尼亚州,议会对条例的否决既可全部否决,也可部分否决(使相应条例部分失去效力,部分仍具效力)。

(二)审查

澳大利亚联邦参议院在1932年设立了一个常设的条例条令审查委员会。该委员会由7名参议员组成(执政党参议员4名,反对党参议员3名),由执政党参议员任主席,其职权是审查所有条例、条令和所有依议会授权法制定的、具有立法性质的、可为参议院否决的其他法律文件,并视必要向议会提交审查报告。

委员会的审查主要涉及下面四个方面的内容:

(1)委任立法是否是依据法律制定的;

(2)委任立法是否不适当地侵犯了个人的权利和自由;

(3)委任立法是否过分地使公民的权利和自由依赖不受司法审查裁判所审查的行政决定;

(4)委任立法是否包括更适于应由议会立法调整的事项。

审查委员会审查委任立法始终关注既保障公民个人权利和自由,又保证必要的行政职能的顺利实现这两个方面的平衡。在审查委任立法中,委员会不能涉及对议会母法(授权法)的价值评判。

联邦参议院委任的立法审查委员会是一个很有效率的机构,自它成立以来至1985年,它向议会提交了74份审查报告,其中46份是1970年以后提出的。委员会每年发布一个关于其本身活动的年度报告和多个关于其建议否决或加以批评的条例的专题报告。由于该报告是经过周密审查作出的,故其对相应条例否决的建议大多能为议会采纳,从而导致相应条例被撤销。委员会还向议会提出改善议会对委任立法监督的一般性建议。澳大利亚学者认为,该委员会之所以有效率和取得成功,主要有三个方面的原因:一是委员会中各党派的合作,参议院没有像众议院那样严格的党派分立,从而审查委员会成员能保持较大的独立性;二是有一个强有力的主席;三是议会的大力支持(这一点被认为是最重要的)。另外,还有一个因素也值得注意:委员会虽然对委任立法有否决建议权,并且其建议通常能为议会接受(议会不管政府是否愿意),但委员会对有问题的委任立法并非经常采用否决建议方式,它更多地采取与政府协商的方式,向政府指出相应条例的缺陷,建议其自行修正。政府通常也能接受其建议意见,并乐意付诸实行。

在澳大利亚,所有州都设立了委任立法审查委员会。其中维多利亚、南澳大利亚、塔斯马尼亚的审查委员会是由两院组成的联合委员会。维多利亚的联合委员会称"法律和宪法委员会",其职权比其他州更为广泛。根据该州1984年制定的《从属立法法》,它的审查范围包括委任立法的下述内容:

1. 是否超越授权法授予的权限。

2. 是否在没有法律明确授权的情况下:(1)规定了溯及既往的效力;(2)规定了任何税、费、罚款、监禁或其他处罚;(3)旨在将举证责任转移给被指控违法的人;(4)将授权法授予的权力再授权。

3. 是否违反授权法的目的、意图或原则。

4. 是否不正常地行使了授权法赋予的权力。

5. 是否规定了任何应由法律而非应由委任立法规定的事项或原则。

6. 是否不适当地侵犯了法律已赋予个人的权利、自由。

7. 是否使个人权利、自由过分地依赖行政决定而不是司法裁决。

8. 是否不符合公平、公正原则。

9. 是否其形式、意图不明确,需要加以解释。

10. 是否违反任何法律或司法部长有关制定委任立法的指南。

11. 是否因其实施直接、间接引起的费用超过其实施所能获得的利益。

在澳大利亚,联邦、维多利亚、塔斯马尼亚三个审查委员会的工作是最有效的,其他州审查委员会的工作有的成绩不佳。

对于委任立法的议会监督,除了备案和审查,有些学者还主张引入英国议会监督中的批准程序①,即对重要的委任立法(内容涉及增加税、费或规定对公民自由产生不利影响的事项或有关政治性事项的委任立法)在其施行前

---

① 批准程序又称"肯定式决议程序",备案否决程序称"否定式决议程序"。

要呈报议会批准,议会作出批准决议以后,相应委任立法才能生效。当然,批准程序适用的委任立法的范围应严加限制。否则,就会使委任立法失去它本身所具有的快捷优势,给议会在时间和精力上增加难以承受的压力。

三、澳大利亚对委任立法的司法审查

澳大利亚对委任立法司法审查的根据是越权学说。委任立法具有下述五种情形之一的,法院即认为其构成越权,并据此宣布该委任立法无效:

第一,委任立法在字面上超越了授权法授予的权力,构成直接明了的越权(此又称狭义越权);

第二,委任立法违反了制定法(授权法或其他制定法)或通常法(普通法上的有关宪法原则和其他有关法律原则)的规定;

第三,委任立法违反了法定的命令性程序要求;

第四,委任立法在没有法律授权的情况下,试图将立法权再授权;

第五,委任立法虽然在字面上没有越权,但其权力行使没有遵循议会的意图,具有不适当的目的,内容不合理或不确定(此又称"广义越权")。

下面分别对这五种情形和内容进行探讨。

(一)直接明了的越权

有一个这样的案例:法律授权塞尔市就促进该市居民健康问题制定一项法律细则。市政委员会为了执行它在城市供水中加氟的政策,依此授权制定了一项规定在供水中增加氟的特定浓度的法律细则。但根据专家意见,不是所有氟化合物都是促进人的健康的,有些对人的身体是中性的,有些则是有害的。因此,最高法院判决,该项法律细则越权。因为它规定增加氟化合物到有害的程度,从而在字面上超越了授权法"促进公民健康"的授权。

确定字面上越权涉及对授权法文字表述的解释。如授权法常用的"调整""调整或限制""调整或禁止"等。何为"调整"?迪克逊法官认为,授权制定调整某一事项的法律细则显然不能引申解释为该法律细则可规定禁止相应事项或规定可对相应事项予以任意许可、同意,或任意不许可、不同意。"调整"意味着可对该事项进行的时间、地点、方法、有关条件予以规范,而不能阻止或制止该事的进行;至于"限制",是指在相应事项进行中予以控制,包括量、范围、条件的控制,不能将"限制"解释为禁止或阻止;至于"调整或禁止”,则可包括完全禁止、部分禁止、有条件禁止、无条件禁止。有一案例:法律授权交通局制定一项“调整或禁止”在高速公路旁建造招贴广告板的法律细则。该局据此授权制定的法律细则规定,在没有该局书面同意的条件下,禁止在高速公路两侧建造招贴广告板。高等法院认为,这种有条件的禁止在字面上是符合法律授权的。

(二)违反了制定法或通常法的规定

委任立法不能与授权法不一致或相抵触,否则无效。这是显而易见的。至于非授权法的其他制定法,委任立法也不能与之不一致或相抵触,除非授权法后于其他制定法制定,并授权委任立法可修改或废除原议会法某不适当的规定。而且,授权法明确规定,该委任立法与授权法具有同样的效力。否则,委任立法与其他制定法不一致将同样导致无效。

委任立法也可因其未遵循宪法,违反宪法的禁止性或保障性规定而导致无效。委任立法还必须遵守通常法,通常法类似于英国的普通法,它包含大量的宪法原则和其他法律原则,如公民基本权利、自由不得受侵犯原则;公民向法院寻求救济的权利不得被剥夺原则;没有议会授权不得征税原则;没有公正的补偿不得征用私人财产的原则;等等。委任立法如违反这些通常法原则,亦构成越权。但在战时紧急情况下,委任立法违反通常法原则不构成越权。

(三)违反了法定的命令性程序要求

授权法和其他有关法律规定行政机关制定委任立法的程序要求分为两类:一类是命令性的,制定委任立法必须遵循,未遵循即导致相应委任立法无效;另一类是指导性的,制定委任立法通常应予遵循,但未遵循不一定导致相应委任立法无效。至于何种程序要求属于命令性的,何种程序要求属于指导性的,法律并未有明确的规定,通常由法院根据法律用语(如“必须”“应该”“可以”等)和法律的目的、相应程序要求的性质,所调整事项的内容等加以解释。对于委任立法的协商程序,给予利害关系人事前通知和听取其意见的程序通常被解释成命令性的;公告、发布程序在大多数情况下也被解释成命令性的。巴维克法官在一项判决中指出:“约束公民的法律规定如果不让公民知道,这是暴政的表现……公民不应受他不可能知道的法律规定的约束。”至于条例向议会备案的程序要求,《法律解释法》明确规定违反这一要求将导致条例无效,因而是命令性的。其他委任立法是否向议会备案和该程序是否是命令性的,则取决于特定授权法的规定。

(四)将授权法授予的委任立法权再委授

授权法授予被授权者的委任立法权只能由被授权者行使。如果授权者将授权法授予的委任立法权再委授出去,则构成越权"再委授",再委授的委任立法无效。但是,授权法如果明示或暗示规定,它授予被授权者的委任立法权可由被授权者再委授其他机构行使,那么,这种再委授是有效的。

(五)不适当的目的、立法内容不合理或不确定

"不适当的目的"指委任立法违反了授权法规定的该立法的目的。授权法规定授权目的有两种情况:一种情况是明确规定其目的;另一种情况是授权目的未明确表述,而是将其目的隐含在法律规定之中。对于第一种情况,法院只要确定相应委任立法不是根据授权法的目的而是根据其他无关的目的制定的,即可确定该项委任立法越权和宣布其无效。对于第二种情况,法院通过对授权法的适当解释而推断出议会的授权目的。委任立法如违反法院确认的这种授权目的,同样将构成越权和导致无效。有这样一个案例:法律授权劳动工资局确定某些工种的工资标准,有一种情况是工资局在其所确定的商店店员的工资标准中,对店员在下午 5 点 45 分以后工作规定了较高的加班工资标准。有关立法确定商店的关门时间是下午 6 点。对此,高等法院认为,劳动工资局行使权力的目的是强制商店老板在下午 5 点 45 分关门,这不是授权法规定的或所欲达到的目的,因此,该工资标准是越权的。

立法内容"不合理"的标准较难把握,澳大利亚法院适用的"不合理"标准基本上源于英国。英国枢密院曾这样解释"不合理":一项法律细则的内容如果是异想天开的或反复无常的,以致非为正常人所能做到的,法院即可以"不合理"为根据予以撤销。罗塞尔法官进一步解释道,什么是"不合理"? 一项法律细则,如其实行,它对不同阶层的人是不公平的和不平衡的,或者它体现出恶意,或者它对相对人的权利予以专断的、无理的,非正常人认为应加以的干预,在这种情况下,法院即可认为该法律细则是不合理的,从而是越权的和无效的。法院在以"不合理"为根据撤销委任立法时,通常都表现得较为慎重,以防止对委任立法的价值和政策取向加以不适当的评价和审查,超出司法权的适当范围。

立法内容“不确定”也有两种情况：一是委任立法文字表述或意义的不确定；二是委任立法内容在适用时不确定。对于第一种“不确定”法院通常不轻易认定其越权，而是尽可能通过自己的司法解释使其表述或意义明确。只有当委任立法表述非常含糊，意义模棱两可，用语晦涩，法院难以给予清晰明确的解释时，才以“不确定”为根据认定其越权。对于第二种“不确定”，法院通常根据授权法授权的性质和授权事项的具体情形认定。有这样一个案例：法律授权价格专员制定一项规则，规定成年男人和男孩服装的最高价格。该专员据此发布了一项价格令，规定相应服装的价格依据对各相关要素（如直接和间接的劳务费、加工费等）的鉴定、评价决定，但它未规定确定的金钱数额。高等法院认为，授权法根据服装销售商违反价格命令常受重罚的事实，为使处罚公正，价格专员应规定明确的最高价格。但该专员发布的价格令既无明确的价格限额，也无通过有关客观标准确定和限定最高价格的计算方式（他至少应该这样做），从而导致该命令适用的不确定。故法院以“不确定”为根据宣布该价格令无效。

四、澳大利亚在委任立法领域的救济手段和司法审查限制

在澳大利亚，公民因委任立法越权而使其权益受到侵害，其救济手段主要有两种：第一种救济手段是提起附属诉讼。所谓“附属诉讼”，即不是直接就委任立法的合法性问题向法院提起诉讼（提起这种直接诉讼虽然并非不可以的，但非常困难），而是当公民因违反委任立法而受到刑事责任或民事责任追究时，他为了给自己违反委任立法的行为辩护，进而向法院提出他所违反的委任立法本身是越权的，请求法院审查确认其越权。法院通过对相应委任立法进行审查，如认定确实越权，则宣布其无效。相应公民从而也就可免受刑事或民事责任的追究。

第二种救济手段是公民直接请求发布宣告令，宣告相应委任立法越权和无效；或者请求法院发布禁止令，终止相应立法的施行。这种手段与第一种手段比较，一是程序烦琐，手续复杂；二是原告资格要求极严：必须是其个人利益受到委任立法某种“特别损害”，或者个人权利受到委任立法某种“不利影响”，或者是委任立法对于个人有某种“与一般公众不同的某种特别利害关系”。对于这种令状救济申请，法院在经过严格审查后，再决定是否发布相应

令状。另外,对于这种令状,除公民可以申请外,司法部长根据其自由裁量权,或根据公民的请求,也可以向法院申请。

但是,法院无论是通过公民提起附属诉讼对委任立法进行审查,还是通过公民或司法部长提起的令状申请对委任立法进行审查,在法律上都有一定限制。这种限制主要来自授权法,以保证委任立法制度的正常有效运作和行政管理活动的顺利进行。

外国自治型地方政府制度浅析*

“政府”一词有广义和狭义之分。广义的“政府”包括立法的、行政的和司法的所有国家机关，是所有这些机关的总称。如《布莱克法律辞典》对“政府”的释义是：人民行使政治权力，代表国家主权的组织。[①]《元照英美法词典》对“政府”的释义是：众人行使政权的组织，即体现主权的机器。在此意义上，该词用来总称一个国家的政府组织，而不问其职能或级别，也不问其所处理的事务。[②] 狭义的“政府”仅指国家行政机关。《牛津法律大辞典》对“政府”的释义是：“指统治和领导国家或国家某一部分事务的程序和实际机制；其次，指享有这种统治和领导职能的人所组成的机构，尤其指内阁、其他部长、文官或一般行政官员”。[③]

“地方政府”的“政府”同样在上述两种意义上被使用。不过地方政府不同于中央政府，有的国家司法权集中在中央，地方无行使这种权力的司法机关，因此，广义的“地方政府”通常指设于中央政府之下（在联邦制国家，则是设于各联邦组成单位政府，如州政府之下）的各级地方国家权力及其执行机关；狭义的“地方政府”仅指地方行政机关。本文所使用“地方政府”均为广义地方政府。

---

* 本文原载《国外法学》1984 年第 6 期。

① See *Black' Law Dictionary* eighth, Bryan A. Garner, editor in chief, West, 2004, p. 715.

② See English-Chinese Dictionar of Anglo-American Law, Xue Bo, editor in chief, Law Press. China, 2003, p. 607.

③ 《牛津法律大辞典》（中文版），光明日报出版社 1988 年版，第 382 页。

一、地方政府的几种主要类型

(一)英国型

英国地方自治制度的主要特征和做法有以下几种。

其一,地方政府的职权由选举产生的地方议会行使。地方议会由一名主席主持,主席由议会每年选举产生。主席除主管议会事务之外,还执行各种礼仪和市政的任务。市议会的主席称作市长,在一些著名的市或大的市,则称为大市长。各郡虽然还有一个由英王任命的郡长,但不管理实际政务,是一种荣誉的职位。

其二,地方议会的议员不拿薪给,仅在开会期间获得开会补贴费(这是和中央议会的议员不同的)。议会各委员会的官员和雇员过去亦无薪给。以不受政府俸给、不受官吏之待遇的非专务职官员管理地方政府公务,即以公民任名誉职参与地方公务管理是英国型自治(又称"公民自治"或"广义的自治",与欧洲大陆国家的"团体自治"或"狭义的自治"相对应)的重要特点。但现在由于地方公务增多,很多经常性的事务要求必须有专门的人员来处理。因此,议会各委员会的官员和雇员现已领取薪俸。

其三,议会任命委员会作为它的执行机构。委员会无决策权,受制于地方议会,治理政策和原则必须由地方议会决定。委员会主要负责各项业务的具体管理。委员会分普通委员会和联合委员会,普通委员会又分常设委员会、临时委员会和法定委员会。常设委员会管理特定的经常性的行政事务,如教育、卫生等委员会。临时委员会是为解决短期内不再重复发生的特殊问题而设立的。法定委员会是《议会法》责成或授权地方设立以办理特定事宜的。如郡议会设立的财务委员会,管理警察的自治市设立的警备委员会等。联合委员会是由几个地方政府派出的代表所组成,其目的常常是管理超越一个地方当局所辖地区(跨区域)的有关事务,如警务、供水、市镇和乡村计划等。委员会可以是咨询性质的,如许多地方议会建立的政策咨询协调委员会;也可以是行政性质的,如财务委员会、教育委员会等。

其四,地方议会分别由各政党所控制。有时反对党所控制的地方议会数超过执政党的控制数,以致造成地方和中央的尖锐矛盾,甚至给执政党中央以一定的威胁(这种情况在日本、联邦德国、印度、挪威、尼日利亚等亦存在,有的甚至更甚)。

(二)美国型

美国地方自治制度的主特征和做法有以下几种。

其一,地方政府具有三个标志:(1)它是一个有组织实体,具有一定的组织形式,拥有一定的法人权利(如永久继承、有权起诉和被诉、可以签订合同);(2)具有政府的特点,有公众选举的或官方任命的官员,要向公众提交工作报告;(3)有一定的自治权,除了行政上的独立性,还有财务上的独立性,即可以自己决定预算,自己决定征税、收费或举债,而无须另一地方政府的审查。

其二,地方政府在组织机构上不实行三权分立(不同于联邦政府和州政府),立法权和行政权由一个选举产生的人数不多的委员会行使。县设县政委员会,人数3~7名,开会时各委员轮流当主席。其立法权比较有限,主要是规定税收、分拨款项、授权借款。行政方面主要是估税、征税、管理公路、卫生和水利灌溉等。镇村虽一般有镇民大会、村民大会,但会议每年只开一次,具体工作由选举产生的镇、村委员会负责。镇、村委员会的委员和工作人员大多不领薪俸(受英国历史传统的影响)。美国城市的市政府组织形式比较特殊。大致有四种类型:(1)"市长—市政会议"制。市长为市政会议的主席。市长和市政会议均由选举产生。市政会议负责制定条例、法令以及征税、拨款、举债的工作。市长行使行政权,并且对市政会议的法令有否决权。(2)"市政会议—经理"制。在这种制度下,市长虽然还存在,但无人事任命权和立法否决权,仅具有有限的行政监督权。城市的行政工作由市政会议任命(或聘请)一位经理全面掌管。(3)委员会制。这是一种把行政和立法置于一体的做法,采用集体负责制,委员会主席无否决权和任免权,平时各委员分工负责某一方面的市政工作。(4)"大都会区"制。大都会区由一个大城市和周围的卫星城镇组成。组成的方法有二:一是把卫星城镇合并到中心城市,成为一个大市;二是把某些工作(如城市规划、运输、供水等)集中管理,而各城镇仍保留一定的独立性。

其三,设立与行政区域不相一致的学区和专区。美国各州法律规定,在全州设立若干学区,负责经办中小学教育。学区往往和郡、市、镇、村的行政区域不相一致,各个学区自成单位。学区居民选举一个委员会管理学区内的学校,委员会的具体日常工作聘任一名学监负责。有些学区有权征税和自己规定税款用途,并可以公众的信用为担保举债。学区费用除征税筹集外,更多的则是由城市、郡和州政府分担,由它们给予一定的补贴。专区是各州议院为处理其他政府机构难以处理的一些问题而决定设立的。例如,在人口不多而分得很散的地区(其中没有较大的城镇)组织一个消防区;为利用沼泽地带,铺设排水管道,建筑灌溉用的积水池税而组织的土壤保护专区;有的还管抗洪、管墓地、管住房、管公路。大都会区往往设有卫生专区。专区的管理机构是委员会。委员会有选举的,但大多数是委派的。它们也可以征税借款。

(三)法国型

法国地方自治制度的主要特征和做法有以下几种。

其一,地方自治权的行使受中央严格控制。法国宪法虽然规定,地方公共团体由选举产生的地方议会按照法律规定的条件自行管理,但它同时(并且是在同一条的下一款)又规定"政府在各省和各领地的代表负责维护国家的利益。监督行政并使法律得到遵守"。[①] 法国最重要的地方行政官吏都是由中央直接任命的:省长是由总理和内政部长提名呈请总统任命的,省政府秘书长、办公厅主任、参事长均由内政部长委任。省长是国家、政府和各部部长在省里的唯一代表,也是地方政府的长官,他在地方上集行政、治安、财政大权于一身,不仅不向议会负责,而且置地方议会于自己的监督之下。市长虽然是由市议会选举产生,但他同时也是中央政府的代理人。市议会无权罢免市长,而所在省的省长却有权停止市长行政职务 1 个月,内政部长有权停止市长行政职务 3 个月。

其二,地方议会权力有限。法国《地方自治法》规定,省内重大事务皆要根据中央政府的命令执行,地方议会不得讨论政治性的问题,中央有权否决地方议会的任何决议。地方议会的主要权力只限于表决预算案和负责税收事务。此外,就是制定市政规划,管理保健事业、地方公路、文化和娱乐装备、教育设施,处理空气污染等所谓"公用事业"和"慈善事业"。就是这些"自治权"也要受到中央政府的一定限制,如市政规划必须得到中央政府相应部长的批准,教育事业投资只有 25%是由市镇决定的。

其三,省议会下设省执行委员会作为常设机构,负责筹备省议会的讨

① 参见法国《第五共和国宪法》第 72 条第 2 款和第 3 款。

论,并在预算和公路管理方面起重要作用。省执行委员会下设各种委员会管理各种具体事务,如国民教育和总务委员会,农工商保险委员会,社会救济和公共卫生委员会,公共工程和运输委员会,财政委员会等。

其四,省政府除设省长、副省长(无独立权力,代表省长分管各个专区)、省政府秘书长、办公厅主任、参事长等官吏外,还设有若干处长、科长及各种属员。

(四)苏联型

苏联地方自治制度的主要特征和做法有以下几种。

其一,自治制度的实行只限于少数民族地区。根据苏联宪法,在苏联各加盟共和国、边疆区或州境内的少数民族,根据自愿原则,分别组成自治共和国、自治州和自治专区。“自治共和国是加盟共和国的组成部分”;“自治州包括在加盟共和国或者边疆区内”;“自治专区包括在边疆区或州之内”。[①]

其二,自治地区享有国家自治权。根据苏联宪法,自治地区的自治权主要表现在:(1)“自治共和国在苏联加盟共和国的权力以外独立解决属于它的权限内的问题”;[②](2)“自治共和国有符合苏联宪法和加盟共和国宪法,并考虑到自治共和国特点的自己的宪法”;[③](3)自治共和国的领土未经其同意不得予以变更;[④](4)“关于自治州的法律根据自治州人民代表苏维埃的提议由加盟共和国最高苏维埃通过”,“关于自治专区的法律,由加盟共和国最高苏维埃通过”;[⑤](5)自治共和国、自治州、自治专区都有自己的特别代表参加苏联最高苏维埃;[⑥](6)自治地区的国家机关以及一切组织皆用本民族的语言文字办公;(7)自治州和自治专区的管理机关主要由本地居民组成,自治机关在其活动中使用本地居民的语言,并且从熟悉本民族生活、语言和民族特点的当地人中选拔工作人员。

其三,“地方各级人民代表苏维埃执行委员会直接对选举它的苏维埃和

---

① 《苏维埃社会主义共和国联盟宪法(根本法)》(1977年)第82条第1款、第86条、第88条。
② 《苏维埃社会主义共和国联盟宪法(根本法)》(1977年)第82条第2款。
③ 《苏维埃社会主义共和国联盟宪法(根本法)》(1977年)第82条第3款。
④ 《苏维埃社会主义共和国联盟宪法(根本法)》(1977年)第84条。
⑤ 《苏维埃社会主义共和国联盟宪法(根本法)》(1977年)第86条、第88条。
⑥ 《苏维埃社会主义共和国联盟宪法(根本法)》(1977年)第110条。

上级执行和发布命令的机关报告工作”。[①]

（五）南斯拉夫型

南斯拉夫地方自治制度的主要特征和做法有以下几种。

其一，建立在普遍代表制和社会自治的基础上。南斯拉夫宪法规定：在联合劳动组织、地方共同体、自治利益共同体、其他自治组织和共同体以及在社会政治共同体和整个社会中实行自治，这些组织和共同体相互联系并进行合作。南斯拉夫各级政权机构——议会以及管理各种社会事务的自治利益共同体都实行代表制（或称代表团制）。所有基层自治组织的公民以直接无记名投票方式选举代表团，然后由代表团从自己成员中推选代表参加议会或其他社会管理机构。按照代表制的要求，每个公民以三种不同的身份选举参加议会的代表：作为劳动者，参加劳动的自治组织（联合劳动基层组织或劳动共同体）的选举；作为消费者，参加居住地区的自治组织（地方共同体）的选举；作为社会政治组织的成员，参加南共联盟、盟、劳动人民社会主义联盟、工会联合会、人民解放战争战士协会联合会、社会主义青年联盟、妇女联合会等社会联盟、工会联合会、人民解放战争战士协会联合会、社会主义青年联盟、妇女联合会等社会政治组织的选举。这三方面的代表团和代表组成议会各院。同时，基层自治组织的居民和劳动者还要另外选出代表团参加各种自治利益共同体，管理社会事务。

其二，地方政府和联邦、共和国和自治省之间是合作协商关系，而不是上下级关系。南斯拉夫地方政权机构（仅有一级）是区（又称公社），区议会有权行使政权机构（除宪法规定应由联邦、共和国、自治省的政权机构行使的以外）的一切职能。上级政权机构或其代表皆不能干预区议会的工作。区议会的执行机构是执行委员会。执行委员会负责贯彻议会的决议和法令，指导和调整本区行政机构的工作，区执行委员会对区议会（而不对上级政权机构）负责。区管理机构对区执行委员会和区议会（同样不对上级政权机构）负责。

其三，地方议会实行三院制。三院分别为：(1)联合劳动院。这个院代表劳动者在社会劳动中的利益，并解决有关劳动生产方面的问题，其代表人数最多。(2)地方共同体院。这个院由居民区的代表组成，而居民区在南斯拉

---

① 《苏维埃社会主义共和国联盟宪法（根本法）》（1977年）第150条。

夫称作地方共同体。之所以称地方共同体,其主要解决本地区劳动者和公民在消费和福利事业方面的共同需要。(3)社会政治院。在这个院内,劳动者和公民以社会政治组织的成员的身份出现,参与政治活动和捍卫社会主义的自治制度,保证南共联盟中央各项方针政策得到贯彻。三个院的地位是平等的,都可以独立决定自己职权范围内的事。涉及全区的重大事务,则由三院联席会议共同决定。

二、自治权的范围和中央的控制

各国法律关于地方自治权的规定有着各种不同的形式。有的国家以宪法详细列举,如意大利(《意大利宪法》第 117~120 条)、匈牙利(《匈牙利宪法》第 43 条)、南斯拉夫(《南斯拉夫宪法》第 116~119 条)等。有的国家以宪法作概括性的规定,再以专门的自治法规具体化,如日本(《日本宪法》第 94 条和日本《地方自治法》)等。有的国家仅以专门法律规定,如法国(法国《地方自治法》)、苏联(苏联关于自治州和自治专区的法律)等。有的国家既无宪法规定,又无专门的法律规定,而是通过各种议会法案(包括公法案和私法案)、特许状和中央政府命令分别地授予,如英国。联邦制国家则一般以宪法规定联邦政府和各州、邦、省的分权,然后各州、邦、省再以专门法律规定地方政府的自治权,如美国、联邦德国等。

由于各国国情(政治体制、地理条件、民族传统等)不同,各国法律规定的地方自治权的范围极不一致。有的较为广泛,有的极其有限。我们现以英国、日本两国为例,考察地方自治权的一般范围。

《日本宪法》第 94 条规定地方的自治权包括:管理财产、处理事务、执行行政权能。根据日本《地方自治法》和其他法律的规定,这三项权能的具体内容是:

(1)管理财产权。地方自治政府有权维护、保存和使用属于自治体的财产。如对属于地方管理的学校等文化教育设施、体育卫生医疗等设施进行管理,对于公园、广场、绿化地带、道路、楼房、河流、码头以及仓库等进行保护、管理、建设等。

(2)处理事务权。主要指处理有关消防、清洁、美化以及防止公害污染等地方福利事务的权能。与此相适应,地方也可以从事一些工商业,如地方的自来水事业、下水道事业、电气、煤气、汽车运输等事业,并且遣还经营森林、渔业以及市场管理等事务。

(3)执行行政权。主要指办理户口,登记居民身份证,管理地方警察,执行国家法令,监督公债的偿还,制定地方预算和征收地方税,管理地方财政等权能。地方政府为了执行以上职能,可以通过地方议会制定条例,但这种条例在制定以后,各都、道、府、县必须向中央政府的自治省大臣报告,市町村则要向有关知事报告。并且这些条例绝对不能与法律法令及上级的条例规则相抵触,否则一律无效。

英国官方将地方政府的自治职能亦划为三类,但与日本的划分标准完全不同。这三类职能是:环境保护类事务、治安保护类事务、社会福利类事务。

(1)环境保护类事务。指包括市镇和乡村设施(桥梁、公路、街道、公共场所等)的建设、管理和维修以及环境卫生的管理等。

(2)治安保护类事务。主要指地方警务、消防和民防等。

(3)社会福利类事务。主要指教育、住房、居民卫生和其他福利事业等。

某些地方政府还从事一些商业活动,诸如旅客运输、供水以及港口、船只和码头管理等。它们有权制订计划,采取推动这些事业发展的措施。

考察各国地方自治的法律和实践,各类自治型地方政府一方面均享有一定的(或大或小、或多或少的)自治权,另一方面这种自治权的行使又受到一定的限制,中央政府对地方政府均实行着不同程度的控制。这里仅举英国的例子,英国是“自治”牌子最老、标榜“自治”最甚的国家,然而就是在英国,自治权也是十分有限的,中央对地方同样实行着极为严格的控制,其控制的方式和手段是极为多种多样的,主要包括:

(1)发布命令和规程。大臣依法对食品、药物、公共卫生、住宅、社会安全和水的供应等,有发布命令和规程的广泛权力。根据英国 1944 年《教育法》第 99 条的规定,教育和科学大臣如认为地方教育机关没有完成该法所责成的义务,得发布命令作出指示,并通过法院的司法令状督促其实行。如认为地方当局行使权力不合理也可以这样做。

(2)批准计划。地方政府为了执行某一法定任务所草拟的计划(如开办学校的计划),必须呈请有关大臣批准。

(3)控制人事。如卫生大臣有权控制公共卫生检验员的任命、工资与职责;内务大臣有权颁布关于地方警察的工资、职务和制服的规定,并可否决巡察官员和儿童保护官员的任免;教育和科学大臣可否决教育厅长的任免。

(4)视察。根据英国《社会保险法》所颁布的规程,有关大臣得派人视察地方福利事业。内务部的督察员和教育部的督学是获知地方教育等机关是否履行其义务和遵守规程的专职官员。

(5)举行听证会。根据1972年《地方政府法》,主管相应事务的大臣均得就相应重要事项举行地方听证会。

(6)批准单行法规。内务大臣、环境事务大臣和其他有关大臣有权批准地方政府通过的单行法规。这是中央对地方议会实行立法控制和法院实行司法控制以外的行政控制。

(7)代行职能。如果经过听讯,认为地方当局没有履行其应尽的职责,大臣得代行某些有关教育和民防的地方职能(不过这种代行适用得极少)。

(8)控制贷款。地方政府举办公债,在大多数情况下必须取得大臣的同意。

(9)控制补助金。这是中央对地方行使财政控制最重要的一环。大臣有权削减补助金的数量。此权可使大臣对地方政府的工作实行全面控制。行使此权的唯一牵制是大臣必须向议会提出一个削减补助金的报告,并要求下院通过。同样,如果这方面的行政没有达到要求的标准,或没有依照法定义务或部门规程办理内务大臣或其他国务大臣得停发部分警察补助金或住房补助金。

许多学者把各国中央政府对地方的控制分为三类:(1)财政控制。财政控制主要是指中央对地方预算、税收、拨款的控制,以及通过发放中央补助金、任命地方审计员和审核地方政府的财务报告等对地方政府进行控制。(2)行政控制。行政控制的方式很多。在有的国家,地方政府的许多官员要由中央政府任命,工作人员要由中央政府录用,受中央政府考核、奖惩等制度的制约。有的国家,政府官员虽由民选议会选举产生,但中央政府有罢免权或停职权。此外,中央政府各部可以在地方设立分支机构或派出机构,对有关地方事务进行一定的干预和监督。中央政府还可通过通报、备忘录等形式对地方行政提出"劝告""助言",以及通过解决地方之间的争议、纠纷等干涉和控制地方政府。(3)立法控制。首先,地方政府的职权都由法律加以严格限制，任何一级地方政府都无权扩大或超越法律授予它的权限。其次，地方议会通过的条例、决议的内容都必须在中央议会或内阁制定的法律、决议、命令允许的范围以内。有的国家还要求要事前征求中央政府有关部的意见或得到有关部的批准等。

三、地方自治发展的新趋势

近年来，地方自治有如下发展趋势。

（一）自治权扩大的趋势

近年来，很多国家有扩大地方自治权的趋势（但也有个别国家有相反的趋势）。例如，历来实行高度中央集权制的法国于1981年6月社会党政府上台以后，提出了权力下放法案，法案决定把中央很大一部分权力下放到省，扩大省议会的作用，削弱省长的权力；凡属省议会通过的纯属本省问题的决定，省长都要负责执行，改变了过去省长制约省议会而省议会制约不了省长的情况。又如，匈牙利在20世纪60年代末和70年代初两次扩大地方自治权。第一次是1968年实行新经济体制，扩大了地方的经济自主权；第二次是1971年修改《议会法》，扩大了地方议会在处理本地区各种事务中的自主权，特别是处理有关地区发展和改善人民居住、生活条件方面的自主权。南斯拉夫在20世纪70年代进一步加强完善了自治制度。特别是1974年2月通过的新宪法，提出和确立了进一步完善自治制度的一些新的做法，如在经济部门普遍建立联合劳动组织，强调在企业之间签订自治协议以减少政府的干预。在各级政权机构中实行代表团制，由联合劳动组织直接选出代表团参加社会管理，使劳动者更好地直接行使自主权利。

（二）中央和地方协商解决问题的趋势

由于地方自治权的扩大和发展，特别是在联邦制国家，由于地方与中央的分权，中央对有关属于地方性质的问题不能直接对地方发号施令。但是为了协调中央和地方的政策，协调地方相互之间的关系，中央和地方仍必须相互联系，相互磋商，以求取必要的一致。正是根据这种需要，很多国家逐渐发展起中央和地方的各种协商制度。例如，在加拿大，各省权力比较大，联邦与省两级政府权力以法律形式加以确定。外交、外贸、国防等事务由联邦负责，省政府管辖纯地方行政的事务；遇到重大问题，则召开总理、省长联席会议进行讨论、协商,以取得一致意见。在德国,根据《联邦政府工作条例》的规定,联邦总理每年必须数次召集各州政府总理,商讨重要的政治、经济、财政和社会事务等问题,听取和了解各州的要求和意见,从而尽可能地制定出协调一致的政策方针和具体措施。

(三)以城镇为中心的趋势

在一些经济发达的国家,由于政治经济形势的发展,工商业的扩张,人口的增加和集中,城镇崛起,都市化的速度越来越快、范围越来越广,城镇地方政府的作用不断扩大,而过去以地域划分的省政府、县政府、乡、村政府等的作用却相对缩小,以致出现了城镇地方政府(市政府、镇政府)取代作为地域行政管理机构的地方政府的以城镇为中心的地方自治趋势。例如,在瑞典,省以下的行政区均以省会市为中心,并以省会市命名,称为“市政区”。市政区议会是该地区的决策机构,由市政区议会任命的市政委员会是其执行机构。在挪威,地方政府设两级,第一级为郡政府,第二级为市政府。在法国,市镇被作为市区的地方政府,并且在20世纪70年代出现了“市镇组合”“城市共同体”等新的地方组织形式。“市镇组合”是一种公共机构,管理几个市镇共同性的经济和行政事务,如筑路、设立学校、建设卫生设施等,它是农村市镇的合作形式。“城市共同体”是由一个主要城市及其附近的市镇组成。在波尔多、里昂和斯特拉斯堡等地都组成了城市共同体,其任务是考虑整个共同体的现代化计划,如绿化、住房建筑、火警、救护、给水、文化体育设施等。不过,这些新的地方组织形式现在还都没有作为领土单位。在加拿大的安大略省首府多伦多以及在美国佛罗里达州的代特郡(迈阿密),正在试行大都市的联合,使现行的全职能地方政府继续履行某些职能,同时使拥有广泛的大都市管辖权的联合体行使其他的一些职能。有人认为,这是今后地方自治管理改革的一种有希望的途径。

工业发达国家对大气的法律保护*

[苏联]M. M. 勃临楚克

20世纪下半叶,在工业发达国家的大量社会问题中,包括大气污染控制在内的整个环境保护问题是最迫切的问题之一。尽管这些国家中的某些国家在前一个时期采取了控制大气污染的一些临时性措施,但是随着城市数量的增长、工业和运输业的发展,大气污染问题仍然日趋严重。20世纪下半叶,环境保护问题在所有工业发达的国家达到了特别严重的程度。在这些国家中,每个国家内都有着严重的大气污染区,这些环境污染区是由于生产力分布的极端不平衡所造成的。另外,这些国家汽车数量的迅速增长也促使大气质量的恶化,它是大气污染的主要根源之一。在许多工业发达国家出现了生态危机的征候,这是资本主义经济的结果,资本主义国家把环境只是看作生产范围内的事,而维持此种环境并不需要国家支付经费。因此,环境的恶化可以使人们从另一个方面看到资本主义的破坏性。

20世纪下半叶在工业发达国家开展的反对垄断企业对环境掠夺,保障生命正常生态条件的进步力量运动迫使国家采取措施改善大气质量,至少是阻止大气质量恶化的过程。为此,许多西方国家在六七十年代通过了相应的法令,建立起新的监督机构体系,开始对大气污染控制实行国家统一规制的措施。

---

* 本文原载《国外法学》1980年第6期,原文标题为《发达的资本主义国家对大气的法律保护》,由姜明安译自[苏联]《苏维埃国家与法》1980年第3期,魏敏审校。

一、工业发达国家保护大气的法律原则

在对大气污染控制专门立法出现以前,鉴于大气污染对人的健康及其财产的损害,西方国家曾创立过一定的法律保护形式。其中包括盎格鲁撒克逊法系的国家适用的中世纪流传下来的某种轻微惩罚形式(对他人财产占有的损害和侵犯的惩罚),以及大陆法系国家适用的民事责任规范。为了保护因大气污染被侵犯的公民权益而运用盎格鲁撒克逊法的诉讼手段或者大陆法的相应民法规范,是当时这些国家法律适用的特征。在每一个具体场合下,这些规范调整大气污染者与污染受害者之间的关系。它们只是执行一般预防职能。严格地说,那时候还不存在对大气的法律保护,而只是对私人利益的保护。

随着环境问题的尖锐化,在西方国家出现了由保护私人利益转向以专门立法保护公共利益的趋向。这种转变决定了为此目的而完善调整相应关系的一系列法律部门(首先是行政法和民法部门)的必要性。同时还创建了一个新的部门法——环境法。这在实践中表现为:出现了新的调整方法,而旧方法被改革;建立了环境保护的专门机关,并以立法确定了它们的权力和职责;形成了新的法律制度,如根据申请对环境影响进行预测的制度,制定建筑物质量标准和排出标准制度,扩大了公民在保护环境方面的权利;加强了法院在解决保护环境问题上的职权;创立了新的诉讼程序。

西方国家大气保护法的实行,使这方面的司法活动活跃起来。其中,法院解释法律和将法律运用于实践的作用加强了。这在美国表现得尤为突出。美国现在不仅国家机关,而且社会组织和个人,为了保护公共利益,都有权向法院提起对于各种公司和负责保护大气的国家机关工作人员的这方面的诉讼。但是不应当夸大法院在解决环境保护问题上的作用和职能。长期任职美国最高法院的道格拉斯法官指出:如果起诉者处在企业主所雇用的律师大军的压力之下,向法院起诉是无济于事的,时间和金钱保护着被告。

因此,西方国家对大气保护实行的法律调整是建立在这些国家法律体系渊源的基础上的。目前在英国和美国,大气保护法及其从属性法令在调整该领域的关系方面的作用相较于法院的作用是主要的。这些法律法令的作用实际上类似大陆法系相应法源的作用。由于法律具有普遍性和旨在调整未

来的关系，它们作为大气保护社会关系方面调节者的潜在能力较之法院的判决来说要广泛得多。法律是保护环境的最重要的预防手段。

二、控制大气污染的法律标准

自19世纪下半叶，远在运用法律标准作为控制大气环境的手段以前，英国就曾采用制定"实际易行措施"的方法控制大气污染。这个方法中的一些主要措施在英国一直保留了下来，其要点是："为了防止毒气和有害气体的排出"以及"使那些不可避免散发出的难闻气味的有害性降低到最小限度"，企业应当采取当时具有的最好技术手段。这个方法没有拟定达到和保持大气质量的具体标准。实行的结果使大气污染的水准有所降低。但是，由于缺乏大气污染可容许度的客观标准，因而对于大气质量需达到什么程度才能保证人及其周围环境的存在无危险性的问题不可能作出回答。在大气质量急剧恶化的条件下，这个方法没有在其他资本主义国家得到推广，它较之于具体标准——规定污染可容许度的标准——来说，是很少效验的。控制大气污染的标准化趋向在美国、日本、法国、德意志联邦共和国及其他一些国家得到了发展。标准促进了保护大气的国家监督职能的加强，它既明确了监督机关的职责，又明确了监督措施。大气保护建立在标准的基础上，使对大气污染的预防能够制定长期规划，对于影响大气状况的诸因素如城市发展、工业分布、能源和运输政策等能予以全面考虑，从而使问题能够得到综合的解决。大气质量标准和各种污染源排出污染物质的标准都要建立在大气污染控制这一方向基础之上。大气质量标准是大气中含有污染物质量的最大容许度。遵守大气质量标准是对排出标准——每种污染源的具体污染物质排出的最大容许度——的保证。

大多数工业发达国家在实践中实行标准调整净化大气的只是工业企业和运输业大量集中的大城市。属于这种情况的有日本、法国、德意志联邦共和国。如在日本，大气保护法不要求在居民区以外的工业企业推广。

在英国和法国，存在两种大气保护制度：一般制度和专门制度。一般制度适用于不确定的地区，专门制度适用于高度污染区。在英国，这种高度污染区谓之"烟尘监督区"，它只有根据地方卫生机关的决定或者根据主管环境问题的大臣的要求才能建立。在法国，这种专门保护区只有根据省的地方长官的提议,在一些部的联合决议下才能建立。目前在巴黎、里昂和法国北部都建有这种保护区。在这些地区,主要由于使用了"净化"燃料,净化大气取得了成效。但是,在这些国家,如同在日本,监督实际不推广到国家的全部空域,国家允许企业主将自己的企业迁出监督区的范围。在对居民区以外的企业排出污染物质不予监督的条件下,这种政策的结局是导致普遍的大气污染。

美国根据1970年《大气保护法》制定了地方性实施办法,这个办法区别于其他国家所采用的办法。它建立了把全国包括在内的247个大气质量监督区。按照污染的程度,美国环境保护局(EPA)将这些监督区分为一类污染区、二类污染区和三类污染区。各州大气质量标准执行机构在拟定大气保护的措施和计划时,应当考虑各地区的位置、污染程度及其性质,规定对于每一地区的具体监督措施。

美国《大气保护法》的优点是:赋予州以权力,对于那些大气质量高于国家规定标准的地区规定自己的更为严格的标准。这一规则乃是为了防止和避免空域洁净区,主要是农业区和未开发区空气质量的下降。但是在实践中,许多州由于处在垄断企业的压力之下,在制定自己的保护标准和执行措施与计划时,这一权力得不到有效实施。事实上,这些地区的大气质量在进一步恶化。1972年,一些从事自然保护的组织,包括山脉俱乐部,曾向美国地区法院提起对于美国环境保护局主要负责人的诉讼,因为该负责人批准了允许大气质量下降的计划。地区法院通过美国最高法院批准了一个决议,即关于不准使大气质量优于标准地区的大气环境退化的决议。结果大气质量监督机关、社会团体、法院和垄断企业组织陷入长期的辩论和争吵,最后只是在1975年才建立起"保持大气质量区",即确定大气质量不得退化的地区。

西方国家的立法基本上都规定各地应达到与标准相适应的大气质量的期限。但同时规定一个保证大气质量达标的"合理时期"(美国)或者"尽可能快的时期"(日本)。这些不精确的措辞往往使一些地方和企业钻了空子。它们除得到法定延期外,另可获得再延缓履行法律要求的申请权。

西方国家的学者和专家认为,这些国家的大气质量标准对于监督大气污染起了重要的作用,因为它们保障了大气可持续发挥作用的合理基础。大气质量标准被用于对国内和世界大气状况实行经常性监测,被用于揭示与大气污染相关情况的危险程度。而更主要的是,标准明确了大气的质量,达到这些质量要求乃是和污染作斗争的根本目的之所在。

对于固定的污染源和活动的污染源而规定的排出标准是监督遵守大气质量的措施和保障手段。许多国家在拟定固定源的排出标准时，确定针对什么样的污染源（是现存的还是正在建设中的）进行规定有着原则性的意义。其中，按照美国 1970 年的法律，对于新的现代的污染源，其排出标准由联邦机关规定；对现已存在的污染源，其排出标准由州的机关规定。

在德意志联邦共和国，根据 1964 年大气质量监督的技术指南，对于新企业的排出标准也和美国一样，是借鉴“实际易行措施”而规定的。其结果是，这些标准只是对有限的一些企业适用，不推广到严重污染大气的化学工业的许多企业。

对于汽车发动机排出气体的标准，大多数工业发达国家规定了排出气体主要要素的标准。但是法律又设定了一些规则：生产汽车发动机的公司有权延期施行标准。这就导致一些国家（如美国），排出气体标准的施行期从 1975—1976 年拖延到 1982 年。

三、影响环境评估的申请

西方国家在解决经济发展问题的时候，环境的因素实际上只是到近年在环境的状况变得危急的时候才被人们考虑到。环境保护的必要性提出了这么个问题，它要求对企业家个人利益和社会对有益健康的环境的要求之间的相应关系作适当的修正。美国只是到现在才根据 1969 年关于国内环境保护政策制定出《影响环境评价申请法》，根据这一法律，企业对实行经济发展计划可能造成对环境的影响应进行预测。联邦政府各部在起草法案或者在实行“对人们周围环境有重大影响”的“联邦大型计划项目”时，都应当尽可能地考虑环境的因素。该法律的要求对于私人计划项目亦有关系，如果在实行私人计划项目时，私人公司需要向国家主管部门提出有关污染物质排出的批准申请等。

进行国家经济和管理活动需要预测对环境影响的法律制度在其他西方国家并未得到广泛的推广，但是它们中一些国家提出了实施类似美国《影响环境评价申请法》的制度。1975 年 12 月在比利时举行的环境保护问题研讨会上讨论了关于运用美国经验的可能性问题。法国和德意志联邦共和国正准备就制定关于影响环境的经济措施的评价法开展相应研究。

按其意图,《影响环境评价申请法》应当成为不亚于建立环境质量标准法律制度的先进性。它的出现不仅引起了美国,而且引起了其他国家的舆论界和学者的注意。但是近几年来实施的实践表明,它的施行也导致了西方国家经济体系的严重矛盾。如在美国,其正在经受原料和能源危机的条件下,要推进大气保护制度和整个环境保护的制度的动力就减弱了。

四、国家对大气污染控制的监督

解决广泛实际问题(对空域大气现状的分析和统计,大气保护标准的制定,对执行相应法律的监督等)的必要性决定了20世纪70年代许多工业发达国家新的大气保护机关的建立。以前这些国家缺乏协调与污染环境作斗争的活动的专门机关。由各自为政的主管部门对各相应领域进行自然环境保护活动,导致工作的职能重复,有关数据和资料分散,部门之间不协作,工作不统一,各机构强调和维护狭窄的部门利益。在遇到了这些困难以后,美国、日本、德意志联邦共和国、法国和英国在1970—1971年开始建立保护环境的国家监督机关的中央系统。

在这一系统里,没有协商机关和执行管理机关。通常,它们的首要任务是调查和揭示本国环境的状况,在拟订和实施发展计划的过程中预测相应计划对环境的影响。协商机关是政府环境保护政策的积极宣传者,它协调各个主管部门、国家机关和垄断企业组织之间的利益。协商机关附属于执行机关首脑,它们的建立是国家机构适应国家规制调整环境保护关系新条件的结果。执行管理机关——环境保护局(在美国、日本和德意志联邦共和国)和环境部(在英国、法国)既在职能部门的数量上,又在职权范围上都有区别。例如,美国于1970年12月建立的作为独立管理机构的环境保护局,统一了过去由联邦五个独立主管部门关于大气和水质污染以及固定废渣、杀虫剂、辐射和噪声监督的项目。在这个时期,美国环境保护局已发展成为一个具有万名员额编制和预算达7.31亿美元(1975年财政年度)的巨大组织。美国环境保护局在地方设有10个执行其职能的部门。按照它的法律地位,其不附属于内阁的任何一个部,本身不从事任何经济活动。

西方国家中央执行管理机关的建立——作为协调与整个污染环境行为

作斗争,实行大气保护法的重要步骤,但这些机关并没有被赋予这个范围的全部权限。例如,日本环境保护局局长,其级别相当于国务大臣,但却无权发布让政府部门和主管机关必须执行的指示。如果环境污染具有危险的性质,他也只是有权根据政府的政策向首相提出改进其他主管部门工作的建议和请求。在法国,决定环境保护最重要的问题,要和政府的许多部协商。

在美国也存在类似的情况。美国环境保护局对某一环境保护问题作出决议时,要求听取和考虑联邦政府各主管部门(首先是商业部和矿业管理部门)的意见,这些主管部门往往代表着企业主的利益,反对对大气污染控制的严格监督。此种情况动摇着美国环境保护局的独立性,使它处于总统行政权系统内之机关的地位。总统及其所属机关多以间接的方式,影响美国环境保护局的日常活动。美国环境保护局向总统而不是直接向国会提出预算草案;司法部对美国环境保护局的管辖事项及其在法院的民事案件进行监督,向行政预算管理局提出立法提案和其他规范法令草案,并为美国环境保护局选拔录用工作人员等。这些制度使政府在其所需要的情况下能在一定程度上监督和制约环境保护监督机构的活动。

在环境保护督机构的系统中,地方机构占据着重要的地位,它负有直接监督这一领域法律遵守的责任。它们实行监督主要是通过对企业活动的调整(要求企业使用确定的原材料、检查炉子和净化设备的状况等)。通常,它们被授权提起对于违反大气保护法要求的人的诉讼。但是在实践中,如在日本,它们事实上连这个最起码的权力也被剥夺。德意志联邦共和国的地方环保机构,根据情况有权也有义务要求企业主采用保证遵守大气保护法要求的更完善的设备。和企业主的密切联系是地方监督机构活动的特征,并从而直接地影响其监督的效果。

除此之外,为了维护垄断企业和组织的利益,西方国家自己不限制环境保护监督机构的权限,但这些机构在活动过程中受到垄断企业和组织的强烈反抗和抵制,以致法律规定的大气保护措施在很多时候等于一纸空文。杜格拉斯大法官指出:“企业总是力求规避履行环境保护法的要求。它们为此而采用许多手段,其中之一就是对那些保护社会公共利益的部门施加他们的影响。这种影响常常建立在贿赂的基础上。当污染环境的犯罪者和受贿者利益一致时,他们之间的关系可以使受贿不致难堪而具有更加精巧的性质。他们可以协调一致地引用较为可取的政府监督许可的政策。除此之外,他们可以迎合国家机构的官吏的私人愿望:今后可到那些污染环境的大的私人公司里应职。有时,社会上爆发出要求保护整个社会公共利益的呼声,这些官吏就以企业主更强烈的反对呼声将之淹没。”

因此,垄断企业和组织是西方国家产生大气污染犯罪的基础,是保持和恢复适于生命生存的良好空气环境的主要障碍。为了打败垄断企业和组织的反抗,西方国家必须停止为它们的利益服务,但这在实际上是不可能的。事实不能不使人们得出结论,西方国家是不可能真正解决环境问题的。分析近年来西方国家在现代立法基础上保护大气的实践,证明这一结论是成立的。尽管这些国家的法律制度可能有一定效验,然而其空域的污染却仍然十分严重,人的健康、动植物的生存均面临现实的威胁。

西方国家公务员工资制度研究*

西方国家工资福利制度是各相应国家公务员制度的重要组成部分。许多国家,不仅在公务员总法中对公务员工资福利制度作出原则性的规定,而且制定专门的工资福利法对公务员的工资福利作出各项具体的规定。日本《国家公务员法》共 111 条,专门规定公务员工资福利的条款有 13 条之多。除此之外,日本还另制定了《一般职职员报酬法》,具体调整一般职公务员的工资报酬事项。联邦德国《联邦官员法》共 202 条,专门规定联邦公务员工资福利的条款有 14 条之多。除此之外,联邦德国还另制定了《联邦工资法》,专门对联邦公务员工资制度作出具体规定。法国《公务员总章程》共 56 条,专门规定公务员工资福利的条款有 6 条。此外,法国也另制定了具体规定公务员工资福利制度的专门法令,如 1948 年 7 月 10 日规定公务员工资指数的法令。

有些国家没有制定专门规定公务员工资福利制度的特别法律,但是在公务员总法中对公务员的工资福利作了相应规定。例如,瑞士《联邦公务员章程法》对公务员的工资级别、标准、初级工资、正常加薪、特殊加薪、奖金、各种津贴、社会补贴(如住房补贴)、社会保险、请假与休假等,都作了详细规定,甚至具体列出了各等级公务员的年薪数额。埃及《国家文职工作人员法》亦详

---

* 本文选自曹志主编:《资本主义国家公务员制度概要》,北京大学出版社 1985 年版,第 196-233 页。本书其他作者写作部分和笔者写作部分(本书第十部分第一、二、三节)所引用的有关西方国家工资、福利和退休制度的资料、数据,均由中组部政策研究室提供。在“国家工作人员法立法小组”研究和起草“国家工作人员法草案”期间,中组部向中国驻世界各国大使馆或领事馆发文,要求它们收集各驻在国有关公务员制度的法律、法规、规章和规范性文件,并寄回中组部政策研究室供立法小组参考使用。故本文如无特别需要说明的问题,文中不再对所引用的资料和数据加注。

细规定了公务员各种工资福利待遇，并附有公务员工资标准表。

英国和美国均制定了公务员总法规。但公务员的工资福利制度却不在公务员总法规中规定，而以单行法规和政策规范性文件规定。例如，美国于1883年制定了“彭德尔顿法”(Pendleton Civil Service Reform Act)，即美国《文官制度改革法》。但该法主要规定的是美国文官委员会的组织和职权，其公务员的工资福利制度则受为数较多的、零散的单行法令和政令调整。如同其他国家有关公务员工资福利的专门法律是构成这些国家公务员制度的重要基础一样，英、美规定公务员工资福利的这些法令、政令同样是构成其公务员制度的重要内容。

我们探讨西方国家公务员工资福利制度，不仅根据相应国家有关公务员工资福利的法律、法令、政令进行研究，且同时对其制度运作实践进行考察；不仅对其制度本身进行解剖，而且对决定和影响这些制度的社会、政治、经济基础加以研究。这样，我们即能更深入地了解、把握这些国家相应制度的利弊、得失，以为建立具有我国特色的社会主义国家工作人员工资福利制度提供有益的参考和借鉴。

不过，本文的任务主要是介绍西方国家公务员工资福利制度的有关情况，并不对西方国家公务员工资福利制度作全面深入的专门研究。因此，我们仅对西方国家(主要是英国、美国、法国、日本、联邦德国、瑞士、埃及等)的法律、法令、政令中有关公务员工资福利制度的规定进行综合、概括和分类，而不准备对这些国家的公务员工资福利制度作更多的评价。

一、西方国家公务员工资制度的主要原则

综观西方国家公务员总法和公务员工资专门法，其规定的公务员工资制度一般体现下述几项原则。

(一)平衡原则

所谓“平衡原则”，是指国家确定公务员的工资时，参考私营企业职工的工资水平，使公务员的工资水平与私营企业职工的工资水平保持基本平衡。

英国议会于1955年11月通过的由英国皇家委员会提出的一份报告中，列举了英国文官工资制度平衡原则的内容：(1)文官工资制度的首要原则，是在与从事基本上类似工作的外部人员现时报酬数额相比较时，应当公

平合理,并且应对其他工作条件上的差别加以考虑。这项原则在必要时应根据内部相互关系灵活地予以补充但却绝不应根本改变。(2)在运用公平合理的原则时,必须把事实调查与谈判协商清楚地区分开来。(3)应调查相关事实,建立职业上的比较关系和发现属于所要比较的各种职业的工资与工作条件,这应该是一种有持续性的详细的研究工作,由有资格有经验的单位直接去进行,这个单位应该把自己的工作严格限制于收集和整理事实材料方面。

美国1962年《联邦政府工资改革法》规定,政府公务员的工资要与私营企业职员的工资相对应。美国劳工部专设一个劳工统计局,从事对私营部门各类各级人员工资的统计。方法一般是先抽样调查,然后找出各类各级人员工资的平均数(因为私营企业的工资是不一致的,必须找出其平均数)。美国政府即根据此种调查统计数字,将公务员的工资水平与企业相应人员的工资水平比较,确定哪一类哪一级人员的工资低于私营部门,低多少,从而决定增加哪一类哪一级人员的工资和增加多少,进而对工资进行调整,使各类各级公务员的工资与私营企业职工的工资大体趋于平衡。此种工资调整工作于每年10月进行。

目前世界大多数国家公务员工资制度都实行平衡原则。因为公务员工资与其他行业比较,过高过低都会产生很多不好的后果。过高,会使政府开支增大,税收负担增加,引起人民的不满;过低,会使人才流向其他行业,政府工作人员水平下降,工作效率降低。

(二)同物价挂钩原则

所谓"同物价挂钩原则",是指国家定期根据物价指数的变动,调整公务员的工资,使薪金率高于或等于物价上涨率。西方国家在工资制度上一般都实行这一原则。

日本《国家公务员法》第64条规定,制定公务员的报酬表,应考虑生活费的增长情况。根据这一法律规定,日本人事院在经济和物价变化的情况下,必须向国会和内阁提出关于工资的调查报告和增加公务员工资的建议。如1981年8月7日,日本人事院向国会和内阁提出的报告指出,当年物价上涨5.2%,家庭消费支出增加7.8%,4口人的家庭,每月标准生活费需要203,680日元。据此建议相应增加公务员的工资和津贴。

阿根廷联邦议会1973年曾颁布一项法令,规定公务员工资定期按物价上涨指数进行调整。

法国公务员工资采取直接和物价挂钩的制度。工资表只列出各等级公务员的工资指数,公务员的实际工资额等于工资指数乘最低生活费,而最低生活费通常是随物价的变动而变动的。法国政府每年根据物价指数的变动,在听取公务员高级协议委员会的意见后,确定最低生活费的数额。当然,最低生活费也不完全由物价因素决定。在通货膨胀恶化和财政赤字扩大的情况下,尽管物价上涨,法国政府不提高或不按物价指数上升比例提高最低生活费数额的事也是常有的。

由于经济衰退和其他原因,近年来一些国家实际上以各种借口修改或限制工资同物价挂钩的原则。工资的增长率往往未能高于甚至低于物价的上涨率。

(三)定期提薪原则

所谓"定期提薪原则",是指国家定期增加公务员的工资(许多国家是每年提薪一次)。政府在每年的财政预算中,必须保证必要的提薪经费。不少国家在公务员总法或工资专门法中都明确规定这一原则。

瑞士《联邦公务员章程法》第 40 条规定:公务员工资一旦达到最高限额,每年年初有权得到正常加薪。

联邦德国《联邦工资法》第 14 条规定:联邦法律将根据一般的经济状况和财政状况的发展及与工作任务相联系的责任的轻重,按期对工资进行调整。

日本《一般职职员报酬法》规定:公务员工作优良,满 12 个月提薪一次,工作成绩格外优秀者,提前提薪或者越级提薪。如果公务员所在机关不按法律规定提薪,公务员可以向法院提起诉讼。

阿根廷法律也规定公务员工资实行定期晋级制,晋级年限不等。低级人员一两年晋级一次,中级人员两三年晋级一次,高级官员则四五年晋级一次。如果达到该职的最高级别无级可晋,则发给相当于本人月薪 20%~70%的附加工资。

(四)同工同酬原则

所谓"同工同酬原则",是指国家对于从事相同工作的公务员,无论其在任何单位,无论其性别、民族、出身如何,均给予相同的报酬。

瑞士《联邦公务员章程法》第 38 条规定:在联邦行政机构以及交通运输

单位任职的公务员，同等条件应享同等报酬。

美国1962年《联邦政府工资改革法》第52条规定：联邦政府应本着下列原则制定工资政策：(1)工作性质相同，报酬相同，工作表现决定工资上的差距；(2)联邦政府中的各级工资应能与私人部门的同等工作的工资相比对；(3)联邦政府中的各个工资系统的工资级别的制定与调整应与上述原则相符合。

英国政府新闻处编写的《英国文官制度》一书第六章第二节指出，大多数公务员按级别领取工资，级别每年按规定增长，直至有关等级的最高级数。文官中的妇女领取与做类似工作的男人相同的工资。

可见，西方国家的法律或官方文件中，大多是明确宣布和肯定同工同酬原则的。当然，在实际生活中，这些原则的执行是打了很大折扣的。种族歧视、性别歧视在公务员工资领域与在其他领域一样并没有绝迹，有时甚至会露骨地表现出来。

(五)协商原则

所谓“协商原则”，是指政府确定公务员的工资要同公务员工会组织进行谈判和协商，听取工会组织的意见，尽可能取得他们的赞同。英国政府新闻处编写的《英国文官制度》第六章指出：英国文官部(该部现已并入财政部)对文官的工资和福利负责，并与适当的职员协会协商报酬问题。协商根据这样的原则进行，即决定报酬的主要因素应当是在考虑其他服务条件的差别后，与文官系统以外的广泛可比工作的工资率有一个公正的比例。英国文官部1984年4月送呈下议院关于英国文官制度的情况介绍备忘录第四章中指出：“协商是由文官部官员同工会代表进行的。其公开程序是先将文职机构中有关的职级与外部类似工作在服务条件上那些可计算的差别考虑进去，据此对工资率作出上下调整，随后进行协商。”

法国让娜·西韦克等人在所著《法国文官制度》一书第二章第七节中指出，法国文官报酬年度计划，要由主管文官工作的部门和工会组织开会讨论决定。该书第六章第六节指出，自1968年开始，“政府当局把每年进行一次工资谈判作为一条原则加以奉行，这种谈判的目的在于与公职人员方面最具有代表性的工会组织达成协议”。

联合国专家艾伦·坎贝尔在北京大学讲授美国文官制度时说，美国州政府和地方政府公务员工资的确定亦要进行谈判,"在州政府和地方政府的谈判中,关于工资问题往往有这种情况,工会方面认为公务员工资比私营部门少了,工资应适当提高。政府方面如果认为工会方面提出的根据是符合实际的,就予以同意。另外,在地方政府和州政府的谈判中,和工资问题有连带关系的还有一个关于生产效率的问题。谈判往往是这样进行的:政府方面提出,现在生产效率不太高,该提高生产效率。工会方面则提出,我们可以提高生产效率,但是工资要相应增加,于是以生产效率谈判的形式转到工资问题的谈判了"。当然,关于公务员工资问题只是部分国家要与政府外的组织、团体进行谈判协商,而不是所有国家都要进行此种谈判。例如,美国联邦政府就规定,美国联邦机构的工会组织不能谈判工资问题。

(六)法律保障原则

所谓"法律保障原则",是指公务员的工资受法律保障,不准随意扣发或减少。

联邦德国《联邦官员法》第 86 条规定:"职务工资和劳保工资以及官员工资的级别,只有通过法律才能改变。"第 84 条规定:"如果法律上没有其他规定,官员只有当他的要求职务工资的权利以资产作为抵押的基础时,才可以转让或典当他的职务工资。雇主(交付任务的单位或个人)只有在官员的工资已被扣发的情况下,才可以使用抵销权和保留权。只有在官员由于蓄意的和不能允许的行为造成了损失,而雇主又要求赔偿损失的情况下,本款第一句所作的限制才失去效力。"

日本《国家公务员法》第 66 条规定:"职员任职后,应按职阶制规定的职级发给报酬准则规定的工资。"第 110 条规定,对违反第 66 条规定者处 3 年以下徒刑或 10 万日元以下的罚款。

其他国家的法律法令大多也有类似的规定。

二、西方国家确定工资的基本依据

西方各国的公职系统都是由许多不同种类、不同性质工作的公务员按一定规则组织起来的。如何确定这许多不同种类、不同性质工作的公务员的工资,是一个极其重要而又极其复杂的问题。工资制度的原则,只是决定整个公职系统工资的基础和根据,它不可能解决这个系统内每个人员具体工资的确定问题。解决这个问题,还必须有一套具体的依据(具体的标准)。考察各国的法律制度,这些依据(标准)是各有不同的(名称、数量不同,各个依据的比重也不同)。本文不准备介绍所有这些不同的依据(标准),只是介绍其中比较重要的、在各国比较普遍适用的基本依据(基本标准)。

西方国家确定公务员的工资,究竟有哪些基本标准和基本依据呢?一般来说,各国通常把下列要素作为确定公务员工资的基本依据:(1)职务;(2)责任;(3)受教育程度;(4)工作性质(包括繁简、难易、危险程度,是否影响身体健康和该工作对求职人员的吸引力等);(5)工作熟练程度;(6)地区差别。在所有这些要素中,“职务”通常作为其中最重要的标准,是确定工资的最重要依据。

《美国文官委员会辑录》中讲到美国公务员工资管理时指出:“一个基于职务分类方案的工资方案应该:(1)接受职务分类方案对于各类职务的设置、命名和说明;(2)根据职务分类方案所表示出来的各类职务之间的区别,制定出每一类职务的工资类别;(3)保证工资类别适用于每个职务,即在这个职务上工作的人的工资,符合该职务所属的种类的工资,而该职务所属类别又应是符合职务分类方案的原则的;(4)通过管理的规则,将工资级别和类别的适用性,与职务分类的各项工作,如人事管理(升级、降级、调动)协调起来。要注意到同类职务中的雇员在工作效率上的提高与区别。”该辑录还指出:“在草拟和贯彻一个工资方案时,无论它涉及多少美元,均应体现以下几点要求:(1)每个职务和雇员的种类、难易度和责任应该是决定工资数额的关键因素。(2)在同一系统中,同样条件下的相同工作,应得到相同的报酬。这一系统中的工作种类、难易程度、责任的不同,应在工资额上得到合理的体现。(3)雇员对所任工作的熟练程度,决定在该职务适用范围内他应得到什么报酬。”

瑞士《联邦公务员章程法》第38条规定,公务员工资定级的标准是:受教育程度、职务高低、工作及责任大小、危险程度。瑞士在确定公务员的工资时,除一般考虑上述标准外,特别重视提高学有专长的高级官员的工资。该法第36条规定,邮电局长、铁路局长以及具有同等水平的其他官员,均可享受“特等级别”的工资。特等最高工资相当于正常级别最高工资的2倍。

日本《国家公务员法》第62条规定:“职员的报酬,根据他的职务和责任付给。”第65条规定:确定同一等级或职级的提资标准时,应考虑到工作时间、工作能力和其他工作条件。日本《一般职职员报酬法》第4条规定:“各职员领取的薪金,必须考虑其职务的复杂性、困难程度、责任大小、劳动强度、工作时间、工作环境以及其他工作条件。”

法国《公务员总章程》第22条和第27条规定了公务员工资的确定和工资晋升的依据:“任何公务员在工作后享有包括工资、家庭负担补助、住房津贴的一份报酬。工资额或者根据本人的职称和级别决定,或者根据本人所任命的职务决定。”“级别的晋升标志是工资的增加,级别的晋升按照公务员的资历和鉴定。”

联邦德国的《联邦工资法》第18条和第19条规定,以职务作为确定官员工资的最基本的依据。第18条规定:“官员、法官和军人所发挥的作用,应当按照同他们所担任的职务相联系的要求,实事求是地加以评定,并应当使他们所发挥的作用同他们所担任的职务相称。应当在考虑到所有机关的共同利益的情况下,按照职务的重要性,使他们所担任的职务同工资等级相称。”第19条规定:“官员、法官认或军人的基本工资,是按照授予他们的职务的工资等级来决定。”“如果职能与职务在法律上是相对应的,或者,如果职务与工资等级的对应关系(包括职务津贴在内),是按照法定的评定标准,特别是按照人员编制的数字,按照乡或联合乡居民的数字,或者按照学校学生的人数来确定的,那么,仅仅具备这些条件,还没有权利要求这个职务的工资。”

从以上引用的材料可以看出,西方各国对确定工资的依据都非常重视,大多用法律加以固定。因为这牵涉公职系统内每一个公务员的切身利益,每一个公务员与其上下左右的关系。这些依据是否合理,对于每个公务员积极性的发挥,对于整个公职系统的效率和团结是极为重要的。《美国文官委员会辑录》指出:“基本报酬的差别的比率,应与工作的难易程度、职责大小、所要求的资格的深浅以及雇员对效率和经济所作贡献的大小相对应。”“一个完善的工资方案,把工作人员的工资级别同他所做工作的性质、难易程度和责任联系起来。要求高、责任大的工作,工资就高于较容易的日常性工作的工资。同样的工作条件,同样的工作,收入相同。缺少了这样一个工资方案,就会出现不合理、不公平的现象。”“在某种程度上,雇员对工作和雇主的态度的好坏,取决于他是否满意他目前的收入。但是同样重要或重要的是,他自己的收入与其他雇员的收入之间的比较。公共行政和企业管理的经验表明,由于工资方案定得不合理、不妥当、武断造成的摩擦和不满,比工资数额本身所带来的摩擦和不满有过之而无不及。”

三、西方国家基本工资制度

西方国家公务员的工资通常包括基本工资和各种津贴两大部分。基本工资一般都实行职务职能等级工资制,即将公务员按职务职能分成若干职等,每一职等再分成若干职级,公务员的工资与职等职级对应。公务员担任何种职务,具有何种职能,有何资历和工作成绩,即列入相应的职等职级。职务职能发生变动,职等也跟着变动。至于职级,则采取定期晋升制。即考核成绩及格,通常一年或两年晋级一次;成绩优秀者,可以越级或提前晋级;成绩不及格者,则不能晋级甚至降级。当然,这是就一般情况而言的,至于具体做法,各国均有自己的特点。下面我们分别介绍美、英、法、日、德(指西德,当时德国尚未统一)和瑞士的基本工资制度。

(一)美国

美国公务员工资,分两个系统:法定薪金系统和其他薪金系统。法定薪金系统包括三种工资标准,即一般行政人员工资标准;驻外人员工资标准(此又分一般职工和官员两类标准);退伍军人管理委员会内科部和外科部人员工资标准。其他薪金系统也包括三种工资标准:高级行政人员工资标准;邮政管理署人员工资标准;其他职工工资标准。

一般行政人员(包括在行政部门、哥伦比亚特区政府和立法、司法部门的某些机构任职的职员)的工资,分 18 等 165 级。第一至十五等,每等分 10 级;第十六等分 9 级;第十七等分 5 级,第十八等只有 1 级。最高等级的工资是最低等级工资的 9 倍。等级内的工资差额因等而异。等级越高,级差越大。如第一等内的级差是 240 美元(其中第八、九和九、十级的级差稍小);第十七等内的级差是 1870 美元。各等级之间的工资数额形成交叉,如第五等 10 级的工资 14,618 美元,相当于第六等 6 级的工资 14,621 美元。一般行政人员工资标准(年薪)16,021 美元。

一般管理人员的工资实行定期等内升级制。第一至三等,每 52 周升级一次;第四至六等,每 104 周升级一次;第七至九等,每 156 周升级一次。工作成绩优异者,可越级升级;不胜任工作者,则不能升级。

驻外人员中职员工资分10等100级;官员工资分8等52级。第一等分3级;第二至八等各分7级。

退伍军人管理委员会内科部和外科部人员中护士、医生、牙科医生的工资分5等50级,每等10级。助理主任、助理院长、主任、院部主任的工资各分10级;院长工资分9级。

高级行政人员(行政部门中第十八等以上的人员)工资分5等,等中不分级。各等的年薪是:第一等为60,000美元;第二等为42,000美元;第三等为40,000美元;第四等为38,000美元;第五等为36,000美元。

行政、立法、司法三部门高级官员工资由国会专门规定。

邮政管理署人员工资分22等199级。第一至七等各分12级;第八等分11级;第九至十九等各分8级;第二十等分7级。

其他职工(包括从事贸易、工艺和体力劳动的人员)的工资,适用他们所在的工作地区的工资标准和工资表,而未有统一的工资标准和工资表。

(二)英国

英国公务员的工资分非工业系统和工业系统(指国营工业系统)。非工业系统一般实行等级工资制,其工资标准分两种情况:一种情况是由财政部统一管理人员的工资;另一种情况是由各部自行管理人员的工资。由各部自行管理人员的工资标准和等级是由各部确定的。由财政部统一理人员的工资标准,则由财政部统一制定。其具体做法是:根据公务员的职务和工作性质,将其工资分成若干等,每一等通常设最高工资和最低工资两档,两档之间保持一个幅度(高级人员不设此幅度,即每等仅有一个固定的工资额)。国家每年根据对公务员的考核成绩,在这个幅度内给其增加工资。英国公务员的工资,高级人员实行年薪制,低级人员实行周薪制。

伦敦生活补贴:内伦敦每年每人补780镑;外伦敦每年每人补325镑(1979年4月1日起生效)。伦敦生活补贴附加在一定地区内工作的人员的工资中,以补偿由于居住在伦敦而额外支出的交通住房等费用,使他们的实际收入能与在其他地方工作的人员的收入平衡。此项补贴不付给副大臣(副部级)及其以上级别人员。

工业系统内的公务员的工资亦分两种情况:一类人员的工资与政府外部类似的私营部门的工资保持一致或接近,如若作任何改变,必须与有关的工会协商；另一类人员（占该系统人员的绝大部分）的工资实行统一标准，如需改变，须与“政府工业机构联合协调委员会”或“行业联合理事会”（此种理事会共有 4 个）从全国范围加以协商。

（三）法国

法国自 1948 年起实行指数工资制。即工资表不规定公务员的实际工资数额，而只规定一个工资指数。每一指数的价值，每年由政府根据物价和生活费的变动情况决定。1948 年规定，一般公务员最低工资指数是 100，最高工资指数是 800。法国公务员根据职类职务分成 A、B、C、D 四个职等。A 等公务员，包括大学教授、高级行政官、行政法院法官等职类人员；B 等公务员，包括中央行政机关、驻外机关的秘书，财务机关、邮政机关的监督员，小学教员，公用事业的技术员等；C 等公务员，包括办事员、打字员、速记员、技术工人等；D 等公务员，包括勤务人员、办公室人员等。

以上所提指数是一种“毛指数”，而不是公务员实际工资的指数。公务员的实际工资指数，应从这些“毛指数”中扣除税款、保险费等项支出后，其剩余额才是。这种剩余额叫作“纯指数”。另外，上述“毛指数”是 1948 年确定的，以后情况发生了变化；首先，由于工会方面的斗争和其他原因，D 类人员的工资指数有所增加，指数 100 已仅是理论上的最低工资水平，而实际最低工资指数现已达到 194；其次，由于最低工资指数上升，最高指数与最低指数的差距就更小了，从而使政府吸收和保持高级优秀人才发生了困难，于是政府不得不在指数表之外增加了一些高于 800 的指数等级，这种新增加的等级的最高指数已达 1015。由于上述这些情况，法国目前公务员工资标准就存在三种指数：净指数、毛指数、增加后的新指数。现在已经没有人处在毛指数 175 或者 194（新增加过的指数）之下的了。数字 100 除了用于计算工资之外已毫无用处。

法国各种公职人员在职期限内的待遇是参差不齐的。应该指出，属于 D 部类的人员为数是很少的。最大数量的编制人员在 A 部类、B 部类和 C 部类之中。高级官员，包括总统、部长会议即内阁成员、部长会议任命的高级文武官员和司局长以上的 A 类人员，共计约 29，000 万人，适用特级工资，其指数为 1075～1920。

（四）日本

日本公务员分一般职公务员和特别职公务员两大类。一般职公务员的工资包括行政、税务、公安、海事、教育、研究、医务、指定职公务员（指定职公务员包括事务次官、局长、大学校长、研究所所长、医院院长等人员）八种类别。每一类别分4~8等，每一等又分若干级（公务员工资定期晋级，通常半年晋级一次）。如行政类人员工资分8等，每等之内分15~24级。

特别职公务员包括总理大臣、国会议长、最高法院院长、国务大臣即各部部长、政务次官、检察官、大使、公使等。他们是国家的重要官员，他们的工资比一般职公务员高出较多。如总理大臣、国会议长、最高法院院长的月薪为155万日元。除了工资，他们每月还领取办公费和交通费（高的达65万日元）。报酬如此之丰厚，故有“百万富翁”之称。

1980年日本国家公务员中行政人员的平均月薪为208,909日元，起点工资大学毕业为97,500日元，短期大学毕业为83,900日元，高中毕业为78,900日元，初中毕业为73,000日元。总理大臣月薪相当于大学毕业起点工资的15.9倍，高中毕业起点工资的19.6倍，初中毕业起点工资的21.2倍。

（五）德意志联邦共和国

德意志联邦共和国公务员的工资分为三大系统：行政官员和军人的工资系统（适用工资条例A和工资条例B）、高等学校教授和助教的工资系统（适用工资条例C）、法官和检察官的工资系统（适用工资条例R）。行政官员和军人适用两种工资标准：变动的工资标准和固定的工资标准。适用变动工资标准的工资定期升级，由工资条例A调整；适用固定工资标准的工资一等一级，无升级制度，由工资条例B调整。变动工资标准表规定的工资分为16等。第一至四等为低级职务公务员的工资；第五至八等为中级职务公务员的工资，第九至十二等为上级公务员的工资；第十三至十六等为高级职务公务员的工资。每等又分若干级别，以便定期升级加薪。

固定工资标准适用于高级公务员，如国务秘书、审计院长、上将、中将、少将、重要司局的司局长、高级研究所的所长、研究员（教授）、主任医生、银行行长、大使、公使、领事等。其工资标准表规定的工资共分11等，每等不再分级。

高等学校教授和助教的工资分4等。第一等为助教工资，该等再分为3级。第二、三、四等均为教授工资、每等均分15级，采取定期升级制。

法官和检察官的工资分10等。第一、二等为变动工资标准(适用于初级法院、地区法院的法官、检察官等),采取定期升级制;第三至十等为固定工资标准(适用于联邦法院、联邦行政法院、劳工法院、财政法院、社会法院的院长,联邦总检察长,联邦其他专门法院的首席法官等)。

(六)瑞士

瑞士公务员实行统一的工资标准,共设工资级别25级(另设适用于高级官员的“特等级别”7级),每级均规定有最高工资额和最低工资额。公务员在这二者的幅度内,每年增加一次工资,称为“正常加薪”(如长期缺勤,则要减少或取消正常加薪)。除正常加薪外,如公务员原定薪级明显偏低,或工作调动,薪级未变,任务却较前繁重,或官员继任原职,但工作任务有新的要求,还可获得“特殊加薪”。

西方国家公务员的津贴制度研究*

西方国家公务员的工资一般由两大部分构成：一为基本工资；二为各种津贴（包括各种补助费、加班费等）。本节着重介绍埃及、瑞士、法国、日本、联邦德国5个国家的津贴制度。

（一）埃及

埃及《国家文职工作人员法》（以下简称《埃及工作人员法》规定，埃及公务员除享受基本工资外，还享受下述几种津贴、补贴和附加工资。

（1）职务定期补贴。《埃及工作人员法》第41条规定，国家工作人员从任职一年后的1月1日起，享受职务级别的定期补贴。此补贴不超过职务级别的最高工资额。

（2）高级职务津贴。《埃及工作人员法》第42条第2款规定，总统给担任高级职务的工作人员发放津贴。此津贴不超过这一职务起点工资的一倍。该项津贴免税。

（3）特定职业补贴。《埃及工作人员法》第42条第3款第3项规定，总理根据文职事务委员会的建议和有关规定，可给担任某些特定职业的工作人员（法律规定这些工作人员不能从事其他职业）发放特定职业补贴。

（4）额外工作报酬。《埃及工作人员法》第46条规定，国家工作人员承担

---

* 本文选自曹志主编：《资本主义国家公务员制度概要》，北京大学出版社1985年版，第233－239页。本书其他作者写作部分和笔者写作部分（本书第十部分第四节）所引用的有关西方国家工资、福利和退休制度的资料、数据，均由中组部政策研究室提供。在“国家工作人员法立法小组”研究和起草“国家工作人员法草案”期间，中组部向中国驻世界各国大使馆或领事馆发文，要求它们收集各驻在国有关公务员制度的法律、法规、规章和规范性文件，并寄回中组部政策研究室供立法小组参考使用。故本文如无特别需要说明的问题，文中不再对所引用的资料和数据加注。

额外工作并作出巨大努力者,有权根据主管部门的规章,获得相应的额外工作报酬。

(5)工种津贴。《埃及工作人员法》第42条第3款第1项规定,总理根据文职事务委员会的建议和有关规定,可给从事条件困难、有危险性工种的人发放工种津贴。此津贴不超过该工种起点工资的40%。

(6)国外工作附加工资。《埃及工作人员法》第44条规定,总理根据文职事务委员会的建议,考虑有关条件和环境,可发给国外工作人员附加工资。

(7)居住津贴。《埃及工作人员法》第42条第3款第2项规定,总理根据文职事务委员会的建议和有关规定,可发给因居住条件需要补贴的国家工作人员居住津贴。此项津贴免税。

(二)瑞士

瑞士《联邦公务员章程法》(以下简称《瑞士公务员法》)规定,瑞士公务员可享受基本工资以外的下述诸种津贴或补助:

(1)工龄补贴。《瑞士公务员法》第49条第1款规定,凡在联邦供职满20年以及在5年行政任期连续工作的公务员,可领取相当工资额1/12的工龄补贴。

(2)住所补贴。《瑞士公务员法》第37条第1款规定,公务员根据其所在地区的生活费用、税收情况以及与办公地点的距离和公务员身份,可以领取不同的住所补贴。单身公务员可领取2000法郎的补贴;已婚公务员可领取540~2540法郎的补贴。

(3)驻外补助。《瑞士公务员法》第42条第1款规定,对居住在外国的瑞士籍公务员,可视情况给予工资以外的居留外国补贴。

(4)其他津贴和补助。《瑞士公务员法》第44条规定,联邦委员会确定,对具有以下情况的公务员给予补贴和津贴:①公务员旅行和出差,包括流动性的兼职;②由于工作时间不正常而增加支出;③任职期间搬迁或更换工作地;④星期日与夜间加班;⑤在联邦行政机构中兼任多职;⑥铁道与运输部门工作人员在法定工作时间以外加班加点;⑦调任更高职务。

(三)法国

法国《公务员总章程》第22条规定,公务员除享有一份基本工资外,还享有家庭负担补助、住房津贴以及交际津贴费、加班费、重活累活或危险工种补助,或移居国外补助、服务方式津贴和其他可能的各种津贴。

家庭负担补助,按子女人数和工资比例计算,一户有两个孩子的人家,每月可领取 181~279 法郎的补助。住房津贴,按公务员毛工资的一定百分比计算(如巴黎及其郊区的计算百分比为 8%,其他地区为 5%或 6%)。其他津贴的标准,均有专门法令规定。

(四)日本

日本《一般职职员报酬法》规定,公务员除领取基本工资外,还可根据自己的不同情况,领取下述 16 种津贴中的若干种:抚养家属津贴、薪金调整津贴、居住津贴、交通津贴、夜班津贴、业余工作津贴、假日工作津贴、期末津贴、勤奋津贴、工种津贴、地区津贴、新任职务津贴、义务教育津贴、工作成绩津贴等。其中,抚养家属津贴和薪金调整津贴是两项最重要的津贴。日本统计公务员的报酬时,都把这两项津贴和基本工资一并计算。抚养家属津贴是对公务员抚养五种没有生活来源的亲属的津贴。五种亲属是:夫妻、未满 18 周岁的子女和孙子孙女、年过 60 周岁的父母和祖父母、未满 18 周岁的弟妹、残疾或丧失劳动能力的亲属。每月津贴标准是:夫妻 9000 日元;子女 2700 日元。薪金调整津贴是根据职务和岗位的不同而附加的报酬,调整津贴最高可达本人月薪的 25%。此外,《一般职职员报酬法》规定的加班津贴的标准是:白天加班 1 小时,加付 1 小时工资的 25%;夜间加班 1 小时,加付 1 小时工资的 50%。工作成绩津贴,每年发两次(6 月和 12 月),最高额相当本人 1 个月的月薪。

(五)德意志联邦共和国

德意志联邦共和国《联邦工资法》(以下简称《工资法》)规定,公务员的津贴主要有下述几种。

(1)职务津贴和岗位津贴。《工资法》第 42 规定,对特种职务可以规定职务津贴和岗位津贴。在联邦法律没有其他规定的情况下,职务津贴和岗位津贴不得超过官员、法官或军人的工资等级的退休时的基本工资和高一级工等级退休时的基本工资之间的差额的 75%。

职务津贴不能取消,并且在退休时可以并入退休金的计算基数中。岗位津贴只有在承担特种职务期间才能给予。岗津贴可以取消,而且只有当法律规定在退休时可以并入退休金的计算基数时,才可以并入退休金的计算基数。

(2)特殊负担津贴。《工资法》第47条规定,联邦政府有权在征得联邦参议院的同意后,通过法令,对在评定职务时,或者在规定候补官员的工资时没有考虑到的特殊的负担规定津贴。

(3)额外工作报酬。《工资法》第48条第1款规定,联邦政府有权在征得联邦参议院的同意后,通过法令,对官员的额外工作的报酬作出规定,如果这种额外的工作不能用休假的方法加以抵销的话。额外工作的报酬,只能是对按其工作的方式属于可以计量的额外工作的领域中的官员规定的。额外工作报酬的数额可以根据官员实际上所作的额外工作的多少来决定,并且根据工资等级加以区分。

(4)国外工作津贴。根据《工资法》及其附件的规定,联邦德国公务员在国外工作,可以享受下列津贴:①国外工作补贴(此种补贴分14等,每等分12级);②跟随国外生活子女补贴(此种补贴分为12级,不分等);③房租补贴,《工资法》第57条第1款规定,如为了租赁必要的住宅,其租金超过了基本工资、一级或者二级的地区补贴以及职务和岗位补贴费的总额的18%(其中不包括购买力的平衡),可以发给房租补贴。

(5)地区补贴。根据《工资法》及其附件的规定,联邦德国公务员享受的地区补贴,分为4等8级。公务员所属工等级和家庭情况(婚否、有无子女、子女的多少等)决定其所享受地区补贴的等级。如B3、C4等级的公务员享受一等地区补贴;B1、A13工资等级的公务员享受二等地区补贴;未婚、离婚或夫妇分居或宣布脱离关系公务员享受一级地区补贴;已婚、丧失配偶、离婚但有义务负担配偶生活费的公务员享受二级地区补贴。

西方国家公务员的福利制度研究*

西方国家为了使公务员安心工作，忠诚地为国家服务，建立起各种福利制度，以改善公务员的工作、生活条件，解决公务员的家庭困难，促进公务员的身心健康，丰富公务员的业余文化生活。这些福利制度对于鼓舞公务员的情绪，调动其积极性，提高其工作效率，起了积极的作用。

综观各国的法律和实践，其公务员福利制度主要有以下六项。

（一）社会补助

社会补助①包括失业补助、结婚补助、生育补贴、进修补贴、休假补贴、抚养子女补贴等。这些补助，有的国家设专款开支，有的由社会保险费开支，其中失业补助多由社会保险费开支。

瑞士《联邦公务员章程法》第 43 条规定，社会补助包括以下三项：

（1）结婚补贴。公务员初婚，给予 1500 法郎的一次性补贴。此种补贴，如初婚时未领取，可在再婚时领取。

（2）生育补贴。公务员每生一个孩子，可发给 400 法郎的一次性补贴。

（3）抚养子女补贴。公务员有不满 18 周岁的子女或不满 25 周岁的未完成实习或学业的子女，可领取此种补贴。补贴的标准为：不满 12 周岁的子

---

* 本文选自曹志主编：《资本主义国家公务员制度概要》，北京大学出版社 1985 年版，第 239-246 页。本书其他作者写作部分和笔者写作部分（本书第十部分第五节）所引用的有关西方国家工资、福利和退休制度的资料、数据，均由中组部政策研究室提供。在“国家工作人员法立法小组”研究和起草“国家工作人员法草案”期间，中组部向中国驻世界各国大使馆或领事馆发文，要求它们收集各驻在国有关公务员制度的法律、法规、规章和规范性文件，并寄回中组部政策研究室供立法小组参考使用。故本文如无特别需要说明的问题，文中不再对所引用的资料和数据加注。

① 本节研究的公务员社会补助不同于上节研究的公务员津贴。社会补助属于公务员的一项福利制度；津贴通常被认为构成公务员工资组成部分。

女,每人每年 960 法郎;12 周岁以上的子女,每人每年 1120 法郎。

日本《国家公务员灾害补偿法》规定,公务员根据条件可领取九种补偿性的社会补助。如伤病补助、丧葬补助、遗属补助、疗养补助、障碍(神经或内脏机能失常)补助等。另外,日本对失业公务员按年龄支付一定时期的失业救济金:不满 30 岁者,支付 90 天;30 岁至 45 岁者,支付 180 天;45 岁至 55 岁者,支付 240 天;55 岁以上者,支付 300 天。

《美国文官委员会辑录》提出,美国社会补助,除现金补贴外,还包括一些非现金补贴,如政府提供的住房与伙食(如免费午餐)等补助。美国失业救济金标准为失业公务员原工资的 40%,期限为 182 天。

联邦德国《联邦工资法》规定,公务员除享受其他社会补助外,还享受年度休假费和进修费的补助。

(二)年休假

西方各国公务员法大多规定了公务员的休假制度,但假期长短和决定假期长短的根据则各国规定不一。例如,英国规定,公务员的年休假为 3~6 周,决定假期长短的根据是职务和工龄。一个“内勤”级的公务员初任职时,年休假为 3 周,工作 7 年后为 3 周半;一个“执行官员”级的公务员初任职时,年休假为 4 周,工作 17 年后为 5 周,工作 27 年后为 6 周;一个“主事”级的公务员初任职时,年休假为 5 周,工作 10 年后为 6 周。除年休假外,英国还规定公务员每年可享受 9 天半的“公定假”。

美国规定公务员年休假的假期以工龄为计算标准。工龄 3 年以下者,每年休假 13 天;工龄 3~15 年者,每年休假 20 天;工龄 15 年以上者,每年休假 26 天。除年休假外,公务员在下述纪念日和节日享受带薪的休假:每年 7 月 4 日的独立日、华盛顿生日和纪念日、劳动节、退伍军人日、感恩节、圣诞节。这些纪念日和节日,如逢星期六,即在星期五放假,如逢星期日,则在下星期一补假。

瑞士公务员年休假假期由年龄和职级决定。根据 1978 年 4 月联邦委员会的规定①,年满 20 岁的公务员,如在 20 岁以前参加工作,可享受 4 周假期;年满 30 岁的五级以上的公务员,可享受 3 周假期;年满 55 岁的公务员,可享

① 瑞士《联邦公务员章程法》第 50 条授权瑞士联邦委员会规定公务员年休假的假期。

受5周假期。

埃及公务员年休假假期由年龄和工龄决定,并对在边远地区和国外工作的人员予以特殊优待。埃及《国家文职工作人员法》第65条规定,工作人员供职1年后,每年休假20天;供职10年后,每年休假30天;年龄超过55岁者,每年休假45天;在边远地区或国外所设机构工作,每年可延长不超过15天的休假。

法国和日本的公务员年休假制度与上述国家不同,假期全体一律,没有长短之分。日本规定每人每年假期20天,法国规定每人每年休假30天。①

(三)事假

西方各国关于事假的规定有带薪和不带薪之分,带薪事假的假期又有长短之别。

埃及《国家文职工作人员法》第64条规定,工作人员由于意外原因而无法获得其他假期的情况下,一年可享有7天带薪事假。

日本法律规定,公务员每年可享受20天带薪事假,且不准超过。当年用不完的,可移至下一年使用(移用天数不能超过10天)。

联邦德国《联邦官员法》规定,事假可以保留工资,也可以不保留,是否保留,由法律规定或由联邦政府决定。《联邦官员法》第79条规定,公务员因照顾孩子和护理生病的家庭成员,可以请不超过3年的事假,此种事假不带工资;而《联邦官员法》第89条第3款规定,公务员为了执行某个州议会议员所委托的任务,或者为了从事作为某个地方代表机构成员的活动,可以请事假,此种事假则可以带工资。

英国亦规定某些事假(如处理家务)不带工资,而某些事假(如因近亲死亡等特殊原因)可以带薪。

法国规定,公务员家中有事,或从事某些竞选工作而这种工作又不能算作出差,或为了参加某些工会团体的组织活动时,可以请事假,工资照发。此外,法国还规定了一种类似事假性质的"受教育假"。《公务员总章程》第36条第5项规定,受教育假根据本人要求给予,每年不超过12天。假期内,家庭

---

① 法国《公务员总章程》第36条规定,公务员工作满1年后,可休年假30天。1982年1月,法国政府发布政令,将假期延长5天,改为35天。

负担补助照发,工资要从中扣除相当于其应交纳的社会保险和退休储金的份额。

(四)产假

公务员生育给产假是各国法律共有的规定。但产假的假期和待遇,各国规定却有殊异。

英国规定,产假3个月,带工资。如果需要,可延长3个月,但延长期不付工资。

法国规定,产假16周(产前6周,产后10周),如果是不正常妊娠或分娩,产假可延长到22周,产假及产假延长期间,工资照发。除产假外,法国还规定女公务员生育后,可享受产后假,以便抚育孩子。产后假假期最长为2年。假期内保留一半晋级的权利,而停止享受退休的权利。另外,在女方不能享受或放弃享受产后假的情况下,其配偶男公务员可以享受此种假期。

埃及规定,产假为3个月(一生限3次),带工资产后假最长为2年(一生限三次),不带工资,领取社会保险或相当于本人工资25%的补贴。

(五)病假

美国公务员法规定,带薪病假限13天。超过13天,不给工资。假期当年未用或未用完,可以一直移用下去,并可在退休时将未用完的假期累计起来作为工龄计算退休金。

英国公务员法规定,病假6个月,付给全工资(如已领国家保险救济金,须减去所领保险金数额);超过6个月,付给半工资(和国家保险救济金加在一起不得超过全工资);4年内病假累计超过12个月,不再付给工资。

法国公务员法规定,病假可以长达1年,3个月内领全工资,超过3个月领半工资(可享受全部家庭负担补助)。需支付昂贵医疗费和护理费的长期病号,其病假可延长到3年,一年内领全工资,一年后领半工资(恢复工作一年内不得再享受此种病假)。如果疾病(或伤)是由下述原因引起或加重的,则享受全工资直到恢复工作或正式退休为止,并享有免费医疗、免缴疾病或事故直接的其他费用的权利:

(1)在执行任务期间或为国家利益去完成一项忠诚的行动;

(2)为抢救一人或数人生命;

(3)在执行任务中或将要执行任务时发生了事故。

此外,法国还规定,肺病、精神病、癌症或脊髓炎患者,可享受长期休假(5年)。休假的前3年,领全工资,3年后领半工资。

埃及公务员法规定,公务员3年内病假不超过3个月,工资照发;不超过6个月,发工资的75%;6个月以后,发工资的50%,但年龄超过50岁者,发工资的75%。病假假满需要继续休养者,经过批准,可延长不带薪的假期6个月。

(六)社会保险

西方国家公务员制度中一项重要内容是对公务员生、老、病、伤、残、死和失业的社会保险。保险项目一般包括:养老金、残疾金、医疗保险、失业保险、工伤事故保险等。保险费一般由政府和公务员个人共同负担。公务员负担的部分,每月从每个公务员的工资中按一定百分比扣除提取。公务员满足生、老、病、死等保险条件时,即按照有关法律规定,享受相当的社会保险金待遇。

美国公务员的医疗保险(又称健康保险)是按一定比例提供给公务员通常的医疗费用。公务员的医疗费用超过通常一定数额时,此超过部分亦可由保险金支付。除医疗保险外,美国还设有人寿保险。人寿保险按照其所花费用,向公务员提供,保险金数额大致和一个公务员的工资数相等。

法国1947年10月20日的法令规定,公务员在患病、分娩、残疾的情况下,保证能得到补助金。而在发生死亡的情况下,则给予他们的权利继承人以补偿。此外,法国还设立一些互助组织,它们给公务员提供补充性补助金或各种性质的援助。

日本《国家公务员法》第93条和第94条规定,公务员因公负伤或致残,国家对其不能工作期间发生的经济困难要进行救济;公务员因工伤或疾病收入受到影响,国家对其损害要进行补偿;公务员因公死亡或病死,国家对其遗属或靠其生前收入维持生活者所受损害要进行补偿。日本《国家公务员灾害补偿法》规定了各种救济和补偿的标准。例如,对于遗属的补助,遗属为1人者,补助死者生前153天的工资;为2人者,补助175天的工资;为3人者,补助212天的工资;为4人者,补助230天的工资;为5人以上者,补助245天的工资。

埃及《国家文职工作人员法》第53条规定,工作人员应享受的社会医疗以及文化、体育福利待遇,应由有关主管部门参照社会保险法和其他法律,在单位工会的参与下,制定专门章程规定。该法第 71 条规定,受工伤的工作人员应由医务委员会根据社会保险法关于确定工伤应得赔偿的条款,确定治疗期限和假期。该法第 101 条规定,在职工作人员死亡,应发给其家属或成年子女或丧事主持人相当于该工作人员 2 个月的工资(数额不得低于 50 埃镑)用于治丧。

西方国家公务员的退休制度研究*

西方各国公务员的退休早已形成制度,各国都有各自的规定。但是,有关公务员退休的单行法令并不多,只有较少的国家有这样的法律规定。下面主要根据有关国家法律规定及其他有关资料和实际做法对国外①公务员退休制度作一综述。

一、退休方式

西方国家公务员的退休方式主要有两种:一是自愿退休,即具备法定的退休条件,可以自愿申请退休;二是强制退休,即具备法定的退休条件,由政府或公务员工作的机关命令其退休。

英国有关公务员的规章规定,公务员服务年限符合法定条件,年满 60 岁的可以退休;年满 65 岁的强制退休;不满 60 岁、工作无效率的,命令退休。英国政府还规定:公务员在达到退休年龄 60 岁以前、离职到私营企业工作者,其退休资格准予保留,等到 60 岁,就可以领取退休金。这种办法对于国家机关和企业之间的人才交流,保持国家机关公务员队伍的年轻精干起了一定作用。

美国《文官退休法》规定,除自愿退休、强制退休外,还设残疾退休和延迟

---

* 本文选自曹志主编:《资本主义国家公务员制度概要》,北京大学出版社 1985 年版,第 257-280 页。本书其他作者写作部分和笔者写作部分(本书第十二部分)所引用的有关西方国家工资、福利和退休制度的资料、数据,均由中组部政策研究室提供。在“国家工作人员法立法小组”研究和起草“国家工作人员法草案”期间,中组部向中国驻世界各国大使馆或领事馆发文,要求它们收集各驻在国有关公务员制度的法律、法规、规章和规范性文件,并寄回中组部政策研究室供立法小组参考使用。故本文如无特别需要说明的问题,文中不再对所引用的资料和数据加注。

① 这里介绍的公务员退休制度不完全限于西方国家,也包括某些非西方国家的其他资本主义国家的公务员退休制度。

退休制度。自愿退休的，可以在规定的几种退休年龄、工龄条件中，自愿选择一组申请退休。强制退休指符合退休特殊条款规定的人员，达到某一年龄、工龄后，必须退休。如消防人员、交通管理人员，工龄在20年以上、年满55至56岁的，都必须退休。残疾退休是指身体伤残完全丧失工作能力的人员，工龄5年以上，不受年龄限制都可退休。延迟退休是指政府公务员在能享受退休年金之前，自愿离开政府部门到私营部门工作，待到可享受退休年金的年龄时再领退休金。

联邦德国《联邦官员法》规定，官员的退休，分暂时退休、终身退休、到退休年限的退休和丧失工作能力的退休。该法规定：联邦总统可以随时让具有终身官员身份的下列官员暂时退休：(1)国务秘书和各部的司长；(2)工资类别在A等16级[①]以上，在外事工作中负有高级职务的其他官员；(3)联邦通讯社和联邦宪法保护局的工资类别在A等16级以上负有高级职务的官员；(4)联邦政府新闻和情报局局长、副局长和联邦政府发言人；(5)联邦法庭的首席联邦律师和联邦行政法院的首席联邦律师；(6)联邦民防专员；(7)德意志联邦共和国驻德意志民主共和国常设代表机构中，工资类别在B等3级[②]以上负有高级职务的官员。暂时退休的官员有义务接受新的终身官员的任命；被任命为终身官员时，暂时退休结束。暂时退休的官员，年满65周岁时视为终身退休。终身官员如果由于残疾，或者由于体力、智力上有了缺陷而永远丧失工作能力时，必须退休。《联邦官员法》还规定：由主管官员任命的部门命令官员退休，退休的命令必须以书面的形式送交该官员。暂时退休的，从官员接到退休通知的日期开始退休，最迟不得超过通知下达后的第四个月。其他官员的退休，除已批准推迟退休或退休问题正在审理的以外，均自接到通知书后的第四个月开始退休。在通知退休时，应官员的请求或征得官员的同意，可以提前退休(无须等到收到通知书后的第四个月退休)。

泰国公务员法规定，公务员年满60岁者，强制退休；凡服务年满30年者，可自愿退休。

---

① 指具有高级职务资历的官员的一种工资等级。

② 也是指具有高级职务资历的官员的一种工资等级。

二、退休年龄和退休的工龄条件

(一)退休年龄

各国公务员退休年龄大多在世界公认的老年年龄60岁上下。

1. 日本、新西兰、巴基斯坦、沙特阿拉伯等国男女退休年龄均规定为60岁。

2. 有的国家根据本国人民的生活水平、身体素质或寿命、社会保险负担能力,退休年龄分别规定高于或低于60岁。如荷兰、加拿大、瑞典等国男女公务员退休年龄均规定为65岁;印度男女公务员退休年龄均规定为58岁;马来西亚则规定为55岁。

3. 有的国家分性别规定不同的退休年龄,男女公务员的退休年龄相差3岁至5岁。如阿根廷、委内瑞拉规定男60岁、女55岁退休;比利时、澳大利亚规定男65岁、女60岁退休;瑞士规定男65岁、女62岁退休。

4. 有的国家依据退休方式规定退休年龄。如英国对自愿退休和强制退休者分别规定了不同的退休年龄,分别为60岁和65岁。联邦德国规定,终身官员的退休年龄为65岁;但如已年满63岁,本人自愿申请退休的,亦可以退休。阿根廷规定,因工致残完全丧失工作能力的公务员均可退休,没有退休年龄的限制。

5. 有的国家依据工龄长短,对公务员的退休年龄作出不同的规定。如美国规定公务员退休的年龄和工龄的要求是:服务30年以上,年满55岁的;服务25年以上,年满60岁的;服务5年以上,年满62岁的;司法、警察人员服务20年以上,年满50岁的。墨西哥规定:工龄满15年的,男60周岁、女55周岁,可以退休;工龄满30年的即可退休,不受年龄限制。

6. 有的国家依据工作性质和工作需要,规定退休年龄和推迟的年限。如英国规定:狱吏、刑事疯人院或管制所职员的退休年龄为55岁。瑞士规定:大学教授70岁退休;但如果男年满65岁、女年满62岁,本人要求退休,可予接受。法国规定:科研中心研究人员的退休年龄为65~68岁;一般公务员的退休年龄,"常驻服务"的为60岁,"流动服务"的为55岁;如本人要求推迟退休,经过批准的,最迟不超过68岁。

日本外交官和司法官的退休年龄比较高。外交官、法官、检察官为65岁;

最高法院院长为70岁。另外,对某些职业人员的退休年龄规定也较高:牙科医生和医院、疗养所、诊疗所的医生为65岁;机关从事看守等轻微劳动的公务员为63岁;在补充人员困难的岗位上工作的人员为61~65岁。日本还规定:如按规定退休年龄离开岗位会对工作产生重大影响的人(如正在进行外交谈判或正在从事项科学研究的人),经过批准,可以再次任用,但每次任用期为1年,最长不得超过3年。

联邦德国规定:如在个别情况下,鉴于行政管理工作的迫切需要,要求某一官员继续执行公务,联邦政府应最高行政机关的请求,并征得联邦人事委员会的同意,65岁的人退休年龄推迟一个时期,但每次不超过1年,总的不得超过70周岁。如规定的退休年龄小于65周岁,则推迟后的年龄,总的不得超过65周岁。联邦政府的部长,不受规定退休年龄的限制。

美国对联邦政府人员中由总统提名、国会通过或总统任命的“政治任命官员”,如国务卿、部长或总统顾问等,不规定退休年龄,他们在总统任期期满下台后,随之下台。

7. 有的国家为了增加就业人数,规定在一定时期内允许提前退休。法国政府为了增加失业人员的就业机会,于1982年3月31日公布鼓励提前退休的法令,规定到1983年12月31日止,公务员可提前3年退休,并领取全部工资。

(二)退休的工龄条件

退休养老,是国家和社会对公务员实行的一种社会保险制度。退休金,是对公务员直到工作结束为止所作的劳务给予的报酬。退休金的来源,总的来说,属于劳动者在工作期间所创造的价值中被扣除的部分。一般是一部分退休金直接源于公务员在工作期间定期缴纳的保险费。《日本国家公务员法》第107条规定:养老补助金制度,必须以合理的保险数为基础。日本公务员退休的工龄和缴纳保险费的年限条件均为20年。许多国家在公务员的退休条件中,也都规定了工龄和缴纳保险费年限的最低要求。如美国规定为5年;法国、墨西哥规定为15年;委内瑞拉规定为750周(将近15年)。

有些国家只规定了公务员退休的最低工龄条件为10年,没有规定缴纳保险费的年限。如英国、联邦德国等。

有些国家对领取不同类别退休金的人员规定了不同的工龄条件。如阿根廷规定,年满65岁、工龄满5年的,可领取高龄退休金(标准较低的一种);男年满60岁、女年满55岁以上,工龄满30年的,可领取普通退休金(标准较高的一种)。

三、退休金标准、计发方法与退休金增长办法

(一)退休金标准与计发方法

公务员的退休金,多数国家是按年或按月定期发给的,也有一次性发给的。退休金的标准和计发办法大体上有以下几种:

1. 按公务员的工龄和退休前的工资计发退休金

按这种办法计发退休金,工龄越长,退休金占原工资的比例越高;反之,就越低。在有些国家,每多一年工龄,可增加的退休金比例是相同的。英国规定:公务员服务满10年的,发给原薪金1/6的退休年金;每多服务10年,加发原薪金1/6的退休年金(每多服务一年,加发1/60);服务满40年的,发给原薪金4/6(75%)的退休年金。①

法国规定:公务员的退休金,每年按退休前最后1年工资的20%发给;工龄满15年的,每年发给最后一年工资的30%;工龄满40年以上的,每年退休金最多不能超过最后一年工资的80%。如果把其他补助和津贴与工资合并为基数来计算,退休金不得超过最后报酬的60%。

在另外一些国家,公务员达到退休的工龄条件,发给一定比例的退休金;对超过部分的工龄,分段确定每多一年工龄可增加的退休金比例。

联邦德国规定:公务员工龄满10年的,每月发给最后一个月薪金35%的退休金;工龄满11~25年的,这15年工龄每一年加发原薪金2%的退休金;工龄满26年以上的,从第26年起,每多1年工龄加发原薪金1%的退休金。公务员每月退休金的最高数额为其最后一个月薪金的75%。

---

① 此处材料,主要依据北京大学龚祥瑞教授主编的《英国行政机构和文官制度》(北京大学出版社1982年版)一书。在《政治学参考资料》1983年增刊之三、四刊载的《英国文官制度(情况介绍备忘录)》对英国文职人员的退休金,作了如下说明:对60岁或60岁以上的退休人员,按年发给退休金和一笔一次性发给的退休补贴。退休年金的计算方法是,将可以领退休金的最后工资乘1/80再乘服务年数。一次性付给的补贴是退休年金的3倍。两项津贴相加,基本上等于最后可以领退休金的年工资乘服务年限的1/60。

墨西哥规定：公务员工龄满15年的，按其退休前5年平均工资额的40%定期发给退休金；工龄满16~21年的，在这6年中每增加1年工龄加发原平均工资2.5%的退休金；工龄满22年以上的，从第22年起，每多1年工龄加发原平均工资5%的退休金。退休金最高可发给公务员退休前5年平均工资的100%。

美国规定：联邦政府职员退休后，退休金不得超过最高连续3年年薪平均数的80%。其月退休金的算法是：服务期的第一个5年，按退休前最高连续3年年薪的平均数1.5%计算；服务期的第二个5年，按1.75%计算；服务10年以上的，按2%计算。这三项总和除以12个月就得出月退休金数。如某职员退休前最高连续3年年薪的平均数为2万元，他在联邦政府中服务20年，则月退休金为：(20,000×1.5%×5+20,000×1.75%×5+20,000×2%×10)÷12=604(元)；退休金占原薪金的比例为36%。按这个规定计算，一个服务35年的职员退休后，其退休金为原薪金的66%。

2. 按公务员的工龄、退休时年龄和退休前工资确定退休金

日本规定：公务员在规定的退休年龄之前退休的，每早退1年，月退休金减额4%。

阿根廷规定：公务员工龄满30年，男60岁以上、女55岁以上退休的，其退休金为本人退休前最后5年中工资报酬最高3年平均数的70%~82%。其中，男60岁、女55岁按期退休的，发给70%；延期3年退休的，加发原平均工资报酬的8%；延期4年退休的，加发10%；延期5年退休的，加发12%。公务员工龄满5年、年满65岁的，其退休金为本人退休前最后5年工资报酬最高3年平均数的70%。

3. 一个退休公务员领取几种退休金

瑞典规定：公务员退休后，可领取基本退休金和补充退休金(亦称附加退休金)两种退休金。年满65岁退休的，无论工龄长短，均可领取基本退休金，其数额大约相当于职工平均工资1/3；但如提前在60~64岁退休的，则按其提前的时间每月减发基本退休金的0.5%；如推迟到70岁退休，按其推迟的时间每月加发基本退休金的0.6%。补充退休金按公务员的工龄长短计发，工龄满30年以上的，这种退休金为退休者一生中最好的15年平均收入数的60%。工龄不足30年的，每少1年扣减1/30。按照这个规定计算，瑞典一个工龄30年的公务员，年满65岁退休后，领取的基本退休金与补充退休金之

和相当于其原工资的93%。

日本规定:公务员退休后领取的退休金包括三部分:(1)一次发完的一笔退职金,数额为本人退休前月薪乘工龄再除以2。(2)一年发一次的退休津贴。退休津贴的数额,工龄31年以上的,为月薪的137.5%;工龄20~30年的,为月薪的120%;工龄10年以上20年以下的,为月薪的110%;工龄10年以下的,为月薪的100%。(3)按月发给的退休费,工龄满20年以上的领取。每月的数额,按工龄长短分别为本人退休前月薪的40%~70%。按此规定算,一个工龄35年的退休者,将上述三笔数额相加折算为每月的退休费,相当于本人原月薪的84%左右。

泰国规定:公务员退休后,可在月退休金或一次性退休金中,任选一种领取。月退休金以服务年限及退休时之月薪为计算基础,服务满25年以内的,月退休金为月薪的55%;超过25年的,超过部分按月薪的50%计算。一次性退休金是服务年限乘退休时之月薪得出的数额。

4. 残疾退休金的标准

美国规定:公务员因残疾退休,支给残疾退休年金,其金额与退休金之计发标准相同,但最低保障额不能少于其最高连续3年平均年薪的40%;受领者60岁以前,每年应接受医师检查,如其残疾复原,则停支其残疾年金。

联邦德国规定:因公受伤不能服务而退休者所领取的退休金(又称灾害年金),其数额为其退休前最后月薪的2/3。

英国规定:对享受残疾退休金之人员,在确定计发退休金的年资时,予以照顾,服务未满20年者,按20年计算。

阿根廷规定:因公致残退休的公务员,领取本人原工资报酬的70%~82%的因残退休金。但50岁以下的因残退休金具有临时的性质,需根据医生的定期检查决定是否发给;50岁以上的因残退休金具有稳定的性质。

5. 退休金的最高限额和最低限额

瑞士规定:公务员每月退休金的最高限额为1050瑞士法郎,最低限额为525瑞士法郎;最高限额为最低限额的2倍。

阿根廷规定:公务员每月退休金的最高限额为156万比索,最低限额为14万比索。

日本规定:公务员退休年金的最低保证额为633,972日元。

6. 高级官员退休离职后的待遇

阿根廷规定:副国务秘书(副部级)以上官员,无论年龄大小,任职满 5 个月的,退休后可领任职时的全部工资。

联邦德国规定:联邦政府部长任职 4 年后不再任部长,到年满 55 岁时,可领取原工资 35%的生活费。如担任部长 5 年以上的,从第 5 年起,每增加 1 年,加领原工资 3%的生活费。对担任过一般议会议员后不当议员的,依据其当议员的年限,在其达到一定年龄时分别领取一定数额的生活费:当过 8 年议员的,年满 65 岁时可领取原工资 35%的生活费;当过 12 年议员的,年满 60 岁时可领取原工资 55%的生活费;当过 16 年议员的,年满 55 岁时可领取原工资 75%的生活费。

从上述情况可以看出,各国公务员退休金的计发,主要以退休者的工龄和退休前的工资作为计算基础;有的还考虑了退休年龄、残疾情况和工作职务等因素。

(二)退休金的增长办法

各国对定期发给公务员的退休金都规定了适时增长的办法,大体有三种方式:一是美国、日本、瑞典等国的方式:退休金随着物价指数的提高而提高。如美国规定,退休年金按物价指数在每年 3 月 1 日和 9 月 1 日各调整一次。二是法国、阿根廷等国的方式:随着职工工资水平的提高,相应地提高退休金。如阿根廷规定,退休金随职工工资报酬的普遍增加而变动,每当工资水平普遍提高 10%时,社会保险国务秘书处对退休金在 60 日内也作相应的调整。三是英国、瑞士等国的方式:随工资增长和物价上涨而提高退休金。英国规定,退休金的购买力受到保护,即每年随着生活费用的增长速度而增长。退休年金根据每年对 4 月或 5 月物价的预测确定,要随着工资和物价的变更而调整。瑞士规定,退休年金随物价和工资指数的变更,每两年调整一次。

四、退休人员的其他福利和退休者去世后退休金的处理

(一)退休人员的其他福利①

在瑞典,政府和有关部门为独居家里的退休老年人专门组织了社会家务

① 这里的"退休人员"福利,其中大部分不仅适用于退休公务员,也适用于其他非公务员的退休人员。

服务。服务项目包括清扫、洗衣、做饭和采购。根据接受服务者的经济状况，酌情收取少量费用或者免费。各地设有老年服务站，作为当地老年人集体活动的场所。

体弱病残、生活不能完全自理的老人可住养老院。养老院有退休者之家、老年之家和老年疗养院之分。退休者之家和老年之家是公寓式的，分散在住宅区里，供生活上尚有一定自理能力的退休者租居，里面设有集体活动场所。每套房间有厨房、厕所和洗澡间。老年疗养院也称服务楼，往往建在居民点服务中心附近，周围有商场和运动场。院内设有餐厅、小卖部、服务台、健身房、娱乐室、医疗室等。房间内装有警铃，一旦有事，服务人赶到。这种疗养院是当前比较受欢迎的一种养老院。

除基本养老金外，单身退休者，年收入不超过 2 万瑞典克朗的或夫妇俩不超过 3 万瑞典克朗的，都可享受国家住房补贴。退休人员逛公园、看戏、看电影、参观博物馆、乘坐公共交通工具，均享受半价优待。

日本退休老人的现有福利事业还不多，主要是政府、资方、退休者本身以及其他社会团体，根据各种年金保险法、年金福利事业团法、老人福利法等法律举办的。其主要形式有：

(1)老人之家。老人之家有三种。第一种收容卧床不起的老人，称“特别护养老人之家”；第二种以低收入者为主要对象，称“护养老人之家”；第三种是“收费老人之家”，可自由签订合同，每月收费 3 万日元左右。前两种在 1980 年 4 月以前基本上不收费；1980 年 4 月以后，为扩大收容面，改为按老人收入收费。具体办法是：年收入(扣除医疗费、社会保费等必要费用)超过 25.6 万日元者，列为收费对象；收入 25.6 万日元至 150 万日元者，划分 68 个等级，最低等级每月收费 100 日元，最高等级每月收费 5.82 万日元；收入超过 150 万日元的，收费递增。费用按累进法计算，收入越多负担越重。

老人之家有私营和公营之分，多数为私营。据统计，1977 年特别护养老人之家共有 714 处，其中私营为 581 处，公营为 133 处。

(2)家庭服务员。设立家庭服务员，是为住在家里的老人特别是行动不便的老人服务的福利事业，主要为不交纳所得税的低收入人家庭的老人服务，费用全部由公家负担，国家、都道府县及市、町、村各负担 1/3。自 1962 年开始由国家举办以来，全国已有 98%的市、町、村举办了这项福利事业。

(3)老人福利开发中心。厚生省于1974年成立了老人福利开发中心。开发中心以天皇捐款和财界的15亿日元捐款为基金,举办各种老人福利事业,包括培养福利事业指导员、机能恢复指导员、家庭服务员,训练老人俱乐部活动推进员,举办海外老人福利事业的调查研究和出版事业等。

(4)银色城市计划。厚生省为了推动并援助地区居民相互合作,建设光明城市,为老年人提供各种服务,使他们晚年生活愉快,自1975年起开展了"为老人建设光明城市"的活动。"银色城市计划"就是要推进这一活动的发展。到1978年,全国实施这项计划的城市已达33个。该项计划的具体内容是:对老人进行家访;为老人供餐和洗澡护理;组织健康管理;举办文体活动等。接受厚生省援助的市、町、村,由民间团体、福利组织、企业、义务服务者和地方政府的代表组成"推进会议",制订具体实施计划。其经费,除民间捐款外,由国家、县、市每年各出资金1000万日元。

(5)生涯设计本部。日本"生涯设计本部"是最近成立的全国性民间组织,其任务是为退休人员制订晚年生活计划,并负责安排落实。经费靠会员交纳会费和有关事业的收入。主要开展的业务有:对退休者进行各种测验,然后给他们设计今后"生涯";与保险公司合作,保障会员在患病期间的生活;组织集体健康检查,提供保健设施;做婚姻介绍,以免单身老人孤独;举办书法、绘画、防治老年病、安排晚年生活等丰富多彩的讲座;由生涯设计本部顾问律师团充任法律顾问,协助处理有关遗产继承等事宜。

(二)退休人员继续工作的有关规定

英国规定:文职公职人员退休后2年内,如果要接受与退休单位有业务关系的私人企业的聘请,必须得到批准。

阿根廷规定:领退休金的退休人员不能再同时担任公职。

美国规定:联邦政府职员退休后,如在州政府、大学或私人公司任新职的,退休金照发;但如去联邦政所属的另一个单位任新职,则退休金不发。

瑞士规定:公务员退休后,可在企业担任董事或从事其他职业。卸职的联邦官员可以担任各种社会工作,有的参加联邦委员会的"智囊团"当顾问;有的作为特派代表,处理某些特定问题。公务员退休后从事工作的,一方面继续领取退休金,另一方面工作的收入全部归己。退休后月收入在900瑞士法郎以下的,不交保险费;超过900瑞士法郎的,按超过部分的5%交保险费。

日本规定:退休者转到其他单位任职后,可继续领取退休金,并领取新工作的全部薪金。日本"生涯设计本部"还为愿意工作退休人员寻找重新就业的门路。

联邦德国规定:官员退休后,根据工作需要和本人工作意愿,可以继续承担一定工作任务或自行另找工作。如果继续在政府部门或公有事业部门工作,在领取退休金的同时,工作收入不能全部归己,只能取得退休金与退休前最后一个月工资的差额。如要取得继续工作的全部收入,就不能领取退休金。

(三)退休者去世后退休金的处理

许多国家规定:退休者去世后,其配偶、子女可领取死者退休金的一部分。

联邦德国规定:公务员死亡、丧失国籍、曾受惩戒判决者,均丧失其领取退休金的权利。但同时规定:男公务员死亡后,其妻不管有无退休金,都可继续领取其丈夫退休金的60%;受赡养的子女,可领取其父退休金的12%;子女多的,领取总额不能超过其父退休金的40%;如是孤儿,则可领取其父退休金的20%。

英国规定:退休者遗孀可领取死者退休金的一半,作为抚恤金;受赡养子女可以领取不超过遗孀所得数额的抚恤金。

日本规定:退休者亡故后,其配偶可领取死者退休金的一半,但已另婚者不能领取。

在法国,退休金被视为给予公务员和他的继承人个人金钱补助;退休者遗属领取死者的一部分退休金被称为"可复归的养老金"(或"可转换的养老金")。该国规定:公务员的寡妇或鳏夫,可领取死者退休金的一半;每个不满21岁的子女,可领取其父(或其母)退休金的10%。

美国规定:退休者遗属领取遗属的抚恤金有两种方式:一为退休者生前自愿减低退休金额,指定其配偶或其他人员受领。其他指定人员的减额率为退休金的10%;被指定者较本人年轻的,每年轻5岁减少5%。二为遗属合于一定条件时受领。如领受退休金者死亡,对其残疾或不满18岁之未婚子女,应当然支给。抚恤金的数额:对被指名支给的配偶,为死者退休年金的50%;对其他被指定支给人员,为死者退休年金减额后的50%;未满18岁之子女,为死者退休金的40%~50%,按子女人数平分。

五、退休金的来源和退休工作管理机构

(一)退休金的来源

各国公务员退休金的来源,有以下两种类型:第一种,英国、联邦德国、瑞典、泰国公务员的退休金,均由政府列入预算支付。第二种,美国、法国、瑞士、墨西哥、日本、委内瑞拉等国家,公务员退休金的来源,一部分由政府预算拨款,另一部分由公务员缴纳保险金。

美国规定:联邦公务员退休金之来源有四项:(1)公务员按月缴纳本人薪金7%的退休基金;(2)公务员所服务的机关提供与公务员缴纳的部分同额之基金;(3)政府另拨一部分专款;(4)以上三项基金之利息。

法国规定:公务员的退休基金,实行公务员与政府共同筹款制。公务员每月扣缴薪金的6%作为退休储金;其余部分由国家预算拨款。

瑞士规定;公务员每月缴纳5%的工资作为老残保险基金,每月缴纳3%的工资作为退休基金;政府拨给同等数额之基金,一并存入银行。

日本规定:国家公务员的退休年金等保险费用的来源,一是公务员缴纳本人工资5.15%(地方公务员缴纳4.7%)的保险金;二是公务员服务之政府机关提供公务员工资总额的7.1%(地方政府机关提供6.5%);三是国库负担全部办公费以及保险费支付数的15%。

墨西哥规定:参加社会保险的职工应缴纳的保险金为职工基本工资的8%,其中6%用于工伤事故、退休、残疾和死亡等保险。职工服务的国家机关组织为每个职工缴纳相当于职工基本工资12.75%的保险金,其中6.75%用于工伤、退休、残疾和死亡等保险。

委内瑞拉规定:参加退休养老等社会保险的公务员应缴纳保险金,每周的数额为本人工资的4%;国家对社会保险事业给予财政补助,补助款项列入国家预算,数额不得少于缴纳保险金人员工资总额的1.5%,主要用于社会保险委员会的行政开支。

(二)退休工作的管理机构

各国公务员的退休事宜,大多由政府主管机关管理。有的国家由社会保险服务机构管理或社会保险机构和政府主管机关共同管理。

英国规定:文官部(后并入财政部)负责对文职人员退休总规划条款的实

施,保证执行"年金增长法规"。有10个大的政府部门根据文官部的详细指令,受权计算和发放大多数文职人员退休金支付表格。在未被授权的部门,这种计算和批准书的发放由文官部自己负责。文职人员退休年金的发放和增长由主计长办公室负责,助理主计长负责对文职人员退休金及拨款等进行清算。

美国规定:联邦政府文职人员的退休事宜,由联邦政府人事管理机构管理。

联邦德国规定:联邦政府内政部负责拟定退休政策及方针,并负有综合实施之责。财政部负责财务的筹划与支付。公务员服务机关的上级机关负责退休金数额的决定、受领人的指定、年资的计算及直接实施的有关事宜。

泰国规定:公务员退休,须经各该机关附属文官委员会同意,如该委员会不同意,须送中央主机关附属文官委员会决定。对不同职等人员退休的核准权,分别由下列首长核准:(1)特种职等、第一职等人员退休由部门首长核准;(2)第二职等人员退休由次长与监察大臣依实际情形核准;(3)第三职等人员退休由地方政府首长及省府首长核准。

在退休金源于国家预算拨款和公务员缴纳保险金两方面的一些国家,有关退休事宜往往由社会保险组织负责管理,或由社会保险组织和政府主管机关共同管理。

墨西哥规定:国家公务员的退休事宜,由国家雇员社会保险服务委员会经办。这个委员会是一个拥有法人地位的组织,是经过联邦政府财政和公共信贷部批准建立的。其领导机构是领导委员会。领导委员会由7人组成,主任(保险服务委员会主任)1人,由共和国总统任命;委员6人,其中3人由财政部任命,另3人由国家雇员工人工会联合会任命。领导委员会计划安排保险服务委员会的工作;决定保险服务委员会的投资;确定各种福利的发放;任命和撤换保险机构的官员;审查保险服务委员会的财政情况;建议联邦政府修改社会保险服务法等。

委内瑞拉规定:公务员的退休养老等保险事宜,通社会保险委员会组织实施。社会保险委员会是一个自治的,有自己财产的,独立于国家财政部门并享有法人地位的组织。政府通过劳工部对其进行政策上的领导和业务上的监督,但不管具体业务。社会保险委员会的领导机构是领导委员会,由政府、雇主、保险人三方等额代表组成。另有医生联合会1名只有发言权而无表决权的代表参加。领导委员会负责制定社会保险委员会的章程,指导工作。社会保险委员会在全国各地建立了管理机构。

日本《国家公务员法》第108条规定:国家人事院有权调查研究养老补助金制度。《国家公务员互助会法》规定,公务员退休等年金保险的管理工作,由公务员互助会经办。各省、厅设立互助会,各省、厅工作人员是互助会的当然会员。互助会是保险者,会员是被保险者。众议院议长、参议院议长、会计检察院院长、各省大臣代表各省、厅工作人员的互助会执行保险业务。互助会在各省、厅长官指定的地点设立办事机构。为妥善经营业务,各互助会设经营审议会。经营审议会须讨论章程、经营规则的制定和变更;年度事业计划和预算决算;重要财产处理和重大债务。该会的委员由各省、厅长官从互助会员中任命。互助会还成立互助会联合会,从事下列业务:决定和支付年金;管理和利用公积金以及年金余额;管理福利事业。

各省、厅长官可根据互助会工作需要,令其属下工作人员从事互助会业务,并可无偿地向互助会提供其管辖之内的土地、建筑物及其他设施供其使用。

互助会须在每个事业年度开始前,制订事业计划及预算,送交大藏省大臣审批。互助会如要修改省会规定的有关事业计划及预重要事项,亦须经大藏大臣批准。